北京市教委市属高校创新能力提升计划项目
项目代码：TJSHS201310029012

北京体育蓝皮书

BLUE BOOK OF
SPORTS OF BEIJING

北京体育产业发展报告
（2014~2015）

ANNUAL REPORT ON DEVELOPMENT OF SPORTS INDUSTRY
IN BEIJING (2014-2015)

主　编／钟秉枢　陈　杰　杨铁黎
副主编／邓　旭　张建华　何文义　郝晓岑

社会科学文献出版社
SOCIAL SCIENCES ACADEMIC PRESS (CHINA)

图书在版编目（CIP）数据

北京体育产业发展报告：2014~2015/钟秉枢，陈杰，杨铁黎主编.
—北京：社会科学文献出版社，2015.10
（北京体育蓝皮书）
ISBN 978-7-5097-7655-1

Ⅰ.①北… Ⅱ.①钟… ②陈… ③杨… Ⅲ.①体育产业-产业发展-
研究报告-北京市-2014~2015 Ⅳ.①G812.71

中国版本图书馆CIP数据核字（2015）第130717号

北京体育蓝皮书
北京体育产业发展报告（2014~2015）

主　　编/钟秉枢　陈　杰　杨铁黎
副主编/邓　旭　张建华　何文义　郝晓岑

出 版 人/谢寿光
项目统筹/梁艳玲
责任编辑/张丽丽　王　颉

出　　版/社会科学文献出版社·皮书出版分社（010）59367127
　　　　　地址：北京市北三环中路甲29号院华龙大厦　邮编：100029
　　　　　网址：www.ssap.com.cn
发　　行/市场营销中心（010）59367081　59367090
　　　　　读者服务中心（010）59367028
印　　装/北京季蜂印刷有限公司

规　　格/开　本：787mm×1092mm　1/16
　　　　　印　张：22.5　字　数：343千字
版　　次/2015年10月第1版　2015年10月第1次印刷
书　　号/ISBN 978-7-5097-7655-1
定　　价/79.00元

皮书序列号/B-2015-446

主编简介

钟秉枢　教授、教育学博士，首都体育学院院长，北京体育大学博士生导师，福建师范大学博士生导师，兼任国际教练教育委员会副主席、国际大体联学术委员会委员、国际排联规则委员会委员、中国大学生体育协会副主席、中国大学生体育协会空手道分会主席、中国体育科学学会常务理事、中国体育科学学会运动训练学分会主任委员、中国教育技术学会副会长、中国教育技术学会高校体育专业委员会主任委员、中国传播学会体育传播专业委员会副主任委员、中国成人教育协会体育高等教育专业委员会副理事长、教育部高等学校高职高专文化教育类专业教学指导委员会委员、中国排球协会副主席、《中国学校体育》主编。享受国务院政府特殊津贴，人事部新世纪"百千万人才工程"首批国家级专家。主要从事体育教育训练学、体育人文社会学和高教管理方面的研究。截止到 2012 年出版了《我国优秀运动员群体社会流动的研究》、《社会转型期我国竞技体育后备人才培养及其可持续发展》、《奥林匹克品牌》、《职业体育》、《我国综合型体育赛事改革的研究》、《执教成功之道》、《团队管理与领导艺术》等著作 20 多部，发表论文 300 余篇，获得国家级教学成果二等奖 3 项、省部级教学成果奖 9 项、省部级科研成果奖 11 项。

陈　杰　北京市体育局副局长、党组成员。主要负责体育产业、体育行业安全监管、规划建设、体育竞赛等工作。主持体育产业发展规划和管理工作，从事体育经济和产业政策研究。近年来，主持完成重点研究课题"北京市体育竞赛表演业发展环境调研报告"、北京市人大重点议案"关于发展体育领域新兴服务业情况的办理报告"等。创办《投资体育》，组织实施多项大型国际体育赛事和中国（北京）国际服务贸易交易会（京交会）体育服务贸易大会等，为宣传、展示北京体育产业的发展，搭建了交流合作平台。参与调研起草的《北京市人民政府关于加快发展体育产业的实施意见》已经由北京市政府颁布实施，其他多项体育产业科研成果得到了社会的肯定与好评。

杨铁黎　教授、教育学博士，首都体育学院继续教育学院院长、博士生导师。兼任教育部职业院校教育类教学指导委员会委员、中国市场学会常务理事、中国体育科学学会体育社会学分会常务委员、中国大学生体育协会高校体育战略研究会常务理事兼秘书长。主要研究方向为体育产业与体育市场营销。截止到 2014 年，主持国家哲学社会科学项目"关于我国体育赛事市场化运作过渡性特征的研究"和"我国职业体育发展环境研究"；主持"对我国体育经济类科研成果的回顾与展望"、"北京市体育产业现代化指标体系构建与评价"、"京津冀体育产业一体化发展战略研究"等省部级课题 8项；发表学术论文 40 余篇，出版《职业篮球市场论》等专著 8 部，主编《体育产业概论》、《休闲体育产业概论》、《体育市场与营销》等教材 12 部。其中，专著《职业篮球市场论》获得北京市哲学社会科学优秀成果奖二等奖、论文《建立我国体育服务业质量管理体系的研究》和《对我国体育经济类科研成果的回顾与展望》均获得国家体育总局体育社会科学优秀成果三等奖。获得第九届北京市高校教学名师奖。《"五位一体"的奥林匹克教育模式的创新与实践》获得 2009 年国家体育总局教学优秀成果奖二等奖。获得北京市人才强教"拔尖创新人才"称号。

摘　要

《北京体育产业发展报告（2014~2015）》（以下简称《报告》）终于面世了，它是在北京市体育产业各要素蓬勃发展、北京市各项体育赛事充分活跃的背景下完成的。在过去一年里，北京国际马拉松赛及中国网球公开赛等各项体育产业事件，为北京体育产业插上了腾飞的翅膀、安上了助推的引擎。在这一年里，北京市体育产业更自信、更开放，且发展更具有前瞻性，我们为能见证北京体育产业这一发展现状而备感骄傲，也更有期待，这是一个体育产业发展的大时代！

《报告》是国内关于北京体育产业的第一本蓝皮书，是由首都体育学院、北京体育大学、北京大学、北京师范大学体育产业领域学者组成的专家团队，通过深度调研撰写而成的年度权威报告。在研究撰写过程中，运用调查法、数量研究法、文献资料法、定性分析法、个案研究法等多种研究方法，耗时近一年，对北京市体育产业政策、体育竞赛表演业、体育健身休闲业、体育用品业、体育场馆业、体育中介服务业、体育传媒业、体育彩票业、体育人才培养等进行了全面梳理。调研和撰写全部是在尊重市场和产业事实、深度挖掘和阐述数据的基础上进行的，为业界全方位呈现出北京体育产业的基本价值形态、产业赢利模式、产业发展规律和产业发展战略。

《报告》涵盖了北京体育产业发展的各要素领域，回顾发展历史、分析发展现状、展望发展未来。2013 年，与体育赛事相关的北京市体育组织管理活动和体育中介活动领域的收入占北京市体育产业收入的比重达 17.6%，体育赛事对北京体育服务业发展的带动作用明显。北京市体育服务业作为北京市体育产业的核心，对体育产业发展的贡献率最高，在全国居领先地位。北京市体育服务业实现收入 306.7 亿元。北京市体育健身休闲业在社团的带

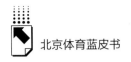

动下，形成了多元的、高中低层次互补的发展格局，与城市发展相得益彰。北京市体育用品业在宏观经济环境、产业竞争环境、产业政策环境、产业社会环境等方面具有发展优势，体育用品业企业数量在全国名列前茅，产品种类齐全，出口规模呈减小趋势，进口总额上升明显。作为不断成长的世界体育中心城市，北京市积极引导体育要素、体育信息、体育研发创意等体育产业高端环节发展，推动体育产业与文化、互联网、健康、金融等关联产业的融合发展，形成良好的产业经济体系，提高体育产业可持续发展能力。

与已有体育蓝皮书相比，北京体育蓝皮书加大了对体育产业政策、体育传媒业、体育彩票业、体育产业人才的调研和梳理。北京市作为中国体育媒体产业发展的前沿阵地，其规模和市场发展都较为完善。北京体育彩票业的销售额和销量整体呈跨越式增长，在推进体育产业发展的过程中扮演越来越重要的角色。北京市体育产业人才发展在人才数量、质量方面居历史最高位。

《北京体育产业发展报告（2014～2015）》是北京体育蓝皮书系列的开篇之作，2015 年，我们还将继续。

前　言

北京具有首都的区位优势，是我国政治中心和文化中心，近20年来体育产业得到了长足的发展。特别是通过成功筹办和举办第二十九届奥运会，北京体育产业的发展迈上了一个新的台阶。2010年北京又迎来了建设中国特色的"世界城市"这一新的历史发展机遇。这意味着北京开始由"奥运城市"向着更高层次的"世界城市"转型，北京体育产业由此也进入了一个新的发展时期。

2010年3月24日，国务院办公厅颁布了《关于加快发展体育产业的指导意见》，该意见的颁布反映了体育产业在我国经济发展中的特殊重要作用已经得到政府部门的高度重视。《关于加快发展体育产业的指导意见》明确提出了"到2020年，培育一批具有国际竞争力的体育骨干企业和企业集团，形成一批有中国特色和国际影响力的体育产品品牌；建立以体育服务业为重点，门类齐全、结构合理的体育产业体系和规范有序、繁荣发展的体育市场；形成多种所有制并存，各种经济成分竞相参与、共同兴办体育产业的格局；形成与国际接轨、管理规范、充满生机活力的体育社会组织体系；居民人均体育消费显著增加，体育服务贸易较快发展，体育产业从业人数占全社会就业人数比例明显提高，体育产业增加值在国内生产总值中所占比重明显提高；形成体育公共服务与市场服务相互结合、体育事业与体育产业协调发展的良好局面"的主要目标。北京市政府根据《关于加快发展体育产业的指导意见》精神，2012年研究制定并颁布了《北京市人民政府关于加快发展体育产业的实施意见》（京政发〔2012〕17号）。该意见结合北京经济社会和体育发展实际情况，提出了"力争'十二五'期间，北京市体育产业增加值每年以12%左右的速度增长；到2015年，体育产业增加值占全市地区生产总值的比重从2010年的0.8%提高到1.5%，体育服务业增加值占体育产业增加值比重达到

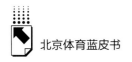

55%以上，体育产业从业人员从'十一五'末期的10.8万人增加到15万人以上，体育产业成为首都消费型服务业的新亮点；初步形成体育公共服务与市场服务相结合、体育产业与体育事业协调发展的良好局面"的发展目标，并提出了在"十二五"期间着力增加体育服务和产品供给，着力优化体育产业结构和布局，着力提升体育产业发展质量和水平，着力建设首都体育产业发展"五个中心"：国际体育赛事中心、体育健身休闲中心、体育营销和会展中心、体育文化创意和传播中心、体育中介服务中心，促进体育产业与体育事业、竞技体育与群众体育协调发展的规划。

《北京体育产业发展报告（2014～2015）》是首次以蓝皮书的形式对北京市体育产业发展进行系统的研究。本书以国家统计局和国家体育总局颁布的《体育及相关产业分类标准》为基本依据，结合北京体育产业发展的环境和特点，从体育产业政策、体育竞赛业、体育休闲健身业、体育用品业、体育场馆业、体育传媒业、体育中介服务业、体育传媒业、体育彩票业、体育人才培养以及北京体育产业园区规划等几个方面进行了研究。

本项目组由首都体育学院、北京体育大学、北京大学、北京师范大学的相关专家学者构成。

为了更加准确客观地反映北京市体育产业发展现状与趋势，项目组在本书的编撰过程中共召开六次研讨会，对北京市体育产业发展的脉络、发展环境、发展现状、发展特点、发展趋势等问题进行了讨论、梳理与分析。因为是第一部北京体育产业发展报告，为了体现本研究的完整性，每个分报告都对该领域的基本要素进行了概述性的介绍。本研究以事实为依据，以数据为支撑，在加以归纳、整合、分析的基础上，力争凸显蓝皮书的学术性、权威性、全面性、实用性、时效性的特征，以期为政府相关管理部门提供信息咨询，为体育相关企业提供市场资讯，为相关学者研究提供参考。

在本研究过程中，北京市体育局和北京市统计局给予了我们大力支持，提供了数据和文献等，在此致以诚挚的感谢。

由于我们水平有限和一些客观原因的限制，虽尽了最大努力，但仍存在诸多遗憾，请各位读者给予批评指正并提出宝贵建议。

目 录

皮书数据库阅读 使用指南

总 报 告

General Report

B.1

北京市体育产业发展形势分析与预测

杨铁黎*

摘　要：　《北京体育产业发展报告（2014～2015）》是在北京市体育
产业各要素蓬勃发展、北京市各项体育赛事充分活跃的背景
下完成的。作为第一本北京体育蓝皮书，本书总结分析了北
京市体育产业发展的各要素领域，主要结论是：北京市体育
产业发展规模稳步增长、体育产业结构进一步优化、体育产
业化质量进一步提升、体育产业政策的引领和规范作用进一
步增强、体育竞赛表演业亮点纷呈、体育健身休闲业呈多元
化和多层次趋势、体育用品业科技含量有所提升、体育场馆
业运营模式进一步创新、体育中介服务业贡献率逐渐提高、
体育传媒业日益活跃、体育彩票业快速增长、专业人才培养

---

* 杨铁黎，首都体育学院教授。

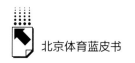

力度加大，但仍不能满足社会需求。

关键词： 体育产业　体育竞赛表演业　体育用品业

一　北京市体育产业发展总体情况

（一）体育产业平稳健康发展，规模稳步扩大

2008 年北京奥运会之后，北京体育产业进入新的发展阶段，经济社会效益进一步凸显。2012 年，在宏观经济增长放缓的压力下，北京体育产业平稳健康发展，规模稳步扩大，实现增加值 144.2 亿元，按现价计算，比上年增长 11.7%；体育产业增加值占全市 GDP 的比重由 2009 年的 0.75% 提高到 2012 年的 0.81%；对经济增长的贡献率由 2009 年的 0.2% 提高到 2012 年的 1%。吸纳就业方面，从业人员 12.3 万人，比上年增长 2.8%，占全市从业人员比重由 2009 年的 1% 提高到 2012 年的 1.1%（见表 1）。

表 1　2012 年体育产业主要指标情况

类　　别	增加值		收入		从业人员	
	绝对值(亿元)	增速(%)	绝对值(亿元)	增速(%)	绝对值(万人)	增速(%)
体育组织管理活动	33.1	18.0	108.3	10.2	1.6	3.5
体育场馆管理活动	8.6	-2.9	18.7	16.2	0.7	9.4
体育健身休闲活动	14.0	4.0	41.2	8.3	3.0	0.1
体育中介活动	5.0	17.0	21.8	5.8	0.4	2.0
其他体育服务活动	19.8	38.3	77.7	23.8	1.3	6.9
体育用品、服装鞋帽及相关体育产品的制造	12.7	6.4	61.6	31.1	0.9	-5.1
体育用品、服装鞋帽及相关体育产品的销售	50.1	11.7	436.5	17.3	4.3	10.1
体育场馆建筑活动	0.9	-73.7	11.2	-57.3	0.1	-65.4
合　　计	144.2	11.7	777.0	14.1	12.3	2.8

（二）产业结构进一步优化，服务业贡献率提高

体育服务业作为北京市体育产业的核心，在体育产业发展各领域中增长速度最快，对产业发展的贡献率最高。北京市体育服务业增加值占体育产业的比重从 2009 年的 49.5% 提高到 2012 年的 55.7%，增加值年均增长速度为 21.2%。2012 年体育服务业对体育产业的贡献率达 76.6%，体育服务业的升级发展对北京市体育产业质量和效益的提升带动作用明显。劳动生产率方面，2012 年北京市体育产业人均实现增加值 11.2 万元，是 2009 年的 1.4 倍。

（三）"五个中心"目标有效引领产业升级

《北京市"十二五"体育产业发展规划》提出的"五个中心"目标的工作推进顺利，引领产业不断升级。

表 2　优先发展目标实现指数情况

类　别	2010 年	2011 年	2012 年
优先发展目标实现指数	116.8	102.0	119.5
大型体育赛事指数	120.8	122.9	128.8
体育用品销售活动增加值增速指数	109.1	156.5	168.8
体育中介活动增加值增速指数	148.5	43.5	102.2
体育传媒活动增加值指数	120.8	122.9	128.8

国际体育赛事中心建设促进办赛层次和效益的提升。2012 年，大型体育赛事指数进一步提高，为 128.8（见表 2），北京市共举办大型体育赛事 386 项次，其中国际体育赛事 29 项次，比 2009 年增加 1.9 倍；在赛事的举办过程中，市场化运营模式日渐成熟，赛事品牌影响力和商业价值明显提高。2012 年，与体育赛事相关的体育组织管理活动和体育中介活动领域对全市体育产业产值增长的贡献率达 39.3%。赛事的成功举办还有力地拉动了场馆周边的餐饮、娱乐消费，带动了体育服装鞋帽零售业及赛事赞助商销售业绩的增长。2013 年北京市共举办了 443 项体育赛事，其中，国际级体育赛事 51 项、国家级体育赛事 56 项、北京市级体育赛事 336 项。

体育营销会展中心建设助力体育用品、服装鞋帽销售。2009～2012年，体育优先发展目标实现指数受2011年体育用品业销售下滑影响短期回调后，重回增长轨道。户外用品领域成为体育用品、服装鞋帽等销售领域新的增长点，态势向好。2012年，北京市体育销售领域增加值较上年增长11.7%，占体育产业增加值的比重为34.8%；体育用品销售活动增加值增速指数较上年增加了12.3。

体育文化创意传播中心建设推动体育与文化相融合。2012年北京市体育传媒活动增加值指数为128.8，体育传媒活动增加值占体育产业的5.3%，在奥运会和世界杯的举办之年，体育电视节目收视率提升，广告收益增加，体育传媒业的关注度提高显著，增加值增长快。体育传媒活动在产业的发展中占据支柱地位，不仅提升了产业的创意含量，而且提高了体育对其他产业的渗透力和带动力，实现了产业的相互提升。

体育中介服务中心建设助推体育中介领域向好发展。2012年，体育中介单位作为赛事经纪、商务代理等活动的市场主体，业务活动进一步拓展，对京外业务辐射能力也进一步增强，赢利水平稳步提高，增加值呈现较快增长的态势。2012年，北京市体育中介活动领域实现增加值5亿元，比上年增长17%，虽然由于2010年基数较高，2011年增速有所回落，2012年体育中介活动增加值增速指数下降后反弹为102.2。

体育健身休闲中心建设带动全民健身发展。首都社区体育蓬勃发展，2012年，北京市晨晚练辅导站6622个，2009年起年均增长10.4%；社区健身俱乐部117个，2009年起年均增长17.6%。市场化的健身休闲业也是体育健身休闲中心建设的重要组成部分，2012年，北京市体育健身休闲活动领域实现收入41.2亿元；从业人员3万人，占全市体育产业的24.4%。

（四）体育产业呈现质量提升、效益增长和产业优化等特征

相比2010年，2012年北京体育产业发展质量指数提升，规模与速度指数下降（见表3），这表明北京市体育产业保持一定速度增长的同时，发展

质量也稳步提高。北京奥运会后发展质量各分指数全面攀升，北京体育产业在奥运会后步入了一个新的增长周期，产业核心竞争力持续增强，效益稳步提升成为重要特征，相比规模扩张，产业的发展更依赖于质量和效益的提升，内涵型增长态势已初步显现。

表3　规模与速度指数和发展质量指数情况

类　别	2010 年	2011 年	2012 年
规模与速度指数	141.0	137.8	138.6
体育产业增加值占 GDP 的比重指数	175.0	167.4	174.1
体育产业增加值增速指数	103.2	103.2	103.8
体育产业贡献率指数	101.0	103.8	103.8
体育产业从业人员的比重指数	185.8	177.9	173.3
发展质量指数	110.0	112.5	114.0
体育产业劳动生产率指数	107.8	110.1	113.6
体育服务业占体育产业的比重指数	99.5	103.7	106.0
体育赛事管理活动占体育服务业比重指数	103.4	104.9	105.4

二　北京市体育产业政策引导分析

政府制定科学合理的体育产业发展政策，可以引导体育产业朝既定的高度化目标发展。北京市政府及北京市体育局对体育产业高度重视，根据北京市经济社会发展实际情况制定和出台了一系列体育产业政策和管理文件，引领和规范了北京市体育产业的发展。

（一）体育产业政策的引领和规范作用

自我国第一部《中华人民共和国体育法》颁布后，北京市的体育法治建设进入快速的发展时期。据统计，截至 2013 年底，以北京市政府和北京市体育局的名义制定的规范性文件有 12 部，为北京市体育事业沿着规范化、法治化方向发展奠定了坚实的制度基础。

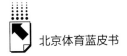

为了迎接 2008 年北京奥运会的召开，2007 年北京市委、市政府及时颁发了《中共北京市委北京市人民政府关于促进体育产业发展的若干意见》（京发〔2007〕15 号）。该意见围绕抓住北京举办第二十九届奥运会的机遇和建设国际化体育中心城市的构想，提出了充分发挥首都优势、提高服务保障能力、促进体育产业发展的开创性发展措施。如加大财政支持力度、充分发挥政府资金的引导作用、积极吸引社会资金参与各类体育运动尤其是青少年体育运动的普及与提高。该意见提出设立北京市体育产业发展引导资金（每年 5 亿元），充分发挥政府资金的引导和释放作用，并带动社会资本投入体育产业，形成多元化投资主体。引导资金主要支持对象包括竞赛表演业、全民健身服务业、体育产业功能集聚区类项目、体育用品生产加工销售业类项目，引导行为基本收到了预期效果；拓宽投融资渠道，放宽市场准入政策，鼓励民营资本和外资以独资、合资、合作、联营、参股、特许经营等方式投资体育产业；促进落实扶持体育产业发展的税收支持政策等的一系列措施也都在体育产业发展中起到了一定的积极作用。

为了落实国务院颁布的《关于加快发展体育产业的指导意见》的精神，2012 年北京市颁布了《北京市人民政府关于加快发展体育产业的实施意见》。该意见在总结北京奥运会期间体育产业发展的基本经验的基础上，对新时期的体育产业发展进行了进一步的谋划、规范和引领，使奥运会成果得到继承巩固和发展，进一步建立健全了奥运会成果赛后利用的长效机制，延续和提升了奥运效应，为北京体育产业长期可持续发展提供了动力。该意见的核心要点包括：①进一步强调充分发挥政府在体育产业发展中的主导作用，充分发挥市场在体育产业资源配置中的基础性作用，逐步改善政府促进体育产业发展的手段和方式，提升体育产业发展的市场化程度。加快完善体育公共服务体系，积极培育一批体育公共服务精品项目，进一步推动居民体育消费。培育多元化的市场参与主体和公共体育服务提供主体，增强群众体育发展活力。②促进体育产业结构优化升级。发挥首都资源优势，大力发展体育健身休闲业，加快发展体育竞赛表演业，做强体育场馆服务业，着力提升体育服务业在体育产业中所占的比重。③支持大型体育企业集团化发展，鼓励竞争力强、有实力的体育企业走产业集团化发展道路。支持中小型体育企业发展，鼓励和引导各类民间资本结合大众体育需求，发展"专、精、特、新"的中小型体育企业。④继续设立体育产业发展引导资金，并在逐步扩大总体规模的基础上，加大对体育健身休闲业、体育场馆服务业、体育用品制造和销售业以及体育竞赛表演业的扶持力度。⑤加大对体育中介服务组织的政策支持力度，对经认定的体育中介服务组织及其开展的体育中介服务，政府要予以资金支持。⑥加强组织领导和统筹协调，要将体育产业发展纳入经济与社会发展规划，制定和组织实施体育产业发展专项规划。建立北京市体育产业发展联席会议制度，强化部门之间的沟通协调，研究制定全市体育产业发展的重大战略和政策，统筹解决产业发展中的重大问题，协调推进重大项目建设。⑦进一步完善体育产业政策体系。

《北京市人民政府关于加快发展体育产业的实施意见》对奥运时期北京市体育产业的发展起到了重要指导作用。

（二）有待完善的体育产业政策

（1）完善政策支持体系。把体育产业纳入北京市促进文化产业发展的政策框架，逐步完善政策支持体系。

（2）落实税收优惠政策。从事体育产业并符合有关条件的纳税人，可按照相关规定享受有关税收优惠政策。

（3）落实土地保障政策。在现有体育用地总量基础上，力争每年都增加对体育用地的供给。对新征土地用于体育产业经营的，按照国家及北京市有关规定予以支持。

（4）落实投融资促进政策。健全体育产业投融资促进工作机制，完善多渠道、多层次的融资服务体系。加强政策引导，鼓励支持各类金融机构根据实际需要，积极开发新产品、开拓新业务，为北京市体育企业和体育产业发展提供服务。

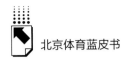

三　北京市体育竞赛表演业现状与市场前景

体育竞赛表演业是体育产业的龙头产业。通过十几年来的探索,北京市已打造出世界斯诺克中国公开赛、中国网球公开赛、北京马拉松赛等经典品牌赛事和北京国安足球俱乐部、北京首钢篮球俱乐部、北京现代排球俱乐部等品牌职业俱乐部。体育竞赛市场呈现出一派繁荣景象。

(一)体育竞赛表演业发展现状

近年来,北京体育赛事的一个重要特点是社会参与日益增多,社会化和市场化程度日益提高。2013 年北京市举办的体育赛事中有 215 项由社会团体主办、28 项由商业公司自行主办,占到总赛事数量的约 55%。需要特别指出的是,在政府主办的 200 项赛事中,有很大一部分赛事活动是由政府牵头、商业赛事公司组织运行的。

票务市场是体育竞赛表演业的基础性消费市场,其成熟程度和收益水平直接反映了体育竞赛表演行业总体的发展质量。从门票获取的途径测试来看,选择"朋友赠送"和"客户赠送"的最多,占比分别为43.3% 和 20%,真正通过网络和票务网点购票的,占比分别只有26.67% 和 5%。

近 20 年体育赛事的电视化和娱乐化,使得电视转播市场已经成为体育竞赛表演业和国际主流赛事的核心市场。由于中国转播媒体面临特殊的体制环境,体育竞赛表演业在国内电视转播方面难以产生实质收益,甚至可能会成为赛事运营的主要成本。可以预见,随着 PPTV、乐视网等新媒体加入体育赛事转播的媒体阵营,在线观看群体人数将逐渐增加,新媒体在未来转播市场的影响力越来越大,这将在一定程度上改变转播市场的格局。

随着高级别的大型体育赛事产品的引进,北京市体育竞赛表演业的赞助市场将越来越活跃,赞助已成为北京市体育赛事表演业的主要收入来源。通过对北京市体育竞赛表演业 7 个最主要的赛事产品提供方的赞助商状况进行梳理，发现北京市体育竞赛表演业的主要赞助大户是北汽集团、北京现代等北京市本地的大型企业，外地赞助企业较少且赞助级别较低，存在过多依赖"政府摊派式"的赞助、赛事赞助权益回报简单化、体育赞助市场隐形营销等问题，已成为制约赞助市场发展的主要瓶颈。

运动员转会市场中的运动员是竞赛表演业的特殊商品，商品的实质是运动员所具备的专项运动才能具有的使用价值和交换价值。从近几年北京市三大球职业俱乐部球员的交易情况看，足球联赛中的北京国安转会市场最活跃，其次是篮球联赛中的北京首钢，排球联赛转会市场最不活跃。

体育特许经营是国内外体育组织、重大体育赛事、著名运动员无形资产的重要内容和经营开发的重点领域。但北京的特许经营市场还有待进一步开发，国安足球、首钢篮球职业俱乐部虽然在特许产品方面进行了一定开发，但这部分收入在总体收入中可忽略不计。

（二）体育竞赛表演业市场前景

《北京市"十二五"时期体育发展改革规划》和《北京市人民政府关于加快发展体育产业的实施意见》中都把主办和承担重大国际和国内体育赛事作为发展重点，对一些有特色的体育赛事给予政策支持和资金支持。

从中国网球公共赛、北京首钢篮球职业俱乐部和北京国安足球职业俱乐部的比赛的观众人数的变化，可以看出近年来北京市居民对观看体育赛事的需求越来越大，一些场次的比赛一票难求。这反映了北京市观看体育比赛的人数明显增加，对高质量体育赛事需求旺盛。

随着北京市经济社会的发展，体育产业蓬勃发展，市场环境趋好，吸引了越来越多的企业（公司）参与到体育赛事的承办活动中来。体育赛事承办主体更加多元化，民间力量今后将承办更多体育赛事。此外，群众性体育赛事也呈快速发展趋势。

北京市居民体育消费意识不断增强，人们购买门票观看体育比赛的意识

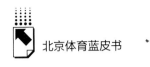

日渐增强，北京市体育赛事票务市场前景趋于乐观。

虽然电视转播仍属于垄断行业，这一局面在短时间内很难有较大突破，但在线观看群体仍将逐渐增大，这将使得网络媒体和新媒体在未来转播市场的影响越来越大，在一定程度上会改变转播市场的格局。

北京市体育赛事赞助市场前景比较乐观，一些国际和国内的品牌企业将会更多地加入大型体育赛事赞助市场。

转会市场集中于职业联赛市场，主要体现在北京国安足球、首钢篮球职业俱乐部和北京现代排球职业俱乐部购买或引进球员方面。北京市体育赛事运动员转会市场将呈渐进式上升发展趋势。

北京市体育赛事的特许经营市场目前仍处于初级阶段，除了少数有影响力的体育赛事具有此方面的开发能力外，其余体育赛事均在此方面处于待开发阶段。

四　北京市体育健身休闲业现状与市场前景

体育健身休闲业是北京体育产业的基础性行业，大力发展这一行业既符合北京城市功能定位和产业结构调整方向，又符合体育产业结构合理流动规律。"十二五"时期要把北京建成全国体育健身休闲消费中心，要以原有八大体育产业聚集区为核心载体，发展各具特色的体育健身休闲项目，同时要在怀柔、门头沟、房山、延庆等生态环境优越的远郊区县发展有特色的健身休闲项目。

（一）体育健身休闲业发展现状

北京市体育健身休闲业已经走过了 30 多年的发展历程，经历了萌芽、培育、快速成长、重组与优化 4 个阶段，逐渐形成了多元化发展、规模化组建的发展趋势。随着《全民健身条例》的不断贯彻实施和北京市居民生活水平的不断提高，北京市居民体育健身参与意识显著增强，体育健身已成为北京市居民"科学、健康、文明"生活方式的一部分。健身俱乐部充分顺应市场需求，实现了多样化、规范化的发展。

北京市体育健身休闲活动逐年增多，据 2012 年北京市体育产业发展评价报告，2012 年北京市体育健身休闲活动绝对值增加 14 亿元，增速为 4%；收入绝对值为 41.2 亿元，增速为 8.3%；从业人员为 3 万人，增速为 0.1%。北京体育健身休闲产业进入新的发展阶段，经济社会效益进一步凸显。2012 年，在宏观经济增势放缓的压力下，健身休闲业平稳健康发展，规模稳步扩大。

经营型体育健身休闲业的健身休闲项目更加丰富，由传统的篮球、排球、足球、羽毛球、乒乓球、游泳等发展到包括高尔夫、滑雪、水上运动、马术等在内的新兴项目。同时，民族传统项目也在近年来健身业的大力推动下呈现积极态势。此外，一些要求较高的特殊项目如滑翔伞、攀岩、漂流、沙漠穿越、越野生存等也应运而生。

随着北京春季长跑暨国际长跑节、北京万人太极拳表演、京城羽毛球千人挑战赛、北京晚报百队杯足球赛、和谐社区乒乓球比赛、北京市健身俱乐部挑战赛等多项体育品牌活动的开展，群众健身意识普遍提高，初步形成了具有北京特色的国际化、大众化、多样化的全民健身活动体系。

2013 年，据北京市体育局调查，北京市经常参加体育锻炼的人数所占比重基本保持在 49%，老年人、残疾人参加体育锻炼的人数所占比重不断提高；各类体育场地达到 1.41 万个，100% 的街道（乡镇）、有条件的社区和 100% 的行政村建有体育设施，100% 的区县建有多功能全民健身体育中心，72.5% 的具备建设条件的城市公园、郊野公园建有健身场地设施；获得社会体育指导员等级证书的注册人数达到 39951 人。

体育健身休闲中心建设带动了全民健身发展。2013 年，北京市已有 1453 个社区达到体育生活化社区标准，占全市社区总数的 52.4%。共有北京市体育生活化社区 632 个，为达标社区提供扶持资金 3160 万元。推广体育生活化社区体质促进项目，采取购买服务的方式为 1264 个社区配发锻炼器材。对 1497 名社区体育骨干进行了培训，并在各区县开展推广活动，指

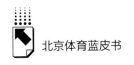

导各社区充分利用锻炼器材组织开展健身活动和趣味比赛。

截至 2013 年，北京市建设体育健身中心总投资 7.26 亿元，建成全民健身工程 6069 个，总面积 419 万平方米；全民健身专项场地 282 个。2013 年北京市体育局组织开展了室外健身器材质量检查工作，对 200 套全民健身工程器材进行了更新；对各区县建设的 206 片专项活动场地进行了验收；命名第 8 批 12 个北京市社区健身俱乐部。

在北京市体育局注册的社区体育健身俱乐部有 84 个，其中 58 个社区体育健身俱乐部对居民免费开放，开展的活动项目涉及健身、篮球、羽毛球、乒乓球、台球、健身舞、秧歌、广场舞、跳绳等，活动项目多样化，极大地满足了社区居民健身娱乐的需求。目前，北京市体育生活化社区有 913 个，每个社区都有自发组织的各种健身队伍，涵盖舞蹈队、秧歌队、腰鼓队、太极拳队、健美操队、乒乓球队、门球队、空竹队等，组织项目也是应广大居民需求，由项目爱好者自发组织起来，规定了锻炼时间，并且各社区之间经常组织比赛，促进了各个项目在社区内的广泛开展。

目前北京市青少年俱乐部有 166 个，这些大都是中小学体育健身俱乐部，其中有 1433 名体育指导人员，开展的项目涉及球类、田径、游泳、跆拳道、健身操、形体、空竹等，组织项目大都源自青少年爱好，由青少年体育俱乐部组织实施开展。

（二）体育健身休闲业市场前景

公益性体育健身休闲业发展趋势向好。健康监测、健康评价与运动健身、休闲娱乐紧密结合，体育健身与医疗康复、社会交往等元素紧密结合的健身养生康复产业将得到发展。体育基本公共服务设施建设将得到进一步发展。

经营性体育健身休闲业发展趋势向好。随着体育健身休闲市场需求的日益增加，国外一些高端健身项目也会通过营销规模和先进手段在国内迅速渗透，加剧我国健身业的竞争。体育健身休闲俱乐部将进一步锁定目标市场，进行市场细分，根据消费者的需求提供更有针对性的产品和服务。休闲健身俱乐部营销手段将不断创新、不断升级，服务质量不断提高。由以往单一的以销售会员卡为主向以提高服务质量为主转变。注重建设越来越多的休闲健身俱乐部企业文化立足市场、持续发展的立足之本。

五 北京市体育用品业现状与市场前景

体育用品业是体育产业的重要组成部分。体育用品业的发展水平直接关系到体育产业的发展规模和体育服务业的发展质量。我国是体育用品生产大国，目前我国体育用品业产值占体育产业总产值的比重在60%以上。

（一）体育用品业规模

北京市体育用品业总体规模呈减小趋势。截至2013年第三季度，北京市体育用品行业企业单位数为3家，其中，亏损企业单位2家，亏损总额为648.6万元；资产总额为1.71亿元，同比增长6.28%；其行业负债总额为7639.5万元，同比减少6.56%。2013年前三季度，北京体育用品行业共实现销售收入3354.9万元，同比增长8.21%。

相对于全国体育用品业的从业人员规模，北京市体育用品业的从业人员规模较小。2010~2013年，北京市体育用品业从业人员总数逐年降低，且占全国体育用品业从业人员的比重均不到1%。

从销售规模上分析，截至2013年第三季度北京市体育用品业销售收入先增后减，2011年的销售收入同比增长21.12%，而2012年销售收入同比下降67.59%，2013年前三季度有所上升，为8.21%。这说明2012年北京市体育用品业产品销售处于市场低迷状态。

北京市体育用品业2010~2013年前三季度出口总额持续下降，从2010年的3183.26万美元下降至2013年前三季度的1762.61万美元。进口总额处于升降波动状态，从2010年的2618.12万美元降至2011年的2262.54万美元后，又上升至2012年的3436.59万美元。这说明北京市体育用品行业出口规模呈减少趋势，进口规模增大。

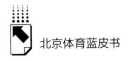

（二）体育用品业产品结构

从生产商的角度来看，李宁（中国）体育用品有限公司作为行业龙头企业，其主要产品为运动服装鞋帽及相关配件；同时还有一大批公司以各类体育器材为主要产品。它们的产品既有室内外的健身器材，也有专业训练器材。

从市场上的产品结构来看，北京的市场上拥有各类体育用品的零售商与批发商，从服装鞋帽及相关配件到健身器材再到高端的定制器材装备，北京体育用品市场的产品几乎囊括了所有种类，产品种类极其丰富。

（三）体育用品行业赢利能力

2013 年前三季度北京市体育用品行业的利润率大幅下降，销售利润率下降了近 20%，北京体育用品行业整体上的赢利情况不容乐观，赢利空间被大幅度地压缩，对于企业的进一步发展极其不利。这在一定程度上体现了行业赢利能力的不足。

（四）体育用品业发展前景

总体运行平稳，消费潜力大。《北京市 2014 年国民经济和社会发展统计公报》数据显示，初步核算，2013 年全市实现地区生产总值 19500.6 亿元，比上年增长 7.7%，总体经济保持了平稳增长态势。人均收入逐年增加，购买力不断提高。北京市统计资料显示，2013 年北京市城镇居民可支配收入 40321 元，比上年同比增长 10.6%；北京市农村居民纯收入 18337元，比上年同比增长 11.3%。消费者信心指数较高，体育用品消费潜力大。

老年体育用品市场逐渐升温。北京市政府网站"首都之窗"发布的《北京市 2011 年老年人口信息和老龄事业发展报告》显示，截至 2011 年底，北京市户籍总人口 1277.9 万，其中 60 岁及以上的老年人 247.9 万，占总人口的 19.4%；80 岁及以上老年人 38.6 万，占总人口的 3%。据《北京日报》报道，市老龄办政策研究室有关工作人员称，预计 2020 年前，北京每年新增老人将达 10 万以上。到 2030 年，北京市常住老年人口预计将超过 500 万，约占总人口的 30%。北京户籍人口老龄化远超全国均值。随着社会向老年化方向发展和老年人消费观念的不断转变，老年消费者构成的银色消费市场将会展示出量大面广的消费需求特点。老年人的消费观念正在改变，老年人的体育用品市场有着巨大的市场发展潜力。

北京户外运动用品行业呈现较快的发展趋势，2000～2010 年，行业零销总额年均增长率达到 47.33%，国内品牌表现非常出色，增长速度连续三年超过国外品牌。户外用品市场总体上呈现四大发展趋势。户外运动蓬勃兴起，为运动品牌发展带来了新的机遇。

北京市体育产业相关政策导向将不断加强体育产品的技术研发和科技创新，提高体育用品的科技含量，推动体育用品技术进步。

体育用品种类不断细分。如今的体育用品已不再只是体育服装鞋帽等，还包括运动器材、场地设施等专业性的体育用品。各运动项目对运动装备器材的要求不同，在国际市场上一些运动项目已出现有高科技含量的体育用品。有高科技含量的体育用品的生产需要专业化、精细化的研发生产技术，体育用品的生产今后将呈专业化发展趋势。

电子商务的发展为体育用品的销售提供了虚拟销售空间，是体育用品销售的新渠道。网络销售已经成为体育用品业产品营销的新方式。

高端体育用品行业的垄断格局进一步分化。国际知名的体育用品品牌依靠强大的技术优势和品牌优势垄断高端体育用品市场。而北京市体育用品业企业数量不多，应该通过技术创新和品牌建设，积极参与高端体育用品市场竞争。

六 北京市体育场馆业现状与市场前景

体育场馆业是体育产业发展的重要组成部分，也是体育产业发展的重要基础，同时，还是体育健身休闲业和体育竞赛表演业发展的载体。

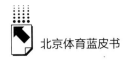

（一）体育场馆基本情况

2013 年，对北京市各区县较大的事业场馆进行调查的结果显示，北京市事业场馆大多修建于 2008 年之前，占比在 75% 以上。北京市体育场馆数量的增长，主要源于三次大型体育赛事，即 1990 年举办第十一届亚运会，新建体育场（馆）19 个，包括朝阳体育馆、丰台体育馆、石景山体育馆、北京大学生体育馆、奥体中心等；2001 年举办第二十一届世界大学生运动会，新建场（馆）7 个，包括广安体育馆、清华大学体育馆、北京航空航天大学体育馆；2008 年举办北京奥运会，新建场馆 11 个，包括具有地标性建筑的国家体育场（鸟巢）、国家体育馆、水立方等。

（二）体育场馆业运营总体情况

2012 年北京市体育场馆经营活动增加值 8.6 亿元，同比下降 2.9%；收入绝对值 18.7 亿元，增长 16.2%；从业人员 7000 人，增长 9.4%。

调查显示，北京市 15 家体育场馆 2012 年营业收入都在 400 万元以上，一些比较大的场馆如首钢篮球中心、奥体中心、首都体育学院场馆营业收入接近或超过 2000 万元。场馆经营收入主要来源于三大项：全民健身，体育比赛、训练，场馆功能用房出租。而在全民健身项目中，羽毛球、篮球、游泳是最受大众喜欢的项目。

从场馆的经营对象来看，各场馆逐渐走向会员制，以会员为主的占到 50%，以会员和散客为主的占到 18.8%，以散客为主的占到 31.2%。

对北京市 15 家场馆进行调查后的结果显示，经营状况亏损的场馆只占 14.3%，其中年赢利额达到 800 万元以上的有 4 家，占到 26.7%。

（三）体育场馆消费者分析

调查数据显示，北京市参与各类场馆健身的消费者中，男性消费者的比例为 68.8%，女性消费者的比例为 31.2%。60% 左右的消费人群的年龄在 25～35 岁。消费者的整体文化程度是比较高的，本科及本科以上学历的消费者所占的比例超过了 70%。消费者以月收入 3500 ~ 9000 元的人群为主，大约占所有被调查消费者总数的 50%。消费者健身的主要目的集中在促进健康、消遣娱乐、提高运动技能、塑身减肥等几个方面。消费者最喜欢的运动项目依次是：羽毛球、游泳、健身、篮球、乒乓球、网球等。消费者体育场馆健身支出分别是：场租和健身卡支出，羽毛球等相关器械装备支出，运动所需的水、饮料及其他食品方面的支出，停车费用的支出。支付来源有单位提供、个人自费、朋友赠予及其他来源四种途径。

（四）体育场馆运营发展前景

事业型体育场馆的发展方向主要是保持公益性，提供公共服务；积极依托体育竞赛资源，提高大型体育场馆的使用率；以体为主，多元化运营。

学校体育场馆的发展方向强调管理专业化、利用综合化、服务大众化、运作市场化。

企业体育场馆运营发展坚持提供服务多元化和一体化方向；企业体育场馆的运营应该以围绕体育活动的开展为主，不断增加企业体育场馆运营的商业项目，加强企业体育场馆无形资产的开发。

体育场馆数量将不会再出现大幅度扩张，特别是大型体育场馆已处于饱和状态。体育场馆建设将以远郊区县学校为主。

大型体育场馆的经营主要以承担大型体育赛事和大型文艺演出活动为主，中小型体育场馆将以开展多样化的休闲健身活动为主经营。

体育场馆经营方式和手段趋于多样化。体育场馆实行会员制，提供多样化和个性化服务及广告平台等。

七 北京市体育中介业规模与市场前景

体育中介行业作为体育产业的重要构成，是赛事经纪、商务代理等活动的市场主体。近年来北京体育中介行业业务活动进一步得到拓展，对京外业务的辐射带动能力也进一步增强，赢利水平稳步提高，增加值呈现较快增长

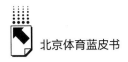

的态势。据调查统计，北京居民体育消费市场呈快速扩大态势，消费指数年平均增长率达20%，并且随着体育产业结构逐步优化，体育中介服务业已成为体育产业的重要支柱。[①]

（一）体育中介业总体规模

近年来，作为体育产业重要组成部分的体育中介服务业对体育产业发展的贡献较大。2012年收入绝对值达到21.8亿元，收入绝对值增速达到5.8%；增加值比上年增长5亿元，增速高达17%，比北京市体育产业增加值的平均增长率还高5.3个百分点；从业人员达到0.4万人，增速达到2%。[②] 2012年，与体育赛事相关的体育组织管理活动和体育中介活动对全市体育产业增长的贡献率达39.3%。

值得关注的是，体育中介行业的年增加值和增长率与其他行业——如体育用品、服装鞋帽及相关体育产品的制造与销售，体育赛事管理行业等——相比较，均处于较低水平。2008年北京市体育中介行业增加值为2.8亿元，增长了44.7%；而体育用品制造与销售行业增加值为38.6亿元，增长了100.6%。2012年体育中介行业增加值为5.0亿元，增长了17.0%；而体育用品制造与销售行业增加值为62.9亿元，增长了18.1%。两组数据表明，北京市体育中介行业的发展多年来均处于弱势水平。

（二）体育中介业市场前景

2013年，体育中介单位作为赛事经纪、商务代理等活动的市场主体，业务活动进一步得到拓展，对京外业务的辐射带动能力也进一步增强，赢利水平稳步提高，增加值呈现较快增长的态势。另外，政府对体育产业各项扶持政策的出台以及外部良好的经济发展环境、文化资源环境和科学技术环境为体育中介业发展提供了保障，体育中介服务行业市场规模将呈现不断扩大

① 王依杰：《我国体育中介市场交易费用的影响因素研究》，西南交通大学硕士学位论文，2008。

② 《2012年北京体育产业发展报告》，北京市体育局，2013。

的趋势,体育中介服务业的产业结构和产业层次也将不断升级。

北京市体育中介服务业的发展速度在不断加快,但众多体育中介服务企业和机构的经营管理能力和水平较低,导致其提供的体育中介服务产品的质量和层次不高。一方面,不能够满足高消费层次的消费需求;另一方面,由于普通民众的体育消费意识不强,所以,寻求体育中介服务的意愿也不强。因此,目前北京市体育中介服务行业仍然处于一种供大于求的状态,未来3~5年,北京市体育中介服务行业的这样一种供求状态仍将得不到根本性的改变。

就目前北京市体育中介服务行业的发展来看,还没有特别具有竞争力的体育中介企业,大部分是中小型的体育中介服务公司。目前向社会提供的体育中介服务产品的层次和水平还比较低,缺乏核心竞争力。在优质赛事资源一大部分被像 IMG 和盈方体育经纪公司占领的情况下,国内的体育中介公司将对有限的资源进行竞争,且有更加剧烈的趋向。

体育中介服务行业的信息竞争也日益激烈。

八　北京市体育传媒业格局与市场前景

体育传媒业是一个新兴产业,是体育产业的延伸部分。体育传媒业的兴起对体育产业发展起到不可或缺的重要作用。

(一)体育传媒业市场现状

电视、网络和综合类报纸/杂志,在体育受众每天获取体育信息的所有渠道中列前三名,其中,电视占 26.9%、网络占 10.6%、综合类报纸/杂志占 5.5%。至少每周有一次获取体育信息的渠道排名为电视 72.3%、网络30.9%、综合类报纸/杂志 25%、家人及朋友交流 24.4%、体育专业类报刊12%、手机及无线设备 11.3%、广播 9%、订阅手机短信服务 2.7% 及现场观看 0.7%。

2013 年随着互联网技术的进一步完善,各种新兴媒体不断涌现,传统的报业传媒市场遭遇了巨大的冲击，报业广告持续呈现负增长状态，报纸由于读者购买率下降零售发行量直接下滑。在2002年之前创刊的体育报纸达到了49种，达到了历史最高峰，大多在足球联赛、世界杯报道方面不计成本，随后大量投入的报纸面临入不敷出的尴尬境地，体育报纸的发展进入了动荡的时代，大批体育报纸停刊。当前体育杂志市场正处于大量重组和兼并中，每年均有一定数量体育杂志停刊并呈现愈演愈烈的趋势。纵观我国体育消费类杂志，市场表现好的刊物都有外刊的背景。

2013年是体育产业发展的小年，但体育节目的播出总量仍达到101958个小时，其中分布在省级的地面频道播出量占到54.2%，居首位；其次是城市频道；中央级频道的播出量仅为8.1%，但在收视市场的占有率却高达67.6%。面对新媒体带来的受众分流，作为中央台的专业性频道，CCTV5对优质赛事资源的占有也吸引了最广泛的北京地区的体育受众成为其收视人群。

在新媒体方面，体育消费者获取信息比例明显高于普通消费者。通过互联网获取体育信息的频率显著增加，30.9%的体育受众每周至少一次、10.6%的受众每天通过互联网获取体育信息。同时，通过互联网获取体育信息的人群也呈现年轻化趋势，超过50%的男性体育受众年龄在15~34岁，且大多接收过高等教育。其中，有47%的拥有大学以上学历，47%的受众家庭月收入在9000元以上。16%的体育消费者每天通过手机及无线设备获取体育信息，30%的体育消费者每周至少一次。随着新媒体的发展，这一比例在今后将不断扩大。

在以手机为代表的新媒体方面，有11.3%的体育受众每周至少一次通过手机及无线设备获取体育信息，有25%的会通过手机获取。北京地区通过手机获取体育信息的受众占比超过全国占比，达到了30%，这部分人群对高科技接收能力较强，多为15~24岁受过良好教育的人群。

随着整体广播受众数量的萎缩，体育广播的消费者数量也日趋减少，虽然有20%的体育受众仍通过广播获取体育信息，但他们的年龄集中在45岁以上。还有一点值得关注，体育广播能否通过适当方式与手机等新媒体结合，将是其今后发展的关键。

（二）体育传媒业市场前景

2013年5月，60余家报社在北京启动成立了全国云报纸技术应用平台，其中29家全国主流报纸签约该平台，联手开启了云读天下的传统媒体新时代。在目前智能手机发展迅速的情况下，云报纸是不是一个过渡的形态，还取决于报业自身探索的情况。

体育视频网站以其强大的融资能力、先进的技术、灵活的市场机制成为发展最快的网络媒体。体育电视与体育网络在竞争中不断前进，将共同推动体育媒体产业的发展。

对于传统体育传媒，移动媒体强势倒逼传统媒体变革。未来的2~3年，传统体育媒体尤其是市场化运作的媒体如果再不抓住移动化、数字化和网络化的大趋势，那么它们必将丧失最后的优势和资源，面临生死存亡的大问题。在此背景下，传统体育媒体纷纷推出移动传媒产品，如CCTV5移动客户端、BTV客户端、体坛传媒客户端等。

在新的媒体环境下，面对移动化浪潮和数亿级用户，体育传媒也必须在新的媒介产品上做出尝试和努力，其发展和探索也引人期待。

九　北京市体育彩票业格局与发展建议

体育彩票业在北京历经十多年的发展，作为一种新兴的投资和融资手段，不仅为体育事业的发展提供了稳定的经济来源，而且在体育产业中也扮演着越来越重要的角色。

（一）体育彩票业发展现状

经过多年努力，北京体育彩票销量实现了跨越式增长，市场份额更是自2004年以来首次超过50%。体育彩票产品不断创新，由原来较为单一的传统玩法发展到今天的多品种产品，进一步促进了体育彩票的消费。

北京市2013年逾50亿元的体育彩票销量中，竞猜型体育彩票销量

31.70 亿元，占总销量的 63.23%；乐透型彩票销量 11.69 亿元；即开型彩票销量 6.74 亿元。

2012 年北京市体育彩票销售额 38 亿元，体育彩票公益金筹集额 9.3 亿元，其中，上缴中央财政 4.6 亿元，上缴北京市财政 4.7 亿元。其中，群众体育支出占 47%，竞技体育支出占 53%。

北京市的体育彩票消费者年龄集中分布在 31~40 岁，占 51.33%；购买者以男性为主，占到 73.15%；体育彩票购买者学历相对较高，大学学历（本专科）的占到 57.31%；从购买体育彩票的职业分布情况来看，公司职员、个体经营者、知识分子与打工者是购买体育彩票的主力，其中公司职员占到 25.62%、个体经营者与打工者占 17.17%、知识分子占 14.42%。

（二）体育彩票销售遇到的主要问题

在对北京市体育彩票销售点目前存在的最主要问题的调查中，认为目前体育彩票销售点存在资料匮乏、图表不清晰、服务欠佳、设施不规范问题的占到 63.47%。

北京目前彩票的销售仍以单独的营销点为主，且网点的设置缺乏合理的布局。从调查情况来看，认为销售网点分布不均、不易购买的占到 22.01%，而且在一些人群较为密集的地区，如车站、大型商场、俱乐部等缺乏相应的设置。

体育彩票销售状态混乱，缺乏统一的销售形象，目前 14.52% 的消费者认为北京市体育彩票销售在这方面存在问题。

体育彩票销售缺乏针对各类需求的灵活多样的促销手段，表现在价格策略方面缺乏灵活性和市场宣传的单一性方面。

（三）体育彩票业发展政策建议

从世界体育彩票业的发展趋势来看，体育彩票要稳定发展和长盛不衰，除了政府及其有关部门的关心和支持外，关键还要依靠科学管理体育彩票产业，制定和实施适合本国国情的体育彩票法律、法规，将体育彩票纳入法治轨道进行管理；同时还取决于政府对发行体育彩票采取何种政策，使其真正成为筹集体育事业发展资金的行之有效的办法。这就需要加强对体育彩票业载体——体育赛事的监管；建立完善的体育彩票法律体系，针对赛事质量监控中出现的问题，合理地归属行业规章处罚和国家法律处罚；建立健全有可操作性的体彩管理制度。

十　北京市体育产业人才培养现状与趋势

北京市政府高度重视体育产业专业人才的培养，目前有十所高等院校开设过与体育产业相关的专业和培训，为北京乃至全国培养了一批专业人才。

（一）体育产业人才培养情况

目前北京市有北京体育大学管理学院、首都体育学院管理与传播学院、北京大学中国体育产业研究中心、北京师范大学体育运动学院、清华大学体育部、中央财经大学体育经济与管理学院、北京体育职业学院、北京汇佳职业学院、北京经济技术职业学院基础教育系、北京联合大学应用科技学院十所培养学历教育体育专业人才的高等院校。

由高校或社会培训机构开设的体育产业课程班或研修班，主要有研究生学历课程班、MBA课程班以及非学历教育项目，如2013年、2014年首都体育学院举办的两期中国体育场馆经营管理高级培训班，2012~2014年北京体育大学管理学院举办的三期中国体育场馆运营管理高级研修班，2012年北京大学中国体育产业研究中心举办的北京大学体育产业高级研修班。

国家人力资源和社会保障部、国家体育总局人事司、国家体育总局职业技能鉴定指导中心先后颁布了体育职业经理人、体育经纪人国家职业资格鉴定，相应的培训和认证工作逐渐开展起来。

（二）体育产业人才培养前景与走势

随着北京市体育消费需求的增长，体育产业及相关产业的发展对体育产

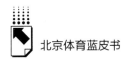

业人才的需求明显增强，高端体育产业人才仍将是稀缺性资源。国家体育总局、北京市体育局以及高校院所将会有针对性地培养高端体育产业人才，这些接受过专业教育的高学历人才进入市场，将会使中国体育产业更加专业化、职业化、国际化。

随着体育产业市场的培育发展，高校逐渐将学科视角拓展到市场需求视角，根据市场需求进行专业定位。一些高职、大专院校也将视角转向体育服务与管理，从事职业化、专门化的体育产业人才培养。体育产业人才的培养将趋向职业化，体育人才的培养将更加规范有序。

北京市体育产业人才随着体育产业市场的分化逐渐细分为组织型人才、管理型人才、运营与推广型人才和公关型人才。这些人力资源伴随着中国体育产业的成长不断成熟，成为带动中国体育产业发展的先驱性人才，在体育产业发展中起着承上启下、培养和带动后辈的重要作用。

为适应新形势下体育事业发展的需要，体育行业推行国家职业资格证书制度，在全国范围内开展体育行业特有职业的职业技能鉴定工作。目前，纳入国家职业大典的体育行业特有职业有：社会体育指导员、体育场地工、体育经纪人以及游泳救生员等。

分 报 告

Sup-Reports

B.2

北京市体育产业政策引导分析

何文义*

摘　要：　后奥运会时代，体育产业成为拉动北京经济增长、促进其经济结构转变的活跃产业之一。为进一步促进首都体育产业的持续、健康、快速发展，把北京建设成为国际体育中心城市，北京市出台了多项引导体育产业发展的政策。本报告梳理了我国及北京市体育产业发展脉络，结合国内外典型城市的体育产业政策经验，对北京市体育产业政策执行进行 PEST 分析，并对未来北京体育产业发展的重点及政策支持提出了建议，以期能对促进体育立法和体育的体制改革提供一定的参考。

关键词：　体育产业　政策引导　PEST 分析　北京

---

　*　何文义，北京大学中国体育产业研究中心执行主任，研究员，研究方向为体育产业、文化产业、伦理学、科学哲学等。

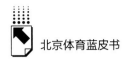

<h1 style="text-align:center">引 言</h1>

2008 年北京奥运会以后，中共中央提出我国要由体育大国向体育强国迈进，北京市政府各界也更加重视体育产业对北京市全面发展的重要意义。为进一步促进首都体育产业的持续、健康、快速发展，把北京建设成为国际体育中心城市，满足人民群众日益增长的多元化、多层次的体育需求，推动首都文化大发展大繁荣，加快转变经济发展方式[①]，北京市政府于 2012 年出台了《北京市人民政府关于加快发展体育产业的实施意见》，旨在优化体育产业结构和布局、增加体育服务和产品供给、提升体育产业发展质量和水平。并于 2013 年召开全市 2013 年度北京市体育产业工作会，总结北京市体育产业和市场管理工作，重点讨论了《〈北京市人民政府关于加快发展体育产业的实施意见〉重点工作任务 2013～2015 年工作计划（征求意见稿）》，市体育局要求全市体育产业管理机构要充分认清当前做好体育产业工作面临的形势，紧紧抓住消费和需求结构调整、经济发展转型、扩大消费拉动内需、国际化进程加速等历史机遇，优化产业发展环境，加快发展体育产业，为建设国际体育中心城市提供强有力的支撑。

<h2 style="text-align:center">一 体育产业政策概述</h2>

（一）体育产业政策内涵

体育产业在我国属于新兴的朝阳产业，体育产业政策制订背景不尽相同，存在着一个演变过程。由于研究角度与方法不同，学者对产业政策理解分歧较大，目前主要有以下三种定义：第一种是为专属产业制定的特定政

---

① 《北京市人民政府关于加快发展体育产业的实施意见》（京政发〔2012〕17 号）。

策；第二种是为了弥补市场缺陷而制定的政策；第三种是落后国家或地区制定的产业赶超政策。本文将产业政策定义为"由政府主导制定的用于主动干预产业经济活动的各种政策的集合"。体育产业政策是政府和体育主管部门为实现国民经济和社会发展目标，根据体育产业发展的客观要求和自身特点，主动运用各种经济手段和政策工具，规划、干预、引导体育产业的形成和发展的一种经济政策。[①] 国家统计局和国家体育总局颁布的《体育及相关产业分类标准》中指出：体育产业是"为社会公众提供体育产品和服务的产业活动，以及与这些活动有关联的产业活动的集合"。将其按活动性质分为"体育组织管理"、"体育场馆管理"、"体育健身休闲"、"体育中介"、"其他体育服务"、"体育用品、服装鞋帽及相关体育产品的制造"、"体育用品、服装鞋帽及相关体育产品的销售"和"体育场馆建筑活动"8个大类，共涉及国民经济行业分类的 25 个大类 42 个中类 57 个小类。

（二）体育产业政策作用

1. 弥补市场失灵的缺陷，有效配置体育产业资源

英国古典经济学家亚当·斯密曾指出，市场就像一只"看不见的手"，一切经济活动都可以通过市场本身自动实现平衡，从而主张"市场万能论"。然而，20 世纪初爆发的全球性的资本主义经济危机证实了市场并非万能的。于是以凯恩斯为代表的经济学家提出，市场机制存在着自身无法或难以克服的缺陷，即"市场失灵"，必须要靠政府这只"看得见的手"来进行弥补。这就是产业政策形成的逻辑起点，也是制定体育产业政策的根本所在。尤其是我国的体育产业发展刚起步，体育市场处于初步形成阶段，体育市场存在垄断、体育公共产品供给不足、外部性影响大以及市场信息不充分等问题，这就更需要政府发挥其对体育产业发展的宏观调控职能，制定相关的体育产业政策，以克服市场本身的缺陷。总结历史经验，我们可以对各国产业政策进行研究，发现最普遍的规律，从而弥补市场失灵的不足。事实证

---

① 周波：《我国体育产业政策的经济学分析》，《商场现代化》2010 年第 10 期。

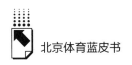

明，产业政策能够有效地提高经济运行的质量，解决市场的失灵问题。因此，制定科学合理的体育产业政策，把体育产业政策和市场机制有机结合起来，就能把市场失灵所带来的产业效率损失减少至最低程度，诱导体育产业朝既定的高度化目标发展。

2. 把握产业发展规律，促进体育产业高效发展

政府根据产业发展的规律，制定产业政策对产业发展进行主动干预，通过政策的力量来塑造和形成一种产业发展的优势条件，以促进产业的高效发展，实现某种经济发展战略。我国正处于经济新常态发展时期，经济建设的成就举世瞩目。北京作为我国的首都，在体育产业发展方面已然做到国内领先，但与发达国家城市相比，体育产业发展相对滞后，在国民生产总值中的占比仍然很低未来将有较大的发展空间。体育产业一般需要经过长时期的资金积累过程才能形成具有竞争能力的产业规模和技术体系，如果不给予政策上的主动引导和扶持，产业将无法在短期内实现快速发展。制订有效的体育产业政策将是政府在市场机制基础上更有效地实施"赶超战略"的需要。

3. 促进体育产业结构合理化

体育产业政策对体育产业结构变动起着重要作用。政府通过经济的、行政的和法律的手段，调节体育产业各部门间的资源配置，同时鼓励跨界与相关产业进行关联，形成新的商业模式和产业价值，由市场主导、以企业为主体来优化产业结构，促进体育产业结构的合理化。

4. 增强本国体育产业的国际竞争力

在经济全球化的驱使下，中国已成为引领时代的先锋。其中，体育产业全球化已是不可逆转的趋势。政府或体育行政部门可以通过制定体育产业全球化政策，加大体育产业的国际交流与合作，依托中国庞大的体育人口和体育市场，变现阶段的"后发"地位为"先发"优势，使中国体育产业在全球化竞争中占据优势，将体育产业打造成为国民经济的另一个支柱产业。

二 北京市体育产业的发展历程与现状

广义的体育产业，是与体育有关的一切生产、经营活动部门的总和。其

产品包括体育物质产品、体育服务和劳务产品，其基本行业部门包括健身娱乐业、竞技观赏业、体育用品业、体育传媒业、体育博彩业、体育广告业、体育饮品业等①。这一理论概括了体育产业的本质属性，但体育产业的内涵过于宽泛，导致体育产业的外延过分扩大，模糊了人们对体育产业本质属性的认识。本文所指的体育产业是在一定的社会生产力发展水平下，在为满足社会成员体育消费需求背景下而开展的生产经营活动所形成的产业②。

（一）新中国成立以来，我国体育产业的发展历程③

1. 第一阶段（1978～1992年）

这一阶段是我国发展体育产业的准备阶段和起步阶段。1984年党中央发布了《关于进一步发展体育运动的通知》，阐明了我国体育事业发展的指导思想、主要任务和工作措施。1986年发布《关于体育体制改革的决定》，提出了"实行多种经营，由行政管理型向经营管理型过渡"的改革方向，开启了我国体育事业社会化、产业化的进程。

2. 第二阶段（1992～1997年）

这一阶段是我国体育产业政策的探索和实践阶段。1992年国家体委召开了"中山会议"，把体育产业问题作为深化体育改革的重要内容。1993年制定了《关于培育体育市场，加快体育产业化进程的意见》，提出了体育事业要"面向市场、走向市场，以产业化为方向"的基本思路。1994年发布了《1994～1995年度体育彩票发行管理办法》和《关于加强体育市场管理的通知》，体育经营活动被纳入法治管理的轨道。1995年颁布了《体育产业发展纲要（1995～2010）》，提出了我国体育产业发展的指导思想、目标以及政策措施。1996年发布了《关于进一步加强体育经营活动管理的通知》。

---

① 张岩、梁晓龙：《体育经济问题若干理论观点的综述》，《成都体育学院学报》1996年第22期。
② 王晓东：《体育产业属性及其统计指标体系构架的思考》，《西安体育学院学报》2007年第1期。
③ 王子朴、原玉杰、詹新寰：《我国体育产业政策发展历程及其特点》，《上海体育学院学报》2008年第3期。

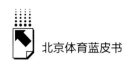

国家体委、各省市先后颁布了一些关于体育经济的法规，确定了体育的产业化发展方向，并针对体育产业制定了一些优惠经济政策。

3. 第三阶段（1997~2008年）

这一阶段是我国体育产业政策颁布最多的时期，也是体育产业较稳步发展的一个阶段。在这一时期，国家颁布了一系列涉及体育产业的发展政策文件。2000 年国家体育总局发布了《2001～2010 年体育改革与发展纲要》；2000 年 7 月经国务院批准，国家计委、国家经贸委发布了《当前国家重点鼓励发展的产业、产品和技术目录（2000 年修订）》；2001 年 3 月通过了《中华人民共和国国民经济和社会发展第十个五年计划纲要》；2003 年 10 月中国共产党第十六届中央委员会第三次全体会议通过了《中共中央关于完善社会主义市场经济体制若干问题的决定》。2003 年《关于第 29 届奥运会税收政策问题的通知》；2004 年《国家发展改革委员会关于贯彻落实党的十六届三中全会〈决定〉精神　推进 2004 年经济体制改革的意见》；2006 年 3 月通过了《中华人民共和国国民经济和社会发展第十一个五年规划纲要》；2007 年 1 月国家标准委发布《关于推进服务标准化试点工作的意见》；2007 年 3 月发布《国务院关于加快发展服务业的若干意见》；等等。

4. 第四阶段（2008年至今）

此阶段为后奥运会时代，我国体育产业发展的主要任务是促进体育经济运行从数量型的经济增长方式到质量效益型的经济发展方式的转变[①]。2003 年中共中央提出"科学发展观"，根据科学发展观要求，体育产业需要在产业结构和资源配置上优化升级，实现体育产业与国民经济的协调发展，实现人与自然和谐发展以及人的全面发展。这样就能破解后奥运会时代我国体育产业深层次发展的矛盾，拉动体育经济的增长。在成功举办过奥运会的国家中，体育产业的发展相对比较发达，其中体育产业自主创新能力已经成为衡量这些国家体育产业是否具有竞争能力的一个关键因素。体育产业的自主创

---

① 王捍东：《从北京奥运看我国体育产业经济增长方式转变》，《商业时代》2008 年第 6 期。

新能够引起体育产品、体育产业的更替，引导和改变体育消费需求，引发和促进体育产业制度创新、商业模式创新、服务创新以及延伸产业链，从而增强体育产业的整体竞争力。

（二）北京市体育产业政策发展历程与现状

北京是我国的首都，是个国际化大都市，在政治、经济、文化、科技、卫生、教育等方面有很大的优势。《体育法》颁布后，北京市的体育法治建设进入快速的发展时期。截至 2013 年底，以北京市体育局名义制定的规范性文件几十部，为北京市体育事业的规范化、法治化发展道路奠定了坚实的制度基础，为北京市体育产业对北京经济社会发展贡献更大力量提供了依据（见表1）。

表1　北京市体育产业政策规范一览

时间	出台部门	文件名称	主要规定	主要意义
1996 年	北京市政府	《北京市公共体育场所管理办法》		公共体育场向广大群众敞开了大门，使人民能充分参与体育健身
1998 年	北京市政府	《北京市体育运动项目经营活动管理办法》		加强对体育市场的法治化管理
1999 年	北京市政府	《北京市体育设施管理条例》	对北京市体育设施的规划和建设、使用以及法律责任的承担作了具体规定	
2001 年	北京市政府	《北京市奥林匹克知识产权保护规定》	对与奥林匹克相关的特殊标志、商标、专利、作品等做出具体的规定，并对侵犯奥林匹克知识产权的行为做出了相关的责任认定	
2005 年	北京市政府	《北京市全民健身条例》	将全民健身经费作为专项支出，列入本级体育行政部门预算；要求加强市民健身时的安全管理；鼓励企事业单位、社会团体和个人以投资和捐赠等方式支持全民健身活动	

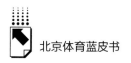

续表

时间	出台部门	文件名称	主要规定	主要意义
2006 年	北京市政府	《北京市体育竞赛管理办法》		重新界定了举办体育赛事的资格,单位或者个人都有权利举办各种体育赛事,从而改变了过去只能由体育行政部门举办的模式
2006 年	北京市政府	《北京市体育运动项目经营单位安全生产规定》		确保了体育运动项目经营单位必须依法生产,要从广大消费者的身体健康考虑,使得群众敢于消费
2007 年	北京市政府	《关于学校体育设施向社会开放的指导意见》	对开放标准和形式,建立安全保障机制,经费补贴与奖励,建立政府主导、部门协作的长效工作机制等做了相应规定	充分发挥了学校的体育资源,对推进全民健身起到了积极的作用
2007 年	北京市委市政府	《关于加强青少年体育增强青少年体质的实施意见》	对学生基本作息制度、学校卫生基本设施建设、经费的保障等内容都做了具体的规定	对于北京市青少年的健康有着一定的指导意义
2010 年	北京市政府	《北京市体育产业功能区认定和管理办法(试行)》	引导和支持体育产业功能区健康快速发展,规范本市体育产业功能区的申报、认定及相关管理工作	
2010 年	北京市委市政府	《关于促进体育产业发展的若干意见》	北京体育产业发展所面临的紧迫感;发展北京体育产业的指导思想和目标;以及新时期北京体育产业发展的主要任务和发展的措施	
2012 年	北京市政府	《关于加快发展体育产业的实施意见》	加快将北京建设为国际体育中心城市,满足人民群众日益增长的多元化、多层次的体育需求;提出了北京市体育产业发展的目标,为全面发展北京体育产业的纲领性意见	

三　北京市体育产业发展环境分析

近几年，北京市体育产业得到了飞速发展，不仅体育产业总产值连续增长，其对北京市经济发展的贡献也在不断加大，面对日新月异、动态变化的北京市体育产业，对其进行 PEST 分析，对影响北京市体育产业发展的宏观因素进行梳理归类，能更好地引导北京市体育产业的可持续发展。

（一）产业政策环境

近年来，中国政府出台了一系列扩大内需的政策措施，为推动体育产业的发展提供了难得的历史性机遇。2008 年奥运会的拉动作用已促使大批资本流入中国，国民体育健身情绪持续高涨，体育产业也逐渐成为国民经济发展的一个新的增长点。这在世界经济环境恶化、国内经济增长放缓的生态环境中，对拉动经济复苏无疑起到了不可忽略的积极作用。[1] 这里的政治环境、法律环境是指北京地区有关体育产业的政治制度、体制、政治形势、方针政策、法律法规等。

1. 较为完备的体育产业政策和规划

除了国家层面的体育政策法规外，以北京市名义出台的体育产业政策有几十部，目前已形成较为完备的体育产业政策体系，为体育产业的发展提供了制度保证。2011 年国家体育总局《体育产业"十二五"规划》就提出要进一步完善体育产业扶持政策，确保体育产业快速发展；基本建成规范有序、繁荣发展的体育市场，促进体育相关产业发展，壮大体育产业整体规模，增强我国体育产业的整体实力，建立具有中国特色的体育产业体系[2]。北京市结合首都自身体育特色，制定的《北京市"十二五"时期体育发展改革规划》指出，"十二五"期间，力争体育产业增加值实现每年以 12%

---

① 陈小英、周良君：《中外国际大都市体育产业竞争力的比较研究》，《西安体育学院学报》2010 年第 7 期。

② 国家体育总局：《体育产业"十二五"规划》。

的速度增长，体育产业增加值占比从 2010 年的 0.8% 提高到 1.5%，体育服务业增加值占比达到 55% 以上，体育产业从业人员从"十一五"末期的 10.8 万人增加到 15 万人以上。用 3~5 年时间，每个区县要培养出 1~3 个群众体育品牌项目，建有 1 个以上的区级全民健身综合类体育中心。用 3~5 年时间，全力打造奥林匹克中心区、龙潭湖体育产业园等 2~3 个国家级体育产业基地，5~8 个市级体育产业基地等。此外，关于竞技体育、群众体育、校园体育、社区体育、体育彩票等相关业务的政策体系要更为完善。

2. 政府财政投入保障

政府预算反映的是政府支出与企业消费之间的资源再分配，政府制定的税收政策、政府采购、政府支出等都会影响到企业的经营活动。2012 年，北京市体育局重点支出方向是群众体育、竞技体育、体育活动和赛事等方面。群众体育方面，完成体育生活化社区达标工作和社区达标建设工作，创建体育特色村；组织开展和谐杯乒乓球比赛、国际山地徒步大会、世界台球团体锦标赛等，举办全民健身日主会场、第四届北京市体育大会等活动；重点建设全民健身示范工程，更新 2007 年配建的全民健身工程器材，支持和引导各区县因地制宜建设体育健身设施，筹建市级社区体育健身俱乐部；开展市民体质测试和特定人群追踪测试工作，培训社会体育指导员。2012 年北京市体育局体育事业支出情况如表 2 所示。

表 2　2012 年北京市体育局体育事业支出情况

单位：万元

体育项目	总支出	基本支出	项目支出
行政运行	1366.57	1366.57	
一般行政管理事务	32.25		32.25
机关服务	294.94	114.87	180.07
运动项目管理	32063.17	31868.81	194.36
体育竞赛	85.86	85.86	
体育训练	663.36	525.96	137.40

体育项目	总支出	基本支出	项目支出
体育场馆	1533.74	485.41	1048.33
群众体育	272.83	35.73	237.10
体育交流与合作	415.32		415.32
其他体育支出	59924.26	2055.85	57868.41
体育	96652.30	36539.06	60113.24

（二）经济发展环境

国内外体育产业发展的历史表明，体育产业的发展与物质生活水平是紧密相关的，体育产业的发展需要强大的经济支撑，经济发展成为体育产业的孵化器。

为更好地分析体育产业与北京市经济发展的关系，本报告对北京体育产业进行综合指数评价，包括 7 个一级指标、25 个衡量指标和 25 个基础指标。其中：规模与速度是评价体育产业"朝阳"特征的标志性指标；发展质量是评价体育产业的重中之重；优先发展目标实现程度的评价主要围绕"十二五"体育发展规划的"五个中心"建设目标来进行；投入体育产业资本的多少对产业发展意义重大，需要予以重点评价；发展环境主要是对经济基础和设施情况的评价；国际化水平是评价体育产业发展的重要维度；对关联程度评价的通行做法是用行业投入产出数据中的影响力系数和感应度系数来反映（见表3）。

表3　北京体育产业评价指标体系架构

一级指标	衡量指标	基础指标
规模与速度	体育产业增加值占 GDP 的比重	体育产业增加值、全市 GDP
	体育产业增加值增速	体育产业增加值
	体育产业贡献率	体育产业增加值增量、全市 GDP 增量
	体育产业从业人员的比重	体育产业、全市从业人员数

续表

一级指标	衡量指标	基础指标
发展质量	体育产业劳动生产率	体育产业增加值、体育产业从业人员数
	体育服务业占体育产业的比重	体育服务业与体育产业增加值
	体育健身休闲活动占体育服务业的比重	体育健身休闲活动、体育服务业增加值
	体育赛事管理活动占体育服务业的比重	体育组织、体育中介、体育服务业增加值
优先发展目标实现程度	大型体育赛事数	大型体育赛事数
	大型企业数	大型体育企业数
	体育用品销售活动增加值增速	体育销售活动增加值
	体育健身休闲活动增加值增速	体育健身休闲活动增加值
	体育中介活动增加值增速	体育中介活动增加值
	体育传媒活动增加值	体育传媒活动增加值
投入	体育事业单位财政拨款	体育事业单位财政拨款
	非公固定资产投资额	非公固定资产投资额
	年人均健身活动支出	年人均健身活动支出
发展环境	人均地区生产总值	全市GDP、常住人口
	万人拥有体育场地数量	体育场地数
	人均体育场地面积	体育场地面积
国际化水平	规模以上外资企业数	全市体育限上外资企业数
	国际体育赛事数	国际体育赛事数
	国际体育交流项目团次	国际体育交流项目团次数
关联程度	体育产业影响力系数	体育产业影响力系数
	体育产业感应度系数	体育产业感应度系数

体育产业发展指数的测算是以 2009 年为基准年（指数设为 100），通过搜集 2009~2012 年北京体育产业专项调查数据、相关核算数据以及市体育主管部门的行政记录，对各年度指标与基准年进行对比，对七大类分指数加权平均计算的综合指数。测算结果表明，北京奥运会后，在首都经济结构调整、服务业乘势而上的背景下，北京体育产业发展总指数稳步提升，2012 年达到 114.8，比上年提高 3.6。

2010 年以来的发展指数提升速度快于同期的规模与速度指数，表明北京市体育产业保持一定增长速度的同时，发展质量也稳步提高。发展质量各分指数在奥运会后全面攀升，北京体育产业在奥运会后步入了一个新的增长周期，产业核心竞争力持续增强，效益稳步提升成为重要特征，相比规模扩张，产业的发展更依赖于质量和效益的提升，内涵型增长态势已初步显现，见表4。

表4 规模与速度指数和发展质量指数情况

类别	2010 年	2011 年	2012 年
规模与速度指数	141.0	137.8	138.6
体育产业增加值占 GDP 的比重指数	175.0	167.4	174.1
体育产业增加值增速指数	103.2	103.2	103.8
体育产业贡献率指数	101.0	103.8	103.8
体育产业从业人员的比重指数	185.8	177.9	173.3
发展质量指数	110.0	112.5	114.0
体育产业劳动生产率指数	107.8	110.1	113.6
体育服务业占体育产业的比重指数	99.5	103.7	106.0
体育赛事管理活动占体育服务业比重指数	103.4	104.9	105.4

我国城镇居民的人均可支配收入随着 GDP 的增加而增长，人们的体育消费支出在不断增加。近年来，北京市政府制定政策拉动内需，实行宽松的财政政策，人们的消费需求也逐渐升级，跨区域、跨国度的体育消费成为一种时尚。社会消费取决于居民的收入水平，见图1和表5。

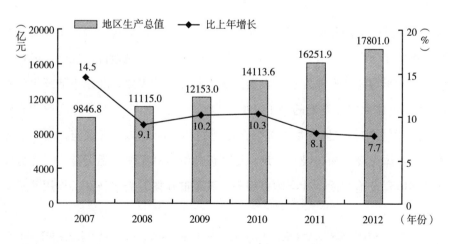

图1 北京市 2007～2012 年 GDP 总产值与增长情况

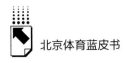

表5　北京市2012年各区县经济发展情况

区县	人口总数 （万人）	人均GDP （万元）	人均GDP 同比增长（%）	城镇居民人均可 支配收入（万元）	城镇居民人 均可支配收入 同比增长（%）
东城区	96.8	14.98	7.48	3.86	11.36
西城区	138.5	18.73	8.22	3.98	11.28
朝阳区	197.4	18.40	8.62	3.79	11.28
丰台区	109.7	8.42	7.99	3.42	11.47
石景山区	37.1	9.12	4.11	3.54	10.91
海淀区	230.7	15.24	8.05	4.18	10.85
房山区	78.0	5.76	7.12	3.00	11.39
通州区	68.3	6.60	10.97	3.05	9.97
顺义区	59.4	18.57	7.51	3.04	8.07
昌平区	56.1	9.02	8.69	3.00	8.24
大兴区	62.2	6.30	9.53	3.10	11.58
门头沟区	24.8	4.72	12.67	3.24	10.96
怀柔区	27.8	6.55	7.57	2.96	10.94
平谷区	39.6	3.85	11.67	2.99	11.21
密云县	43.0	4.15	9.80	2.96	10.88
延庆县	28.0	2.99	10.03	2.86	9.83
全市	1297.6	13.72	7.88	3.65	10.84

（三）社会发展环境

　　北京是一个国际性大都市，在我国属于发达地区，在社会进步程度、经济发展速度、市民受教育程度等方面都在全国处于领先地位，社会环境在很大程度上影响体育产业发展。根据体育产业发展的需要，北京市陆续出台了《关于促进体育产业发展的若干意见》以及《关于加快发展体育产业的实施意见》，并要求各级体育主管部门合理规划和布局公共体育设施，切实加强城乡公共体育设施的建设和管理，提高设施综合利用率和运营能力，充分发挥公共体育设施在提供社会体育服务、满足群众体育需求方面的作用①。

---

　　①　李颖：《基于PEST方法对我国体育产业发展的相关分析》，《河北经贸大学学报》2013年
　　　第12期。

（1）在保障公民合法休息权利、完善职工休假制度方面取得了长足的进步。《全国年节及纪念日放假办法》和《国务院关于修改〈全国年节及纪念日放假办法〉的决定》的制定，以及职工享有的寒暑假、探亲假、病假、事假等闲暇时间越来越多，休假制度的不断完善和带薪休假制度的制定，为体育产业发展提供了巨大的潜力。

（2）受教育机会增加、教育水平普遍提高带动了公民素质的普遍提升，使第三产业就业人数所占比重持续增长。同时也增加了体育产业的人力资本供给，是我国体育产业及相关产业发展的有利因素。

（3）随着物质生活的极大丰富和受教育程度的提高，人们的价值观、生活方式和审美观念也发生了巨大变化，从注重物质生活到物质需求与精神需求并重，对健康生活的渴求、自我实现的愿望也有所加强。由于生活节奏加快、长时间使用电脑、以车代步、缺乏运动，肥胖、心血管疾病、颈椎病、肩周炎和抑郁症、烦躁症等各种"富贵病"也在增加，这些都刺激了人们对体育健身业的需求。观赏体育赛事、打网球、参加车友会、登山等各种俱乐部体育健身成为白领人士生活的一部分，也成为培养人脉的一种途径。

（四）科学技术环境

相关学者的研究已经证明技术进步对体育产业发展具有溢出效应。科学技术是体育产业发展的重要载体，能够有效降低体育产业发展成本，提高体育产业发展质量和水平。体育用品材料、产品设计、场馆设计、运动员水平、营销手段、比赛方案设计等，无不是体育科技的凝聚。从这一意义上，体育产业竞争力的背后是国家（区域）与国家（区域）科技发展的大比拼。当今世界，科技发展日新月异，各种体育器材、设备用品等正在从低成本竞争进入高质量、高科技竞争层面，国际大品牌不断推出高科技体育用品，科技研发人才、设计人才越来越受到重视。2008年，北京奥运会以"科技奥运、人文奥运、绿色奥运"为主题，从开幕式到比赛都让世人见证了科技的魅力。以奥运会为契机，北京在体育科技方面有了快速发展。北京是我国

的科技中心，每年的科技投入与产值都在全国处于领先地位，这为体育产业的高技术成果产出奠定了基础。

在良好政策环境的引导下，北京市体育产业得到快速发展，对经济社会发展的贡献作用越发明显。2012 年，在宏观经济增势放缓的压力下，体育产业平稳健康发展，规模稳步扩大，实现增加值 144.2 亿元，按现价计算，比上年增长 11.7%；体育产业增加值占全市 GDP 的比重由 2009 年的 0.75% 提高到 2012 年的 0.81%；对经济增长的贡献率由 2009 年的 0.2% 提高到 2012 年的 1%。吸纳就业方面，从业人员 12.3 万人，比上年增长 2.8%，占全市从业人员比重由 2009 年的 1% 提高到 2012 年的 1.1%。

四　体育产业政策比较分析

（一）国外典型城市经验比较

1. 纽约

美国体育是独立于政府而发展的，但是美国政府却在体育产业的快速、蓬勃发展过程中扮演着不可或缺的战略决策者的角色，政府在环境改造、产业引导和行政立法规范等方面都会有积极干预。比如，美国职业体育产业中的"反垄断豁免"政策，保障了美国职业体育产业高速发展；职业体育产业中的《劳工法》，以法律条文的形式确立了雇主和雇员的关系，公正有效地保护着体育联盟球员利益，是职业体育产业发展的重要因素；关于纳税政策，美国国会 1976 年对于和体育产业有关的税收政策进行了相关的修改和调整，内容主要涉及职业体育运动队股权的购买相关政策和利用税收政策鼓励体育场馆建设两方面。美国政府通过立法、司法、执法三个系统对职业体育产业实施分权、分级管理来促进体育产业发展。

（1）纽约市每年都要举行各种各样的体育比赛，是国际十大体育城市之一，是国际著名的体育赛事之都。从表 6 可见，纽约具有举办标志性体育赛事的传统，运动项目覆盖广泛，既有规模大、级别高、影响广泛的体育赛事，例如美国网球公开赛和纽约马拉松赛事这两大世界顶级的自主品牌赛事，也有不少群众性的极具特色的传统型体育赛事，例如每年2月举行的帝国大厦徒步登梯大赛和每年5月进行的自行车月活动。美国网球公开赛与澳大利亚网球公开赛、法国网球公开赛、温布尔登网球公开赛合称网球四大满贯赛事。美国网球公开赛的比赛场地是纽约市的昆斯区，每年都能吸引世界各地的大批球迷和游客前来观看，大大促进了地方经济的发展。另外，每年11月举行的纽约马拉松赛也是非常著名的赛事。每当比赛季节，参赛及观赛的人数之多令人不可思议，使得马拉松赛俨然成为一场盛大的纽约城市节日文化之旅。除此之外，纽约更是美国职业四大球运动——棒球、篮球、橄榄球（又称美式足球）、冰球中拥有球队数最多的城市之一，充分显示了纽约这一美国大都会和体育之都所拥有的良好的体育氛围。

表6 纽约标志性体育赛事

赛事名称	开始时间	影响力
美国网球公开赛	1881年	已成为纽约的标志和象征；美国网球公开赛引领着世界网球发展的潮流，与纽约的国际大都会地位相匹配，这里还是潮流球服的发布平台；创造了跨领域群星聚会的绝佳时机
纽约国际马拉松赛	1970年	纽约国际马拉松赛号称"世界上最受欢迎的马拉松"；纽约城市独特的魅力、比赛壮观的氛围以及塞满赛道两旁的令人不可思议的观众使得越来越多的人加入这个赛事，这已经使纽约国际马拉松赛变成纽约的城市节日文化
美国职业棒球联盟（MLB）	1901年（洋基队）	棒球是美国最古老的职业体育项目，长期以来一直被公认为是美国的第一大运动项目，排在美国四大职业体育联赛项目之首，有着悠久的历史和独特的运行机制
美国篮球协会（NBA）	1946年	1969年和1970年，纽约尼克斯队曾连续两次获得NBA联赛总冠军；尼克斯队是全美公认的强队，它曾多次进入NBA决赛，并拥有多位全国知名的球星
美国职业橄榄球联盟（NFL）	1920年	橄榄球又称美式足球，是美国的国球，是"美国精神"的体现。美国人对美式足球的迷恋程度到了如醉如痴的地步，成为美式足球明星几乎是每一个美国小男孩的梦想

续表

赛事名称	开始时间	影响力
美国职业 冰球联盟（NHL）	1917 年	美国职业冰球联盟在美国的四大体育项目中是经济效益最不显著的一个。因为它的电视转播量不如其他 3 个项目多，而且冰球场馆的座位数相对于棒球、橄榄球等项目来说也是非常有限的，但就美国职业冰球联盟的整体发展趋势而言，它还是有很大的潜力的，20 世纪 90 年代冰球项目的发展势头也是有目共睹的。"纽约骑兵队"是北美职业冰球联赛中的强队

纽约的标志性体育赛事具有如下几个特点：①赛事级别高、知名度高、职业水平高；②参与人数众多，群众基础广泛；③经济效益显著；④传播覆盖面广，公共资源丰富；⑤拥有永久性的固定赛事，且多为自由品牌赛事；⑥赛事历史悠久，契合城市文化，具有城市名片功能（见表7）。

表 7　纽约与北京影响力较大职业俱乐部排名比较（2012 年）

项目 球队排名 城市	纽约		北京	
足球	纽约红牛	第三	北京国安	第四
篮球	纽约尼克斯、布鲁克林篮网	东部第二；东部第四	北京金隅	第一
棒球	洋基队、纽约大都会队	美国联盟东部第四（2013 年）；国家联盟东部第三（2013 年）	北京猛虎队	第一（第二十届全运会）

（2）出台相应法规，促进体育产业发展。美国为促进体育产业运行政策和体育产业发展政策，出台了《反垄断法》，对职业体育予以"反垄断豁免"，限制职业运动员的自由转会权，允许联盟就电视转播权问题进行集体谈判，使联盟有权确定职业运动队的分布和数量；《版权法》明确职业体育联盟的节目可以享受联邦政府的版权保护；《税法》取消了购买职业运动队股份时给予的税收优惠，利用税收政策鼓励私人资金流向公共体育场馆建设

投融资，利用联邦政府资金支持体育场馆建设，利用各种方式筹集资金建立场馆。

2. 莫斯科

竞技体育长期以来一直是俄罗斯发展体育的重中之重。发展尖端体育是俄罗斯体育运动事业的主线。这一点即便是在俄罗斯转型初期物质严重匮乏和经济全面衰退的状况下，也没有动摇过。在《关于保护体育行业关税的政策》① 中决定：尽一切可能将发展体育确定为国家的首要任务。其中第四条确定了从 1993 年 9 月 1 日开始运动员参加世界锦标赛、欧洲锦标赛、奥运会的奖金和薪酬（包括外币），以及体育训练参与者和在培训机构的训练者一天膳食费用的数额。还有第七条俄罗斯联邦政府大臣的意见：要让保障体育发展和生产体育器材的纳税企业、机构和组织得到解放，对参加国际比赛运动员的奖金收入免除税收。俄罗斯转型以来，依然是世界体育强国，这一点首先得益于俄罗斯良好的运动训练体系。还有一点不能忽视的是资金保障，尤其是在相关体育产业政策支持下，国家奥委会的拨款，体彩收入，广告商及赞助商、集体或个人的捐款，以及运动基金会的收入等成为俄罗斯体育产业的主要资金来源②。

（1）以体育产业发展为契机，俄罗斯加大体育赛事投入。俄罗斯为了备战各大体育赛事，正在加紧投入，进行大规模的基础设施建设，这将对俄罗斯经济、政治、社会等各个方面的发展起到进一步的推动作用，比如改造升级体育场馆、机场、酒店、道路等，提高服务水平，吸引更多的国外投资。2014 年举办的索契冬奥会，俄罗斯政府在冬奥会上的所有开支已经超过了 500 亿美元，超过了 2008 年北京夏季奥运会 400 亿美元的支出。为迎接 2018 年世界杯，俄罗斯计划投资 3000 亿卢布（约 100 亿美元）用于基础设施建设，包括修善和建设 16 个体育场馆。其中，只有 3 个是仅需维修即可投入使用，其余 13 个均需重新建设。除了体育场馆建设，为了完善世界

---

① 俄罗斯总统令 1995 年 3 月 6 日 244 号、1997 年 4 月 2 日 277 号、1997 年 5 月 16 日 491 号。
② 李军、邵雪梅、王子朴、原玉杰：《俄罗斯体育产业政策发展特征研究及对我国的启示》，《山东体育学院学报》2008 年第 3 期。

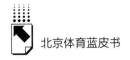

杯举办涉及的 13 个城市的交通网络，还必须建设 7700 公里的公路和 2000
公里的铁路，仅此一项，就需要花费 350 亿美元；此外，大型多功能设施、
标准酒店、迷你酒店、旧宾馆改造等工作也将迎来一轮建设高峰。

（2）为旅游、金融、就业等相关产业提供机遇。国际足联的一项研究
表明，目前世界体育产业年产值已达 4000 余亿美元，其中与足球有关的营
业额每年则高达 2500 亿美元，其中包括运动员的工资、门票、广告收入、
电视转播收入、运动器材销售收入、机票、住宿费、旅游费用以及相关工业
支出。虽然体育市场有巨大的投资需求，但是大部分市场参与者还是把注意
力集中在金融业的前景上。普京也曾这样表示："足球，是一个群体的运动项
目，它转移了年轻人对酒精、毒品、烟草的痴迷。"这无不体现了足球的教育
功能和以人为本的宗旨。特别是在俄罗斯这个多民族的国家里，世界杯将促
进社会的团结。按照普京的计划，到 2015 年前，经常到体育馆和运动场的人
数可达 4200 万人，在欧美国家大约有 70% 的居民经常从事体育运动。

从这个角度来看，举办世界杯为俄罗斯带来的除了经济利益外，更多的
还是社会文化意义。据统计，全球每 2 个居民中就会有 1 个观看世界杯的电
视转播，每 3 个居民中就有 1 个收看冬奥会。这么一来，体育赛事对俄罗斯
居民的具体益处显而易见。同时，就业岗位的增加、服务业水平的整体提
高，以及为了迎接世界各地高水准的球迷，俄罗斯民众文化素质的显著提
升，比赤裸裸的金钱利益来得更加实在和长久。联邦的官员们甚至也在期待
由体育事业的发展而带来的集聚作用和生活质量的整体提升。

3. 首尔

韩国政府在 1993 年就开始实施名为《提升国民体育的五年总体计划》
的体育政策，有效地推动了社会体育的发展。随着国民收入和业余时间的增
加，人们日益多样化的体育生活需求越发难以得到满足。因此，为了迎合人
们的需要，韩国政府在确保竞技体育高速发展的同时，开始关注"生活体
育"的发展。"生活体育"的概念是韩国政府组织为了更好地体现国民体育
振兴政策而于 1985 年提出的执行理念，以新理念指导体育，达到发展社会
体育的目的。韩国政府加大了在增加和扩充体育基础设施方面的投资力度，

提高了诸如对生活体育指导者的培养、社区高尔夫球练习场和游泳池建设等方面的经费投入。另外，从1993～2007年韩国实施的3个五年计划总体效果看，全民健身的基础设施建设在全民健身政策支持下已取得较好成效，诸如赋予地方政府相应的全民健身管理权力、促进由全民健身人口数量增长转变到全民健身人口质量的提高、在新增体育场所同时切实有效地加强公共体育设施的管理、在合理有效利用体育社会指导员等方面都取得了显著成绩。此外，韩国体育协会很发达，体育总会会长以及各体育单项协会会长都是由各大企业的会长担任，由于各大企业的支持，目前韩国体育产业发展水平较高。

中国目前竞技体育在"举国体制"的作用下已经发展到世界顶级水平，远远领先于社会体育的发展水平。因此要想改变这种现状，就必须在社会体育事业发展的政策导向与投入上有一定倾斜，加快社会体育的发展速度，实现中国体育事业的协调发展，同时要尽快健全各项发展社会体育的政策、法规，完善全民健身组织网络，增加体育设施，提供体育活动场所等，维护社会体育的公平，提高群众体育锻炼效率，达到增强国民体质、维护群众健康的目的。另外，针对目前社会体育领域中出现的许多新问题、新矛盾，中国在制定社会体育的政策法规方面还缺乏明确的法律依据和行之有效的法律手段，而韩国社会体育政策法规的出台均是经历了严格的立法程序完成的，所有法规既保证了政府各项体育计划的实施，又促进了社会体育的健康发展。

与首尔体育产业发展依托于韩国的体育产业相似，北京体育产业是中国体育产业的前沿和实验区，体育产业政策与全国体育产业发展紧密相连。首尔的体育产业发展起步要比北京早十几年的时间，并且都将体育用品业作为最先发展的产业，两市体育产业的发展都是由重点发展体育用品业向重视体育服务业方向发展。在韩国举办的釜山亚运会和汉城奥运会两场国际级体育盛会，带动了韩国体育休闲产业的快速发展，使体育用品业更快地向体育服务业转化。1990年的北京亚运会和2008年的北京奥运会极大地带动了北京市体育产业的腾飞（见表8）。

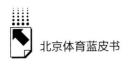

表8　首尔与北京体育产业发展历程比较

	阶段	时间	标志	特点
首尔	起步	20世纪70年代中期至20世纪80年代中后期		体育用品业具备了科学的设计和制造能力,朝着更具保健性和功能性方向发展,劳动密集型生产已经转变为技术密集型生产;国家重视大众体育的发展,积极为大众体育设施提供支援,促进大众体育服务的供给,保护体育消费者的权益;培育赛车、赛马等休闲体育产业;体育服务业的产值超过体育用品业的产值
	发展	20世纪80年代中后期至20世纪90年代后期	汉城奥运会	着重发展体育用品业,以提高产品质量、满足供求为目标,国家给予体育用品业一定的经济支援;借助举办国际大会,休闲体育的生活化、多样化有了较大的发展,政府部门逐渐开始培育高尔夫、滑雪等消费较高的体育服务业
	成熟	20世纪90年代后期至今	2002年韩日世界杯	体育用品业是体育产业的主要组成部分,体育用品生产企业由过去只生产劳动密集型的中、低级的练习用品向生产接近国际化水准的各类体育用品发展;由过去只重视对体育用品外表的模仿向重视科学技术方向发展
北京	起步	20世纪90年代	北京亚运会、《体育法》颁布	体育用品市场活跃;体育健身娱乐市场快速发展;竞赛表演市场逐渐发展起来;以体育彩票为龙头的体育博彩业开始起步;发展体育产业的指导思想从"多种经营,以副养体"转向"以体为主,全面发展";发展体育产业的重点也从经营创收转向推动体育事业向产业化方向发展①
	起飞	1997~2007年	北京奥运会	体育用品市场繁荣发展;体育健身娱乐市场投资主体多元化;竞赛表演市场逐渐成熟;体育消费市场持续活跃;体育中介市场开始起步;体育产业得到了各级政府的高度重视;体育产业发展规模迅速扩大;体育产业社会化和投资主体多元化
	成熟	2008年至今	北京奥运会	后奥运会时代从体育经济效益角度出发,优先发展体育旅游产业;从社会效益视角出发,优先发展体育用品产业;从资源环境效益角度出发,优先发展体育休闲产业;提升体育产业自主创新能力②

　　资料来源:①杜珊珊、高飞:《试论奥运经济对我国体育产业发展的积极影响》,《中国经贸导刊》2009年第15期;②于清、袁吉:《论后奥运时代我国体育产业发展方式》,《体育与科学》2009年第7期。

（二）国内典型城市经验比较

北京、上海和广州作为中国经济最为发达的三个城市，体育产业发展情况也处于国内领先地位。为了突破体育事业只靠国家资金投入来发展的旧体制，拓宽体育经费的来源渠道，三个城市在20世纪八九十年代就已开始试探实行"以体为主，多种经营"的方针。在充分利用体育设施的基础上发挥自身潜力、扩大服务项目、开展多种经营。

1. 三大城市体育产业产值比较

北京、上海和广州是我国经济发展程度最高的三个城市，体育产业产值也最高，体育产业产值也逐步成为当地 GDP 的重要组成部分，并提供了数万个工作岗位（见表9）。

表9　北京体育产值及体育从业情况

城市	北京	城市	北京
GDP(亿元)	17801.00	体育产值占 GDP 比重(%)	0.81
体育产业产值(亿元)	144.2	体育从业人员(万人)	12.3

2. 三大城市体育产业特征

北京是我国的政治中心、文化中心，并且是国家体育总局所在地，高端体育资源比较集中，具有国内其他城市所无法比拟的优势。北京目前采用的是一种以政府为主导，鼓励民营企业参与，并且以市场为导向、企业为主体的共同经营、协同发展、博采众长、优势互补的产业发展模式。随着北京市举办或承办系列国际重大比赛，北京体育产业获得高速稳定发展，现已形成龙潭湖体育产业园、奥体中心区、五棵松、潮白河水上运动、八大处网络体育区、十三陵户外休闲区等六个体育产业功能聚集区。2008年奥运会胜利闭幕，北京进入后奥运会时代，市政府充分利用奥运会遗产，优化赛后资源配置，运营奥运会体育场馆，引进体育及产业链关联产业企业的总部，全力将北京打造成高端体育产品集聚的体育产业总部城市。

上海曾是我国近现代对外门户、亚洲经济中心，国际化程度高，体育产

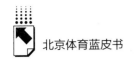

业发展历史长，20 世纪 30 年代建造的"远东第一体育场"——上海江湾体育中心至今还在使用。近年来，在市政府的主导下，借助上海国际化人才和资源优势，充分发挥市场作用，改善资源配置方式，充分调动社会力量兴办体育，引进单项顶级体育赛事并将其打造为城市品牌，如网球大师杯赛、F1 大奖赛、国际田径黄金大奖赛等。2010 年上海世博会的举办则进一步为上海体育产业发展带来良好的机遇。未来，在国际自贸区建设的带动下，上海将用国际的眼光谋划体育，不仅将发挥自身在长三角建设中的核心与带头作用，还将努力把自身打造成为亚洲乃至世界体育产业的先锋城市。

广州是我国当代改革开放前沿阵地，因其毗邻港澳，背靠珠三角，发展体育产业优势明显。发展体育产业敢于改革与创新，开了社会办体育的先河。如 1984 年允许企业冠名广州足球队、1985 年引入商业运作万宝杯足球邀请赛、2002 年首次用股份制方式举办中巴足球对抗赛，不仅为中国体育产业市场化探索了思路，也为广州市体育产业发展打下坚实的基础。结合体育运动项目特点，广州市把足球和羽毛球规划为打造城市体育品牌的首选项目。目前广州有恒大、富力两家足球俱乐部，足球市场基础扎实，特别是恒大夺得亚冠联赛的冠军，对广州足球产业发展意义很大。从羽毛球发展布局来看，一方面加大了对优秀运动员、世界冠军培养的投入；另一方面开展"市长杯"羽毛球健身活动，鼓励市民参与其中。在产业推进方面通过举办中国羽毛球公开赛、引进苏迪曼杯团体赛等顶级赛事，极大地丰富和满足了广州市民对羽毛球运动的不同层面的消费需求。近年来，广州进一步解放思想、开拓思路，创新体育产业发展模式，从具有本土特色的竞赛表演业与健身娱乐业着手，跨界整合资源，推进全民健身市场向体育产业市场发展。未来，广州将根据国家体育产业战略导向，全面深化体育改革，落实《珠江三角洲地区改革发展规划纲要》，着力发展体育竞赛表演业，逐步完善体育产业商业模式，打通产业链相关环节，形成以体育服务业为引擎，带动相关产业发展的体育产业新格局。

3. 大型体育赛事对三大城市的影响

大型体育赛事是城市建设现代化国际大都市不可或缺的组成部分，是一个城市体现其文化的重要窗口，有利于展示城市的国际化形象。作为国内一线城市，北京、上海和广州均曾举办过影响力大并且附加值高的大型运动会及单项体育比赛（见表10）。

表10　北京与上海、广州近几年举办的主要大型体育赛事

城市	北京	上海	广州
比赛项目	第六届世界华人篮球赛、北京高尔夫巡回赛、五大洲篮球冠军赛、中国网球公开赛、鸿星尔克国际女子网球赛事、北京A1世界杯汽车大奖赛、北京铁人三项世界杯赛、世界斯诺克公开赛、北京国际马拉松赛、世界跆拳道锦标赛、世界动力伞锦标赛、美国职业篮球联赛（NBA）季前赛、第29届奥运会、中国网球公开赛、短道速滑世锦赛、射击世界杯、田联挑战赛、女子水球世界联赛总决赛等	ATP世界网球大师杯赛、世界一级方程式汽车比赛、第四十三届世界乒乓球锦标赛、国际田径黄金大奖赛、世界游泳短池锦标赛、第十二届世界特奥会、世界摩托车GP锦标赛、上海国际马拉松比赛、世界体育舞蹈比赛、国际极限运动挑战赛、汇丰杯国际高尔夫球冠军赛、世界攀岩比赛、世界沙滩排球巡回赛、中国斯诺克公开赛、射击世界杯、女子花剑中国站等	联合会杯亚太地区网球赛、WTA广州国际女子网球公开赛、女子足球四国邀请赛、中巴足球对抗赛、第四十九届世界乒乓球锦标赛、中国羽毛球公开赛、苏迪曼杯世界羽毛球混合团体赛、美国职业篮球联赛（NBA）季前赛、国际职业乒乓球巡回赛总决赛、汤姆斯杯和尤伯杯世界羽毛球团体锦标赛、2010年第十六届亚运会、乒乓球世界杯团体赛等

举办任何体育赛事都需要相关场馆设施、基础设施、道路交通、通信等服务予以配套保障，并达到特定标准。根据国际体育组织对奥运会申办城市的评价标准，必须满足以下11个方面的条件：①政府的支持和公众观点；②基础设施；③竞赛场馆；④奥运村；⑤环境条件；⑥住宿；⑦交通；⑧安全；⑨以往赛事经验；⑩财政预算；⑪概念设计。这些评价指标中对城市的基础设施、场馆、交通、环境等方面提出了明确要求。显然，没有举办赛事经验的城市需要投入大笔的资金去兴建和完善相关设施，以满足举办条件。

五　北京体育产业政策引导建议

（一）构建多元体育服务体系——基础

在我国，群众体育的概念是相对于竞技体育而言的，是除竞技体育之

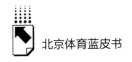

外的体育运动的总称。群众体育通常是以社会全体成员为对象的、利用业余时间开展、以健身娱乐为主要目的的形式多样的体育运动。同时，群众体育还给人们带来增强身体素质、丰富闲暇生活、提供社交平台、调节社会情感等多方面的好处。群众体育包含四个要素：①以健身娱乐为主要目的；②在业余时间进行；③以社会全体成员为对象；④活动形式多元化。

1. 贯彻落实《全民健身计划（2011~2015年）》

全民健身关系到人民群众的身体健康和生活幸福，是综合国力和社会文明进步的重要标志，是社会主义精神文明建设的重要内容，是全面建设小康社会的重要组成部分。为此，国务院于2011年制订《全民健身计划（2011~2015年）》。北京市结合本市特点制订《北京市全民健身实施计划（2011~2015年)》，目标是到2015年在城乡居民体育健身意识和参加体育锻炼人数等方面达到发达国家水平，初步形成一套覆盖全市并可持续发展的全民健身公共服务标准体系。具体目标有以下几项。

（1）按照国际健身标准界定的经常参加体育锻炼人数比例与世界发达国家水平持平，并长期保持相应水平。通过学校教育和社区培训，增强市民体育健身意识和科学健身素养，使体育健身成为市民生活习惯和生活方式，实现体育生活化。

（2）明显提高市民的体质。根据《国民体质测定标准》考核实现合格率为95%，优秀率为25%；根据《国家学生体质健康标准》考核在校学生实现合格率为90%以上，优秀率为20%，耐力、力量、速度等体能素质明显提高。

（3）继续增加对城乡公共体育健身场地设施的投入。在既定时间内各类体育场地数量达到1.25万个，人均体育场地面积达到2.1平方米。在全市所有区县建有一个多功能全民健身体育中心；所有的街道（乡镇）、社区（行政村）都建有体育设施；具备建设条件的城市公园、郊野公园至少一半要建有健身场地设施；具备开放条件的学校体育场地设施向社会开放率要达到70%。

（4）广泛开展全民健身活动。由政府统筹推进各类人群体育健身活动的均衡发展，积极开展传统性、品牌性的全民健身活动，使之常态化。在区县创建体现区域特色和风采的"一区一品"群众体育品牌活动，使健身活动项目更加丰富。

（5）完善全民健身体育组织网络。利用行政管理、社会团体、体育协会和基层体育组织的网络体系，发挥其在全民健身社会管理中的作用。在区县建设体育总会、行业体协、人群体协、单项体协，街道（乡镇）和社区（行政村）建设体育组织和全民健身辅导站，形成覆盖面广、包容量大的社会化全民健身组织网络。

（6）进一步发展全民健身指导和志愿服务队伍。北京市获得社会体育指导员国家职业资格证书的人数达到 7000 人，获得社会体育指导员等级证书总人数超过 3.5 万人。在优秀运动员、教练员、学校体育教师中开展义务健身辅导培训，培育全民健身骨干，扩大全民健身志愿服务队伍。

（7）不断完善科学健身指导服务。利用多种社区活动形式，大力宣传推广科学健身方法，定期开展体质测定、运动能力评估。依据广大市民日常体质测试，针对个人体质状况提供科学健身指导服务，提高全民健身质量和水平。

（8）促进全民健身服务业蓬勃发展。充分利用体育产业政策中对全民健身服务业的扶持政策，降低健身服务企业的成本，规范健身市场，增强市民体育健身消费意识，提高体育健身消费水平，不断提高健身服务从业人员水平，培育和形成一批品牌体育健身服务企业，打造公共体育服务信息化平台。

2. 群众性多元体育服务体系

（1）以校园为主体的青少年体育。体育作为体验教育的重要组成部分，不仅可以增强学生体质，而且是完善人格教育的重要手段，对青少年价值观的形成以及促进青少年智力发展起着积极作用。依托校园管理平台，全面实施《国家学生体质健康标准》，在保证学生在校期间每天锻炼一小时的同时，积极组织"阳光体育"青少年系列体育比赛和健身活动，创建青少年体育俱乐部，让青少年积极主动参与体育活动，养成终身体育

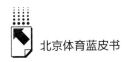

锻炼的习惯。办好体育传统项目学校，围绕传统项目积极开展课余体育训练，打造校园特色体育文化。建立和完善学校、社区、家庭相结合的青少年体育网络和联动机制。

（2）以乡镇为主体的农村体育。在全市郊区工业化、城镇化和农业现代化建设规划中部署农村体育工作，完善文化体育公共服务体系，开展体育工作"六进乡镇"和体育特色村镇评选活动。区县政府将发展农村体育纳入当地全面建设小康社会和社会主义新农村建设规划，统筹城乡全民健身事业发展，促进城乡体育资源和公共体育服务均衡配置，增强农村基层体育公共服务能力，充分发挥包括乡镇综合文化站在内的综合服务设施作用，利用好农村学校、企事业单位的体育设施和体育人才资源，在传统节日和农闲季节广泛组织农民体育活动，办好基层农民运动会。①

（3）以社区为主体的城市体育。加快体育生活化社区达标进程，将社区体育组织建设、设施建设、健身活动、居民体质测试和健身宣传培训等服务列入《北京市社区基本公共服务指导目录（试行）》中，采取政府主导、多部门共同推进的方式，分计划、分步骤、分批次地推进社区基本公共体育服务全覆盖。街道办事处要发挥组织协调作用，大力发展社区体育健身俱乐部、体育健身团队、晨晚练辅导站组织开展社区体育健身活动。整合街道辖区单位和学校的体育设施、体育人才资源，推动社区体育与职工体育、学校体育共同发展。②

（二）继续实施竞技体育战略——推力

鼓励以国际、国内竞技体育大赛为契机，推动北京市竞技体育发展。从伦敦和巴黎争夺 2012 年奥运会举办权，到我国北京、广州、深圳分别利用奥运会、亚运会、大运会进行全方位的城市营销，再到青岛借 2008 年北京奥运会帆赛基地打造"帆船之都"，可以清楚地看出，无论是发达国家还是

---

① 《北京市全民健身实施计划（2011～2015 年）》。
② 《北京市全民健身实施计划（2011～2015 年）》。

发展中国家的城市，无一不是倾注了极大的热情借助体育赛事进行城市营销的。体育赛事能够塑造城市国际国内形象，提升城市知名度，吸引外来资金，扩大本地内需，进而带动城市经济发展，推动所在城市或地区的基础设施和公共设施的建设，拓展城市发展所需的社会资本，被喻为"可与19世纪工业革命媲美的发动机"。

1.《国家竞技体育"十二五"规划》对我国竞技体育未来几年发展的要求

（1）重大国际比赛争取运动成绩和精神文明双丰收，为国争光。2014年冬季奥运会，努力实现奖牌数有所增加和奖牌榜有所提升；在2014年第十七届亚运会等区域性运动会和世界锦标赛上，保持和巩固大部分项目的亚洲领先地位。

（2）成功举办各类国际国内大赛。认真筹备、精心组织2011年第七届全国城运会、2012年第十二届全国冬运会、2012年海阳第三届亚沙会、2013年第十二届全运会、2013年天津第六届东亚运动会、2013年南京第二届亚青会、2014年南京第二届青奥会等综合性运动会和2011年上海世界游泳锦标赛、2015年北京世界田径锦标赛等重要单项赛事，继承和发扬2008年北京奥运会的成功经验，为国内外运动员搭建良好的竞技平台。充分发挥体育赛事的多元社会功能与作用，丰富人民群众的精神文化生活，促进社会和谐发展。

（3）实现竞技体育统筹兼顾、突出重点、均衡协调发展。对项目进行合理布局与结构调整，提高效益；统筹国内区域间竞技体育项目的协调发展、夏季奥运会项目与冬季奥运会项目的协调发展，奥运会项目与非奥运会项目的协调发展，优势、潜优势项目和基础、集体球类等薄弱项目的协调发展，一线优秀运动队建设与职业体育的协调发展，实现竞技体育内部各组成部分的均衡协调发展。

（4）推进竞技体育体制改革。进一步转变政府职能，充分调动社会各方面积极性，逐步形成国家办与社会办相结合的多元化竞技体育管理体制和投入评估体系；不断深化竞赛体制改革，建立科学、规范的国内竞赛管理制

度；进一步加强统筹规划、组织协调、提供服务和检查监督，提高综合管理的效能。

（5）探索中国特色的职业体育发展道路。积极研究社会主义市场经济条件下职业体育的发展方式，稳步推进竞技体育职业化改革；建设和不断完善具有中国特色的职业体育联赛制度，研究探索符合中国国情的职业体育运作机制和发展模式，初步形成政府主导、规划科学、管理规范、产权清晰、运转高效的有中国特色的职业体育管理体制和运行机制。

（6）加强竞技体育人才队伍建设，加强对优秀运动队伍的文化教育工作。不断提高优秀运动队伍的文化素质和职业道德，全面提升竞技体育队伍的人才综合素质；建立和完善高水平运动员、教练员、裁判员等各类竞技体育优秀人才的选拔、培训、培养制度，充分发挥运动员、教练员、管理人员、科研人员、医务人员等的积极性和创造性，为国家多做贡献。

2. 北京市促进竞技体育发展的措施

（1）三大球项目。北京市充分重视在竞技体育中占据重要地位的三大球项目发展，出台《关于加强足球篮球排球项目工作的意见》，并积极推进区县三大球"3＋3＋3"项目布局工作，制定《关于加强"三大球"项目布局基层网点校建设的实施办法》，逐步达到本市各区县均设置足球、篮球、排球三个运动项目，且每个项目均按照小学、初中、高中三个年龄层次组建不少于男女各三支队伍，完成三大球项目基层网点校建设全覆盖，实现区域内三大球项目布局的均衡、优质发展。

（2）提高竞技体育管理的执行力。首先是实现对项目布局的管理。建立项目良性发展模式，保持北京在乒乓球、体操、跳水、网球、武术、游泳、田径、摔跤、跆拳道、柔道等优势项目上的实力，挖掘篮球、自行车、皮划艇等潜在优势项目的亮点，优化项目结构的调整，加快篮球、足球、网球和乒乓球项目的社会化步伐。其次是实现对竞技体育教练员、运动员、科研人员、队医以及相关人员的管理。教练员是训练的指导者，运动员是训练的主体，科研人员、队医等是训练的保障者，激发各方的主观能动性和训练热情，完善竞争机制和激励机制，充分发挥每个人的长处，引导团队的合力朝着最优化方向发展。

（3）建构人才培养体系。首先，需要完善人才的选拔和培养模式，建立多级人才培养网络。注重各级各类学校体育招生工作，做到人才的早发现、早培养、早注册。教练要深入小学、中学调查摸底，多与当地体育教师沟通，让他们给予考察推荐。其次，需要打造人力资本，建立吸引人才、留住人才的激励机制和约束机制。加强教练员的学习和培训工作，稳步提高不同级别教练员的训练水平，可以采取送教上门或者外出参加培训的方式，丰富教练员的训练理念和训练手段。启动"筑巢引凤"工程，引进国内外好的教练员，可以结合北京市实际情况，合理有效地引进高水平人才，提高人才的良性竞争能力，带动和影响教练员队伍整体向前发展。

（4）重视科研成果的转化和产生路径。首先，要充分重视和利用北京市体育高校集中的优势，重视科研成果的转化效率。现有的竞技体育技战术已经很难有秘密可言，任何技战术一经在运动场上使用，就会被对手分析得非常透彻。中国乒乓球队之所以能够在世界乒坛保持如此长久的不衰态势，主要就是因为不断对技战术经常进行革新，不断对器械的特点进行研究，并把最终的研究成果运用到训练和比赛之中。其次，重视与高校或科研单位的合作。针对训练中的难点和突出问题，需要将其作为专项课题罗列出来，可以采取招标形式，及时组织专家团队进行科研攻关。为了避免"纸上谈兵"，研究工作者必须深入队伍一线，长期随队跟踪研究，并组织成果使用者对研究成果进行效果评估，努力实现北京市"科、教、训"一体化。

3. 北京俱乐部竞技体育的成绩激励机制

在北京市民中影响最大的就是三大球俱乐部：北京国安足球俱乐部、北京首钢篮球俱乐部和北京汽车排球俱乐部。此外，北京还有一批群众基础较好的俱乐部，如乒乓球俱乐部和羽毛球俱乐部。表11展示的是北京三大球俱乐部2011～2013年在国内联赛中的排名。

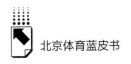

表 11　北京三大球俱乐部 2011~2013 年在国内联赛中的排名

俱乐部	2013 年	2012 年	2011 年
北京国安足球俱乐部	3	4	2
北京女足	4	5	5
北京首钢篮球俱乐部（CBA）	2（截至第 11 轮）	1	8
北京首钢篮球俱乐部（WCBA）	2（截至第 13 轮）	4	1
北京汽车男排俱乐部	1	4	1（B 组）
北京汽车女排俱乐部	4（第 II 小组）	8	1（B 组）

　　北京首钢篮球俱乐部于 2012 年夺得 CBA 联赛冠军，对北京市篮球发展起到了巨大的推动作用。联赛主要是为国家培养和锻炼篮球人才，北京金隅集团较好地处理了外援与国内球员的关系，选用适合球队自身技战术特点的外援，可以使国内球员的能力和素质得到很大提高。目前，在 CBA 联赛中存在这样的情况，俱乐部在某一阶段花巨资引进高水平的明星外援，但成绩并不理想。因为这样做忽视了本土球员的梯队建设，使俱乐部得不到良性的发展，这无疑是饮鸩止渴。北京金隅引进的外援在很大程度上帮助提高了本土球员各方面的技术与素质，促进了球员梯队建设。

　　在 2012~2013 赛季的中国男子排球甲 A 联赛中，北京男排一路过关斩将，被誉为中国男子排球甲 A 联赛队伍中的"黑马"，第一次获得了冠军。北京男排的夺冠，让北京队成为继四川、浙江、江苏和上海之后中国男子排球甲 A 联赛的第五支冠军球队，书写了 17 年来中国男排联赛新的历史篇章。总决赛为三场两胜制，首回合在主场的北京男排先输给了八一队，但是凭借着在客场的出色发挥连胜两场，以总比分 2 比 1 逆转八一队，首次夺得中国男子排球甲 A 联赛冠军。北京男排 2011 年是男子排球甲 B 联赛的升班马，到 2012 年成为男子排球甲 A 联赛四强，到 2013 年成为男子排球甲 A 联赛冠军，短短三年内发展势头凶猛，进步神速。萨尔瓦多、温斯特、布林克曼三名外援的成功引进，加上北京汽车排球俱乐部的成立，北京男排改天换地，今后，很有可能会逐渐走上职业化道路。

（三）精心打造国际品牌赛事——造势

1. 依托品牌赛事创造城市名片和城市形象

从传统的凯恩斯宏观主义经济学理论来看，促进城市经济增长主要涉及总供给和总需求两个方面。而品牌体育赛事的经济影响主要是对需求的冲击，也就是说体育赛事涉及基础设施建设投资、场馆建设投资、旅游出口、商业服务贸易等需求的变化，通过直接效应和乘数效应来影响举办城市的经济产出。

（1）品牌赛事带动城市的投资。举办任何体育赛事都需要相关场馆设施、基础设施、道路交通、通信等服务予以配套保障，并达到特定标准。近年来出现了一种明显的趋向，就是城市借体育赛事举办之机，对城市的基础设施建设和环境改善等进行大规模投资。

（2）品牌赛事促进城市的旅游消费。城市举办体育赛事，必然会形成人流的集聚，无论是与赛事直接相关的运动员、教练员、组委会成员、媒体记者、裁判员等群体，还是因观看赛事而来的人群，都将是城市旅游的现实客户或潜在客户，都将拉动城市的住宿、餐饮、交通、旅游、娱乐、购物等方面的消费市场。

（3）品牌赛事有助于城市产业结构的改善。承办体育赛事需要有一个综合的服务体系，这个服务体系需要大量的服务人员，由此便将提供众多的就业机会。举办体育赛事不仅可以促进城市体育产业内部结构的优化升级，还将改善相关产业发展环境，从而推动城市产业结构的优化升级。

（4）品牌赛事对北京城市空间布局的影响。城市的发展水平和竞争力受城市的基础设施水平影响，最终取决于城市的有效需求。城市对基础设施的需求是随着城市经济发展水平的提升而不断增加的。承办大型体育赛事能够促使政府建造一批体育场馆，并能够使超前的体育场馆及配套设施的部分建设成本迅速地回收，从而提升城市竞争力。2008年，北京就利用举办奥运会之机，把主体育场和奥林匹克公园放到城市"十字轴"的北端，体现出中国古城特有的"中轴对称思想"，并成功将北京城的体育影响力向北延伸。

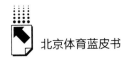
（5）北京现有品牌赛事。北京市每年举办共计多达百项的各种类型的
体育赛事。根据英国著名体育营销研究机构 SPORTCAL 所公布的"2012 年
全球体育影响力调查项目（GSI）的报告"，中国是举办全球体育盛事的中
心国。2008 年夏季奥运会、2010 年广州亚运会和 2011 年夏季世界大学生运
动会在中国的举办，使中国在影响力评比中获得第一位，总分 5.5709 万分。
北京在世界体育赛事城市的影响力排名中位居第四（见图 2）。

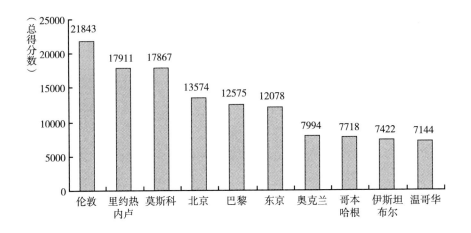

图 2　国际主要城市举办世界性体育赛事影响力

资料来源：http：//www.sportcal.com。

北京奥运会后，推动我国由体育大国向体育强国的转变成为新时期的体
育发展战略。在体育产业方面，政府应该加大扶持力度，通过强化改革，营
造良好的政策环境和投资环境，以确保体育赛事健康发展，发挥促进城市发
展的积极作用。

2. 开发和引进更多符合北京城市特色的体育品牌赛事

由于现代奥林匹克运动所涉及项目的发源地都不在中国，中国无法参与
游戏规则的制定，因此，中国在国际体育组织中一直缺乏足够分量的话语
权。中国体育人仅将注意力和重心放在了自身的训练和成绩提高上，忽视打
造有中国民族特色的运动项目进入奥运会的工作，无法实现借助奥运会传播
中国的体育文化的重要任务。尽管中国在比赛成绩排名上遥遥领先，但在参

与国际体育组织对话和交流方面一直处于劣势。北京要想真正成为国际领先的体育产业之都,不仅需要更多地参与国际合作,引进各种国际顶级赛事,还需要积极研究中国传统体育项目的标准体系,打造具有中国特色的,将来推向全世界的国际体育品牌赛事,使北京体育真正走向世界。

(1)品牌赛事的价值。北京市现有的品牌赛事,大多是引进国外高端赛事版权进行培育和发展而成的,起点较高。赛事的版权、产权是赛事价值的基础,对于引进的国际体育赛事,版权授权时限直接影响着赛事的价值。因此,品牌赛事的版权保护及开发是确保品牌价值可持续和稳定增长的保障。

(2)品牌赛事的本土化与国际化相结合。体育赛事既具有项目自身的文化特色,也要具有举办地的地域特色。北京市打造品牌赛事可以在赛事中注入本土文化元素;同时,北京要利用正在建设国际体育大都市的机遇,借助国际化体育赛事平台,向全世界传播中国体育文化。

(3)扩大品牌赛事国际话语权。北京市拥有承办多次大型体育赛事的经验,以北京奥运会为代表,它的成功举办体现了北京举办赛事的实力。但是,中国缺乏体育运动项目标准化的经验,至今没能打造出一个有中国特色的奥运项目。为此,应该加大赛事项目研究,积极肯定自身的能力,突破障碍,向世界推销自己的体育项目和体育文化价值,从而逐步掌握国际话语权,提高北京的国际体育参与能力。要扩大品牌赛事的国际影响力,国际体育话语权的掌握至关重要。

(四)持续推进体育产业升级——引领[1]

1. 强化体育用品销售业在全国的领导地位,打造亚洲体育用品业营销和设计中心

任何一个产业的发展都必须依靠该产业的特定地区的自有优势特征。对

---

[1] http://www.bjsports.gov.cn/publish/main/116429/116478/116865/20130423150810159116244/index.html.

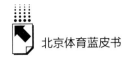

北京市体育产业而言，我们在未来发展全市体育产业时，应当依托北京市目前已形成的以体育用品销售业为支柱的特殊产业结构这一特征，并进一步发挥这种产业结构的优势。

为此，通过比较其他主办城市体育产业的发展特征，我们认为北京市体育产业应该借鉴首尔的成功经验，并基于目前的产业结构特征大力发展体育用品销售业，将北京市打造成全国乃至亚洲地区的体育用品营销和设计中心。基于这一目标，北京市未来在体育产业方面应着力发展体育会展、体育用品研发、体育用品分销等与体育用品销售和设计关系紧密的特色体育商业。在有条件的情况下，拟考虑在北京市有代表性的区县，设立几个全国性体育用品研发中心和全球体育品牌商展中心、全国体育用品集散中心，打造北京市在全国乃至亚洲地区的体育用品销售与设计中心。

2. 完善体育产业政策体系，重点提高北京市健身休闲业比重

北京市体育产业总体的影响力低于社会平均影响水平，这意味着体育产业作为全市的新兴产业，其产业延伸不足，与其他产业的关联性不够紧密，尚未能发挥出其应有的产业带动能力。对全市体育产业内部各分支产业的投入产出分析表明：全市体育产业以用品销售为支柱，而竞赛表演业和健身娱乐业发展不充分。而从国外经验来看，在体育产业内部各类型产业中，"与赛事有关的服务业"具有最高的产业感应度；而与健身休闲有关的服务业则具有最高的产业影响力。从全国体育产业管理体制来看，健身休闲业相对而言受政府体制的约束较少，因而改革的阻力较小，发展的基础也较好。

因此，在上述分析结论的基础上，我们认为，相较于其他产业而言，北京市未来最现实的也是最迫切需要改善的是体育休闲健身业。进一步说，除了能够有效提升经济发展之外，体育休闲健身业也与全市民生状态息息相关，该产业的良性发展既能带来较高的经济效益，也能同时产生无可取代的社会效益。目前，关于体育界发展体育休闲健身业的各种政策建议多是从政府提供财政、税收、信贷、土地等支持政策的角度出发，"要政策"的倾向性较强。这里，我们根据掌握的国外体育休闲健身业经验教训，提出另外一种思路，即体育休闲健身业的发展除了需要各种公共政策直接提供经济刺激之外，更应关注体育休闲健身业本身的组织形态建设，特别是要加强对发达国家中各种民间俱乐部制健身活动场所的管理模式和管理经验的研究，将产业政策与体育休闲健身业特定的组织形态更加巧妙地配合起来，完善全市体育休闲健身业自我发展机制。

3. 把握世界体育经济趋势，制定专门面向就业人群的"健康产业"规划

随着经济的快速发展，我国目前已跃升为全球第二大经济体，在具有良好的经济基础和社会环境条件背景下，我国开展了一系列大型的群众性体育活动，促进了体育事业的繁荣。然而，国民的健康观念与意识并不能与当下的经济相匹配，大多数群众性体育活动并不是以健康为目的设定的，大多活动往往是为了推广体育文化、满足群众娱乐、增强凝聚力以及打造社会和谐氛围。目前，群众参与的健身活动多为体验性、娱乐性、争光性、团体性体育活动，这些模式的公共体育产品具有普及性较强、群众参与热情高等优点，但是，由于健康观念不强，很少有人会先去做体质测试，然后根据健康专家给予的科学健身运动"处方"去选择体育运动项目。因此，需要树立正确的健康理念，发挥体育在促进健康产业发展中专业性和持续性的作用。

从国内人口发展趋势来看，人口老龄化形势严峻，我国的人口红利也将在未来10年间逐渐消失。未来10年我国的人口素质，特别是中青年国民体质能否得到有效提升就显得尤为重要，它将直接影响到未来中华民族的竞争力和国家的可持续发展能力。从目前对已经就业人口的统计数据来看，人数最多的青年就业人群相对来说体育锻炼最少，这个群体社会压力最大，其身体素质下降十分严重，健康风险极大。相比于其他同样处于人口红利阶段的非移民体育强国（比如1950～1990年的日本），当前我国"经济增长"与"国民体质提高"两项指标未能形成良性互动，作为外来人口居多的特大型城市，北京的形势只会更加严重。

面对这种形势，我们要充分借鉴当前以美国为首的发达国家面对医疗支持压力而正在重新构造的"国民健康计划"经验，希望北京在体育规划方面能够更加关注特定人群，尤其要关注有消费能力，但缺乏消费激励的

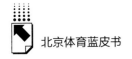

"就业人群"的健康状况。在概念上要把"健康机构"与"医疗机构"区分开来，为健康产业发展预留巨大空间。以发展体育健康产业为抓手，以市场为依托，服务整个社会中就业和即将就业人群的健康需求，制定出有国际高度和特色的专门面向就业人群的"健康产业"规划。

结　语

近年来，北京市体育事业和体育产业发展较快，无论是健身体育、娱乐体育还是竞技体育都取得了较为显著的成果。在优化升级体育产业结构，促进体育经济增长，探索体育产业的跨界经营，明晰体育版权，推动体育产业投资的多元化等方面也取得了新进展。

随着国务院关于发展体育产业的政策的陆续出台，制约体育产业发展的一些问题将得到解决。北京市要充分发挥国际大都市的影响力，搭建国际体育交流平台和国际体育人才集聚基地，努力把北京打造成为引领世界体育产业发展的新高地，做好国际体育产业的新典范。

为此，我们认为北京市发展体育产业有以下几个方向。第一，加快对国家体育管理体制改革政策的解读，使政策快速转化为推动北京市体育产业发展的动力，实现体育产业由政府主导型向市场主导型转变，体育赛事由政府主办向企业主办转变，扶持体育产业企业做大、做强、做上市。第二，要重点发展校园体育。改变传统达标体育模式，积极开展兴趣体育教学，扩大体育特色校规模，打造校园体育文化，指导成立校园体育俱乐部，开展校园体育竞赛，发挥体育健全人格的教育功能，培养青少年体育运动习惯，实现普及体育运动、扩大体育消费人口、选拔和培养优秀运动人才的三重目标。第三，要重点发展社区体育，建构一套科学的社区体育模式。鼓励社区成立休闲健身体育组织，推进社区体育生活化，建立社区体育服务的专职队伍，引导居民开展活动，提高社区居民的身体素质，降低亚健康人群数量和慢性病的发病率，减少居民医疗费用的支出，从而提升人民的幸福指数，有利于社会和谐。第四，重点发展职业体育。充分利用职业体育运营规律，学习和吸收国际职业体育发展的先进经验，建立完善的俱乐部制和职业联盟制，培育职业体育俱乐部和赛事联盟品牌，充分发挥职业体育的主体产业作用。第五，创新发展竞赛表演业。在引进国际顶级体育赛事的同时，要鼓励创新，发挥我国传统体育文化资源的优势，努力打造有自主知识产权的体育赛事，逐步培养，使其成为引领中国体育产业发展的标杆。第六，扶持体育产业园区的建设。体育产业可分为内容产业、平台产业、延伸产业和服务业。根据产业特征，把产业链上下游相关联的企业以及有互补性的产业进行分类整合，在北京规划出若干个体育产业园区和体育产业孵化基地重点扶持体育产业创意、创新和创业，指导企业入驻园区，形成产业集聚，优化产业资源配置，有效提升产业价值。第七，培养运动习惯，扩大体育消费。发挥体育的体验式消费特征，将体育产业与人民生活方式相结合，使体育成为人民生活的重要组成部分。同时，促进体育与健康的发展，提高体育消费的数量和质量。第八，加强资源整合，促进产业融合。鼓励体育产业与旅游、会展、科技、教育、设计、建筑、影视、动漫、游戏、新媒体、博彩、地产等行业的跨界整合，形成新的关联产业形式和消费市场。

参考文献

《北京市人民政府关于加快发展体育产业的实施意见》（京政发〔2012〕17号）。

周波：《我国体育产业政策的经济学分析》，《商场现代化》2010年第10期。

张岩、梁晓龙：《体育经济问题若干理论观点的综述》，《成都体育学院学报》1996年第22期。

王晓东：《体育产业属性及其统计指标体系构架的思考》，《西安体育学院学报》2007年第1期。

王子朴、原玉杰、詹新寰：《我国体育产业政策发展历程及其特点》，《上海体育学院学报》2008年第3期。

丛湖平：《体育产业理论与实践》，人民体育出版社，2006。

吴超林、杨晓生：《体育产业经济学》，高等教育出版社，2004。

王捍东：《从北京奥运会看我国体育产业经济增长方式转变》，《商业时代》2008年

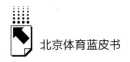

第 6 期。

陈小英、周良君：《中外国际大都市体育产业竞争力的比较研究》，《西安体育学院学报》2010 年第 7 期。

国家体育总局：《体育产业"十二五"规划》。

李颖：《基于 PEST 方法对我国体育产业发展的相关分析》，《河北经贸大学学报》2013 年第 11 期。

李军、邵雪梅、王子朴、原玉杰：《俄罗斯体育产业政策发展特征研究及对我国的启示》，《山东体育学院学报》2008 年第 3 期。

杜珊珊、高飞：《试论奥运经济对我国体育产业发展的积极影响》，《中国经贸导刊》2009 年第 15 期。

于清、袁吉：《论后奥运时代我国体育产业发展方式》，《体育与科学》2009 年第 7 期。

北京市体育局：《北京市全民健身实施计划（2011～2015 年)》。

邹佳洄：《北京市品牌赛事的国际影响力研究》，首都体育大学硕士学位论文，2013。

陈小英、周良君：《中外国际大都市体育产业竞争力的比较研究》，《西安体育学院学报》2010 年第 7 期。

B.3
北京市体育竞赛表演业格局
与市场前景

王庆伟　海振文　毕学翠*

摘　要：　本文包括针对北京市体育竞赛表演业的概述、需求分析、外部发展环境、内部市场发展现状、制约因素、前景分析和对策建议等内容，旨在通过调查研究揭示北京市体育竞赛表演业的发展环境、发展的现状及存在的主要问题，并依据调查数据对未来北京市体育竞赛表演业发展前景做出预测分析，并提出一些有针对性的对策与建议，以资广大读者借鉴。

关键词：　北京市　体育竞赛表演业　市场

引　言

2009 年 3 月 19 日，国务院办公厅发布的《关于加快体育产业发展的指导意见》（以下简称《指导意见》）提出的六大重点任务之一，就是"努力开发体育竞赛和体育表演市场"。国际上体育赛事早已被产业化和商业化，如美国的四大职业联赛，即橄榄球职业联盟（NFL）、职业棒球大联盟（MLB）、职业篮球联盟（NBA）、职业冰球大联盟（NHL）均是商业运作非

---

* 王庆伟，首都体育学院科研处副处长，博士，副教授，研究方向为体育赛事管理与职业教育；海振文，北京市竞赛管理中心主任，研究方向为体育赛事运营管理；毕学翠，首都体育学院运动训练与竞赛学教研室教师，研究方向为运动训练和体育竞赛学。

常成功的赛事。世界五大足球联赛，即英国超级足球联赛、西班牙足球甲级联赛、德国足球甲级联赛、意大利足球甲级联赛、法国足球甲级联赛，在商业运作上都比较成功。世界一级方程式锦标赛（FIA Formula 1 World Championship），简称F1，与奥运会、世界杯足球赛并称为"世界三大体育盛事"，也是商业运作成功的典型案例。

北京作为全国首善之区，无论哪一方面的发展，都在全国具有不可替代的示范效应。体育竞赛表演业也不例外。2008年北京奥运会的成功举办，带动了北京市体育产业的快速发展，体育产业总体规模不断扩大，产业结构和布局逐步优化，发展质量和效益稳步提升，体育产业正成为首都经济新的增长点，竞赛表演业已然成为北京体育产业中的四大支柱性产业之一[①]，体育竞赛表演市场发展较快，赛事品牌影响力逐渐增强，赛事运营能力明显提高，并有效带动了奥运场馆的开发和利用。

近年来北京市体育竞赛表演业发展势头良好，以2013年为例，北京市共举办了443项体育赛事，其中，国际级体育赛事51项，国家级体育赛事56项，北京市级体育赛事336项。这几年北京市着力打造了多个很具代表性的经典品牌赛事，诸如，世界斯诺克中国公开赛、中国网球公开赛、北京马拉松赛、环北京职业公路自行车赛，还有北京国安足球职业俱乐部的系列赛事、北京首钢篮球俱乐部的系列赛事，在这些有着广泛影响力的体育赛事的引领下，北京市群众体育赛事方兴未艾，热闹非凡。纵观北京市体育竞赛表演业的繁荣与发展，我们不难发现，这与北京市未来定位发展成为国际体育中心城市是分不开的，与北京具有承办超大型国际体育赛事经验丰富是分不开的，与北京市具有得天独厚的优势地位是分不开的。北京作为国际现代化大都市，对外改革开放、与国际制度接轨无疑走在全国城市的前列。北京市具有良好的制度环境、强有力的政府支持，聚集着众多的有影响力的国际大公司以及国内知名大公司，拥有厚实的经济基础和强大的体育消费能力，北京还具有明显的体育竞赛表演业经营管理人才优

---

① 备注：其他三大支柱产业分别是健身休闲体育服务业、体育中介服务业和体育培训服务业。

势，所有的这一切，都在推动着北京市体育竞赛表演业快速平稳的发展，可以预见未来的北京市体育竞赛表演业前景会更加乐观。

一　体育竞赛表演业概述

（一）体育竞赛表演业内涵

体育竞赛表演是指为实现高水平体育竞赛和体育表演而进行的各种交换关系的总和。从市场营销学的角度来看，它是指由那些对高水平体育竞赛和体育表演有需求和欲望，愿意并能够通过交换来满足这种需求和欲望的全部潜在顾客所构成的总和。

（二）体育竞赛表演业对经济社会发展的作用

在市场经济条件下，体育竞赛表演业与旅游业、建筑业、环保业、房地产业、金融保险业、媒体传播业、广告业、电子信息产业、体育用品业、餐饮业、酒店服务业、体育培训业、信息咨询业、现代物流业、会展业和文化产业等诸多产业，尤其是服务业的行业联系越来越密不可分。现代社会赋予了体育赛事更多的价值，不仅仅是锻炼和发现体育后备人才，也不仅仅是为社会大众提供体育表演娱乐内容，而是通过举办体育竞赛表演活动对举办地的政治、经济、文化、环境保护等诸多方面产生积极的影响，从而快速提高举办地的知名度和影响力，重塑举办地形象，提升举办地综合实力，增强举办地的竞争力，丰富举办地居民的文化生活，提高举办地居民的人文素质，美化举办地的居住环境，推动举办地的基础设施改造与建设，增进举办地的社会和谐，产生社会凝聚力，强化社会大众的自豪感和自信心，提高举办地的就业率，带动举办地相关产业的发展。当然，这种影响一般来说是正面积极的影响，但也不排除体育赛事在没有办好的情况下会对举办地产生许多负面影响。

正因为如此，在申办城市的眼里，举办体育赛事成为重塑城市形象、增

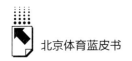

强其影响力和推动城市经济发展的有效途径，也是城市可持续发展和提高竞
争力的有效途径，为此，世界上越来越多的国家及其城市都在积极争取大型
体育赛事的承办权。

成功举办奥运会可以大大促进一个国家和举办城市在国际上的综合影响
力。例如，悉尼奥运会给人们留下了绿色奥运的印象；汉城奥运会向世界树
立了韩国作为和平国家的"遗产"；巴塞罗那通过奥运会使其由一个普通中
等城市一跃成为欧洲第七大城市；东京奥运会把日本从"二战"阴影中带
了出来，在很大程度上使日本恢复了社会生机。

北京举办奥运会，无疑提高了北京乃至整个中国在国际上的政治地位和
影响作用，凸显北京在国际上的重要的政治中心地位。"从奥林匹克到加入
WTO，中国起而应变。当北京赢得 2008 年奥林匹克运动会主办权时，世界
的目光投向了中国。这种关注不会很快消失，因为中国这个世界上人口最多
的国家信心十足地在国际舞台上占据了一席之地。中国已经作为一个大国出
现在亚洲和世界舞台上，能够获得奥运会举办权已经证明中国为一个外交大
国的地位，这不仅是因为它是联合国安理会的一个会员国，而且是因为它在
国际外交舞台上已经发挥着积极的作用。它的领导人几乎走遍了全世界，中
国政府正在越来越多地参与它所在地区以外的事务，并赢得了全世界的承
认，中国将在所有领域变得更加强大，更具影响力。"①

体育赛事对举办地的宏观经济的发展常会起到一个"乘数效应"。一个
城市在获得某项大型体育赛事的承办权后，会进行较大规模的超前规划与建
设，从而带动巨大的投资与需求，刺激相关产业的发展，促进相关行业的利
润增加，进而带动一系列的投资和消费，使得国民收入成倍增长，形成经济
增长的乘数效应。

例如，"1984 年洛杉矶奥运会改变了举办奥运会长期亏损的历史，为
南加利福尼亚地区带来了 32.9 亿美元的经济收益；1992 年巴塞罗那奥运
会给加泰罗尼亚地区带来了 260.48 亿美元的经济收益；1996 年亚特兰大

---

① 《从奥林匹克到加入 WTO，中国起而应变》，《国际先驱论坛报》2001 年 10 月 1 日。

奥运会为佐治亚州带来了 51 亿美元的收益；2000 年悉尼奥运会给澳大利亚和新南威尔士州带来了 63 亿美元的收益。……美国高盛证券研究报告认为，2002～2008 年，奥运会将使中国每年的国内生产总值（GDP）提高 0.3%，到 2008 年，中国的 GDP 就可以达到 16.3 万亿元，奥运会对中国 8 年累计的收益可达到 1.38 万亿元"①。"2006 年世界杯给举办国德国政府带来 20 亿欧元的收入，为德国创造了 10 万多个就业机会，美国'超级碗'转播期间的广告收费达到每 30 秒 240 万美元。"②

2008 年北京奥运会的成功举办，带动了北京市体育产业的快速发展，体育产业总体规模不断扩大，产业结构和布局逐步优化，发展质量和效益稳步提升。体育产业正成为首都经济新的增长点。"根据《2012 年体育产业统计报告》，北京体育产业 2012 年实现增加值 144.2 亿元，比上年增长 11.7%；打造服务贸易品牌展会，承办中国（北京）国际服务贸易交易会体育板块，签约额达 13.5 亿元。未来北京体育产业发展定位是：准确把握首都发展阶段特征，体育产业按照'保障基本、引导中端、放开高端'的思路，注重当前与长远、点与面、创新与继承相结合，为首都社会经济建设服务。"③ 未来北京体育产业发展定位是：准确把握首都发展阶段特征，体育产业按照"保障基本、引导中端、放开高端"的思路，注重当前与长远、点与面、创新与继承相结合，为首都社会经济建设服务。

二 北京市体育竞赛表演业发展需求分析

（一）政府需求分析

政治在全球经济一体化的今天，很多大都市都渴望成为世界品牌城

① 杜萍：《奥运收益知多少?（奥运理财)》，《市场报》2002 年 9 月 7 日第 7 版。
② 李颖川：《聚焦首都体育产业打造时尚运动之都》，《中国体育报》2012 年 12 月 20 日第 4 版。
③ 北京市体育局：《2013 年北京市体育局工作总结》。

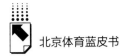

市，成为全球的经济、文化中心，因此，这些大城市都竭尽所能推广与营销自己，体育竞赛表演无疑是树立城市品牌、提高城市竞争力的绝佳途径，体育赛事在改善城市形象的同时，创造并传递着这个城市的品牌价值。例如，英国的老工业城市谢菲尔德市借助体育赛事而成功转型为文化旅游城市。重大事件对于城市建设的影响是巨大而广泛的，是改善城市形象、提高城市竞争力的最佳机会，并富有改变公众心理的神奇魅力和吸引全球传媒的威力。优质的体育赛事所塑造的城市形象和特色往往与城市的名字相呼应。

体育竞赛表演业除了具有打造城市品牌这一重要价值之外，还具有实现经济绿色增长、驱动相关产业、增加就业人口、吸引外来投资、提升居民的生活品质等多重价值。2003年和2007年北京市委、市政府连续出台了两个15号文件，确立了将北京建设成为国际体育中心城市的战略定位，并提出建设国际体育赛事中心的发展目标，全面地从政策和经济方面对体育竞赛表演业进行扶持，促进体育竞赛表演业的快速发展。

2013年北京市体育局的工作要点之一就是，"提高赛事市场化程度，打造国际品牌体育赛事。①全力办好环北京职业公路自行车赛、中国网球公开赛、北京国际马拉松赛、北京国际长跑节、世界单板滑雪北京赛等重大国际赛事；推进2015年北京世界田径锦标赛筹备工作，办好2013年国际田联世界田径挑战赛北京站；组织好北京市青少年锦标赛等市级赛事和全国足球、篮球、排球、棒球联赛北京赛区比赛。②与国际相关体育组织进行赛事洽谈，培育和引进符合首都发展需要的大型赛事；加强与区县和社会各方的合作，整合资源，调动社会力量办赛的积极性，并提高现有赛事的市场化程度，推动体育赛事逐步走向市场化运作。③完善体育竞赛管理体系，修订《北京市体育竞赛管理办法》，制定体育赛事等级资质规定及监督管理办法；建立健全裁委会机构，加强裁判员培训管理，推动裁判员队伍全面建设"[1]。

---

[1] 2013年北京市体育局工作要点。

目前，北京还正在积极策划、创立一批新的赛事，如与张家口市政府联合申办 2022 年第二十四届冬季奥林匹克运动会，国际泳联花样游泳大奖赛、世界女子水球联赛总决赛、世界花样滑冰大奖赛、世界田径挑战赛、城市道路赛等，通过最终打造 10 项常年开展的品牌国际体育赛事，为北京建设国际体育中心城市打下坚实基础。

（二）大众需求分析

根据《北京市 2013 国民经济和社会发展统计公报》，2013 年末全市常住人口 2114.8 万人。其中，常住外来人口 802.7 万人，占常住人口的比重为 38%。常住人口中，城镇人口 1825.1 万人，占常住人口的比重为 86.3%。

按常住人口计算，北京市地区生产总值达到 93213 元，按年平均汇率折合为 15052 美元，已经是连续 5 年人均 GDP 超 10000 美元。发达国家被定义为人均 GDP 在 10000 美元以上的国家。据此，从一定意义上讲，北京市已经进入发达国家水平。北京市 2013 年城镇居民人均可支配收入达到 40321 元，增长 7.1%。农村居民人均纯收入达到 18337 元，增长 7.7%。城镇居民人均消费性支出达到 26275 元，增长 9.3%，其中服务性消费支出 8310 元，增长 19.2%，恩格尔系数为 31.1%；农村居民人均消费性支出达到 13553 元，增长 14.1%，恩格尔系数为 34.6%。根据联合国粮农组织提出的标准，恩格尔系数在 59% 以上为贫困水平，50%～59% 为温饱水平，40%～50% 为小康水平，30%～40% 为富裕水平，低于 30% 为最富裕水平。据此，北京市城乡均已进入富裕阶段，这说明北京市居民具有较大的体育赛事的消费潜力。

表 1 为 2013 年北京市地区生产总值及三次产业结构，从中不难看出，北京市的第三产业比重达到 76.9%，其中，文化体育娱乐业产值绝对量为 445.3 亿元，比上年增长 6.1%，比重占到 2.3%。2008 年北京奥运会以及近几年北京市三大球（篮球、排球、足球）相继加冕全国联赛冠军，这对北京市体育赛事消费市场产生了毋庸置疑的积极影响。

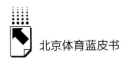
表1　2013年北京市地区生产总值

单位：亿元，%

指标	绝对量	比上年增长	比重
第一产业	161.8	3.0	0.8
第二产业	4352.3	8.1	22.3
第三产业	14986.5	7.6	76.9
地区生产总值	19500.6	7.7	100

体育人口是衡量一个国家大众健身的重要指标，它指的是那些每周运动3次以上、每次活动时间不少于30分钟，且活动强度为中等强度以上的人群。据相关统计，北京市经常参加体育锻炼的人数比例从1995年的11.5%增加到2010年的49.1%，这一比例已经达到了世界发达国家水平（49%）。

《北京市体育竞赛表演业发展环境调研报告》指出，关于北京市体育爱好者的调研中关于"北京举办大型体育赛事"的态度测试中（见图1），"非常支持"和"支持"的比例分别为46.6%和36.89%，这两项总计支持率为83.49%。可见，体育爱好者对北京市举办大型体育赛事在态度上还是比较积极的。

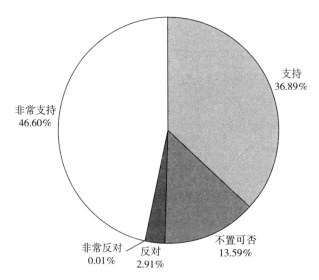

图1　体育爱好者对于"北京举办大型体育赛事"的态度统计

资料来源：体育爱好者调研问卷。

以现场观看或观看电视转播来实现视觉享受为主要目的的欣赏型体育爱好者已经成为一个相对稳定的消费群体。从欣赏型体育爱好者来看，后奥运会时期，北京市举办了一系列的国际、国内大型体育赛事，随着顶级赛事产品的不断增加，北京市居民的观赛人数也在逐步增长，对当地居民影响较大的足球、篮球、排球"三大球"职业俱乐部也得到了长足的发展。从2009年至今"三大球"先后加冕全国冠军，据中超某足球裁判介绍，北京国安足球俱乐部现场球迷可达到16000人左右；北京首钢篮球俱乐部注册球迷2890人，现场球迷可达到18000人左右；另外据北京北汽排球俱乐部刑先生介绍，北汽排球俱乐部注册球迷人数为160人，现场球迷一般男排主场为900人左右、女排主场1500人左右。北京市打造的品牌赛事，经过多年发展，已经具备了良好的观众市场。2013年中国网球公开赛的观众流量高达30万人次、自行车环京赛达7万人次。

（三）相关产业需求分析

举办体育赛事对于地区经济的影响和作用，最明显的就在于可以促进人们对体育产品的消费，并且以此带动其他相关产业的发展，为诸如体育产业中的体育用品制造业、体育旅游业以及城市酒店住宿餐饮业、会展业、文化产业、房地产业以及媒体传播业等行业带来新的商机，产生明显的经济拉动作用，所以举办体育赛事带来的不仅仅是短期的经济效益，它对整个城市甚至整个国家的社会经济效益的辐射作用和波及效应是积极而持久的。

"据北京市国家税务局科研所预测：从2003年开始到2009年，北京市为2008年奥运会将投入资金298.5亿元，带动的GDP增量达1783亿元，'倍数效应'接近6倍。"[①]

"城市基础设施建设还创纪录地投入1800亿元人民币，重点建设142个项目，其中，900亿元用于修建地铁、轻轨、高速公路、机场等；450亿元

---

① 转引自《顶点财经：北京攻略 奥运带来大机遇》，顶点财经，2006年8月30日，www. topcj. com。

用于环境治理；300 亿元用于信息化建设，奠定'数字北京'的基础，初步实现电子政务、电子商务、信息化社区和远程教育；其余 150 亿元用于水电气热等生活设施的建设和改造。体育设施建设投入 170 亿元，环保设施建设投入 713 亿元，奥运会期间的运营费用 117 亿元，安保及其他增加费用 100 亿元，总计 2900 亿元。"[①]

北京奥运会期间，用于北京城市基础设施建设的投入（1800 亿元）给北京带来新增消费支出 880 亿元，诞生 100 万个就业机会，拉动北京居民人均收入年均增长 6%，使第三产业比重提高 2 个百分点，奥运会经济促使北京提前两年实现人均 GDP 6000 美元，基本实现现代化。

2009 年北京市在鸟巢举办了一场意大利超级杯的比赛，时长 90 分钟的比赛创下了高达 3100 万元的总利润，让人们真正认识到了体育竞赛表演业所蕴含的巨大商机。同时本场比赛给各行业赞助商带来了巨大的宣传效益，对提升其产品的品牌认知度起到了很好的促进作用，因此，越来越多的商家根据自我发展的需求参与体育竞赛表演业的积极性日益增强（见表 2）。

表 2　意大利超级杯运营情况

单位：万元

时间	运营成本	运营收入	利润总额（估算）
2009 年	4000（出场费、场地费、安保费等在内的运营成本）	5000（门票）＋2000（赞助）＋100（电视转播）	3100

资料来源：媒体采访相关资料。

三　北京市体育竞赛表演业外部发展环境分析

（一）政府大力支持

1. 政府的政策支持

近几年来，北京市委、市政府基于顺应经济发展趋势、满足群众文化生

---

① 小文：《北京从前几届奥运会中取长补短》，《体育产业信息》2006 年第 2 期。

活需求、促进自身经济社会转型等多重因素考虑，高度重视体育产业的培育和发展，2003 年出台了 15 号文件，确立了将北京建设成为国际体育中心城市的战略目标。其中，中央政府和北京市政府发布的产业政策和指导文件主要有以下几项：

（1）《关于加快发展体育产业的指导意见》（国发办〔2010〕22 号）；

（2）《关于加强新时期体育工作建设国际化体育中心城市的意见》（京发〔2003〕15 号）；

（3）《关于促进体育产业发展的若干意见》（京发〔2007〕15 号）；

（4）《北京市体育产业发展引导资金管理办法（试行）》（京体产业字〔2010〕11 号）；

（5）《北京市"十二五"时期体育发展改革规划》（京体办字〔2011〕275 号）；

（6）《北京市人民政府关于加快发展体育产业的实施意见》（京政发〔2012〕17 号）。

2. 政府的资金支持

2007 年北京市委、市政府颁布了《关于促进体育产业发展的若干意见》，设立了北京市体育产业发展引导资金（每年 5 亿元），充分发挥了政府资金的引导和释放作用，并带动社会资本投入体育产业，形成多元化投资主体。引导资金主要支持对象包括：竞赛表演业、全民健身服务业、体育产业功能集聚区类项目、体育用品生产加工销售业类项目。北京市近年对于体育竞赛表演业给予引导资金支持的具体情况见表 3。

表 3　2007～2013 年北京市体育竞赛表演业扶持项目总数及总金额

年份	扶持项目总数(项)	扶持总金额(万元)
2007	3	26976.04
2008	5	3585.96
2009	9	20836.36
2010	11	20255.71

续表

年份	扶持项目总数(项)	扶持总金额(万元)
2011	22	51206.67
2012	12	21246.22
合 计	62	144106.96

资料来源：北京财政局。

3. 政府直接参与组织

根据主办单位性质的不同，可将各类体育赛事分为政府主办类、社会团体协会主办类、社会商业赛事公司主办类和其他社会爱好人群自发组织类四类。2013 年，北京市政府主办的体育赛事有 200 项，其中由北京市教委主办的赛事有 57 项；由北京市体育局主办的赛事有 143 项，其中含与国家体育总局共同主办的赛事 18 项，涉及 55 个运动项目，参赛人群涉及职业运动员、学生、中老年人等（见图 2）。

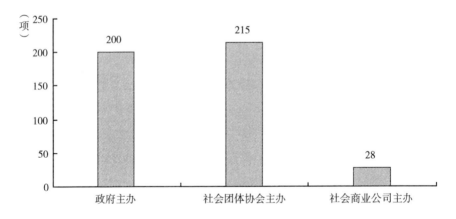

图 2　2013 年北京市各类组织举办赛事数量

（二）社会参与日益增多

2013 年，北京市举办的体育赛事中有 215 项由社会团体主办、有 28 项由社会商业赛事公司自行主办，两项合计占到总赛事数量的 55%。需要特别指出的是，在政府主办的 200 项赛事中，有很大一部分赛事是由政府牵头主办，由社会商业赛事公司组织运行的。例如，中国网球公开赛是由北京市体育局主办、中国网球公开赛体育推广有限公司承办；中国斯诺克公开赛是由国家体育总局小球运动管理中心和北京市体育局主办、由北京时博国际体育赛事有限公司承办；北京国际马拉松赛是中国田径协会和北京市体育局主办、由中奥路跑体育管理有限公司承办。

（三）高端赛事多、项目涉及广泛

北京通过成功举办第二十九届奥运会，积累了承办世界顶级赛事的宝贵经验。目前，北京已拥有了以中国网球公开赛、北京国际马拉松赛、环北京职业公路自行车赛为代表的、具有较大影响力的国际精品赛事，这些赛事成为北京对外交流的"城市名片"。北京还承办了意大利超级杯足球赛、世界斯诺克中国公开赛、北京国际长跑节、NBA 中国赛、沙滩排球世界大满贯北京赛、沸雪北京世界单板滑雪赛等赛事。这些赛事吸引了北京现代、青岛啤酒、松下、奔驰、劳力士、三星等国内外著名品牌的赞助，取得了非常好的经济效益。

随着北京市经济的不断发展，人们对体育需求日益提高，北京市举办的赛事数量不断增加，2013 年北京市举办的各类赛事多达 443 项，涉及 75 个比赛项目。同时引进的大型体育赛事的数量也在不断增加，并且引进的赛事项目类型也在不断丰富。

2013 年北京市举办的国际级赛事有 51 项，涉及的比赛项目有：网球、斯诺克、马拉松、篮球、足球、自行车、航空、徒步、单板滑雪、马球、铁人三项、花式极限摩托车、垒球、马术、棒球、高尔夫等。2013 年北京市举办的国家级的赛事有 56 项，比赛项目有：网球、高尔夫、保龄球、热气球、信鸽、马术、桥牌、台球、足球、篮球、气功和冰球等（见图 3）。2013 年北京市举办的各类赛事中国际级和国家级的赛事就有 107 项，占到总赛事数量的 24%，高端赛事的比例较大。

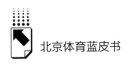

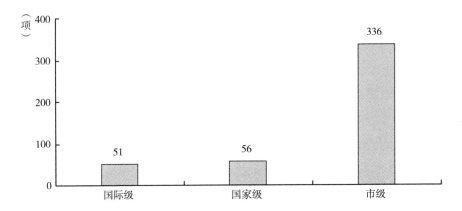

图3　2013年北京市举办各级别赛事统计

（四）北京市体育竞赛表演业内部市场发展现状分析

1. 票务市场分析

票务市场是体育竞赛表演业的基础性消费市场，其成熟程度和收益水平直接反映了体育竞赛表演行业总体的发展质量，它是体育竞赛表演业可持续发展的基础。

从对体育爱好者的北京体育赛事门票获取途径的调查结果看，通过"朋友赠送"和"客户赠送"获取门票的最多，占比分别为43.33%和20%，真正买票的人群分别是通过"网上购票"和"购买于票务销售网点"，占比分别只有26.67%和5%，可见，目前北京市体育竞赛表演业票务市场真正意义上的销售途径是在线售票（见图4）。

通过对中国网球公开赛、环北京职业公路自行车赛和世界斯诺克中国公开赛三项主要大型赛事的现场观众流量的统计与分析，可以了解近几年北京市体育竞赛表演业票务市场状况。

从2011~2012年的观众规模来看，新办赛事环京赛总客流量增长明显，2013年中网的总客流量有了很大幅度的增长，比2012年增长10.9%，2013年斯诺克公开赛的总客流量与2012年基本一致（见表4）。

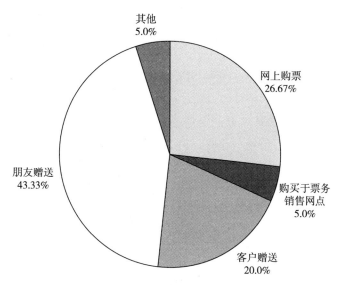

图4　北京市体育赛事门票获取途径统计

表4　2010～2013年三项赛事观众流量变化情况

赛事名称	年份	总客流量(人)	观众日均人次	较上一年度增长(%)
中网	2010	251006	25100	10.3
	2011	269433	26940	7.3
	2012	270464	27046	0.4
	2013	300000	30000	10.9
环京赛	2011	60000	—	—
	2012	70000	—	16.7
斯诺克公开赛	2010	25000	—	—
	2011	20000	—	-20
	2012	20000	—	0
	2013	20000	—	0

资料来源：三项赛事的组织管理方（中网公司、竞赛管理中心、时博国际）。

　　从近几年的票务收入来看，环京赛是无门票销售的赛事类型，中网和斯诺克公开赛票务收入在总收入中所占的比重下降，比重在12%～18%。2013年中网的门票大体分为三部分：一是销售的门票；二是给赞助商的权益票；三是推广网球赛事的推广票。统计中网2013年销售的门票即票务

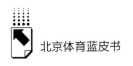

收益总额为 25200 万元，以纯票值计算，中网的票务收入约为 1 亿元，销售门票收入仅占 1/4 左右，而国际认可的健康票房收入占比标准应该是六到七成。

2. 转播市场分析

随着近 20 年的体育赛事的电视化和娱乐化的发展，转播市场已经是体育竞赛表演业的核心市场，也是国际主流赛事的核心市场。

由于中国转播媒体特殊的体制环境，体育竞赛表演业在本土电视转播方面还难以产生实质收益，甚至可能成为赛事运营的主要成本。例如中网公司就认为目前运营的最大挑战之一，就是受国内电视转播行业现状影响，收入结构短期内无法达到国际顶级网球赛事的一般结构。国际顶级网球赛事的首要收入来源为电视转播收入，而其中最主要的部分来自本土电视转播收入。目前在中国电视转播被垄断的状况下，中网赛事基本上没有国内电视转播收入。另外，北京市在电视转播的平台方面选择性较少，缺乏能自主掌控的全国转播平台（见表 5）。

表5　北京市体育赛事的转播平台资源一览

转播媒体类型	媒体名单
体育电视媒体	CCTV5、BTV6
体育电台	北京体育广播（FM1025）
体育网络转播频道	CNTV、新浪体育、搜狐体育、PPTV、PPLIVE、乐视体育

资料来源：根据体育竞赛表演转播平台相关案头资料搜集。

通过对体育爱好者的北京体育赛事关注的调查发现（见图 5），观看"电视直播"的最多，占比 53.4%；第二位是关注各类媒体上的"赛事新闻信息"，占比 27.18%；第三位是观看"网络直播"，占比 13.59%。由此可见，随着 PPTV、乐视网等新媒体加入体育赛事转播阵营，在线观看群体规模将逐渐增大，新媒体在未来转播市场的影响将越来越大，这将在一定程度上改变转播市场的格局。

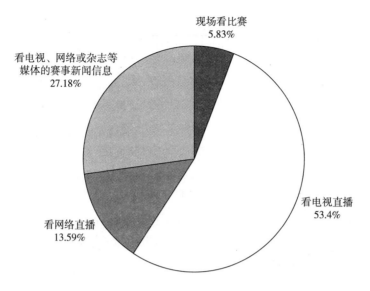

图5 北京市体育赛事观众关注方式分析

资料来源：体育爱好者调研问卷。

通过中国网球公开赛、环北京职业公路自行车赛、世界斯诺克中国公开赛三项主要大型赛事的电视转播情况，了解近几年北京市体育竞赛表演业赛事的电视转播状况（见表6）。从近几年的电视转播来看，中网海外转播媒体规模较大，在电视转播方面初步建立起了国际性大赛的转播平台，覆盖范围涉及全球主要的国家和地区；另外环京赛作为初创赛事，在电视转播方面初步形成国内与国际相结合的转播格局。

表6 2010～2012年三项赛事电视转播情况

赛事名称	年份	转播媒体	转播覆盖和时长
中网	2010	国内:7家电视台； 国际:175家电视台(频道)	国内:覆盖12.4亿观众,总时长307小时； 国际:覆盖159个国家地区,总时长1440小时,直播1038小时
	2011	国内:5家电视台； 国际:118家电视台(频道)	国内:覆盖12.4亿观众,总时长328小时； 国际:覆盖175个国家地区,总时长1888小时,直播1196小时

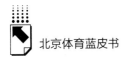

续表

赛事名称	年份	转播媒体	转播覆盖和时长
中网	2012	国内:5 家电视台; 国际:113 家电视台(频道)	国内:覆盖 12.4 亿观众,总时长 356 小时; 国际:覆盖 157 个国家地区,总时长 2094 小时,直播 1362 小时
	2013	国内:5 家电视台; 国际:178 家电视台(频道)	国际:覆盖 157 个国家地区,总时长 2594 小时,直播 1472 小时
环京赛	2011	国内:BTV 体育、BTV 综合和 CCTV5; 国际:美国 Versus 电视台、澳大利亚 SBS 电视台、日本 J - 体育台、欧洲体育 2 台、亚洲 ESPN STAR SPORTS 电视台等	转播 + 集锦播出时长总计 11.7 小时。北京电视台平均收视率 0.39%(峰值 0.79%)
	2012	国内:BTV 体育、BTV 综合和 CCTV5; 国际:美国 Versus 电视台、澳大利亚 SBS 电视台、日本 J - 体育台、欧洲体育 2 台、亚洲 ESPN STAR SPORTS 电视台等	转播 + 集锦播出时长 25.2 小时,增幅达到 115.4%。北京电视台收视率平均收视率 0.12%(峰值 0.15%),中央电视台平均收视率达到 0.12%(峰值 0.277%)
	2013	国内:BTV 体育、BTV 综合和 CCTV5; 国际:美国 Versus 电视台、澳大利亚 SBS 电视台、日本 J - 体育台、欧洲体育 2 台、亚洲 ESPN STAR SPORTS 电视台等世界知名电视台和视频网站 YOUTUBE 直播赛事	世界任何国家都可以通过电视台或者视频网站观看
斯诺克公开赛	2010	—	直播时长均达到 30 小时以上,电视转播平均收视率达到 0.75%,收看直播人数总计达到 2 亿人次
	2011	—	直播时长均达到 30 小时以上,电视转播平均收视率达到 0.70%,收看直播人数总计达到 1.4 亿人次

续表

赛事名称	年份	转播媒体	转播覆盖和时长
斯诺克公开赛	2012	—	直播时长均达到30小时以上,电视转播平均收视率达到0.57%,收看直播人数总计达到1.17亿人次
	2013	中央电视台、BBC、欧洲体育等40多家国际电视媒体	直播时长均达到30个小时以上,覆盖全球

资料来源:三项赛事的组织管理方(中网公司、竞赛管理中心、时博国际)。

通过上述数据分析发现,北京市体育赛事表演业在转播权方面几乎没有收益,甚至是一个"反向市场";北京市在电视转播平台方面选择较少,缺乏能自主掌控的全国转播平台。

3. 赞助市场

随着北京市不断引进高级别的大型体育赛事产品,北京市体育竞赛表演业的赞助市场越来越活跃,赞助市场已经成为北京市体育赛事的主要收入来源。

从对体育爱好者对北京市7个最主要的赛事产品提供方的认知测试来看(见图6),体育爱好者对北京市的大型体育赛事(赛会制赛事)与职业联

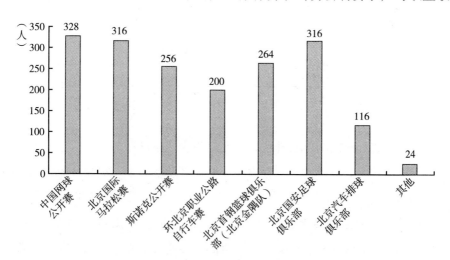

图6 北京市大型体育赛事与职业俱乐部认知度分析

资料来源:体育爱好者调研问卷。

赛（俱乐部赛事）的认知度差不多，对中国网球公开赛的认知度是最高的（328 人），认知度为 79.6%；对北京国际马拉松赛和北京国安足球俱乐部的认知度一样（316 人），认知度为 76.7%。

通过对北京市体育竞赛表演业 7 个最主要的赛事产品提供方的赞助商状况进行梳理（见表 7），发现北京市体育竞赛表演业的主要赞助商是北汽集团、北京现代等北京市本地的大型企业，外地赞助企业较少且赞助级别较低。

表 7 北京市主要赛事产品提供方的近期赞助商一览

赛事	顶级赞助商	主要赞助商	一般赞助商
中国网球公开赛	北京奔驰	中国人寿、ROLEX	中信银行、嘉实基金、水井坊、昆仑山、葆蕊康、CORONA
北京国际马拉松赛	北京现代	阿迪达斯	佳得乐
斯诺克公开赛	北京银行	北京信托、北京汽车	
环京赛	北汽集团	UCC 环球自行车、特步（中国）	康比特、中国人保财险、建大轮胎（KENDA）、诺飞客、TEKTRO
北京首钢篮球俱乐部	北京金隅集团	李宁	
北京国安足球俱乐部	毕尔巴鄂比斯开银行、中信实业银行、耐克	雪の名水、中国建设银行、足球主题、美嘉欢乐影城、亚冠联赛、东方表	华夏银行、尼雅红酒
北京汽车排球俱乐部	北京汽车		

资料来源：各大体育赛事和职业俱乐部官方网站。

最后，通过中国网球公开赛、环北京职业公路自行车赛两项主要大型赛事，了解近几年北京市体育竞赛表演业赛事赞助市场收入状况（见表 8）。中网 2012 年赞助收入在总收入中占比为 74.9%，并且近 3 年赞助收入逐步增加；环京赛近两年的赛事收入几乎全部来自赞助，占比高达 99%。可见，赞助市场已经成为北京市大型体育赛事的核心收入来源，已成为赛事运营收益好坏的决定性因素。例如中网公司认为"目前中网赛事已形成了较高的社会影响力，但由于目前国内体育赞助市场发展尚不充分，社会影响力尚无法完全转化为商业价值"。可见，体育竞赛表演业的发展单靠赞助市场这种外延式的增长不可持续，需要提升赛事品牌的内生质量，发展票务市场及其他相关市场。

表8　中网、环京赛近三年赞助收入在总收入中的占比情况

赛事名称	年份	赛事收入(万元)	赞助收入(万元)	赞助收入占比(%)
中网	2011	11238	8157	72.6
	2012	12427	9305	74.9
	2013		10607.7	
环京赛	2011	7440	7400(现金350,实物7050)	99.5
	2012	7200	7160(实物7160)	99.4
	2013			

资料来源：两项赛事的组织管理方（中网公司、竞赛管理中心）。

进一步分析中网的赞助收入结构（见表9），2013 年中网赞助收入中钻石级别的赞助商贡献最大，占比达 39%，近几年钻石级别的赞助商赞助规模增长较快，2012 年占比达到 24%，2013 年占比达到 39%。

表9　中国网球公开赛近三年的赞助收入

赞助商	2011 年		2012 年		2013 年	
	收入(万元)	占比(%)	收入(万元)	占比(%)	收入(万元)	占比(%)
中网赛事	8157		9305		11592.3	
首　　席	2600	32	2600	28	3000	26
钻　　石	1000	12	2250	24	4500	39
白　　金	3286	40	3773	41	3600	31
其他合作伙伴	1271	16	682	7	492.3	4

资料来源：中网公司提供。

4. 转会市场

运动员转会市场中的运动员是竞赛表演业的特殊商品，商品的实质是运动员的专项运动才能所具有的使用价值和交换价值，这种才能是竞赛表演业

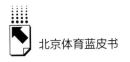

服务产品品质的核心。运动员本身由于具有优秀的专项运动能力，这种能力自然会在市场环境中衍生出运动员姓名、肖像、比赛和训练影像、技术数据以及个人逸事的使用权和出版权的市场价值。

球员转会可以提高联赛水平，促进俱乐部的发展，它既能保证球队、球员的利益，使球队之间的实力逐渐均衡，也是实现人力制衡的保障。目前我国的转会市场主要是针对职业联赛的俱乐部，中国职业联赛主要依托于足球、篮球和排球三大球，但当前中国三大球职业联赛的市场化程度不高，从全国职业联赛的各俱乐部来说，它们都较少把转会市场作为俱乐部经营收益的重要内容。

据北京市三大球职业俱乐部近几年球员的买入与卖出情况分析（见表10），中超联赛的北京国安转会市场最活跃，其次是 CBA 联赛的北京首钢转会市场，排球联赛转会市场最不活跃。另外，北京市三大球职业俱乐部球员买入显著大于卖出。

表10 北京市三大球职业俱乐部近几年球员转会一览

俱乐部	年份	买入	卖出
中超（北京国安）	2010	徐亮（广州医药）、吴昊（山东鲁能）、王晓龙（山东鲁能）、乔尔 - 格里菲斯（澳大利亚）、奥托（巴西）、罗斯（苏格兰）	张磊（长沙金德）、王栋（深圳红钻）、郭辉（大连阿尔滨）
	2011	朴成、罗贝托（巴西）、戴维（巴西）、弗朗索瓦（二次转会）	杜文辉（江苏舜天）、杨昊（广州恒大）、黄博文（全北现代）、凯塔（二次转会）、帕切科（主教练）
	2012	邵佳一（自由转会）、毛剑卿（陕西人和）、张晓彬（天津泰达）、张健（重庆力帆）、卡鲁德洛维奇（贝尔格莱德红星）、柏小磊、矫喆（租借）、马努（葡萄牙）、雷纳尔多（巴西）	王昊智（河南建业）、丁海峰（深圳红钻）
	2013	力马、克里梅茨（租借）	徐亮、王长庆（自由）、祝一帆
CBA（北京首钢）	2010	兰多夫·莫里斯（亚特兰大老鹰）、李学林（台北裕隆）	尚平（山西）、杜江（吉林）、李克（佛山）
	2011	斯蒂芬·马布里（佛山）、常林（NCAA）、翟晓川（二队上调）、朱彦西（江苏同曦）	张睿

续表

俱乐部	年份	买入	卖出
CBA（北京首钢）	2012	李根（青岛）、王鑫磊、姚广国（青年队上调）	孙明明（返校读书）、门维（租借）
	2013	孙悦、张松涛、李伟、黄海贝	
排球联赛（北京汽车排球）	2012	温特斯（加拿大）、史蒂夫－布林克曼（加拿大）、萨尔瓦多（德国）、初辉（辽宁男排）	
	2013	沃特（加拿大）	

资料来源：各类体育媒体网站。

　　从对北京三大球职业俱乐部球员籍贯的统计来看（见表11），北京国安足球俱乐部北京籍球员为9人，占比为23.7%；北京首钢篮球俱乐部北京籍球员为2人，占比为12.5%；北京汽车排球俱乐部北京籍球员为30人，占比为81%。

表11　北京三大球职业俱乐部球员籍贯一览

北京国安足球俱乐部	外籍球员	伊格尔·克里梅茨（乌兹别克斯坦）、达科·马季奇（克罗地亚）、霍夫雷·格隆（厄瓜多尔）、弗雷德里克·卡努特（法国班巴拉）、安德烈·利马（巴西），共5人
	外地球员	于洋（天津）、张晓彬（河北张家口）、谭天澄（山西太原）、张健（山西）、张稀哲（湖北武汉）、张俊哲（湖北武汉）、雷腾龙（湖北武汉）、徐武（浙江）、郎征（河北保定）、李提香（河北）、杨智（广东广州）、姜涛（山东）、周挺（辽宁大连）、李翰博（辽宁）、张永海（辽宁沈阳）、张帅（河南）、王皓（河南）、杜帅帅（山东）、同乐（江苏）、毛剑卿（上海）、柏小磊（辽宁大连）、杜明洋（江苏）、曹翰晨（江苏）、朴成（吉林延边），共24人
	北京球员	邵佳一、张思鹏、杨运、侯森、徐云龙、王晓龙、张辛昕、刘广旭、张瑀，共9人
北京首钢篮球俱乐部	外籍球员	斯蒂芬·马布里（美国）、兰多夫·莫里斯（美国），共2人
	外地球员	常林（黑龙江哈尔滨）、李学林（中国台湾）、解立彬（河北唐山）、翟晓川（河北唐山）、李根（河南焦作）、王骁辉（山东烟台）、尹天任（广东深圳）、姚广国（辽宁大石桥市）、陈磊（辽宁阜新）、韩崇凯（辽宁）、吉喆（辽宁沈阳）、朱彦西（重庆），共12人
	北京球员	方硕、陈世冬，共2人
北京汽车排球俱乐部	外籍球员	男排：温特斯（加拿大）、史蒂夫－布林克曼（加拿大）、萨尔瓦多（德国）、沃特（加拿大），共4人
	外地球员	女排：刘雅（天津）、张歌（山东烟台）；男排：初辉（大连），共3人
	北京球员	女排：王春妮、周玟均、尹旭东、郝雯、李芳菲、郭雅莉、曾春蕾、翟月、韩旭、薛明、陆冬冬、张娜、刘晓彤、张倩、王忱、乔婷；男排：王景星、何京钊、胡希召、孙权、胡松、赵艺、康慷、杨帆、张修瑞、王琛、韩啸、单庆涛、李明、刘一，共30人

资料来源：各类体育媒体网站。

087

5. 特许经营市场

体育特许经营是国内外体育组织、重大体育赛事、著名运动员无形资产的重要内容和经营开发的重点领域。特许产品作为赛事品牌形象和众多理念的载体，逐渐成为赛事经济新的增长点和赛事市场开发收入的重要组成部分。特许经营市场主要包括门票特许经营权、场内零售服务特许经营权、服装纪念品等特许经营权等。

首先，从近三年中网的特许收入变化来看（见表12），特许市场在总体赛事收入中占比非常小，并有逐年下降的趋势。

表12 中国网球公开赛近三年的特许权收入及占比

年份	2010	2011	2012
特许权收入(万元)	177	148	162
赛事总收入(万元)	8382	11238	12427
占比(%)	2.1	1.32	1.3

资料来源：中网公司提供。

其次，对体育爱好者关于观赛兴趣的调研结果显示，关注最多的是赛事本身，占比为68.33%；其次是对赛事运动员的关注，占比为16.67%。可见，体育爱好者对北京市赛事产品衍生体验的关注较少，观众总体观赛兴趣方向单一（见图7）。

6. 版权市场

在高度发达的体育竞赛表演市场中，以与竞赛相关信息的商业利用和出版权为核心的版权市场都已经成为重要的体育竞赛表演业的重要收益来源。版权市场主要包括：运动训练技术数据、产业情报信息、名人逸事等。

运动训练技术数据领域在国内来说，还仅仅停留在经验化的运动竞技训练技能、学术研究等相对封闭的环境下，北京市作为国家体育总局训练局的所在地，拥有相应的市场先天优势，但目前缺乏观念引导和相应的交易机制。

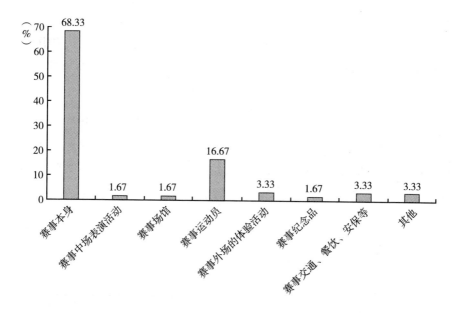

图7 观众对于体育赛事印象最深刻的记忆统计

资料来源：体育爱好者调研问卷。

关于产业情报信息等内容的出版，目前只在学术研究范畴，缺乏市场需求基础；关于名人逸事等的出版，目前国内知识产权保护意识比较差，尚未能建立相应的市场规范。

四 制约北京市体育竞赛表演业发展因素的分析

（一）政府支持方式的制约

北京市政府高度重视体育竞赛表演业，并为大型体育赛事的举办提供了相应的资金支持，这对国际赛事组织具有较强的吸引力，对大型体育赛事的申办有一定的积极意义，但也存在比较明显的发展制约因素。

政府主导大型体育赛事引进和后期运营工作，会使得中国各城市间同类

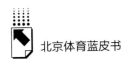

项目引进时产生恶性竞争，这让国际赛事组织对由政府主导的承办地存有疑虑，使得国内城市在申办谈判中缺乏话语权。据中网公司介绍，"中国网球公开赛 WTA 皇冠明珠赛事升级费用为 3200 万美元，ATP 500 赛事升级费用为 2236.5 万美元"，造成办赛的成本过高。

2013 年北京市举办的斯诺克公开赛、中国网球公开赛和环京赛三大赛事都是政府投入较大、赛事级别较高、社会影响较广、表面看来非常热闹成功的赛事，但从赛事经营的效益来分析发现这些赛事实际上仅是一个收入成本持平型赛事，甚至是亏损性赛事（见表 13、表 14、表 15）。

表 13　世界斯诺克中国公开赛运营情况

单位：万元

时间	运营成本	运营收入	利润总额（税前）
2010 年	862.36	1172.53	310.17
2011 年	1149.90	1079.68	− 70.22

资料来源：北京时博国际体育赛事有限公司，以上运营收入包含体育局补贴。

表 14　中国网球公开赛运营情况

单位：万元

时间	运营成本	运营收入	利润总额（税后）
2010 年	11794	8382	− 3412
2011 年	12999	11238	− 1761
2012 年	14456	12427	− 2029

资料来源：北京中国网球公开赛体育推广有限公司，以上利润为赛事直接运营利润。

表 15　环北京职业公路自行车赛运营情况

单位：万元

时间	运营成本	运营收入	利润总额（税前）
2011 年	10335	7440	− 2895
2012 年	8553	7200	− 1353

资料来源：北京体育局竞赛管理中心。

持平型赛事：世界斯诺克中国公开赛（2007 年扶持额度为 400 万元、2008 年扶持额度为 400 万元、2010 年扶持额度为 300 万元、2011 年扶持额度为 223.88 万元）。

亏损型赛事：中国网球公开赛（2007 年扶持额度为补贴 2300 万元；2008 年扶持额度为赛事补贴 2000 万元，2009 年扶持额度为男子升级 12000 万元，赛事补贴 2500 万元；2010 年扶持额度为赛事补贴 2300 万元；2011 年扶持额度为偿还赛事历史债务 17300 万元，赛事补贴 5000 万元；2012 年扶持额度为赛事补贴 3016.56 万元）。环北京职业公路自行车赛（2011 年扶持额度为 10000 万元、2012 年扶持额度为 10700 万元）。

（二）相关法律和规定的限制

北京市体育产业引导资金缺乏可持续的管理办法，在税收、贷款等其他财税支持方面缺乏有针对性的措施。例如中国网球公开赛，每年都有相应的财政补贴，但仍不能弥补亏损。

现行的《体育法》使得体育赛事产权不清，社会资本进入门槛高，极大地限制了社会资本投入的积极性。《体育法》和相应的行业管理条例要求全国性的大型体育赛事的举办，必须经由国家体育总局审批，并且最终归属权必须是国家，目前很多体育赛事的产权不清造成赛事经营管理低效。

（三）全年赛事分布不均

通过分析 2013 年北京市每月举办的赛事数量发现，北京 7 月、10 月赛事举办密集度过高（见图8）。大量的赛事聚集在同一时间举办，它们共同平分有限的赞助市场、观众市场，在很大程度上制约了赞助市场及票务市场的开发，造成了明显的市场淡旺季。同时随着北京市汽车保有量越来越多，北京市内交通的拥堵问题越来越严重，对大型体育赛事承办也形成一定的压力。

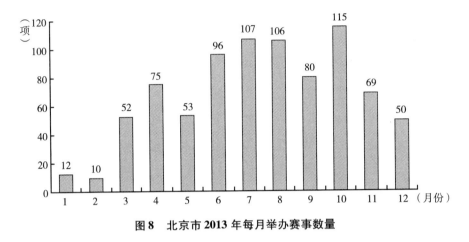

图8 北京市 2013 年每月举办赛事数量

（四）票务市场不活跃

赛事运营方 B2B 的经营导向致使其开发票务的思路相对落后，缺乏培育市场的耐心和专业票务团队，对消费者的重视不足。

"赠票文化"也是制约北京市票务市场发展的原因之一，形成赠票文化的主要原因：一是存在大量的"关系票"；二是赞助权益回报中"门票权益"过多；三是媒体赠票的惯例。盈方公司认为："中国的'赠票文化'是长期以来计划经济体制下的产物，也是长期以来养成的习惯，不过随着市场经济的发展，'赠票文化'也在逐步地改变。"

过于严格的安保要求和过多的"防涨票"要求，不仅加大了赛事的运营成本，也减少了可销售门票的数量。而赠票及部分防涨票流入黄牛市场，对门票经营也形成一定程度的干扰。

另外，门票定价缺乏合理的规划，也是票务市场不活跃的原因之一。一方面部分赛事门票价格过低（例如足球），对于提升赛事收益水平的支持力度不足；另一方面部分赛事门票定价过高，没有考虑学生或工薪阶层的经济条件，导致上座率和票房收入不高。

（五）转播渠道垄断

电视转播权经营是体育竞赛赢利的主要渠道之一。然而在我国，电视媒体具有部门垄断的特点，电视台可以对转播权进行垄断限价。而赛事体育组织为了宣传赛事、扩大影响、保证赞助商的权益，只能低价出售转播权甚至支付转播费实现电视转播。分析北京市2013年体育竞赛表演业的各指标数据发现，北京市体育赛事表演业在转播权方面几乎没有收益，甚至是一个"反向市场"，这严重制约了北京市体育竞赛表演业的长远发展。

（六）赞助市场不规范

目前北京市的赞助市场过多依赖"政府摊派式"的赞助，在赛事赞助权益回报方面简单化对价"媒体价值"，进一步受限于转播媒体。李宁公司认为"应变单纯的赞助为战略合作伙伴，共同制定规则"，并且"赞助资源要具有唯一性且不可替代性。"

另外，针对体育竞赛表演业赞助市场的隐形营销的问题，尚没有明确的法律法规和行之有效的行业管理办法来解决，不过北京在2008年奥运会强势知识产权保护的影响下，积极打击"隐形市场"等侵犯投资人权益的活动，赞助市场已逐渐向良好的赞助营销环境和氛围发展。李宁公司在赞助资源的获取途径方面，有自己搜集、委托中介公司、朋友介绍等，可见整个赞助市场还很不规范，虽然国家体育总局已经开展了体育经纪人准入资格设计工作，但收效甚微。

（七）人才流动受限

2013年北京市的转会市场应该是典型的"贸易逆差"，总体转会市场不活跃，主要限制原因有以下几个方面：一是各省市之间的人才自由流动机制尚未形成，所以从国外引进可能还更为便利一些；二是北京、上海、广州这样的大城市严重缺乏优秀运动苗子，本次调研过程中上海体育局竞赛管理中心也提到类似观点，"上海也严重缺乏后备人才，目前属于完全的运动人才进口省份"。北京主要靠投入巨额资金"买人"，这样虽可以为北京市职业联赛带来一定的提升效应，但同时也导致当前北京体育后备人才储备不足，出现青少年参加专业训练的人数逐年下降的结果。

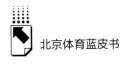

（八）版权市场空白

从出版市场发展环境现状来看，北京整体体育赛事品牌化程度较差，衍生开发能力不强，再加上版权意识不强，使得相关信息市场基本空白。例如，中国网球公开赛基本没有这部分的赛事收益，行业相关从业机构也较缺乏，这使得处于产业链下游的体育赛事出版市场，缺少市场化的动力和创造力。

五　北京市体育竞赛表演业市场前景分析

从近年来北京市经济社会发展的宏观趋势看，北京市体育竞赛表演业市场前景总体看好。

（一）北京市政府对于体育赛事的需求持续旺盛

前文已经论述，随着北京市定位为国际体育中心城市，北京市近年着力打造一些有影响力的高端国际体育赛事，并使之成为北京对外交往的"新名片"。

诸如，与张家口市政府联合申办 2022 年第二十四届冬季奥林匹克运动会、环北京职业公路自行车赛、中国网球公开赛、北京国际马拉松赛、北京国际长跑节、2015 年北京世界田径锦标赛，意大利超级杯足球赛、世界斯诺克中国公开赛、NBA 中国赛、沙滩排球世界大满贯北京赛、沸雪北京世界单板滑雪赛、国际泳联花样游泳大奖赛、世界女子水球联赛总决赛、世界花样滑冰大奖赛、世界田径挑战赛、城市道路赛等。这些赛事的积极申办和积极承办都反映了北京市政府对举办大型体育赛事的积极性比较高，需求比较旺盛，这对于北京市体育竞赛表演市场的发展无疑是利好。

（二）政府对于各种类型体育赛事的举办继续给予大力支持

北京市政府不仅着眼于举办大型体育赛事，对于各级别各类型的体育赛事也均给予大力支持。一方面是政策支持，另一方面是资金支持。如利用体育产业政策对这些体育赛事进行资金支持。

（三）社会大众对体育赛事的需求明显呈上升趋势

从观看中网、北京男篮比赛以及北京国安足球职业俱乐部比赛的观众人数的变化，不难看出近些年来北京市居民对体育赛事的需求越来越旺盛，有些比赛甚至一票难求，这反映了北京市观看体育比赛的人数增幅明显，对高质量体育赛事需求旺盛。

（四）社会承办体育赛事的积极性持续高涨

北京市经济社会及体育产业的蓬勃发展及良好的市场环境，吸引了越来越多的企业（公司）参与到体育赛事的承办活动中来，体育赛事承办主体的多元化成为趋势，民间力量今后承办更多体育赛事的趋势将越来越明显。此外，群众性体育赛事也呈快速发展趋势。

（五）体育赛事内部市场前景分析

1. 关于票务市场前景

随着北京市举办的体育赛事质量和体育赛事的影响力不断提升，喜欢观看体育比赛的消费群体呈增加势头，北京市居民体育消费意识近些年也在不断增强，人们购买门票观看体育比赛的意识渐趋明显。鉴于中国的体制环境以及社会风俗习惯，赠票行为还将在相当一段时期内存在，"朋友赠送"和"客户赠送"仍将有一定市场潜力，但总的来讲，北京市体育赛事票务市场前景趋于谨慎乐观。尤其是在北京举办的一些品牌赛事以及影响力比较大的商业性体育赛事，其票务市场仍然是比较乐观的。

2. 关于转播市场前景

我国目前各种宣传媒体基本上都由政府管控，尤其是电视转播媒体机构，完全属于政府行政垄断行业，这一局面在短时间内很难有较大突破。但可喜的是越来越多的电视转播媒体也认识到，积极与体育赛事承办单位

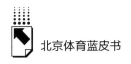

合作是一件双赢的事情，且由于北京市是全国首善之区，国际化程度和市场化程度都比较高，因此，在北京市举办的体育赛事的电视转播市场前景较为乐观。此外，值得一提的是在线观看群体将逐渐增大，这将致使网络媒体和新媒体在未来的转播市场的影响越来越大，将在一定程度上改变转播市场的格局。北京市品牌体育赛事的影响力不断增大，吸引了众多国外电视媒体的介入，这将会有力地推动体育赛事电视转播市场的进一步开放，并逐步与国际接轨。

3. 关于赞助市场前景

随着体育赛事营销成为企业市场营销的一个重要方式，并为越来越多的赛事经营者、企业家，以及广大受众所认识和理解，北京市体育赛事赞助市场前景将越来越乐观，这一方面与大公司云集北京有着直接关系，另一方面与北京市体育赛事的质量与影响力、赞助企业权益回报与维护越来越完善也有着直接关联。

4. 关于转会市场前景

北京市体育赛事的转会市场受限于职业联赛市场，主要体现在北京国安足球职业俱乐部、北京首钢篮球职业俱乐部和北京汽车排球职业俱乐部购买或引进球员方面。其中，中超联赛的北京国安转会市场最活跃，其次是CBA联赛的北京首钢，排球联赛转会市场最不活跃。另外，北京市三大球职业俱乐部球员买入显著大于卖出。随着我国政府改革力度不断加大，政府简政放权、增强市场在资源配置中的作用将成为趋势，因此，北京市体育赛事运动员转会市场前景会呈渐进式上升发展趋势。

5. 关于特许经营市场前景

北京市体育赛事的特许经营市场目前仍处于初级阶段，一方面特许经营市场的好坏取决于赛事质量及影响力，另一方面取决于赛事经营者的经营理念和管理水平。目前，除了少数有影响力的体育赛事具有此方面的开发能力外，其余体育赛事均在此方面处于待开发阶段。

6. 关于版权市场前景

北京市体育赛事的版权市场仍然处于初级阶段，主要原因是目前国内知识产权保护意识比较差，尚未能建立相应的市场规范，关于体育赛事的版权保护更是如此。但在一些有影响力的体育赛事筹办过程中，虽已有了关于知识产权保护的意识和措施，比如，对于明星运动员的肖像权、体育赛事的商标权、体育赛事精彩集锦的销售、体育赛事特许经营等，但总体上看，这方面的管理仍然不够规范，缺乏相应的市场以及管理措施。

六 北京市体育竞赛表演业发展的对策建议

（一）进一步加快赛事的管办分离

加快政府职能转变，由原来的既管赛又办赛向只管赛、不办赛转变，强化政府的赛事管理职能，加强对赛事的审核、评估、监督和宏观管理，科学编制竞赛计划，统筹协调赛事布局，提升市场化运作能力，逐步实现赛事由"靠政府输血"到"靠市场造血"，逐步把办赛的职能交给市场主体。这方面可适当借鉴上海市的"3＋X"模式。"3"，即新组建的东浩兰生赛事管理有限公司与久事国际赛事管理有限公司、东亚集团三足鼎立，三家公司将承办市体育部门主管的上海70％的优质赛事。"X"，即体育总会、单项体育协会、各类体育社会组织，以及国际国内专业赛事公司承办的其他赛事。

（二）强化赛事分类管理

政府应依据赛事分类管理的原则，对所有赛事进行分类，即分为公益性体育赛事和商业性体育赛事，政府理应主要负责市场化模式尚不成熟、有公益价值且需要长期培育的大型体育赛事项目的筹办，把群众基础好、市场化程度高的体育赛事交由资源整合能力强的企业来进行市场化经营。这方面上海市的改革方向是"大赛靠专业公司，小赛靠体育协会"，其经验可供借鉴。

（三）着力打造一批品牌赛事

竞赛表演业的发展离不开品牌赛事的建设。举办北京市重大体育赛事活

动媒体推介会，实现"北京体育"品牌的高曝光度，探索体育事业与宣传媒体融合、互动发展的新模式。只有打造出一批品牌赛事，才能够真正意义上带动北京市整个竞赛表演业的快速发展，因此，北京应结合具体市情，有针对性地培育一批适应北京市情的品牌赛事，把品牌赛事建设放在品牌城市建设的高度来看待。

（四）合理布局全年赛事时间安排

宏观统筹北京市全年竞赛计划，将各大赛事根据项目特色和北京市的实际情况，合理地安排比赛时间，努力做到资源利用效益（经济效益和社会效益）最优化，产品开发最大化。

（五）出台北京市竞赛表演业专项财税优惠政策

依据北京市未来重点发展的体育赛事，研究制定相应的税收优惠政策，可以将政府补贴以税收部分返还的形式进行转移支付，既能起到扶持赛事发展，又能有效提高赛事经营者的积极性。

（六）强化赛事票务工作市场化

"赠票"不仅仅是赛事经济的损失，更为重要的是扰乱和破坏了赛事市场，因此，须由上而下打破"赠票文化"。可借鉴上海市的做法，由政府明确规定，市属各单位观看赛事，一律自行购票。同时要求市属各赛事经营机构，尽可能将门票业务以招投标方式外包给第三方机构。

（七）突破电视转播权收入瓶颈

通过市场化和招标标准化等一系列手段措施，加强与国内电视转播机构之间的沟通与合作，逐步突破国内电视转播行业垄断瓶颈，探索建立新时期的赛事电视转播合作新模式，稳步提高国内转播权收入。同时，积极开拓国际转播权市场，或通过委托海外电视转播权代理，打包销售国际转播权和国内转播权，反向提高国内转播权销售，并积极发展手机、IPTV等新媒体提供的网络比赛视频点播、手机赛事直播、手机赛事图片、赛程、赛况等信息服务。

（八）积极探索开发赛事特许商品市场

努力提升赛事的品牌效应，大力开发特许商品市场，将赛事文化的传播和特许商品市场开发相结合，不断满足参赛运动员、代表队官员、裁判员、媒体记者、观众、办赛人员以及游客的购买需要，进而增加赛事收入。

（九）增强赛事版权经营与保护意识

赛事组织者应增强赛事知识产权的经营和保护意识，高度重视电视转播权的二次销售版权经营，全面开发赛事出版方面的衍生产品，充分利用赛事的相关信息和品牌效应拓宽赛事营销的领域，提高版权保护意识，维护自身合法权益。

（十）加强对体育赛事的组织管理绩效评价

研究制定北京体育竞赛表演业的组织管理绩效评估方法与标准，准确把握赛事的经营状况，扶持精品赛事的发展，改革创新体育赛事的绩效评价体制和机制，引进独立的第三方评价机构，强化顾客评价机制。

参考文献

北京市体育局：《北京市 2013 年竞赛计划》，2012。

北京市统计局：《北京市 2013 年国民经济和社会发展统计公报》，2012。

国务院办公厅：《关于加快发展体育产业的指导意见》，2010。

中共北京市委、北京市人民政府：《关于加强新时期体育工作建设国际化体育中心城市的意见》，2003。

中共北京市委、北京市人民政府：《关于促进体育产业发展的若干意见》，2007。

北京市体育产业部门联席会议办公室：《北京市体育产业发展引导资金管理办法》，

2010。

北京市体育局:《北京市"十二五"时期体育发展改革规划》,2011。

北京市人民政府:《北京市人民政府关于加快发展体育产业的实施意见》,2012。

北京市体育局:《2013年北京市体育局工作总结》,2013。

北京市体育局:《北京市体育竞赛表演业发展环境调研报告》,2012。

陈林祥:《体育市场营销》,人民体育出版社,2004。

北京市统计局、国家统计局北京调查总队:《体育产业对北京经济发展的影响分析》。

李颖川:《建设国际体育中心城市,促进北京体育事业与产业协调发展》,《环球体育市场》2010年第4期。

徐力生:《北京体育产业发展政策指向》,《投资北京》2007年第7期。

刘敬民:《建设中国特色世界城市和国际体育中心城市》,《体育文化导刊》2011年第4期。

魏纪中:《大型体育赛事市场开发》,《文体用品与科技》2004年第2期。

附：

2013 年北京市竞赛计划

序号	计划年度	项目名称	竞赛名称	日期	主办单位
1	2013	拔河	2013 年北京市第二届拔河比赛	5 ~ 10 月	北京市社会体育管理中心
2	2013	棒球	北京市业余体校棒球锦标赛	待定	北京市体育局竞体处
3	2013	棒球	北京市青少年棒球锦标赛	7 ~ 8 月	北京市体育竞赛管理中心
4	2013	棒球	北京市中学生棒球比赛	10 月	北京市教育委员会/北京市体育局
5	2013	棒球	北京市国际儿童少年棒球锦标赛	8 月 1 ~ 7 日	北京国际体育交流中心/北京市棒球协会
6	2013	棒球	2013 年第 18 届首都高校棒球锦标赛	5 月 6 日 ~ 6 月 5 日	北京市大学生体育协会棒垒球分会
7	2013	棒球	2013 年北京市小学生棒球比赛	4 月 1 日	北京市教育委员会
8	2013	棒球	2013 年北京市体育传统项目学校比赛	3 ~ 4 月	北京市体育局/北京市教育委员会
9	2013	棒球	2013 中国棒球联赛	4 ~ 8 月	中国棒球协会
10	2013	保龄球	北京市保龄球联赛	3 月 1 日 ~ 9 月 30 日	北京市保龄球协会
11	2013	冰球	2013 ~ 2014 "协会杯"北京市青少年冰球联赛	2013 年 10 月 12 日 ~ 2014 年 3 月 30 日	北京市冰球运动协会
12	2013	冰球	2013 年亚洲青少年冰球邀请赛	10 月 1 ~ 7 日	北京市冰球运动协会
13	2013	冰球	2012 ~ 2013 北京青少年冰球国际邀请赛	8 月 10 ~ 15 日	北京市冰球运动协会
14	2013	冰球	2013 年北京市少年冰球公开赛	6 月 30 日 ~ 8 月 20 日	北京市冰上轮滑运动协会
15	2013	冰球	北京 2013 年亚洲花样滑冰邀请赛	3 月 29 ~ 31 日	北京市体育总会/北京市冰上轮滑运动协会
16	2013	冰球	2012 ~ 2013 北京中小学生冰球校际联赛	3 月 20 ~ 30 日	北京市冰球运动协会

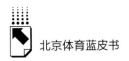

序号	计划年度	项目名称	竞赛名称	日期	主办单位
17	2013	冰球	全国男子青少年冰球联赛（第2站）	5月1~4日	国家体育总局冬季运动管理中心
18	2013	冰球	全国男子青少年冰球联赛（第1站）	4月3~6日	国家体育总局冬季运动管理中心
19	2013	冰球	北京市青少年冰球比赛	待定	北京市体育局青少处
20	2013	车辆模型	2013年亚洲及太平洋地区车辆模型锦标赛	8月20~28日	远东车辆模型协会/国家体育总局
21	2013	车辆模型	北京车辆模型精英赛	5~9月	北京市模型运动协会/丰台区体育局
22	2013	登山	2013年首都大学生越野登山比赛	11月30日~12月1日	北京市大学生体育协会
23	2013	登山	2013年首都高校大学生拓展挑战赛	10月12~27日	北京市大学生体育协会
24	2013	登山	第三届北京市"九九重阳"登山大会	10月10~31日	北京市社会体育管理中心
25	2013	登山	第四届北京国际山地徒步大会	9月	北京市体育局/北京市民间组织国际交流协会/北京市体育总会/门头沟区人民政府
26	2013	登山	第九届"户外运动专业俱乐部联赛"	9月15~16日	北京市登山运动协会
27	2013	登山	户外山地越野跑赛	9月1~2日	北京市登山运动协会
28	2013	登山	第七届"北京市民攀岩挑战赛"	7月28~29日	北京市登山运动协会
29	2013	登山	第五届北京市体育大会暨"户外家庭三项赛"	6月9~10日	北京市体育局/北京市体育总会
30	2013	登山	首都高校大学生攀岩锦标赛	5月11~12日	北京市大学生体育协会
31	2013	登山	2013年首都高校户外团队精英赛	5月11日~6月23日	北京市大学生体育协会
32	2013	登山	第十届北京春季健行大赛	4月14~15日	北京市登山运动协会

续表

序号	计划年度	项目名称	竞赛名称	日期	主办单位
33	2013	电子竞技	2013 北京中小学生电子运动大赛	3~12 月	北京市中小学体育运动协会
34	2013	钓鱼	北京市体育大会钓鱼比赛	5 月 1 日~9 月 30 日	北京市体育局/北京市体育总会
35	2013	钓鱼	北京市社区和谐杯钓鱼比赛	5 月 1 日~9 月 30 日	北京市钓鱼协会
36	2013	钓鱼	北京市夕阳红钓鱼比赛	5 月 1 日~9 月 30 日	北京市钓鱼协会/北广传媒/四海钓鱼频道
37	2013	钓鱼	2013 年北京路亚年度挑战赛	5 月 1 日~9 月 30 日	北京市钓鱼协会
38	2013	钓鱼	首都新闻媒体钓鱼比赛	5 月 1 日~9 月 30 日	北京市钓鱼协会
39	2013	钓鱼	北京市钓手排名赛	5 月 1 日~9 月 30 日	北京市钓鱼协会/北京碧海钓鱼有限公司
40	2013	定向	2013 年北京市中小学生定向越野比赛	10 月中旬	北京市教育委员会
41	2013	定向	首都高校大学生定向越野锦标赛	10 月 19~20 日	北京市大学生体育协会
42	2013	定向	2013 年北京市体育传统项目学校比赛	4 月	北京市体育局/北京市教育委员会
43	2013	风筝	北京首届国际风筝节	4 月	北京市体育总会/北京市人民对外友好协会
44	2013	橄榄球	2013 年北京市大学生触摸式橄榄球比赛	10 月 15 日	北京市大学生体育协会
45	2013	橄榄球	北京市业余体校橄榄球锦标赛	待定	北京市体育局青少处
46	2013	橄榄球	北京市青少年橄榄球锦标赛	7~8 月	北京市体育竞赛管理中心
47	2013	高尔夫球	2013 年首都大学生高尔夫公开赛	10 月 11 日	北京市大学生体育协会/北京市大学生体育协会高尔夫球分会
48	2013	高尔夫球	北京-广东"元老杯"高尔夫友谊赛	9~10 月	北京高尔夫球运动协会

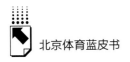
续表

序号	计划年度	项目名称	竞赛名称	日期	主办单位
49	2013	高尔夫球	北京国际高尔夫邀请赛	9月15~22日	北京市国际体育交流中心
50	2013	高尔夫球	北京 Titleist 青少年巡回赛	6~10月	北京高尔夫球运动协会
51	2013	高尔夫球	2013年首都大学生高尔夫技能比赛	5月20日	北京市大学生体育协会/北京市大学生体育协会高尔夫球分会
52	2013	高尔夫球	北京高尔夫业余差点巡回赛	4~11月	北京高尔夫球运动协会
53	2013	高尔夫球	FESCO2013 高尔夫联赛	4~11月	北京外企人力资源服务有限公司/北京外企体育协会
54	2013	高尔夫球	北京高尔夫职业挑战赛	3~11月	北京高尔夫球运动协会
55	2013	高尔夫球	北京俱乐部会员联谊赛	3~11月	北京高尔夫球运动协会
56	2013	高尔夫球	北京市业余体校高尔夫锦标赛	待定	北京市体育局青少处
57	2013	高尔夫球	北京市青少年高尔夫锦标赛	7~8月	北京市体育竞赛管理中心
58	2013	国际象棋	北京市国际象棋等级赛	10月至2014年1月	北京市棋牌运动管理中心
59	2013	国际象棋	北京市国际象棋个人锦标赛	4~5月	北京市体育局/北京市体育总会
60	2013	航空模型	首届北京航空模型精英赛暨全国航空模型公开赛(北京站)	5月	中国航空运动协会/北京市模型运动协会
61	2013	航空模型	2013年北京市青少年模拟飞行比赛	4月1日~10月30日	北京市航空运动协会
62	2013	滑冰	北京市业余体校花样滑冰比赛	待定	北京市体育局青少处
63	2013	滑冰	北京市青少年花样滑冰比赛	7~8月	北京市体育竞赛管理中心
64	2013	滑水	2013年索道尾波滑水世界杯赛	6月	国家体育总局水上运动管理中心/顺义区人民政府

续表

序号	计划年度	项目名称	竞赛名称	日期	主办单位
65	2013	滑雪	2013 年世界单板滑雪巡回赛	12 月	北京市体育局
66	2013	滑雪	首都大学生第 7 届滑雪比赛	1 月 21~23 日	北京市大学生体育协会
67	2013	击剑	北京市业余体校击剑锦标赛	5~6 月	北京市体育局青少处
68	2013	击剑	北京市青少年击剑锦标赛	7~8 月	北京市体育竞赛管理中心
69	2013	击剑	2013 年北京协会杯击剑大奖赛	11 月 1 日~12 月 30 日	北京市朝阳区体育局
70	2013	健美	2013 年首都高校健美锦标赛	6 月	北京市大学生体育协会
71	2013	健美操	首都高校校园健身操/啦啦操/街舞系列比赛	5 月 11 日~12 月 31 日	北京市大学生体育协会健美操/艺术体操分会
72	2013	健美操	北京市中小学生街舞比赛	10 月	北京市教育委员会/北京市体育局
73	2013	健美操	北京市中小学生健美操比赛	10 月	北京市教育委员会/北京市体育局
74	2013	健美操	2013 年北京市中小学生大众健美操比赛	9 月下旬	北京市教育委员会
75	2013	健美操	北京高校第 34 届健美操/艺术体操比赛	5 月 25~26 日	北京市大学生体育协会
76	2013	健美操	2013 年北京市传统项目比赛	4 月	北京市体育局/北京市教育委员会
77	2013	健身气功	全国百城千村健身气功展示北京会场	7 月 23 日	国家体育总局气功中心/北京市体育局
78	2013	健身气功	第 5 届北京市体育大会健身气功项目比赛	7 月 23 日	北京市体育总会
79	2013	毽球/藤球	2013 年北京高校踢毽比赛	12 月	北京市大学生体育协会
80	2013	毽球/藤球	北京市中小学生毽球比赛	11 月	北京市教育委员会/北京市体育局

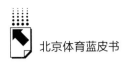

续表

序号	计划年度	项目名称	竞赛名称	日期	主办单位
81	2013	毽球/藤球	2013 年北京高校毽球/藤球比赛	5 ~ 12 月	北京市大学生体育协会
82	2013	毽球/藤球	北京市中小学生踢毽比赛	4 月	北京市教育委员会/北京市体育局
83	2013	举重	北京市业余体校举重锦标赛	待定	北京市体育局青少处
84	2013	举重	北京市青少年举重锦标赛	7 ~ 8 月	北京市体育竞赛管理中心
85	2013	篮球	北京市中小学生篮球联赛	10 ~ 11 月	北京市教育委员会/北京市体育局
86	2013	篮球	2013 年北京市职教系统篮球比赛	9 月 14 ~ 29 日	北京市体育局/北京市教育委员会/北京市人力资源和社会保障局
87	2013	篮球	FESCO2013 篮球联赛	9 ~ 11 月	北京外企人力资源服务有限公司/北京外企体育协会
88	2013	篮球	国际少年篮球邀请赛	7 月 5 ~ 11 日	北京国际体育交流促进会
89	2013	篮球	2013 年北京三对三街头篮球争霸赛	7 ~ 8 月	北京市社会体育管理中心
90	2013	篮球	2013 ~ 2014 中国女子篮球甲级联赛	2013 年 10 月 ~ 2014 年 3 月	中国篮球协会
91	2013	篮球	北京市民篮球联赛	7 ~ 10 月	北京市体育局/北京市体育总会
92	2013	篮球	第 10 届北京世界华人篮球赛	5 月	北京市体育总会/北京市人民对外友好协会/北京海外交流协会/北京台资企业协会
93	2013	篮球	首都高校大学生篮球联赛	4 月 6 日 ~ 5 月 30 日	北京大学生体育协会
94	2013	篮球	2013 年北京市高中学生男子篮球联赛	3 月/11 月/12 月	北京市教育委员会
95	2013	篮球	2013 年北京小学生篮球联赛	3 ~ 12 月	北京市中小学体育运动协会/北京市篮球运动协会
96	2013	篮球	金帆杯北京市中学生篮球比赛	1 月	北京市教育委员会/北京市体育局

续表

序号	计划年度	项目名称	竞赛名称	日期	主办单位
97	2013	篮球	肯德基全国青少年三人篮球冠军挑战赛	9～11月	中国篮球协会
98	2013	篮球	2013年NBA中国赛	10月15日	北京市体育局/美国职业篮球联赛(NBA)中国公司
99	2013	篮球	2013年北京市体育传统项目学校篮球比赛	3～4月	北京市体育局/北京市教育委员会
100	2013	篮球	北京市业余体校篮球锦标赛	11月	北京市体育局青少处
101	2013	篮球	北京市青少年篮球锦标赛	7～8月	北京市体育竞赛管理中心
102	2013	篮球	2013～2014中国男子篮球职业联赛	2013年11月～2014年4月	中国篮球协会
103	2013	篮球	京/津大学生篮球对抗赛	12月15～30日	CUBA组委会
104	2013	篮球	念慈庵北京市大学生篮球争霸赛	11月10日～12月10日	北京市大学生体育协会
105	2013	垒球	北京市业余体校垒球锦标赛	待定	北京市体育局青少处
106	2013	垒球	北京市青少年垒球锦标赛	7～8月	北京市体育竞赛管理中心
107	2013	垒球	2013年首都高校慢投垒球锦标赛	10月19～27日	北京市大学生体育协会棒垒球分会
108	2013	垒球	北京国际青少年垒球赛	8月7～14日	北京国际体育交流促进会
109	2013	垒球	2013年第18届首都高校垒球锦标赛	5月6日～6月6日	北京市大学生体育协会棒垒球分会
110	2013	龙舟	首届京津冀高校龙舟邀请赛	9月	北京市龙舟运动协会
111	2013	龙舟	北京和谐杯龙舟赛	8月	北京市龙舟运动协会
112	2013	龙舟	北京市大学生龙舟赛	7月	北京市龙舟运动协会
113	2013	龙舟	2013年第5届端午文化节龙舟赛	6～8月	北京市委宣传部等

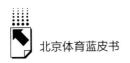
北京体育蓝皮书

续表

序号	计划年度	项目名称	竞赛名称	日期	主办单位
114	2013	龙舟	首届两岸四地龙舟邀请赛	6 月 15 日 ~ 7 月 15 日	北京市龙舟运动协会
115	2013	龙舟	2013 年首都高校第 3 届大学生龙舟比赛	6 月 1 ~ 30 日	北京市大学生体育协会
116	2013	轮滑	2013 年北京市速度轮滑公开赛/北京市花式速度轮滑赛	9 月 21 ~ 22 日	北京市体育总会/北京冰上轮滑运动协会
117	2013	轮滑	2013 年北京业余单排轮滑公开赛	9 月 20 ~ 22 日	北京市冰上轮滑运动协会
118	2013	轮滑	北京市 2013 年花样轮滑锦标赛	9 月 8 日	北京市体育总会
119	2013	轮滑	"铁骑兵团杯"北京市第十二届速度轮滑赛暨北京市第九届青少年体育俱乐部速度轮滑赛,2013 年北京市第 7 届儿童轮滑公开赛	7 月 20 ~ 21 日	北京市体育局群体处/北京市冰上轮滑协会
120	2013	轮滑	北京市少年儿童轮滑俱乐部联盟杯速度轮滑比赛	6 月 22 ~ 23 日	北京市冰上轮滑协会
121	2013	轮滑	首都大学生轮滑比赛	5 月 25 ~ 26 日	北京市大学生体育协会
122	2013	轮滑	北京市中小学生轮滑比赛	5 月	北京市教育委员会/北京市体育局
123	2013	轮滑	2013 年北京市速度轮滑公开赛/北京市花式速度轮滑赛	5 月 18 ~ 19 日	北京市体育总会/北京冰上轮滑运动协会
124	2013	马术	2013 年浪琴国际马术大师赛	4 月 18 ~ 20 日	中国马术协会
125	2013	马术	北京马术嘉年华	6 月 7 ~ 9 日	北京市马术运动协会
126	2013	马术	第四届北京马球友谊赛	6 月 2 ~ 3 日	北京市马术运动协会/《马术》杂志社

序号	计划年度	项目名称	竞赛名称	日期	主办单位
127	2013	马术	北京市马术节	5月1~3日	北京市马术协会
128	2013	马术	国际马联马术场地障碍赛中国联赛	4月	国际马术运动联合会/国家体育总局自行车击剑运动管理中心/中国马术协会/北京市体育局/北京市体育总会
129	2013	马术	2013年北京马协速度马系列赛（共4站）	4月1日~11月3日	北京市马术运动协会
130	2013	马术	2013年北京马协绕桶系列赛	4月1日~10月30日	北京市马术运动协会
131	2013	马术	2013年北京马协"冠军杯"障碍舞步巡回赛（共8站）	2月23日~12月14日	北京市马术运动协会
132	2013	马术	2013年北京国际马球公开赛	9月	北京市体育局/延庆县人民政府
133	2013	门球	第二十四届北京市"康乐杯"门球赛	10月11日~13日	北京市门球运动协会
134	2013	门球	2013年北京市"运河杯"门球邀请赛	9月26~28日	北京市门球运动协会/通州区委老干部局
135	2013	门球	第十三届北京市"空港杯"门球邀请赛	9月15日	北京市门球运动协会/顺义区体育局
136	2013	门球	第二十三届北京市"卢沟桥杯"门球邀请赛	9月11~14日	北京市门球运动协会
137	2013	门球	2013年北京市"新农村杯"门球锦标赛	9月6日	北京市门球运动协会/海淀区门球协会
138	2013	门球	2013年北京市竞技队门球锦标赛	8月25日	北京市门球运动协会
139	2013	门球	第五届北京市体育大会门球赛决赛	8月20~22日	北京市门球运动协会
140	2013	门球	第二十一届北京市"中青年"门球锦标赛暨双打门球赛	5月24~26日	北京市门球运动协会

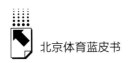

续表

序号	计划年度	项目名称	竞赛名称	日期	主办单位
141	2013	门球	第十四届北京市"地坛杯"门球邀请赛	4 月 18 ~ 20 日	北京市门球运动协会/东城区体育总会
142	2013	门球	第十届北京市"小康杯"门球邀请赛	4 月 12 ~ 14 日	北京市门球运动协会/朝阳区体育总会
143	2013	门球	2013 年"巾帼杯"门球邀请赛	3 月 28 ~ 30 日	北京市门球运动协会
144	2013	门球	第二十届北京市"会员杯"门球赛	3 月 21 ~ 23 日	北京市门球运动协会/通州区老干部局
145	2013	摩托车	2013 年度 SSS 超级绵羊车(踏板摩托车)系列赛(全年 8 站)	3 月 1 日 ~ 10 月 31 日	北京市汽车摩托车运动协会
146	2013	摩托车	2013 年国际摩联花式极限摩托世界锦标赛(中国北京站)	8 月 17 ~ 18 日	国际摩托车联合会
147	2013	木球	2013 年第二届师生木球对抗赛	10 月	北京市木球运动协会
148	2013	木球	2013 年北京市木球交流大会	8 月	北京市木球运动协会
149	2013	木球	2013 年北京市高校师生木球对抗赛	5 月	北京市木球运动协会
150	2013	排球	2013 年北京市体育传统项目学校排球比赛	3 ~ 4 月	北京市体育传统项目学校篮球教研组
151	2013	排球	北京市业余体校排球锦标赛	待定	北京市体育局青少处
152	2013	排球	2013 年国际排联沙滩排球世界大满贯北京赛	9 月 30 日 ~ 10 月 6 日	中国排球协会/北京市体育局/朝阳区人民政府
153	2013	排球	北京市青少年排球锦标赛	7 ~ 8 月	北京市体育竞赛管理中心
154	2013	排球	2013 ~ 2014 年全国排球联赛	2013 年10 月 ~ 2014 年 3 月	中国排球协会
155	2013	排球	2013 年首都高校教职工排球联赛	12 月	北京市大学生体育协会

续表

序号	计划年度	项目名称	竞赛名称	日期	主办单位
156	2013	排球	2013 年首都高校排球联赛	10 ~ 12 月	北京市大学生体育协会
157	2013	排球	北京市中小学生排球联赛	10 ~ 11 月	北京市教育委员会/北京市体育局
158	2013	排球	2013 年首都高校沙滩排球联赛	6 月	北京市大学生体育协会
159	2013	排球	2013 年首都高校排球超级联赛	5 月	北京市大学生体育协会
160	2013	排球	2013 年首都高校阳光体育排球挑战赛	5 月	北京市大学生体育协会
161	2013	排球	2013 年北京市小学生软式排球比赛	4 月下旬	北京市教育委员会
162	2013	排球	金帆杯北京市中小学生排球比赛	1 月	北京市教育委员会/北京市体育局
163	2013	皮划艇	北京市业余体校皮划艇锦标赛	10 月	北京市体育局青少处
164	2013	皮划艇	北京市青少年皮划艇锦标赛	7 ~ 8 月	北京市体育竞赛管理中心
165	2013	乒乓球	北京市业余体校乒乓球锦标赛	待定	北京市体育局青少处
166	2013	乒乓球	北京市青少年乒乓球锦标赛	7 ~ 8 月	北京市体育竞赛管理中心
167	2013	乒乓球	北京市第十九届乒协杯乒乓球赛	12 月	北京市乒乓球运动协会
168	2013	乒乓球	北京市中小学生乒乓球联赛	11 月	北京市教育委员会/北京市体育局
169	2013	乒乓球	2013 年北京市职教系统乒乓球比赛	11 月 9 ~ 16 日	北京市体育局/北京市教育委员会/北京市人力资源和社会保障局
170	2013	乒乓球	庆"八一"建军节军民联谊赛	7 月	北京市乒乓球协会
171	2013	乒乓球	2013 年首都高校乒乓球挑战赛	5 月 25 ~ 26 日	北京市大学生体育协会

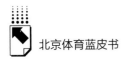
续表

序号	计划年度	项目名称	竞赛名称	日期	主办单位
172	2013	乒乓球	2013年首都高校"校长杯"乒乓球比赛	5月18~19日	北京市大学生体育协会
173	2013	乒乓球	2013年首都高校"和谐杯"乒乓球锦标赛（2013年首都高校乒乓球锦标赛）	5月18~19日	北京市大学生体育协会
174	2013	乒乓球	中韩国际民间体育交流赛	5月17~20日	北京市乒乓球运动协会
175	2013	乒乓球	2013年北京市体育传统项目学校乒乓球比赛	3~4月	北京市体育局/北京市教育委员会
176	2013	乒乓球	FESCO2013乒乓球赛	3~4月	北京外企人力资源服务有限公司/北京外企体育协会
177	2013	乒乓球	北京市第七届"和谐杯"乒乓球比赛	3月1日~6月30日	北京市体育局/北京市社会建设工作办公室/北京市民政局/北京市委市直属机关工作委员会/北京市教育委员会/北京市总工会/北京市残疾人联合会
178	2013	乒乓球	北京市中小学生乒乓球比赛	1月	北京市教育委员会
179	2013	其他	2013年北京高校跳绳比赛	12月	北京市大学生体育协会
180	2013	其他	首都高校第十四届传统养生体育比赛	11月1~10日	北京市大学生体育协会
181	2013	其他	FESCO2013卡丁车大赛	10~12月	北京外企人力资源服务有限公司/北京外企体育协会
182	2013	其他	国家学生体质健康标准测试赛	10月	北京市教育委员会/北京市体育局
183	2013	其他	2013年北京市中小学生远足比赛	10月	北京市教育委员会

序号	计划年度	项目名称	竞赛名称	日期	主办单位
184	2013	其他	第8届世界数独锦标赛和第22届世界谜题锦标赛	10月	世界智力谜题联合会/北京广播电视台/北京奥运城市发展基金会/北京市体育总会/昌平区人民政府
185	2013	其他	2013年北京市职教系统学生体质健康比赛	10月27日	北京市体育局/北京市教育委员会/北京市人力资源和社会保障局
186	2013	其他	北京市空竹球对抗邀请赛	10月12~13日	北京市空竹运动协会
187	2013	其他	第4届北京市民划船大赛	8月上旬	国家体育总局水上运动管理中心/北京市水上运动协会
188	2013	其他	2013年北京市高中校园青春健身操比赛	6月	北京市教育委员会
189	2013	其他	2013年北京市职教系统徒步走比赛	6月9日	北京市体育局/北京市教育委员会/北京市人力资源和社会保障局
190	2013	其他	首都高等学校《国家学生体质健康标准》测试赛	6月9日	北京大学生体育协会教学群体科研部
191	2013	其他	北京市民扑克大赛	5~6月	北京市社会体育管理中心
192	2013	其他	北京市啦啦操锦标赛	5~6月	北京市体操运动协会
193	2013	其他	北京市救生技能大赛	5月中旬	北京市社会体育管理中心
194	2013	其他	北京市中小学生绑腿跑比赛	5月	北京市教育委员会/北京市体育局
195	2013	其他	北京市少年儿童跳皮筋大赛	5月	北京市教育委员会/北京市体育局
196	2013	其他	北京海内外体育界人士麻将联谊赛	5月20~21日	北京市体育总会/北京市老干部服务中心/北京市海内外体育界人士联谊会
197	2013	其他	北京市民划船器选拔赛	4~5月	北京市水上运动协会
198	2013	其他	北京市中小学生跳绳比赛	4月	北京市教育委员会/北京市体育局

序号	计划年度	项目名称	竞赛名称	日期	主办单位
199	2013	其他	2013 年北京市健身路径交流大会	3 ~ 10 月	北京市社会体育管理中心
200	2013	其他	2013 年世界柔术摔跤冠军赛	10 月 19 ~ 20 日	世界柔术摔跤联合会
201	2013	汽车	2013 年中国汽车直线北京站公开赛（2 个分站赛）	5 月 4 ~ 5 日/9 月 7 ~ 8 日	中国汽车运动联合会/延庆县政府/北京市汽车摩托车运动协会
202	2013	汽车	2013 年北京国际赛车比赛暨赛车文化节	8 月 1 日 ~ 9 月 30 日	北京市体育总会/北京市汽车摩托车运动协会
203	2013	汽车	2013 年全国汽车场地越野基表赛（北京怀柔站）	7 月 28 ~ 30 日	北京市汽车摩托车运动协会
204	2013	汽车	2013 年房山"山地英雄"汽车集结（越野挑战）赛	6 月 28 ~ 30 日	北京市房山区体育局/北京市汽车摩托车运动协会
205	2013	汽车	2013 年"走邮驿之路，品古塞风"情汽车集结赛	6 月 12 ~ 14 日	北京市延庆县人民政府/北京市汽车摩托车运动协会
206	2013	汽车	2013 年环北京越野挑战赛	5 ~ 10 月	北京市汽车摩托车运动协会
207	2013	汽车	北京国际赛车节	5 月 1 日 ~ 10 月 31 日	北京市汽车摩托车运动协会
208	2013	汽车	北京房山自驾车旅游集结赛	5 月 1 日 ~ 6 月 30 日	北京市汽车摩托车运动协会
209	2013	汽车	环北京汽车露营旅游集结赛	4 ~ 10 月	北京市汽车摩托车运动协会
210	2013	桥牌	"桥友体育杯"北京市中学生桥牌双人赛	11 ~ 12 月	北京市桥牌协会/北京市中学生桥牌协会
211	2013	桥牌	"华远地产杯"北京市秋季桥牌大赛	10 ~ 11 月	北京市桥牌协会/华远地产公司
212	2013	桥牌	"世纪畅达杯"北京市桥牌团体赛	9 ~ 10 月	北京市桥牌协会/世纪畅达公司
213	2013	桥牌	"华远地产杯"北京市桥牌等级赛	6 ~ 7 月	北京市桥牌协会/华远地产公司

续表

序号	计划年度	项目名称	竞赛名称	日期	主办单位
214	2013	桥牌	北京市十大体育项目社区赛"中宇慧通杯"桥牌比赛	6~7月	北京市体育局/北京市体育总会
215	2013	桥牌	"大中杯"北京市老年桥牌邀请赛	5~6月	北京市桥牌协会/大中投资公司
216	2013	桥牌	"桥友体育杯"北京地区高校桥牌锦标赛	5~6月	北京市桥牌协会
217	2013	桥牌	华北五城市桥牌协作区比赛(杯名待定)	3~4月	北京市桥牌协会
218	2013	桥牌	"华远地产杯"北京市春季桥牌大赛	3~4月	北京市桥牌协会/华远地产公司
219	2013	曲棍球	北京亚太青少年长曲棍球邀请赛	6月10~17日	北京市体育局/北京市体育总会
220	2013	曲棍球	中美澳青年曲棍球交流比赛	5月17~22日	北京市国际体育交流中心
221	2013	曲棍球	北京市业余体校曲棍球锦标赛	待定	北京市体育局青少处
222	2013	曲棍球	北京市青少年曲棍球锦标赛	7~8月	北京市体育竞赛管理中心
223	2013	拳击	高校拳击联赛	5月6~7日/10月19~20日	北京市拳击运动协会
224	2013	拳击	BBA金腰带争霸联赛(共4站)	5月18日~12月15日	北京市拳击运动协会
225	2013	拳击	北京民间拳王争霸赛(共11站)	1月19日~12月29日	北京市拳击运动协会
226	2013	拳击	北京市业余体校拳击锦标赛	4~6月	北京市体育局青少处
227	2013	拳击	北京市青少年拳击锦标赛	7~8月	北京市体育竞赛管理中心
228	2013	热气球	2013年北京市热气球巡回赛	7月2日~9月30日	北京市航空运动协会

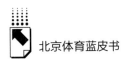

续表

序号	计划年度	项目名称	竞赛名称	日期	主办单位
229	2013	柔道	北京市业余体校柔道锦标赛	11 月	北京市体育局青少处
230	2013	柔道	北京市青少年柔道锦标赛	7～8 月	北京市体育竞赛管理中心
231	2013	赛艇	北京市业余体校赛艇锦标赛	10 月	北京市体育局青少处
232	2013	赛艇	北京市青少年赛艇锦标赛	7～8 月	北京市体育竞赛管理中心
233	2013	射击	北京市业余体校射击锦标赛	5～6 月	北京市体育局青少处
234	2013	射击	北京市青少年射击锦标赛	7～8 月	北京市体育竞赛管理中心
235	2013	射箭	北京市业余体校射箭锦标赛	待定	北京市体育局青少处
236	2013	射箭	北京市青少年射箭锦标赛	7～8 月	北京市体育竞赛管理中心
237	2013	手球	北京市业余体校手球锦标赛	10 月	北京市体育局青少处
238	2013	手球	北京市青少年手球锦标赛	7～8 月	北京市体育竞赛管理中心
239	2013	摔跤	北京市业余体校摔跤锦标赛	11 月	北京市体育局青少处
240	2013	摔跤	北京市青少年摔跤锦标赛	7～8 月	北京市体育竞赛管理中心
241	2013	台球	2013 世界斯诺克中国公开赛	3 月 25～31 日	国家体育总局小球运动管理中心/北京市体育局
242	2013	台球	第 6 届北京市直机关台球赛	11～12 月	北京市台球协会/市直机关台球协会
243	2013	台球	北京市大学生（秋季）台球赛	10～11 月	北京市台球协会

序号	计划年度	项目名称	竞赛名称	日期	主办单位
244	2013	台球	北京市全民健身社区台球赛	7~9月	北京市台球协会
245	2013	台球	2013年北京市中小学生台球比赛	7月	北京市教育委员会
246	2013	台球	北京市老年台球友谊赛	5~6月	北京市台球协会
247	2013	台球	FESCO2013台球赛	4~5月	北京外企人力资源服务有限公司/北京外企体育协会
248	2013	台球	北京市台球协会俱乐部联赛	3~11月	北京市台球协会
249	2013	台球	北京职业斯诺克排名赛	2~12月	北京市台球协会
250	2013	台球	北京中式8球排名赛	2~12月	北京市台球协会
251	2013	台球	北京职业9球排名赛	2~12月	北京市台球协会
252	2013	台球	北京市大学生（春季）台球赛	2~3月	北京市台球协会
253	2013	台球	2013年世界斯诺克青年锦标赛	7月12~19日	国家体育总局小球运动管理中心/北京市体育局
254	2013	跆拳道	北京市业余体校跆拳道锦标赛	6月	北京市体育局青少处
255	2013	跆拳道	北京市青少年跆拳道锦标赛	7~8月	北京市体育竞赛管理中心
256	2013	跆拳道	北京市第4届幼儿跆拳道表演赛	12月	北京市跆拳道运动协会
257	2013	跆拳道	2013年北京市中小学生跆拳道比赛	11月下旬	北京市教育委员会
258	2013	跆拳道	2013年首都大学生跆拳道锦标赛	11月20日	北京市大学生体育协会
259	2013	跆拳道	2013年首都大学生跆拳道精英赛	5月20日	北京市大学生体育协会
260	2013	跆拳道	2013年北京市传统项目学校跆拳道比赛	4月1日	北京市体育局/北京市教育委员会

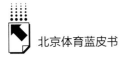

续表

序号	计划年度	项目名称	竞赛名称	日期	主办单位
261	2013	体操	北京市第 26 届体操比赛	11～12 月	北京市体育局竞技体育处/北京市体操运动协会
262	2013	体操	北京市"新星杯"体操比赛	10～11 月	北京市体育局竞技体育处/北京市体操运动协会
263	2013	体操	北京市中小学生艺术体操比赛	7～8 月	北京市体操运动协会
264	2013	体操	北京市业余体校体操锦标赛	待定	北京市体育局青少处
265	2013	体操	北京市青少年体操锦标赛	7～8 月	北京市体育竞赛管理中心
266	2013	体育舞蹈	首都高校体育舞蹈及交谊舞比赛	12 月 1 日	北京市大学生体育协会
267	2013	体育舞蹈	北京市中小学生体育舞蹈比赛	11 月	北京市教育委员会/北京市体育局
268	2013	体育舞蹈	2013 中国北京国际体育舞蹈公开赛	9 月	国际体育舞蹈联合会/国家体育总局社会体育指导中心/中国体育舞蹈联合会/北京市体育局/北京市体育总会/北京市东城区人民政府
269	2013	田径	2013 年北京市职教体协田径比赛	5 月 11～12 日	北京市体育局/北京市教育委员会/北京市人力资源和社会保障局
270	2013	田径	北京市青少年田径锦标赛	7～8 月	北京市体育竞赛管理中心
271	2013	田径	首都高等学校第五届秋季学生田径运动会	10 月	北京市大学生体育协会
272	2013	田径	首都高等院校第 51 届学生田径运动会	5 月 9～12 日	北京市体育局/北京市教育委员会
273	2013	田径	2013 年北京国际长跑节	4 月 14 日	中国田径协会/北京市体育局
274	2013	田径	北京卢沟桥醒狮越野跑比赛	9 月	中国人民政治协商会议北京市委员会/北京市体育总会/丰台区人民政府
275	2013	田径	2013 年北京马拉松赛	10 月 20 日	中国田径协会/北京市体育局

续表

序号	计划年度	项目名称	竞赛名称	日期	主办单位
276	2013	田径	北京市长跑俱乐部分部排名赛	3 月 15 ~ 25 日	北京市长跑俱乐部
277	2013	田径	2013 年北京市体育传统项目学校田径比赛	10 月 16 ~ 17 日	北京市体育局/北京市教育委员会
278	2013	田径	北京大学生第 30 届田径精英赛	12 月	北京市大学生体育协会
279	2013	田径	北京市长跑俱乐部分部排名赛	7 月 11 ~ 21 日	北京市长跑俱乐部
280	2013	田径	首都高等学校大学生校园冬季长跑赛	12 月 1 日	北京市大学生体育协会
281	2013	田径	2013 年国际田联世界田径挑战赛(北京站)	5 月 21 日	北京市人民政府
282	2013	田径	第 51 届北京市中学生田径运动会	10 月	北京市教育委员会/北京市体育局
283	2013	田径	北京市中小学生长跑比赛	3 月	北京市教育委员会/北京市体育局
284	2013	田径	北京市长跑俱乐部 5 × 8 接力赛	7 月 1 ~ 10 日	北京市长跑俱乐部
285	2013	田径	北京市业余体校室内田径赛	1 月或 12 月	北京市体育局青少处
286	2013	田径	北京市业余体校田径锦标赛	5 ~ 6 月	北京市体育局青少处
287	2013	田径	北京市长跑俱乐部综合运动会	5 月 1 ~ 31 日	北京市长跑俱乐部
288	2013	跳水	北京市业余体校跳水锦标赛	待定	北京市体育局青少处
289	2013	跳水	北京市青少年跳水锦标赛	7 ~ 8 月	北京市体育竞赛管理中心
290	2013	铁人三项	第 2 届首都高等学校校园铁人三项比赛	5 月 25 ~ 26 日	北京市教育委员会
291	2013	铁人三项	2013 年北京国际铁人三项赛	9 月 21 日	国家体育总局自行车击剑运动管理中心/北京市体育局/丰台区人民政府

序号	计划年度	项目名称	竞赛名称	日期	主办单位
292	2013	网球	FESCO2013 网球赛	6~7月	北京外企人力资源服务有限公司/北京外企体育协会
293	2013	网球	北京市中小学秋季网球赛	10月12~13日	北京市教育委员会/北京市体育局
294	2013	网球	2013北京国际网球挑战赛	7月6~14日	国家体育总局网球运动管理中心/北京市体育局/共青团北京市委
295	2013	网球	北京市中小学春季网球赛	6月15~22日	北京市教育委员会/北京市体育局
296	2013	网球	2013年北京市中小学生网球比赛	5月	北京市教育委员会
297	2013	网球	首都高校大学生网球联赛春季团体赛	5月10~20日	北京市大学生体育协会网球分会
298	2013	网球	北京市网协第7届"红人杯"网球单项赛	3月16~17日	北京市网球运动协会
299	2013	网球	北京市第三十四届"首开健康杯"网球大赛	3月2~10日	北京市网球运动协会
300	2013	网球	北京市业余体校网球锦标赛	10月	北京市体育局青少处
301	2013	网球	BOT网球业余联赛	3月1日~11月30日	北京市国际体育交流中心
302	2013	网球	北京市青少年网球锦标赛	7~8月	北京市体育竞赛管理中心
303	2013	网球	首都高校大学生网球联赛秋季单项赛	10月10~20日	北京市大学生体育协会网球分会
304	2013	网球	北京八喜杯家庭网球赛	10月5~7日	北京市网球运动协会
305	2013	网球	2013中国网球公开赛	9~10月	国家体育总局/北京市人民政府
306	2013	网球	中日元老网球交流赛	10月5~10日	北京市国际体育交流中心
307	2013	网球	北京市大中型企业网球赛	12月14~15日	北京市网球运动协会
308	2013	网球	北京市第九届区县公务员比赛	11月15~17日	北京市网球运动协会
309	2013	网球	第四届首都高校大学生网球精英赛	11月初第1个周末	北京市大学生体育协会网球分会

序号	计划年度	项目名称	竞赛名称	日期	主办单位
310	2013	网球	北京市"将军杯"、"木兰杯"青少年网球比赛	10月	北京元老网球协会
311	2013	网球	北京国际元老网球邀请赛	10月	北京元老网球协会
312	2013	网球	北京市中小学生网球比赛	10月	北京市教育委员会/北京市体育局
313	2013	网球	北京国际元老网球邀请赛	10月21~28日	北京市国际体育交流中心
314	2013	网球	京津沪三市网协领导友谊赛	10月19~20日	北京市网球运动协会
315	2013	网球	ITF北京国际元老网球巡回赛	10月15~20日	国际网球联合会/中国网协
316	2013	网球	第五届中网BOT校长杯网球赛	10月5~7日	北京市大学生体育协会网球分会
317	2013	网球	北京市第十届"团体会员杯"大赛	9月20~22日	北京市网球运动协会
318	2013	网球	2013国际网球联合会青少年巡回赛	5月12~19日	国家体育总局网球运动管理中心/北京市体育局/共青团北京市委
319	2013	网球	中日U12网球精英对抗赛	8月30~2日	中国网球协会
320	2013	网球	北京市中小学生青少年网球赛	7月26~28日	北京市网球运动协会
321	2013	网球	2013年国际网联青少年(U18)网球巡回赛	5月5~12日	北京匠心之轮国际网球中心有限公司
322	2013	网球	《体育之窗》杯元老网球联谊赛	待定	北京元老网球协会
323	2013	围棋	北京市秋季围棋段位赛	10~11月	北京市棋牌运动管理中心
324	2013	围棋	北京市农民围棋比赛	9月10~12日	北京围棋基金会/北京市农民体协
325	2013	围棋	北京市夏季围棋段位赛	7~8月	北京市棋牌运动管理中心

序号	计划年度	项目名称	竞赛名称	日期	主办单位
326	2013	围棋	第三届北京市东西城围棋赛	7月14日	北京围棋基金会
327	2013	围棋	北京市青少年围棋锦标赛	6~7月	北京市体育局/北京市体育总会
328	2013	围棋	北京市第五届农民围棋赛	5月17~19日	北京围棋基金会
329	2013	围棋	北京市春季围棋段位赛	4~5月	北京市棋牌运动管理中心
330	2013	围棋	北京市第二届大学生围棋赛	3月2日~12月8日	北京围棋基金会
331	2013	围棋	北京市冬季围棋段位赛	1~2月	北京市棋牌运动管理中心
332	2013	无线电	北京市中小学业余电台锦标赛	10月15~16日	北京市教育委员会/北京市体育局
333	2013	无线电	北京市中小学无线电测向竞赛	5月1~3日	北京市教育委员会/北京市体育局
334	2013	武术	2013年北京市中小学生武术比赛	11月中旬	北京市教育委员会
335	2013	武术	北京市武术散打冠军赛	10月19日	北京武术院
336	2013	武术	北京市青少年武术比赛	10月12日	北京武术院/北京市武术运动协会
337	2013	武术	2013年首都高校武术集体项目比赛	10月1日	北京市教育委员会/北京市大学生体育协会
338	2013	武术	北京市社区武术比赛	9月14日	北京武术院/北京市武术运动协会
339	2013	武术	北京市青少年武术散打比赛	5月11日	北京武术院
340	2013	武术	2013年首都大学生武术比赛	4月27日	北京市教育委员会/北京市大学生体育协会
341	2013	武术	北京市武术太极拳比赛	4月20日	北京武术院/北京市武术运动协会

序号	计划年度	项目名称	竞赛名称	日期	主办单位
342	2013	武术	北京市传统武术比赛	4月13日	北京武术院/北京市武术运动协会
343	2013	武术	北京市体育传统项目学校武术比赛	4月1~2日	北京市体育局/北京市教育委员会
344	2013	武术	武术综合搏击对抗赛	1~4月	北京武术院
345	2013	武术	2013年北京国际武术交流大会	7月16~20日	中国武术协会/北京市体育局
346	2013	武术	北京市业余体校武术散打锦标赛	6月	北京市体育局青少处
347	2013	武术	北京市青少年武术散打锦标赛	7~8月	北京市体育竞赛管理中心
348	2013	武术	北京市业余体校武术套路锦标赛	5月	北京市体育局青少处
349	2013	武术	北京市青少年武术套路锦标赛	7~8月	北京市体育竞赛管理中心
350	2013	舞龙舞狮	"龙腾狮跃闹元宵"全国龙狮大联动北京分会场活动	1~3月	北京市社会体育管理中心
351	2013	象棋	2013年职教系统中国象棋校园普及暨职教选拔赛	12月2日	北京市体育局/北京市教育委员会/北京市人力资源和社会保障局
352	2013	象棋	北京市象棋等级赛	10~11月	北京市棋牌运动管理中心
353	2013	象棋	北京市少年象棋等级赛	5~6月	北京市体育局/北京市体育总会
354	2013	象棋	北京市农民象棋比赛	4月16~18日	北京市农民体协
355	2013	国际象棋			
356	2013	国际象棋			
357	2013	信鸽	2013年北京市秋季880公里比赛	待定	北京市信鸽协会
358	2013	信鸽	2013年北京市秋季特比环赛第二场	待定	北京市信鸽协会
359	2013	信鸽	2013年北京市秋季特比环赛第一场	待定	北京市信鸽协会
360	2013	信鸽	2013年北京市秋季550公里比赛	待定	北京市信鸽协会

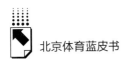

序号	计划年度	项目名称	竞赛名称	日期	主办单位
361	2013	信鸽	第14届信鸽国家赛	待定	北京市信鸽协会
362	2013	信鸽	2013年北京市春季1000公里比赛	待定	北京市信鸽协会
363	2013	信鸽	2013年北京市春季550公里全市联翔	待定	北京市信鸽协会
364	2013	游泳	北京市业余体校游泳冠军赛	5~6月	北京市体育局青少处
365	2013	游泳	2013年国际泳联短池世界杯系列赛北京站	待定	国际游泳联合会
366	2013	游泳	北京市青少年游泳锦标赛	7~8月	北京市体育竞赛管理中心
367	2013	游泳	首都高校游泳锦标赛	12月7日	北京市教育委员会/北京市大学生体育协会
368	2013	游泳	2013年北京市中小学生游泳比赛	12月初	北京市教育委员会
369	2013	游泳	北京市冬泳邀请赛	11月1日	北京市冬泳俱乐部
370	2013	游泳	国际水上运动交流比赛	8月10~15日	北京国际体育交流促进会
371	2013	游泳	首都高校游泳冠军赛	6月8日	北京市教育委员会/北京市大学生体育协会
372	2013	游泳	2013年北京市体育传统项目学校比赛	3月1日	北京市体育局/北京市教育委员会
373	2013	游泳	北京市第三十四届冬泳大会	1月1日	北京市冬泳俱乐部
374	2013	游泳	北京市业余体校游泳锦标赛	11~12月	北京市体育局青少处
375	2013	游泳	2013年国际泳联世界跳水系列赛（北京站）	3月15~17日	国际游泳联合会
376	2013	羽毛球	北京市中小学生羽毛球比赛	11月	北京市教育委员会/北京市体育局
377	2013	羽毛球	2013年北京市职教系统羽毛球比赛	11月23~24日	北京市体育局/北京市教育委员会/北京市人力资源和社会保障局

序号	计划年度	项目名称	竞赛名称	日期	主办单位
378	2013	羽毛球	北京市业余体校羽毛球锦标赛	4~6月	北京市体育局青少处
379	2013	羽毛球	2013年全国羽毛球业余俱乐部赛	10月	北京市体育总会
380	2013	羽毛球	北京市青少年羽毛球锦标赛	7~8月	北京市体育竞赛管理中心
381	2013	羽毛球	全国东西南北中羽毛球业余选手大赛	10月12~13日	北京市羽毛球运动协会
382	2013	羽毛球	2013年北京市高校大学生混合团体比赛	10月2~3日	北京市大学生体育协会
383	2013	羽毛球	第20届全球华人羽毛球锦标赛	9月	全球华人羽毛球联合会/北京市体育总会/通州区人民政府
384	2013	羽毛球	北京市"羽协"杯羽毛球赛	9月21~22日	北京市羽毛球运动协会
385	2013	羽毛球	北京市中小学羽毛球赛	8月24~25日	北京市羽毛球运动协会
386	2013	羽毛球	北京市全民健身业余选手羽毛球赛	8月17~18日	北京市羽毛球运动协会
387	2013	羽毛球	北京市青少年体育俱乐部羽毛球赛	8月10~11日	北京市羽毛球运动协会
388	2013	羽毛球	京城羽毛球千人挑战赛	8月3~4日	北京市羽毛球运动协会
389	2013	羽毛球	FESCO2013全国羽毛球联赛	7~10月	北京外企人力资源服务有限公司/北京外企体育协会
390	2013	羽毛球	第14届贝特杯羽毛球赛	7月27~28日	北京市羽毛球运动协会
391	2013	羽毛球	2013年北京市高校大学生羽毛球锦标赛	5月1~3日	北京市大学生体育协会
392	2013	羽毛球	2013年京城羽毛球千人挑战赛	5~10月	北京市社会体育管理中心
393	2013	羽毛球	"羽林争霸"2013红牛城市羽毛球赛	3~6月	待定
394	2013	自行车	2013年环北京职业公路自行车赛	10月11~15日	国家体育总局/国家新闻出版广电总局/北京市人民政府

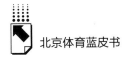

续表

序号	计划年度	项目名称	竞赛名称	日期	主办单位
395	2013	自行车	北京市绿色骑游大会	10 月	北京市社会体育管理中心等单位
396	2013	自行车	第 3 届北京国际自行车骑游大会	6 月	北京市体育局/共青团北京市委员会/北京市体育总会/北京市青年联合会/延庆县人民政府
397	2013	自行车	北京市业余体校自行车锦标赛	待定	北京市体育局青少处
398	2013	自行车	北京市青少年自行车锦标赛	7 ~ 8 月	北京市体育竞赛管理中心
399	2013	综合	北京市健身腰鼓/秧歌比赛暨第 5 届"白纸坊杯"健身腰鼓邀请赛	—	北京市社会体育管理中心
400	2013	综合	2013 年首都大学生阳光体育体能热力操挑战赛——大学生体能热力操比赛及《大学生体质健康标准》测试赛	11 月 23 ~ 24 日	北京市大学生体育协会
401	2013	综合	2013 年北京市中小学民族传统体育比赛	9 月 1 日	北京市教育委员会
402	2013	综合	第 2 届全国老年人体育健身大会开幕式暨乒乓球比赛	8 月	国家体育总局/全国老龄工作委员会办公室/中国老年人体协
403	2013	综合	延庆暑期中小学生三棋赛	8 月	北京市棋类运动协会
404	2013	综合	北京市柔力球邀请赛	7 月 15 ~ 20 日	北京市社会体育管理中心等单位
405	2013	综合	第 2 届北京国际航空运动邀请赛	7 月 2 日 ~ 8 月 30 日	北京市体育局
406	2013	综合	第 16 届北京市中老年优秀健身项目展示活动	6 月	北京市体育局群体处/北京市社会体育管理中心

序号	计划年度	项目名称	竞赛名称	日期	主办单位
407	2013	综合	2013 年首都高校民族传统体育比赛	6 月 1～30 日	北京市大学生体育协会
408	2013	综合	2013 年北京市民族传统体育节	6 月 23 日～8 月 8 日	北京市民族事务委员会/北京市教育委员会/北京市体育局
409	2013	综合	北京市第 8 届"民族团结杯"群众健身操舞大赛	5～10 月	北京市民族事务委员会/北京市体育局
410	2013	综合	第 6 届百家社区健身才艺大赛	5～10 月	北京市社会体育管理中心/北京市老年体育协会
411	2013	综合	第 5 届北京市体育大会	4～10 月	北京市体育局/北京市体育总会
412	2013	综合	中国星国际青少年比赛（足球/曲棍球/网球）	4 月 5～12 日	北京国际体育交流促进会
413	2013	综合	中国星国际青少年比赛	4 月 5～12 日	北京国际体育交流促进会
414	2013	综合	2013 年北京市中小学生"强我少年"工程	3～12 月	北京市教育委员会
415	2013	综合	2013 年北京市中小学生智力运动会	3～12 月	北京市教育委员会
416	2013	综合	2013 年北京市中小学生阳光少年体育达人系列比赛	3～12 月	北京市教育委员会
417	2013	综合	2013 年北京中小学生体育艺术大赛及 2013 年北京中小学体育艺术节	3～12 月	北京市中小学体育运动协会
418	2013	综合	2013 年北京市中小学生"全国中小学生系列武术健身操"比赛	3 月	北京市教育委员会
419	2013	综合	2013 年世界智力精英运动会	12 月	北京市人民政府

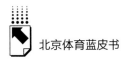

序号	计划年度	项目名称	竞赛名称	日期	主办单位
420	2013	综合	北京市少儿棋类锦标赛	7～8 月	北京市棋牌运动管理中心/北京棋院/北京市棋类运动协会
421	2013	足球	中国足协乙级联赛	5～9 月	中国足球协会
422	2013	足球	2013 年首都大学生五人制足球联赛	11～12 月	北京市大学生体育协会
423	2013	足球	中澳元老足球交流比赛	10 月 23～29 日	北京市国际体育交流中心
424	2013	足球	中澳足球交流比赛	10 月 23～29 日	北京市国际体育交流中心
425	2013	足球	首都大学生女子足球联赛	10～11 月	北京市大学生体育协会
426	2013	足球	2013 年北京市体育传统项目学校足球比赛	3 月 19 日～4 月 24 日	北京市体育局/北京市教育委员会
427	2013	足球	中国足协甲级联赛（八喜、理工大学）	3～11 月	中国足球协会
428	2013	足球	北京市中小学生足球联赛	10～11 月	北京市教育委员会/北京市体育局
429	2013	足球	首都大学生足球联赛甲组	2013 年 10 月～2014 年 5 月	北京市大学生体育协会
430	2013	足球	北京市中小学百队杯赛	7～8 月	北京市足球运动协会/北京晚报
431	2013	足球	首都大学生女子五人制足球联赛	5～6 月	北京市大学生体育协会
432	2013	足球	FESCO2013 足球联赛	4～6 月	北京外企人力资源服务有限公司/北京外企体育协会
433	2013	足球	首都大学生足球联赛乙组	4～5 月	北京市大学生体育协会
434	2013	足球	北京市职工足球联赛	4～6 月	北京市体育局/北京市总工会
435	2013	足球	北京校园足球比赛	3～6 月	全国校园足球领导小组
436	2013	足球	首都大学生足球联赛丙组	3～4 月	北京市大学生体育协会
437	2013	足球	"金帆杯"北京市中学生足球比赛	1 月	北京市教育委员会/北京市体育局

续表

序号	计划年度	项目名称	竞赛名称	日期	主办单位
438	2013	足球	北京市业余体校足球锦标赛	待定	北京市体育局青少处
439	2013	足球	中国足协超级联赛	3~11 月	中国足球协会
440	2013	足球	2013 年北京国际足球周	8 月	北京市体育局
441	2013	足球	北京市青少年足球锦标赛	3~6 月	北京市体育局
442	2013	足球	全国室内五人制甲级联赛	1~12 月	中国足球协会
443	2013	足球	中国足球协会杯赛	待定	中国足球协会

B.4
北京市体育健身休闲业格局与市场前景分析（2013~2015年）

李相如　刘平江*

摘　要：　随着国务院颁布的《全民健身计划（2011~2015年)》和
2013年1月北京市人大通过的《北京市全民健身条例》的
实施，在"十二五"时期要把北京建成全国体育健身休闲
消费中心的要求下，在经济结构调整、政策法规保障下，
2013年北京市健身休闲业在社团、项目、组织结构、公共
服务体系支持等方面取得了良好的发展。

关键词：　北京市　体育　健身　休闲

体育健身休闲业是北京体育产业的基础性行业，大力发展这一行业
既符合北京城市功能定位和产业结构调整方向，又符合体育产业结构合
理流动规律。"十二五"时期，北京要建成全国体育健身休闲消费中心，
以原有八大体育产业聚集区为核心载体，发展各具特色的体育健身休闲
项目，同时促进怀柔区、门头沟区、房山区、延庆县等生态环境优越的
远郊区县发展特色的健身休闲项目。为支撑北京作为全国健身休闲消费
中心的功能，鼓励中心城区、各新城区及各主要社区建设健身休闲消费
网点。

---

* 李相如，首都体育学院教授，主要研究方向为休闲教育、社会教育；刘平江，首都体育学院
休闲体育教研室主任，博士，副教授，研究方向为体育人文。

一　体育健身休闲业概述

（一）体育健身休闲业的基本概念

1. 体育健身休闲业

体育健身休闲业是为满足人民群众日益增长的健身、康复、休闲和娱乐等方面的需要和消费而发展起来的面向大众的体育文化服务行业。[①]

2. 体育健身俱乐部

体育健身俱乐部是由企事业单位、社会团体和公民个人筹资创办，为满足广大人民群众的健身需求，开展群众体育活动，以增进身体健康为主要目的的基层体育组织。[②]

3. 体育健身俱乐部类别

（1）经营性体育健身俱乐部。

以赢利为目的的经营性体育健身俱乐部，是以向消费者提供的与健身和休闲相关的场所、设备、专业化指导以及其他服务作为核心产品，以劳务服务为主要的产品形式，以所有付费的消费者为服务对象，自主经营，自负盈亏，享有独立法人资格的经济实体。

特许加盟模式。由拥有技术和管理经验的总部指导传授加盟店各项经营的技术经验，并收取一定比例的权利金及指导费，此种契约关系即为特许加盟。特许加盟模式中总部必须拥有一套完整有效的运作技术优势，通过指导让加盟店实现运作，并授权以品牌、经营管理经验的投入等无形资产实现收益，使被授权人能够在短时间内以低风险资本运作的同时进行规模经营。例如青鸟健身俱乐部在拓展业务网络时，会部分采用特许加盟模式。

[①] 阮伟、钟秉枢：《体育蓝皮书：中国体育产业发展报告（2013）》，社会科学文献出版社，2013。

[②] 江和平、张海潮：《体育蓝皮书：中国体育产业发展报告（2008～2010）》，社会科学文献出版社，2010。

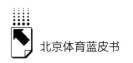
直营连锁模式。直营连锁模式是指总公司直接经营各个连锁店，即由公司本部直接经营、投资、管理各个零售点的经营形态，此连锁形态并无加盟店的存在，例如北京浩泰健身俱乐部的直营店比例高达80%。目前，我国大部分健身俱乐部采用特许加盟和直营连锁相结合的经营模式。

①单项健身俱乐部。单项健身俱乐部提供单一的运动项目服务，如高尔夫、网球、跆拳道、游泳等，强调的是训练顾客某一方面的运动技能，顾客主要追求在某一项目上精益求精，不断提高项目技能。单项健身俱乐部以提供单项健身项目服务为主，并配备相关技术指导的健身课程，其定位专一、个性化突出，主要实行会员制服务形式，且收费较高。

②综合性健身俱乐部。综合性健身俱乐部普遍提供健身器械、健身操类、舞蹈类运动等服务，因此也称塑身及有氧健身俱乐部。综合性俱乐部的顾客不仅能实现身体各部位的整体健身效果，而且也可以在同一空间内自由选择健身方式。综合性健身俱乐部以提供有氧器械为主，如组合器械、力量器械、跑步机、登山机、椭圆机、划船器、自行车等多样性器材；同时，也逐渐开发健身有氧课程，逐步与国际健身课程接轨，如有氧健身操、踏板健身操、动感单车、搏击、健美操、健身球、瑜伽、普拉提、拉丁健身操、街舞等。

③项目、部门制健身俱乐部。项目、部门制健身俱乐部是指由企业经营者出面组织或承担体育健身项目，并将其作为单位的一个服务部门或者一个营利性项目进行营销运作的经营模式。此类健身俱乐部主要附属于宾馆、酒店，彰显所属企业的行业理念，也有助于企业档次的提升。

④场地租赁。场地租赁经营方式是指在不聘用大量专业健身教练的情况下，利用自身的体育场馆、器材等硬件设施面向组织、企业、个人出租的模式。

⑤专职培训和自由职业者。专职培训是指随着消费者对健身专业要求的不断提高，国内开始涌现专业体育组织和团体承接体育项目，通过提供场地和教练为消费者进行专业培训或体育健身服务。青少年健身辅导班这一形式较多，例如，针对跆拳道、网球等健身项目的夏令营或培训班得到广泛开展。自由职业者则是根据客户的要求选择健身项目和健身场地，以灵活的方式进行一对一或一对多的培训指导。

（2）非经营性健身俱乐部。

公益性质的非经营性体育健身俱乐部，是指不以赢利为目的，向周边群众提供锻炼和休闲的场地，提供健身设备、服务以及专业化指导的非市场化的社会组织，主要包括政府和事业单位投资经营的健身俱乐部，以及公益性社区体育健身机构等。

（二）体育健身休闲业对满足大众体育消费的作用

我国居民的体育消费主要以实物消费为主，主要是对运动服装鞋帽、健身器材设备、体育书籍杂志、食品饮料等的消费。经调查表明我国居民对运动服装鞋帽等体育实物消费资料的消费占体育消费支出的81.5%，而用于观看比赛、参加娱乐活动的劳务性消费仅占体育消费支出的10%左右，用于体育书刊磁带的消费支出占7.1%，其他消费支出占2.4%。[1]

体育消费中的精神消费支出主要包括观看体育比赛、表演、展览及查看体育文化资讯等方面的支出。2008年北京奥运会的成功举办，足以体现我国居民观赏体育赛事的热情，因为以往大部分人对于体育运动盛会的认识只限于健身、为国争光这样一种理念，但是通过这次盛会的召开，人们发现体育运动还给人们带来一种协作、高兴、放松的心情。这类消费相对实物消费而言层次较高，在物质生活水平日益提高的情况下，人们会追求这种享受，因此这类消费增长得比较快。随着经济的发展和运动水平的提高，人们在这方面的消费支出会增大。[2]

二 北京市健身休闲业的发展背景

（一）北京市体育健身休闲业的政策背景

体育健身休闲业是我国的一项新兴产业，是体育产业的重要组成部分。

---

① 中商情报网：《2013～2018年中国体育产业市场发展现状及投融资前景报告》。
② 中商情报网：《2013～2018年中国体育产业市场发展现状及投融资前景报告》。

特别是在 2008 年北京奥运会之后，我国的体育健身事业更是进入了快速发展阶段。国务院在 2011 年 2 月 15 日颁发了《国务院关于印发〈全民健身计划(2011 ~2015 年)〉的通知》，该通知明确提出："到 2015 年，城乡居民每周参加体育锻炼活动不少于 3 次、每次不少于 30 分钟、锻炼强度中等以上的人数比例达到 32% 以上"，而且特别指出要提高老年人、残疾人参加体育锻炼人数的比例。[①]

《北京市全民健身条例》是规范全民健身工作的重要法规，北京市体育局在进行了大量的调研论证和专题研究的基础上，提出修改本条例的立法建议。《北京市全民健身条例》修改被列为市人大 2013 年法规立项论证项目，为广大市民参与全民健身活动提供了坚实的法律保障。

表1　国家及北京市关于体育健身的政策法规

时间	颁布机构	具体政策
2007 年 5 月	国务院	《中共中央国务院关于加强青少年体育增强青少年体质的意见》
2007 年 7 月	国务院	《国务院办公厅关于进一步加强残疾人体育工作的意见》〉
2009 年 8 月	国务院	《全民健身条例》
2011 年 2 月	国务院	《国务院关于印发〈全民健身计划（2011 ~ 2015 年）〉的通知》
2013 年 1 月	北京市人民代表大会常务委员会	《北京市全民健身条例》
2013 年 1 月	北京市人民代表大会常务委员会	《北京市体育设施管理条例》
2013 年 1 月	北京市人民代表大会常务委员会	《北京市大型群众性活动安全管理条例》
2013 年 2 月	北京市体育局	《北京市全民健身工程管理办法（修订）》

（二）北京市经济发展形势

2012 年，北京市全年实现地区生产总值 17801 亿元，比上年增长 7.7%（见图 1）。其中，第一产业增加值 150.3 亿元，增长 3.2%；第二产业增加

---

① 国家体育总局：《国务院关于印发〈全民健身计划（2011~2015 年）〉的通知》。

值 4058.3 亿元，增长 7.5%；第三产业增加值 13592.4 亿元，增长 7.8%。
2013 年一至三季度，北京市实现地区生产总值 13766.2 亿元，按可比价格
计算，同比增长 7.7%，增速与上半年持平，比上年同期提高 0.2 个百分点。
分产业看，第一产业实现增加值 111.9 亿元，增长 3.8%；第二产业实现增加
值 2890 亿元，增长 8.6%；第三产业增加值 10764.3 亿元，增长 7.5%。

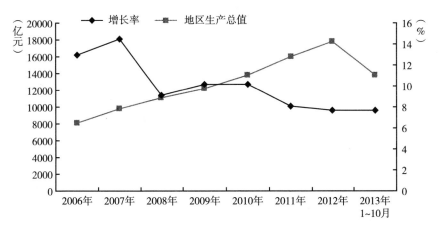

图 1　2006~2013 年 1~10 月北京市生产总值增长情况

注：地区生产总值增长率都是按照可比价格计算出来的。
资料来源：北京市统计局、中商情报网。

2012 年，北京市城镇居民人均可支配收入达到 36469 元，比上年增长
10.8%；扣除价格因素后，实际增长 7.3%。农村居民人均纯收入 16476
元，比上年增长 11.8%；扣除价格因素后，实际增长 8.2%（见图 2）。城
镇居民恩格尔系数为 31.3%，比上年下降 0.1 个百分点；农村居民恩格尔
系数为 33.2%，比上年提高 0.8 个百分点。全市城镇居民人均住房建筑面
积 29.26 平方米，农村居民人均住房面积 49.08 平方米。2013 年 1~10 月，
北京市城镇居民人均可支配收入 33208 元，比上年同期增长 10.2%；农村
居民人均纯收入 18004 元，增长 11.1%。2013 年 1~10 月，北京市城镇居
民人均消费支出 21643 元，同比增长 9.2%。八大类消费全面增长，京郊农
村居民人均生活消费支出为 10780 元，同比增长 15.2%（见图 3）。

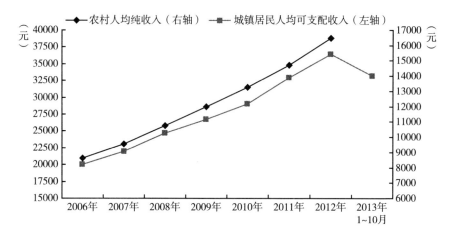

图2 2006～2013年北京市城乡居民收入情况统计

资料来源：北京市统计局、中商情报网。

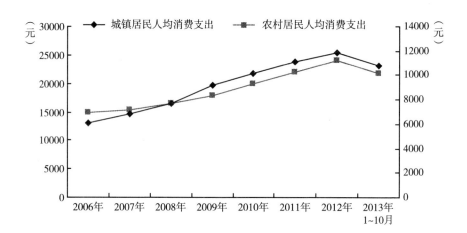

图3 2006～2013年北京市城乡居民人均消费支出统计

资料来源：北京市统计局、中商情报网。

从以上经济发展的趋势可以看出，随着 GDP 增长速度的降低，城乡居民人均可支配收入增长趋缓，居民消费价格增长，经济结构必然要调整。随着人们健康意识的增强，农村城镇化的发展趋势，第三产业会得到快速发展。体育健身业今后在北京市必将有非常大的市场需求。

三 北京市体育健身休闲业的发展现状

北京市体育健身休闲活动逐年增加，据2012年北京市体育产业发展评价报告，2012年北京市体育健身休闲活动绝对值增加14亿元，增速为4%；收入绝对值为41.2亿元，增速为8.3%；从业人员为3万人，增速为0.1%。北京体育健身休闲产业进入新的发展阶段，经济社会效益进一步凸显。2012年，在宏观经济增势放缓的压力下，体育产业平稳健康发展，规模稳步扩大。

（一）经营型体育健身休闲业的发展

1. 经营型体育健身休闲业的发展现状

北京市体育健身休闲业已经走过了30多年的发展历程，经历了萌芽、培育、快速成长、重组与优化四个阶段，逐渐形成了多元化发展、规模化组建的发展趋势。随着《全民健身条例》的深入实施和北京市居民生活水平的不断提高，北京市居民体育健身参与意识显著增强，体育健身已成为北京市居民"科学、健康、文明"生活方式的一部分。健身俱乐部充分顺应市场需求，实现了多样化、规范化的发展。

近年来，在政策支持、经济刺激和内需拉动的共同作用下，北京市健身俱乐部数量每年快速递增，健身行业从业人员的数量和素质也在稳步提升。体育健身已从最初的个人爱好转变成群众不可或缺的生活内容，由最初的力量型训练、有氧训练发展到现阶段的一种时尚生活方式；大众健身项目也由传统的篮球、排球、足球、羽毛球、乒乓球、游泳等发展到高尔夫、滑雪、水上运动、马术等新兴项目。同时，民族传统项目也在近年来健身业的大力推动下呈现积极态势。此外，一些要求较高的特殊项目如滑翔伞、攀岩、漂流、沙漠穿越、越野生存等也应运而生。健身项目的迅猛扩展必须有强大的物质基础作为支撑。近几年，北京市体育设施的数量与面积也在不断增加。

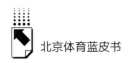

①多元投资。北京市体育健身业的投资市场最初只有简单的集体或个人投资，发展到现阶段，逐渐形成政府、私营、合营、外资等全方位多渠道的投资，并演变为以高中低端连锁经营为主的产业格局。国际众多健身品牌纷纷进入北京市场，如中体倍力健身俱乐部、一兆韦德健身会馆、攀岩国际健身俱乐部、九华山庄国际健身俱乐部；国内萌发了青鸟健身俱乐部、浩沙健身俱乐部等大型连锁健身俱乐部。同时，非健身行业也瞄准了健身业这块"蛋糕"，采用"广告＋活动"的方式进入健身房开展营销活动，得到了健身会员的认可，"广告＋活动"方式的成功证明了健身行业前景广阔，广告成功仅仅是新商业链条的一个开始而已。

②趋于平衡。北京市90%的健身俱乐部采用品牌连锁和加盟的经营模式，在巨大的产业市场中经历着激烈的竞争。然而，体育健身业的经营门槛相对较低，盲目地扩张、无序地发展导致健身行业内部混乱。以价格战为例，健身房一般要根据房租、器材、人力形成与之相匹配的消费价格，然而，为了抢占市场，北京市各大健身房近两年来纷纷大肆降价，大打价格战。盲目的价格战直接影响了健身房的服务质量，造成器械超负荷使用、场馆拥挤不堪、设施紧张、教练专业素质低下等问题，破坏了体育健身业的整体形象和发展前景。此外，目前北京市大多数健身房都是靠预售年卡等销售手段来快速收回投资，缺乏长远发展目标。而实际上，健身行业是服务行业，如果服务产品不合格，难以让顾客满意，那么会员就会逐步流失，最后导致企业经营困难。2010年，北京地区的青鸟健身5家门店停业3天，中体倍力100家店突然关门，这两大名牌健身俱乐部经营的不稳定正是我国体育健身行业盲目扩张、服务落后、资金链断裂的现实体现。因此，在大型健身行业不断扩张的同时，市场也逐渐显现它的威力。在长期无序发展之后，体育健身业面临着重新洗牌的挑战。毫无疑问，产业平衡和连锁发展是其未来的必经之路。

③大众健身形成产业集群带。随着城市化建设进程的加快，各种体育健身俱乐部和公益健身事业单位开始通过与环境相匹配的方式提升其在本地区的影响力、品牌力。

2. 北京市经营性健身休闲业存在的问题与建议

（1）北京市经营性健身休闲业存在的问题。

市场管理体系不健全。随着北京市经济社会的良性发展和居民消费水平的提升，人们的消费方式逐渐多样化，健身作为一种"健康消费的生活方式"被广泛接受，健身俱乐部如雨后春笋般地发展，形成了一个拥有巨大产值和无限潜力的市场。也正因为如此，在追求最大化利益的驱使下，一部分健身俱乐部经营者在经营过程中盲目扩大经营范围和追求短期利益，并没有对其所在地的人口分布、消费能力等进行市场调查与数据分析，没有根据实际情况进行系统规划和预测，以致出现了很多恶性竞争事件。此外，俱乐部的社会体育指导员队伍素质也参差不齐。

经营方式滞后。近年来，加入北京市健身行业的企业不断增多，连锁经营模式不断扩张，北京市健身俱乐部在遵循以经济效益为核心、市场为导向的过程中，出现了严重的同质化现象，经营模式雷同化、单一化。主要表现为：健身项目相同，场地、器械相同，服务理念相同，经营项目长期不变，俱乐部会员均以中青年女性为主，经营项目更适合女性。健身客户的年龄分布以及经营项目的性别倾斜，实际上正说明目前北京市健身俱乐部还无法满足所有人群的健身需求，这也是为什么健身还只是一种时尚的生活方式而不是平民生活的根本原因所在。因此，北京市的健身俱乐部应该从经营方式上进行系统、科学地预测和开发，结合顾客多方面的需求，提供独特、新颖、多元化的项目及服务，以适应更多人的需要，使更多的人进入健身俱乐部。有统计显示，美国健身俱乐部的经营方式便充分满足了不同人群的健身需要。这也提示了北京市健身业在日常的经营中不应该只是打价格战、规模战，而应该实实在在地进行钻研、创新，以满足消费者的每一个需求为目标，做好每一家俱乐部。

有效供给不足。目前，北京市体育场馆大部分集中在体育系统和教育系统，其中，教育系统中体育场馆设施的数量相当可观，发展潜力巨大。现阶段，大力发展社区体育健身俱乐部是北京市增加公共健身供给的主要措施，但相对于健身俱乐部和营利性体育场所，北京市公益性健身场所仍然相对较

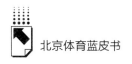

少。因此，合理开发北京市的体育设施，增加体育场地供给是大力发展健身产业、全面推行全民健身运动的必备保障。

配套产业缺失。体育健身业是体育产业中最为关键、最为人性化，与人们关系最为密切、最能直接促进人们身体健康的分支行业，而人们健身生活方式的转变直接带动了除健身业外的体育用品业、旅游业的发展。因此，没有单独存在的产业，体育健身业和周边配套产业是相互支撑、互为保障的关系。但北京产业集群带和健身业配套产业相对滞后，缺乏统一的规划和协调管理，这也在一定程度上限制了北京体育健身业的发展。相比较来说，国外的健身产业较为成熟，往往与保险、医疗、康复等行业进行交互式销售，相互交替资源，从而扩大健身俱乐部的市场人群。

（2）北京市经营性健身休闲业发展的建议。

健全法规政策、合理引导。法是人类社会行为的准则。国务院颁布的《全民健身条例》以及各类体育健身业相关法规政策及规定都体现了我国各级政府对全民健身事业的法治化、规范化原则。因此，体育健身业的所有从业者在经营过程中必须遵守法律、法规的规定。同时，法律法规的不断完善也为人们从事健身事业提供了有力保障。

发挥行业协会监管机制。现阶段，北京体育健身业正走向成熟阶段，尤其需要行业协会充分发挥监管作用，以提供重要的后援保障。行业协会应该在现有法律法规的基础上，结合行业发展形势和地区特色，建立健全监管机制，充分发挥监管作用，建立从业人员标准、规章制度、政府协调、行业自律、服务质量等标准体系，以顺应健身产业平衡和连锁发展的未来趋势。

开发社会资源。一是开发教育资源。目前北京健身业人才主要由北京体育院校及综合院校通过开设体育休闲管理等专业课程进行培养和输送。在未来，体育健身业人才的培养与塑造应该更多地与社会实践相结合，使学生在实践中充分论证理论知识，并为之后的实际工作积累经验，使课堂与职场顺利接轨，不存在任何的断层期。二是全力通过体育彩票公益金建设全民健身设施，实现取之于民、用之于民的承诺。此外，政府也应对体育健身业在资金方面给予适当政策支持和补贴，使体育健身产业可以充分调动一切可以调动的资源，实现更好地开发与利用。

3. 北京市经营性健身休闲业的发展趋势

（1）面向国际化。

欧洲国家的体育健身业已经经历了半个世纪的发展，相对来讲已较为成熟，因此，北京市体育健身产业必须要向发达国家学习先进的经验与技术，坚定地走国际化道路。现代社会早已步入信息时代，传统的地域限制基本不复存在，体育健身也已成为一个国际化大产业，产业内部的信息、资源、劳动力等要素呈现全球分布趋势。新兴的健身项目、成功的健身经验、多元的健身需求都会在全世界范围内实现快速传播。以健身项目为例，一方面，可喜的是我国民族传统健身项目通过对外交流合作在世界各地有序地开展起来，获得广泛欢迎；另一方面，国外一些高端健身项目通过先进营销手段在国内迅速渗透，加剧我国健身业的竞争。未来，我国健身业经营机构在与国外俱乐部进行合作、合资经营时，需要进一步把先进的管理经验和管理模式本土化，结合我国现阶段的国情合理地加以利用，以实现可持续的健康发展。

（2）市场开发细化。

北京市体育健身产业的开发与细化应建立在科学调查与理性分析的基础之上，一是要做好对各类资本投入、国家宏观调控等因素的市场分析，进行有效统计；二是要结合人口、年龄分布、老龄化速度等指标进行长时间市场跟踪调查。只有对市场开发做出科学的、合理的、有开创性的规划和预测，才能使健身市场更遵循产业发展规律，更有科学可行性。

（3）营销手段升级。

现阶段北京市健身业的产品形式已经基本能满足人们的需求，产品的销售形式也已经多种多样。因此，如何更好地实施营销，如何留住老会员、开发新会员，尽可能地拓展市场，需要各个经营单位不断升级与创新营销模式。营销模式的升级既使消费者能得到实惠，也代表了经营单位品牌能力的升级及销售渠道的多元化开拓。例如借鉴国外的成功经验，将会员健身计划

与其他消费计划相结合，使二者相互作用，降低投入的成本和风险，这不失为扩大健身市场的一条途径。

（4）品牌战。

目前北京市体育市场各企业在健身项目、经营模式、服务人员配备方面惊人的相似，并且只知道打地域战、价格战，从而导致恶性竞争，甚至企业陷入滞销状况。一旦某外资健身企业进入北京并带来新兴项目，就会很容易抢占市场。因此，开发健身项目和挖掘销售渠道是健身产业发展的关键所在。特别是中小健身俱乐部，在大型健身俱乐部激烈的竞争环境中，若要生存就必须具有自身鲜明的特色，切勿盲目跟风，应该集中精力开发主打项目。

（二）北京市公益性健身休闲业的发展

1. 2013年北京市公益性健身休闲业的发展现状

北京市目前已形成了北京春季长跑暨国际长跑节、北京万人太极拳表演、京城羽毛球千人挑战赛、北京晚报百队杯足球赛、和谐社区乒乓球比赛、北京市健身俱乐部挑战赛等多项体育品牌活动，群众健身意识普遍提高，初步形成了具有北京特色的国际化、大众化、多样化的全民健身活动体系。

2013年4月28日，北京市第九届全民健身体育节开幕，开幕式暨百万市民健步走活动启动仪式在北京最大的湿地公园——南海子公园举行，健身爱好者3000多人沿公园环湖路行走了5公里。体育节期间举办社区体质促进项目交流大会、北京市民第九套广播体操比赛、全民健身活动站点展示交流活动、北京市民操舞系列活动、科学健身指导活动等67项次市级系列活动，区县级活动322项次，基层体育活动6224项次。全市参与活动总人数达到1562万人次，是北京市举办的影响最大、覆盖面最广、内涵最丰富、内容最多的群众体育盛会。

2013年，北京市体育局举办了第五届北京市体育大会，大会共设42个项目，涉及38个体育协会，约3万人参加；举办首届北京市优秀健身团队交流展示大会，各区县选拔71支队伍参加交流；组织举办了2013年北京市民篮球联赛，组织区县预赛和东西部赛区决赛共162场比赛，有效地推动了群众篮球运动的开展。

2013 年北京坚持面向基层、面向群众，举办了第六届百家社区健身才艺大赛、北京市民广场健身舞总决赛、第十六届中老年优秀健身项目表演赛、市民第九套广播体操比赛、3VS3 街头篮球争霸赛、全民健身路径交流大赛、健身腰鼓大赛和全国百城千村健身气功展示活动。传承体育文化，推动民族、民间传统项目的普及和发展，结合春节、元宵节、端午节、重阳节等民族传统节日，组织开展各种丰富多彩的假日休闲体育活动。圆满完成全国新年群众登高健身活动、北京八达岭主会场活动、全国全民健身日主题活动以及第二届全国老年人体育健身大会，组队参加第二届全国老年人体育健身大会 12 个项目的交流活动，参加全国柔力球邀请赛。与市工会共同举办职工足球、篮球、乒乓球比赛和首都职工健步走活动。

2013 年，据北京市体育局调查，北京市经常参加体育锻炼人数的比例基本保持在 49%，老年人、残疾人参加体育锻炼的人数比例不断提高；各类体育场地达到 1.41 万个，全市 100% 的街道（乡镇）、有条件的社区和 100% 的行政村建有体育设施，100% 的区县建有一个多功能全民健身体育中心，72.5% 的具备建设条件的城市公园、郊野公园建有健身场地设施；获得社会体育指导员等级证书的注册人数达到 39951 人。

体育健身休闲中心建设带动全民健身发展。北京市社区体育蓬勃发展。2012 年，北京市晨晚练辅导站 6622 个，2009 年起年均增长 10.4%；社区健身俱乐部 117 个，2009 年起年均增长 17.6%。市场化的健身休闲业也是体育健身休闲中心建设的重要组成部分，2012 年，北京市体育健身休闲活动领域实现收入 41.2 亿元；从业人员 3 万人，占全市体育产业从业人员的 24.4%。

2. 北京市公益性健身休闲场所的建设

北京市体育局 2013 年组织开展了室外健身器材质量检查工作，根据国家体育总局的要求，对 200 套全民健身工程器材进行更新；对各区县建设的 206 片专项活动场地进行验收。命名第八批 12 个北京市社区健身俱乐部，指导各俱乐部结合场地、会员、活动项目等特点，规划设计俱乐部器材配置

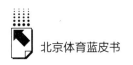

方案，提高使用效率，并对其中3个俱乐部进行升级改造。全民健身设施：全民健身工程6069个，总面积419万平方米，总投资7.26亿元；全民健身专项场地282个。

2013年在先期建成顺义潮白河绿道、通州运河绿道的基础上，启动了西城二环路滨水绿道、东郊森林公园绿道、海淀三山五园绿道、丰台园博绿道、温榆河滨水绿道、延庆妫河绿道等示范工程建设，总长度达200余公里，5年内将全面实现市、区县各1000公里绿道的建设目标，形成覆盖城乡、特色突出、功能多样的绿道网络，可同时满足100万人的休闲健身需求。

截止到2012年底，北京市已有1453个社区达到体育生活化社区标准，占全市社区总数的比重为52.4%，2013年又命名北京市体育生活化社区632个，为达标社区提供扶持资金3160万元。推广体育生活化社区体质促进项目，采取购买服务的方式是为1264个社区配发锻炼器材。对1497名社区体育骨干进行了该项目培训，并在各区县开展推广活动，指导各社区充分利用锻炼器材组织开展健身活动和趣味比赛。

如表2所示，2011～2013年全民健身设施建设经费情况：省级和地市级经费是指从财政支出的经费投入，其中省级三年总计4648.96万元，地市级三年总计33241.48万元，包括彩票公益金和从政府财政口对健身设施的投入；其他投入包括除财政之外的所有投入，三年总计45240万元（见表2）。

表2 2011～2013年全民健身设施建设经费

单位：万元

年份	省级	地市级	其他
2011	516.07	9093.49	50
2012	891.19	7924.95	45075
2013	3241.7	16211.04	115
总　计	4648.96	33241.48	45240

资料来源：北京市"十二五"期间全民健身设施建设情况。

表3显示了2011～2013年全民健身设施建设数量情况：包括中央和地方等各类投入建设的健身场地设施数，不限于财政投入所建设的健身场地设施。

表3 2011～2013年全民健身设施建设数量

单位：个

年份	2011	2012	2013	合 计
农民工程	868	1055	1137	3060
乡镇工程	78	66	100	244
健身中心（含雪炭工程）	16	15	19	50
体育公园	9	6	12	27
健身广场	30	38	46	114
户外营地	2	1	1	4
室外器材（件）	3641	10055	15788	29484
社区多功能运动场	13	11	16	40

资料来源：北京市"十二五"期间全民健身设施建设情况。

①农民工程指在行政村或自然村建设的含有一块混凝土标准篮球场，配备一副标准篮球架和两张室外乒乓球台的健身场所；也指在行政村或自然村建设（或更新）的全民健身工程，三年总计建设了3060个农民工程。

②乡镇工程指乡镇以室内体育场地设施和室外灯光篮球场为主、含有多种体育场地设施、可开展多项群众健身活动的场所；也指建在乡镇或村的专项活动场地，同时周边配建有全民健身工程，三年总计建设了244个乡镇工程。

③健身中心包括国家体育总局命名或符合对应条件的大、中型全民健身活动中心，小型全民健身活动中心，北京市社区体育健身俱乐部，以及街道、乡镇文体中心，三年总计建设了50个健身中心，其中包含大、中、小型全民健身活动中心，街道、乡镇文体中心。

（a）大、中型全民健身活动中心指室内建筑面积在2000平方米以上，具有7种以上体育场地设施，不设固定看台的可开展多项群众健身活动的场所。

（b）小型全民健身活动中心指室内建筑面积在500～2000平方米、具有5种以上体育场地设施、不设固定看台的可开展多项群众健身活动的场所。

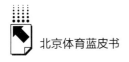

（c）街道、乡镇文体中心是由市发展和改革委投资建设的，具有体育功能的文化体育中心。

（d）体育公园指配建有 5 种以上健身场地设施（需同时具备球类、步道类、器械类场地设施）、体育场地设施面积占一定比例、能较好地满足群众健身需求的公园，三年总计建设了 27 个体育公园。

（e）健身广场指占地面积较大、配建有 4 种以上健身场地设施（需同时具备球类、步道类、器械类场地设施）、体育场地设施面积占一定比例、能较好地满足群众健身需求的广场，三年总计建设了 114 个健身广场。

（f）户外营地指依托郊野外的山水等户外运动资源，建有 4 种以上符合国家相关标准的户外运动场地设施，可开展登山、水上、拓展等户外体育休闲运动，且配备必要生活设施的场所，三年总计建设了 4 个户外营地。

（g）室外器材指每个健身场地设施中配备的健身器材的件数，如 1 个标准的村级农民体育健身工程中器材件数为 3 件（2 个篮球架、1 张乒乓球台）。三年总计建设了 29484 件室外器材。

（h）社区多功能运动场指室内建筑面积 500~2000 平方米的街道社区小型全民健身活动中心，或向公众开放、占地面积 800 平方米以上、可开展多项群众健身活动的室外运动场所。也指建在街道、社区的专项活动场地，同时周边配建有全民健身工程，三年总计建设了 40 个社区多功能运动场。

表 4 显示了 2011~2013 年全民健身设施建设增加的健身场地面积情况，这三年增加的健身场面积逐年递增，三年总计增加了 2286270 平方米，人均健身场地面积（人均健身场地面积按常住人口计算）三年总计增加了 0.11 平方米。

表 4 2011~2013 年全民健身设施增加的健身场地面积

单位：平方米

年份	面积	人均	年份	面积	人均
2011	591161	0.029	2013	878957	0.042
2012	816152	0.039	总　计	2286270	0.11

资料来源：北京市"十二五"期间全民健身设施建设情况。

3. 北京市公益性健身俱乐部的建设

（1）社区体育健身俱乐部。

如表5所示，在北京市体育局注册的社区体育健身俱乐部有94个，其中58个社区体育健身俱乐部对居民免费开放，开展的活动项目涉及健身、篮球、羽毛球、乒乓球、台球、健身舞、秧歌、广场舞、跳绳等，活动项目多样化，极大地满足了社区居民生活健身娱乐的需求。目前北京市体育生活化社区913个，每一个社区都有自发组织的各种健身队伍，涵盖舞蹈队、秧歌队、腰鼓队、太极拳队、健美操队、乒乓球队、门球队、空竹队等，组织项目也是应广大居民需求，由项目爱好者自发组织起来，规定好锻炼时间，经常组织社区之间的比赛，促进了各个项目在社区内的广泛开展。

表5　北京市社区体育健身俱乐部、青少年体育健身俱乐部分布情况

单位：个

地区	东城区	西城区	朝阳区	海淀区	丰台区	石景山	门头沟	房山区	通州区	顺义区	昌平区	大兴区	平谷区	怀柔区	密云县	延庆县	总计
社区	8	9	12	14	7	1	1	6	6	12	8	3	1	1	4	1	94
青少年	28	27	15	15	20	4	4	10	6	5	8	3	3	5	8	5	166
合计	36	36	27	29	27	5	5	16	12	17	16	6	4	6	12	6	260

资料来源：北京市体育局网站，http://www.bjsports.gov.cn。

（2）青少年体育俱乐部。

如表5所示，目前北京市青少年俱乐部有166个，大多是中小学体育健身俱乐部，其中有1433名体育指导人员，开展的项目涉及球类、田径、游泳、健身、跆拳道、健身操、形体、空竹等，组织项目大都源自青少年爱好，由青少年体育俱乐部组织实施开展。

4. 北京市社团组织的发展现状

社团建设。北京市市级体育社团从新中国成立初期的两三个发展到2013年底的84个，其中奥运会、非奥运会、大众健身等项目类体育协会57个；人群类体育社团14个；社会类体育社团11个；基金会2个。协会下设二级分会173个，团体会员4744个，个人会员171500余人。区县级体育社团、俱乐部发展到342个，覆盖全市100%的区县。构建了以"市区体育总会、人群类体育社团、市区体育单项协会、社区体协、体育俱乐部、健身团队"为基础的三级体育社团组组织体系。探索体育社团实体化发展模式，2013年共申请购买服务资金735万元用于社团开展活动，北京市中小学、模型、汽摩、休闲产业四个协会的公益服务项目获得了资助，登山、无线电、篮球、健美操体育舞蹈、模型五个协会获得了社会组织管理岗位资金支持。

社团活动市、区两级体育社团每年开展各类全民健身活动400余项，100余万人次参与其中。各级各类全民健身团队达到6645个，基层体育组织化程度大幅提高。涉及各区县30余个健身项目，固定参与活动人员30余万人，创建了北京国际山地徒步大会、北京国际自行车骑游大会、世界女子桥牌精英赛、卢沟桥醒狮越野跑、国际体育舞蹈中国公开赛、国际马联场地障碍赛中国联赛等品牌赛事活动，体育社团组织已成为全民健身公共服务体系的重要组成部分。

5. 北京市公益性健身休闲活动的特点

（1）健身人群全民性。随着科技的发展和人们生活水平的提高，人们更加关注健康。民众的广泛参与，让健身休闲活动具有全民性。科学的健身与生活紧密联系，使群众更多地体会到了娱乐、休闲、健身的融合带来的乐趣。健身人群中中老年群体居多，而且更趋知识化，主要是因为这部分群体闲暇的时间多一点，而且有健身的需求。

（2）健身项目多样性。民众的广泛参与促进了项目的多样化，不同年龄阶层的人选择不同的健身项目，兴趣爱好相同、健身需求相同的人会促进他们选择的项目的发展，也会带动更多人去参与，更多的人参与进来又融合了他们的兴趣爱好，这样社区中的健身项目就会越来越多样，供人们选择的健身方式也越来越多样。健身的项目大多是集体项目，像柔力球、空竹、健身舞蹈、太极拳等，一方面活动强度不是很大；另一方面也有利于中老年人交流，消除闲暇的时间。

（3）健身地点简易性。健身的地点一般在广场、街头巷尾等。一方面有利于人群的自发组织，另一方面也省去了消费的财政支出。

（4）健身组织公益性。公益性组织与营利性组织不同，公益性组织有更多的人可以接触，更多的项目可以引进，更多的公共场所可以运用。让健身生活化、组织公益化是政府应该加大力度促进的。

（5）健身的需求多样化。因年龄、性格的不同，人们自发组成自己的团队组织、谋求共同的爱好和健康追求，健身的观念和意识更加强烈。经济生活水平的提高和人们更加追求健康，使得人们的健身观念和意识进一步加强，而且健身更趋科学化。健身的规模越来越大，不管是人力、物力还是财力上，都明显高于之前的消费。人们的健康支出也越来越多。

6. 北京市公益性健身休闲业存在的问题

（1）健身路径带的配置布局存在不合理性。目前，我国全民健身路径带的配置布局并不合理，在规划前期缺乏对人口、地理位置、器械数量、面积大小以及器械种类等实际情况的调查分析，后续也没有相应的跟进措施。特别是大部分全民健身路径都分布在城市的社区居民区、广场、公园、学校及户外绿地，农村全民健身路径的比重相对较小。此外，健身路径多为力量型、柔韧型和综合型健身路径，并没有满足公众的多元化需求。

（2）健身路径的社会指导人员稀缺。全民健身路径在不断增加，但社会指导员人数却相对较少，大众主要通过阅读健身路径的使用说明和提示牌来进行锻炼。不合理地使用而造成运动损伤等问题，也会有部分群众因不了解锻炼方法而放弃对器械的使用，从而降低全民健身路径的使用率和认可度。

（3）健身设施的保养与维护不到位。考虑其公益需要和便利性，全民健身路径大都在室外环境下，但由于缺乏管理机制和维护资金，室外的健身路径经常出现损坏、缺失等现象，从而造成隐患。

（4）健身组织的市场化程度不高。全民健身组织化程度还不能适应广大市民日益增长的健身需求。应该推动体育社团组织体系和体育社团实体化建设，促进全社会共同参与，满足群众日益增长的健身需要。

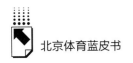

7. 北京市公益性体育健身业发展的趋势

（1）随着北京市经济的发展和老龄化社会的到来，对运动养生康复产业的需求将大增，应该大力推进以舒缓亚健康及自然生态休闲为主体特色的，将健康监测、健康评价、运动健身、休闲娱乐紧密结合的，将体育健身与医疗康复、社会交往等元素紧密结合的健身养生康复产业作为健身业的主体发展。

（2）打造高端健身理念，随着北京市将要向国际化都市的发展，促进健身休闲产业向高级化方向发展，引入国内外高端健身俱乐部及国际化经营管理理念，打造和培育高端健身产品，促进北京市健身休闲业向高级化方向发展。

（3）进一步加快体育基本公共服务设施的建设，"十二五"期间，依据《"十二五"全国体育基本公共服务设施规划》，要推进北京市体育基本公共服务设施网络的建设，尤其要大力发展社区体育设施和学校体育设施，保障北京市城乡居民健身的基本设施条件。

（4）加强对全民健身的科学指导。提高全民体育素质，以促进健身休闲业的发展；加速社会体育指导员队伍建设，完善群众体育健身科学指导体系。

（5）对从事体育健身服务的项目和单位应该给予税收方面的优惠政策，鼓励各类组织和单位进入体育健身服务业，支持以健身休闲为目的的体育俱乐部及体育类民办非企业等社会组织的发展，鼓励企业实行多元化、连锁化、集团化的发展，加强对涉及健身消费者人身安全的运动休闲项目的监管，制定和完善保护健身消费者权益的相关法律法规，规范和引导健身休闲市场健康有序的发展。

北京市体育用品业现状与发展趋势

张建华　王兆红　王立基　钟华梅　银雪麟　罗腾香　张　琢*

摘　要： 本文概述了我国体育用品业的相关概念、发展历史，并对北京市体育用品业的现状进行了介绍和分析。分析结果表明，我国体育用品行业的发展经历了萌芽、起步、发展、起飞和调整五个阶段，优良的投资环境、市场需求的扩大、体育赛事的增多、劳动力的比较优势为我国体育用品业的发展带来了机遇，同时人民币升值、成本优势的降低、国际品牌的强有力竞争等也为我国体育用品业的发展带来了挑战；北京市体育用品业的发展在宏观经济环境、产业竞争环境、产业结构和产业政策环境、产业社会环境等方面具有发展优势；北京市体育用品行业企业数量名列全国前茅，从业人员较少，产品种类齐全。近三年北京市体育用品行业在资产总额、销售收入、利润等方面均出现下降。北京市体育用品行业2010～2013年前三季度出口规模呈减小趋势，进口总额上升，出口贸易比较优势较低。在前述分析的基础上，本文讨论了北京市体育用品业存在的问题，并给出对策建议，同时，对北京市体育用品业的发展趋势进行预测。本文还对北京市体育用品业的企业进行了案例

---

* 张建华，北京师范大学体育与运动学院教授，博士生导师，研究方向为体育社会学、国际体育运动比较；王兆红，北京师范大学体育与运动学院副教授，硕士生导师，研究方向为体育经济学、体育管理学；王立基，北京师范大学体育与运动学院硕士研究生；钟华梅，河北大学体育教学部教师，研究方向为体育经济学；银雪麟，北京市十一中学教师，研究方向为体育经济学；罗腾香、张琢，北京师范大学体育与运动学院硕士研究生。

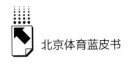

分析。

关键词： 北京市　体育用品业　发展环境产业　经济规模

一　体育用品业概述

（一）体育用品及体育用品业

近年来体育运动在全球蓬勃发展，全球化趋势异常明显。体育产业作为体育运动不可分割的部分，正逐渐成为 21 世纪最具潜力的新兴产业之一，体育用品业作为其中重要的组成部分，无疑也具备无限的开发潜力和市场前景。

国内外对体育用品的概念界定有很多。欧洲体育产业联合会发表的欧洲体育用品市场报告认为，体育用品是指为参加体育活动而购买的产品，包括为参加体育活动和闲暇活动而购买的运动服装鞋帽、体育运动器材及附件、体育健身器材及附件。[①]

我国《新华字典》中定义体育用品是在进行体育教育、竞技运动和身体锻炼的过程中所使用到的所有物品的统称。《中华人民共和国国家标准 GB/T 23866—2009 体育用品标准编写要求》中，体育用品是指为体育活动设计、制造的产品。

我国很多学者也对此做出界定，比较有代表性的提法有以下几种。席玉宝（2006）[②] 认为，体育用品在狭义上指专门用于体育运动并符合运动项目规划的规定和人要求的一种特殊生活消费品；在广义上指主要用于体育活动

---

① 宋迪雷：《民营体育用品制造业自主创新能力的实证研究》，《北京体育大学学报》2007 年第 30 期。
② 席玉宝、金涛：《正确认识和界定体育用品和体育用品业》，《北京体育大学学报》2006 年第 7 期。

并符合体育活动要求的一种特殊生活消费品的总称。孙晓强（2002）[①] 认为，体育用品分为物化和非物化产品两大类，体育用品市场为人们提供从事体育活动所需物质的有形产品，主要包括体育健身器械、运动训练器械、体育服装、体育药品及体育食品饮料等。刘勇（2001）[②] 认为，体育用品分为有形产品和无形产品。其中，实体部分如体育营养食品、运动服装、运动器材等被称为有形产品，以活动形态向社会提供各类体育服务部分如观赏性体育产品和参与性体育产品被称为无形产品。

本文认为体育用品就是人们在进行任何体育相关活动中所用到的专门器械和相关物品的总称。

2002 年 5 月 10 日，国家质量监督检验检疫总局批准了国家统计局重新修订的国家标准国民经济行业分类[③]，体育用品制造业被列在制造业门类的文教体育用品制造业大类中。我国官方体育用品业的各种经济指标也只是统计这一部分。席玉宝等（2006）认为体育用品业是生产体育活动中适用的各种专门物品企业的集合。[④] 北京体育用品行业市场调查及前景预测报告中认为体育用品业是体育产业的重要组成部分之一，它包括体育用品制造业和体育用品销售业，而体育健身娱乐业、体育竞赛表演业、体育培训业和体育中介业等体育服务行业的发展都离不开体育用品业的赞助和支持。鲍芳芳（2013）认为体育用品业主要是指体育用品制造业和体育用品服务业。[⑤] 综上所述，体育用品业在中国主要是以体育用品制造业为主，其他体育相关业为辅。

（二）体育用品业的分类

按不同标准，体育用品业有不同分类，详见表 1、表 2、表 3。

---

① 孙晓强：《体育赞助营销：理论与实践》，复旦大学，2002。
② 刘勇：《体育市场营销》，高等教育出版社，2001。
③ 苏东水主编《产业经济学》，人民体育出版社，2002。
④ 席玉宝、金涛：《正确认识和界定体育用品与体育用品业》，《北京体育大学学报》2006 年第 7 期。
⑤ 鲍芳芳：《中国体育用品制造业的比较优势研究》，北京体育大学，2013。

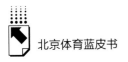
表1　《国民经济行业分类 GB/T 4754—2011——体育用品的制造》

代码	体育用品制造	说明
2441	球类制造	指各种皮质、胶质、革制的可充气的运动用球,以及由其他材料制成的各种运动用硬球、软球等球类产品的生产活动
2442	体育器材及配件制造	指各项竞技比赛的和训练用器材及用品,体育场馆设施及器件的生产活动
2443	训练健身器材制造	指供健身房、家庭或体育训练用的健身器材及运动物品的制造
2444	运动防护用具制造	指用各种材质,为各项运动特制手套、鞋、帽和护具的生产活动
2449	其他体育用品制造	指钓鱼专用的各种用具及用品,以及上述未列明的体育用品制造

表2　《中华人民共和国国家标准 GB/T 23868—2009——体育用品的分类》

名称	说明
1. 运动服装	为体育活动设计、制造的服装
(1) 比赛运动服	符合专项体育比赛要求的服装
(2) 领奖运动服	具有运动服装的风格,适合体育领奖等符合礼仪要求的服装
(3) 休闲运动服	具有运动服的特点,适合大众健身、休闲活动的服装
2. 运动鞋	
(1) 专项运动鞋	符合专项体育运动要求的鞋
(2) 休闲运动鞋	具有运动特点、适合大众健身、休闲活动的鞋
3. 运动器材	为体育运动设计、制造的器材
(1) 竞赛器材	国家正式开展的体育运动项目使用的运动器材
(2) 运动项目器材	国家正式开展的体育运动项目适用的专项器材
①运动通用器材	在多个运动项目中使用的器材,例如挡板、救生圈、标志旗、队铭牌等
②裁判器材	竞赛中与裁判相关的器材,例如测量器材、信息发布器材等
③训练器材	增加身体机能、提高身体素质的运动器材
(3) 其他运动器材	竞赛器材、训练器材之外的其他运动器材
4. 个人运动防护用品	为体育活动设计、制造的个人防护用品,包括: 用于个人头部以及除眼睛之外的头部各器官防护的用品,例如头盔、帽子、亚托等; 用于个人手、脚防护的用品,例如手套、袜子等; 用于个人除了头部和手脚之外身体其他部位防护的用品,例如护膝、护腕、护裆、胸甲等; 个人眼睛防护的用品,例如眼镜、风镜等
5. 体育辅助用品	与体育活动有关的辅助用品,例如:运动箱、包、袋等; 运动成绩记录纪念用品、奖品; 赛事、活动纪念用品; 运动饰品
6. 运动食品及饮料	为运动活动设计、制造的食品和饮料
7. 体育出版物	与体育活动密切相关的书籍、杂志、音像制品等出版物

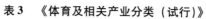

表3 《体育及相关产业分类（试行）》

类别名称	国民经济行业代码
1. 体育用品制造	
球类制造	2421
体育器材及配件制造	2422
训练健身器材制造	2423
运动防护用具制造	2424
其他体育用品制造	2429
2. 体育服装及鞋帽制造	
纺织服装制造	1810
——运动类服装	
制帽	1830
——各种运动帽	
皮鞋制造	1921
——皮运动鞋	
橡胶鞋制造	1960
——布面运动胶鞋	
塑料鞋制造	3081
——塑料制运动鞋靴	
3. 相关体育产品制造	
游艺用品及室内游艺器材制造	2452
——台球桌及其配套用品	
——保龄球设备及器材	
——投镖及投镖板	
——沙壶球桌	
绳、索、缆的制造	1755
——体育项目用网(兜)	
皮箱、包(袋)制造	1923
——运动包	
茶饮料及其他软饮料制造	1539
——运动用饮料	
武器弹药制造	3663
——运动枪	
机械化农业及园艺机具制造	3672
——运动场机动割草机	

续表

类别名称	国民经济行业代码
汽车车身、挂车制造	3724
——高尔夫球机动车	
脚踏自行车及残障人座车制造	3741
——竞赛型自行车	
车辆专用照明及电器信号设备装置制造	3991
——足球场、体育场等用的显示器	

二　我国体育用品业的发展

（一）我国体育用品业发展现状

截至 2013 年，全国共有规模以上体育用品业企业 894 家。其中，广东省规模以上体育用品企业数量最多，其次依次为上海、福建、江苏、北京、山东和天津，除广东外，其他省份企业数量合计仅占 11% 左右。

从地域分布来看，沿海经济发达省市体育用品业企业较多，内陆及少数民族地区偏少，呈现南强北弱、东强西弱的差异化分布格局。

从所有制形式上来讲，体育用品业企业既有国有企业、集体企业等公有制企业，也有个体企业、私营企业和外资企业、三资企业等非公有制企业。

从规模上看，体育用品业总体属于工业集中度低、规模经济不明显的行业。

从经营范围来看，体育用品分为无区域性产品和区域性产品，即有较高市场竞争力、营销范围国内外皆有的产品和只在一定范围内销售的产品。虽然我国已成为众多国际知名品牌的制造基地，科技含量大大提高，产品附加值不断增加，但仍与国际先进水平存在较大的差距，也存在产品雷同，抄袭、模仿严重，恶性竞争严重等问题。

从人才培养来看，截至 2012 年底，我国体育用品从业人员 26.74 万人，较之往年有所减少，且相关专业的人才严重匮乏，生产效率低下。

根据国家统计局、中商情报网的统计，我国 2009 年体育用品业销售收入 646.06 亿元，同比增长 6.29%；2010 年销售收入 830.41 亿元，同比增长 28.54%；2011 年销售收入 945.41 亿元，同比增长 13.85%；2012 年销售收入 1022.97 亿元，同比增长 8.20%；2013 年前三季度销售收入 796.74 亿元，同比增长 10.59%[①]。其中，外商和港澳台企业销售收入最高，其后依次是私营企业、其他企业、股份制企业、集体企业、国有企业、股份合作企业。外资和港澳台投资甚至超过 50%，说明我国企业在销售及品牌塑造方面还面临很多挑战。不仅如此，近几年我国的体育用品业的利润增长率逐年下降，国有企业甚至出现负增长的现象，也就是说销售成本的不断增加，导致我国体育用品业的利润空间缩水。

（二）我国体育用品业面临的机遇和挑战

1. 我国体育用品业面临的机遇

首先，国务院发展研究中心战略部课题报告中称中国经济 2000~2020 年平均潜在增长速度可达 7.3% 左右，按不变价格计算，2020 年 GDP 将比 2000 年翻两番。也就是说，到 2020 年，我国人均 GDP 将达 5000 美元，GDP 总量将超过日本，仅次于美国，位居第二。并且，自 2001 年加入 WTO 以来，我国相对稳健的经济和自身巨大的消费能力使得中国持续成为海外投资商最理想的投资目的国家，给我国体育用品业带来不可估量的商机。由上所述，未来我国经济的发展前景良好，这将促使中国体育市场成为全球第一大体育市场。

其次，我国作为全球人口最多的国家，从事体育相关行业和非相关行业的人口基数都很大，尤其是老人和青少年，他们的年龄特性使得其具有成为潜在消费者的可能，未来他们将是体育用品业重点发掘的客户。

而且，我国接连不断的体育盛事也给体育消费带来了机遇。1980 年莫斯

---

① 中商情报网公司：《中国体育市场发展现状及投融资前景报告》，2013。

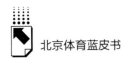

科奥运会器材国产化率是50%，1984年洛杉矶奥运会是60%，1990年北京亚运会甚至高达71%[①]，都为体育用品业带来巨大的发展机遇。纵观历届奥运会更是如此。如1964年东京奥运会成就了美津浓，1972年慕尼黑运动会带动了全世界购买阿迪达斯的风潮，1984年洛杉矶奥运会让耐克创造了辉煌的历史，2008年北京奥运会让全球认识了李宁这个带有中国传奇色彩的品牌。因此，我国体育用品业的发展一定要借助各大赛事的举办所带来的机遇。

最后，世界上60%的体育用品由中国制造，中国是世界体育用品生产和出口第一大国，也是全球体育用品市场的主要参与者。同时，劳动成本相对较低，劳动力资源丰富，产业集群效应明显，为我国进一步精细分工、参与国际竞争提供了良好的环境。

2. 我国体育用品业面临的挑战

第一，人民币升值，出口退税的调整，金融危机和反倾销的贸易壁垒，严重影响我国体育用品业企业的出口。我国是一个体育用品出口率很高的国家，但由于金融危机及各种技术壁垒，我国体育用品出口面临很大挑战。

第二，我国低成本优势正在逐渐降低，甚至丧失。最近几年，原材料价格的上涨、劳动力成本升高、人民币升值，严重削弱了"中国制造"的优势地位。据统计，中国长三角地区和珠三角地区2010～2013年连续四年劳动力成本增加50%，是东南亚国家的2倍以上。现在，耐克、阿迪达斯等企业正在陆续关闭它们在华的子公司，并将其转移至劳动力成本更低的东南亚等地区。这也是我国体育用品业面临的一大挑战。

第三，国外品牌的强有力竞争。虽然我国体育用品业企业取得迅速发展，但是由于创新能力不足，品牌经营和建设意识薄弱，与欧美国家体育品牌的竞争能力还有较大差距。近年来，国际知名体育企业强大的品牌优势已形成寡头垄断的趋势，世界体育市场主要被耐克、阿迪达斯、锐步、彪马等少数知名品牌瓜分。我国拥有数量众多的品牌，但是知名度高的比较少，因此我国民族品牌还有很长的路需要走。

---

① 李颖：《体育器材：中国名牌闪亮奥运赛场》，《中国质量万里行》2008年第8期。

三 2010～2013年北京体育用品业发展环境分析

（一）2013年北京宏观经济环境

1. 北京GDP总量及增长

2010年北京市的GDP总量为14114亿元，2011年达到了16252亿元，而到2012年则增至17801亿元，我们可以看到，北京市的GDP总量连续三年的增长率都达到了7%以上。2013年的前三季度，北京市的GDP总量为13766亿元，相较于2012年同期，增长率达到了7.7%。整体上看，北京市的GDP的增长速度是比较稳定的，展现出了北京经济持续发展的潜力。

2012年，北京市第一产业增加值150.3亿元，增长3.2%；第二产业增加值4058.3亿元，增长7.5%；第三产业增加值13592.4亿元，增长7.8%。按当年常住人口计算，全市人均地区生产总值达到87091元（按年平均汇率折合13797美元）。三次产业结构由上年的0.8∶23.1∶76.1变化为0.8∶22.8∶76.4。

2013年一至三季度，与2012年同期相比，整体产业结构保持快速平稳发展。第一产业实现增加值111.9亿元，增长3.8%；第二产业实现增加值2890亿元，增长8.6%；第三产业实现增加值10764.3亿元，增长7.5%。

在GDP整体增长的大背景下，第二产业保持了比较高的增长率，这为体育用品行业提供了一个比较有利的发展环境，有助于体育用品行业保持自身的发展势头。

2. 北京居民收入与消费情况

2012年，北京市城镇居民人均可支配收入达到36469元，比上年增长10.8%；扣除价格因素后，实际增长7.3%。农村居民人均纯收入16476元，比上年增长11.8%；扣除价格因素后，实际增长8.2%。城镇居民恩格尔系数为31.3%，比上年下降0.1个百分点；农村居民恩格尔系数为33.2%，比上年提高0.8个百分点。2013年1～10月，北京市城镇居民人

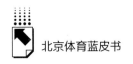

均可支配收入 33208 元，比上年同期增长 10.2%；农村居民人均纯收入 18004 元，增长 11.1%（见表 4）。

表 4　2006 年至 2013 年前 10 个月北京市城乡居民收入情况统计

单位：元

时间	城镇居民人均可支配收入	农村居民人均纯收入
2006 年	19978	8620
2007 年	21989	9559
2008 年	24725	10747
2009 年	26738	11986
2010 年	29073	13262
2011 年	32903	14736
2012 年	36469	16476
2013 年 1～10 月	33208	18004

资料来源：国家统计局、中商情报网。

2012 年，北京市城镇居民人均消费支出达到 24046 元，比上年增长了 9.4%；农村居民人均消费支出 11879 元，比上年增长 7.2%。2013 年 1～10 月，北京市城镇居民人均消费支出 21643 元，同比增长 9.2%，八大类消费全面增长；农村居民人均消费支出为 10780 元，同比增长 15.2%（见表 5）。

表 5　2006 年至 2013 年前 10 个月北京市城乡居民人均消费支出统计

单位：元

时间	城镇居民人均消费支出	农村居民人均消费支出
2006 年	14825	6061
2007 年	15330	6828
2008 年	16460	7656
2009 年	17893	9141
2010 年	19934	10109
2011 年	21984	11078
2012 年	24046	11879
2013 年 1～10 月	21643	10780

资料来源：国家统计局，中商情报网。

我们可以看到，2013年前10个月北京市无论是城镇居民还是农村居民的收入增幅都超过了10%，收入大幅增长促进了消费支出的明显增长。在人们越来越注重健康、越来越重视运动锻炼的背景下，增长的消费支出中会有相当一部分用在体育健身方面，这对于体育用品业的发展会产生积极影响。

2013年1~10月，北京市社会消费品零售总额68139859万元，比上年同期增长8.9%。其中，城镇居民社会消费品消费66923298万元，同比增长8.7%；农村居民社会消费品消费1216561万元，同比增长达到19.4%。

3. 北京市对外贸易发展形势

2012年，北京地区进出口总值4079.2亿美元，比上年增长4.71%（见表6）。其中出口596.5亿美元，增长1.1%；进口3482.7亿美元，增长5.3%。

表6 2007~2012年进出口总值及增长速度统计

单位：亿美元，%

年份	进出口总值	增长率	年份	进出口总值	增长率
2007	1930.0	—	2010	3016.6	40.44
2008	2716.9	40.77	2011	3895.8	29.15
2009	2147.9	-20.94	2012	4079.2	4.71

资料来源：国家统计局，中商情报网。

2013年一至三季度，北京地区进出口总值3232.6亿元，同比增长6.8%，增速比上半年提高5.1个百分点。其中，出口总值474.1亿元，增长7.9%，比上半年回落0.9个百分点；进口总值2758.5亿元，增长6.6%，比上半年提高6个百分点。

从表6我们可以看出，事实上这几年北京市进出口方面的发展并不稳定。虽然北京市这些年的进出口总额在整体上是增长的，但受国际金融危机等国内外因素的影响，2009年出现了负增长的情况，2012年的增幅和前一年相比也是比较小的，这种大背景对于我国体育用品品牌的出口以及海外品牌的拓展是不利的。

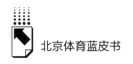

（二）北京市体育用品业竞争环境

体育用品行业上游为体育用品原材料制造行业和纺织行业，下游为经销商、零售运营商和消费者市场。化工材料、合成皮革与纺织材料等价格和劳动力成本的上涨，在一定程度上提高了体育用品企业的经营风险。同时，体育用品行业自身的研发费用上升，这对于体育用品品牌，特别是对于那些急于提高自身竞争力的国内体育用品品牌来说，是不容小觑的因素。

1. 上游产业环境分析

北京市纺织行业的整体状况不容乐观，接近 1/3 的企业处于亏损状态，虽然行业整体处于赢利状态，但利润大幅度减少。截至 2013 年 9 月底，北京市共有规模以上纺织企业 35 家，亏损企业 11 家，企业亏损总额 4325.5 万元。北京市纺织行业累计实现销售收入 31.42 亿元，同比减少 2.89%。2013 年前三季度，北京市纺织行业利润总额 5760.3 万元，同比减少 33.87%。

北京市钢铁行业的整体状况处于亏损状态，有将近一半的企业出现亏损情况。截至 2013 年 9 月底，北京市共有规模以上钢铁企业 31 家，亏损企业 16 家，企业亏损总额 4.65 亿元。北京市钢铁行业累计实现销售收入 119.86 亿元，同比减少 7.14%。2013 年前三季度，北京市钢铁行业亏损 1.03 亿元。

北京市橡胶行业的情况稍好，整体处于赢利状态，并且销售收入还出现了较大幅度的增长。截至 2013 年 9 月底，北京市共有规模以上橡胶企业 19 家，亏损企业 5 家，企业亏损总额 3174.4 万元。北京市橡胶行业累计实现销售收入 22.85 亿元，同比增长 21.98%。2013 年前三季度，北京市橡胶行业利润总额 7757.9 万元。

我们可以看到，整体上北京市的纺织、钢铁和橡胶行业的发展情形都不太乐观，特别是钢铁行业还出现了巨额亏损，然而上游行业的亏损对于下游的体育用品行业来说或许是一个好消息，它们有可能从上游行业中获得价格更低的加工原材料，这对于它们更好地控制成本、降低经营的成本风险是有利的。

2. 下游产业环境分析

从目标消费者的层面看，北京市有众多的体育场馆场地（见表7），无论是专业体育运动还是业余体育锻炼场馆，这些年始终处于快速发展的状态。特别是群众体育活动方面，数量增长迅速，这种发展蕴藏的是巨大的潜在需求，潜在消费者的数量不断增多对于体育用品行业来说是一个好消息。

表7　北京体育场馆数量统计

项目	2011 年	2012 年
晨晚练辅导站(个)	5500	6622
青少年体育俱乐部数(个)	159	203
社会体育指导员(个)	36553	30814
专项球类场地设施(个)	231	280
社区健身俱乐部(个)	102	117
体育生活化社区(个)	189	821

资料来源：国家统计局，中商情报网。

（三）体育用品业结构分析

1. 规模结构

截至 2013 年三季度，全国共有规模以上体育用品企业 894 家，亏损企业 174 家，企业亏损额为 4.80 亿元。截至 2013 年三季度，我国体育用品行业资产总额为 607.18 亿元，同比增长 8.24%。2013 年前三季度，我国体育用品行业共实现销售收入 796.74 亿元，同比增长 10.59%（见图 1）；行业共实现利润为 32.05 亿元，同比增长 3.38%①。

截至 2009 年底，北京市共有规模以上体育用品企业 14 家，其中，亏损企业 7 家；截至 2010 年底，北京市共有规模以上体育用品企业 11 家，其中，亏损企业 7 家；而 2011 年，北京市体育用品行业企业单位数为 2 家。

2012 年，北京市体育用品行业企业 2 家；资产总额为 1.71 亿元，同比减少 34.34%；负债总额为 8595.9 万元，同比减少 39.03%；共实现销售收入 7483.1 万元，同比减少 67.59%；共实现利润 292.3 万元。

---

① 资料来源：国家统计局，中商情报网。

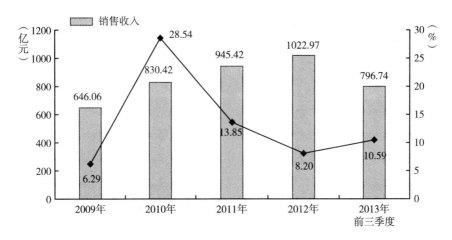

图1　2009 年至 2013 年前三季度中国体育用品行业销售规模趋势

资料来源：国家统计局，中商情报网。

截至 2013 年第三季度，北京市体育用品行业企业 3 家，其中，亏损 2 家，亏损总额为 648.6 万元；资产总额为 1.71 亿元，同比增长 6.28%；行业负债总额为 7639.5 万元，同比减少 6.56%；共实现销售收入 3354.9 万元，同比增长 8.21%；行业共亏损 648.6 万元。

我们可以看到，遭遇经济危机洗礼的北京市体育用品业，企业数量这几年出现了锐减。而在经营数据方面，2012 年北京市仅有的 2 家体育用品业企业资产总额缩水 30% 以上，销售额更是同比减少了接近 70%，整体上北京市体育用品企业的经营面临巨大挑战，举步维艰。

根据 2013 年前三季度的数据，北京市体育用品业情形相比 2012 年稍有好转，资产总额以及销售额有一定幅度的增长，但总体情况仍然不容乐观。

2. 产品结构

从生产商的角度来看，李宁（中国）体育用品有限公司作为行业龙头企业，其主要产品为运动服装鞋帽及相关配件；同时还有一大批公司以各类体育器材为其主要产品，既有室内外的健身器材，又有专业训练器材，如北京市体科健体育科技有限公司生产体育健身器材、北京奥康达体育用品有限公司生产户外健身器材、北京东宇科力仪器制造有限公司生产自行车训练器、北京鑫东华腾体育器械有限公司生产人体体质测试器材、北京康乐佳成体育用品厂加工复合式健身器材等。户外体育产品也占据很大比例，包括北京康尔健野旅游用品有限公司、北京三夫户外用品股份有限公司都是行业的领先者。

由此，我们可以看到北京市体育用品制造业的产品在体育器材设备方面展现出了丰富性，涵盖了其中的各个小门类，同时以李宁为代表的运动服装鞋帽类产品品牌也展现出强大的竞争力，而在快速发展的户外用品方面的表现同样不甘示弱。

而从市场的产品结构看，北京的市场上拥有各类体育用品的零售商与批发商，从服装鞋帽到健身器材再到高端的定制器材装备，北京体育用品市场的产品几乎囊括了所有种类，产品种类极其丰富。

3. 竞争力

（1）北京体育用品行业偿债能力分析。数据显示：近年来，北京市体育用品行业的资产负债率呈现下降趋势。截至 2013 年 9 月底，北京市体育用品行业资产负债率为 44.70%（见图 2）。从这一方面看，北京市体育用品行业的偿债能力不断提高，有利于降低经营风险，提高自身竞争力。

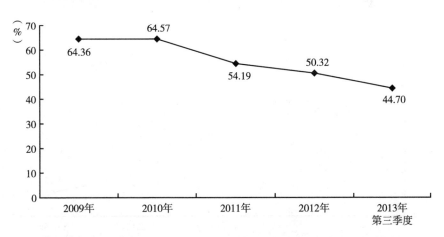

图 2 2009 年至 2013 年第三季度北京市体育用品行业资产负债率趋势

资料来源：国家统计局，中商情报网。

（2）北京体育用品行业赢利能力。从表8可以看到，2013年前三季度北京市体育用品行业的销售利润率大幅下降，销售利润率下降了近20%，北京体育用品行业整体上的赢利情况不容乐观，赢利空间被大幅度地压缩，对于企业的进一步发展极其不利，这也在一定程度上体现了行业赢利能力的不足。

表8　2009年至2013年季三季度北京体育用品行业赢利能力指标统计

单位：%

时间	成本费用利润率	销售利润率	总资产利润率
2009年	－12.59	－14.46	－7.59
2010年	－2.69	－2.76	－1.25
2011年	5.04	4.59	4.07
2012年	3.91	3.91	1.71
2013年第三季度	－15.68	－19.33	－3.80

资料来源：国家统计局，中商情报网。

（3）北京体育用品行业营运能力分析。图3、图4、图5数据显示：2009年至2013年第三季度，北京市体育用品行业的应收账款周转率呈现下降的态势。2013年第三季度，北京市体育用品行业的应收账款周转率为

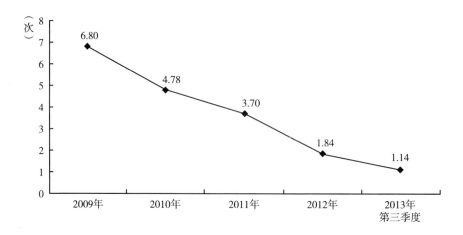

图3　2009年至2013年第三季度北京体育用品行业应收账款周转率情况

1.14 次，流动资产周转率为 0.34 次，总资产周转率为 0.20 次①。我们从近几年的发展趋势可以看出，2013 年第三季度北京体育用品业在衡量运营能力方面的数据均达到了最低值，企业整体经营艰难，由于销售利润的减少可能会面临资金方面的周转困难。

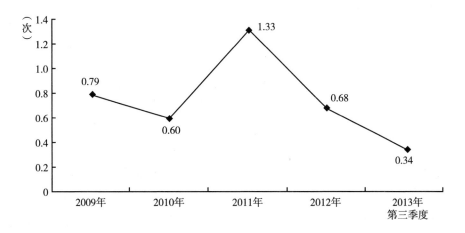

图 4　2009 年至 2013 年第三季度北京体育用品行业流动资产周转率情况

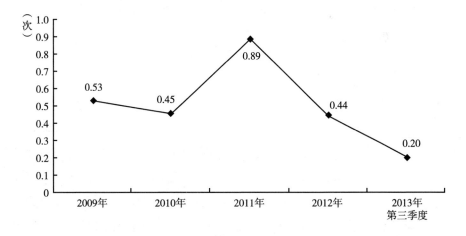

图 5　2009 年至 2013 年第三季度北京体育用品行业总资产周转率情况

---

① 资料来源：国家统计局，中商情报网。

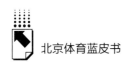

（四）2010～2013年北京体育用品业政策环境分析

1.体育用品行业政策法规分析

体育产业政策是指国家为实现一定历史时期的体育产业路线而制定的行动准则，是国家作为经济杠杆来干预体育产业发展的一种经济政策[1]，也是国家宏观领导、调控、优化和监督体育产业发展和运行的重要依据和手段。

体育产业的建立、运行和发展需要国家制定相应政策予以保障和制约[2]。2010年和2011年两年间，国务院相继颁布了《加快发展体育产业的指导意见》和《全民健身计划（2011～2015年)》两个针对体育产业发展的国家层面的文件，在国家对体育产业发展的大力支持下，北京市委、市政府也高度重视体育产业的发展，已明确提出体育产业在"十二五"期间要把体育产业作为一个新的经济增长点，要制定符合首都发展、符合北京国际经济地位的产业规划。从2012年到2013年先后两次制定出台《中共北京市委北京市人民政府关于促进体育产业发展的若干意见》与《北京市人民政府关于加快发展体育产业的实施意见》两部文件，主要是通过引导、扶持带动体育产业的业态发展等来加快体育产业的发展，内容包括设立体育产业引导资金、每年5亿元的扶持资金等。

2.体育用品行业相关标准分析

目前，我国已发布体育用品类标准51项，其中运动器材36项、试验方法5项、通用要求5项、运动鞋4项、运动服1项，目前我国开展的99项运动中，涉及运动服20项、运动鞋16项[3]；2008年6月，国家体育总局颁布《体育及相关产业分类标准》，将体育用品分为八类，其中包括体育场馆活动、健身休闲活动、管理活动、中介活动等。此外，体育用品制造业也涉及轻工、纺织、化工、电子、机械等多个领域，但许多体育用品生产企业在生产运动鞋、运动服等时，却只能按照生产休闲服、旅游鞋的

---

① 林建军、李文静：《我国体育产业政策效应的评价研究》，《体育科学》2013年第2期。
② 杨京钟：《我国体育用品产业税收政策评析》，《体育文化导刊》2012年第12期。
③ 肖嵘：《我国体育用品产业标准化现状与对策研究》，《天津体育学院学报》2008年第3期。

国家标准来执行①。

体育用品业行业标准相对低、少，且已颁布的行业标准标龄较长，随着体育用品业的不断发展，该标准的适用性已经受到众多专家学者和体育用品业企业的质疑，这些标准问题的出现直接制约着我国体育产业质量的提高，如何更快地建立、规范和完善体育产业标准，更快、更准地与国际标准接轨是北京市体育产业发展的重点。

（五）2013年北京体育用品社会环境分析

影响北京市体育产业发展的因素除了经济环境和国家政策外，社会环境（如人口、教育科技、文化和卫生等）也是影响北京市体育产业发展的重要因素。

1. 人口环境

体育产业发展的基础是体育消费，也就是说体育产业要想较快增长，必须有大众化的消费人群。北京市人口数量在全国排名第一，2012年末全市常住人口2069.3万人，比上年末增加50.7万人。其中，常住外来人口773.8万人，占常住人口的比重为37.4%。常住人口中，城镇人口1783.7万人，占常住人口的86.2%②。全市常住人口密度为1261人/平方公里，每平方公里比上年末增加31人。年末全市户籍人口1297.5万人，比上年末增加19.6万人。我国体育人口的判定标准大约为：每周身体活动频率在3次（含3次）以上；每次身体活动时间30分钟以上；每次身体活动强度在中等程度以上③。2008年，北京市体育从业人口10.2万人，其中教练员696人，运动员2404人，北京市的体育人口不仅决定了北京市体育市场中的买方市场，更决定了北京市体育产业能否可持续发展。

① 陈军梅：《体育用品加快标准化建设步伐》，《中国质量报》2007年5月24日。
② 《中国城市统计年鉴（2011）》，国家统计局城市社会经济调查司，中国统计出版社，2011。
③ 孙侠：《湖南高校中年教师体育锻炼现状分析与对策研究》，湖南大学硕士学位论文，2006。

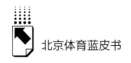

2. 资源生态环境

北京市资源生态环境包括土地资源、水资源、气象环境以及绿化面积等。任何地区体育产业的发展都离不开本地区资源生态环境的影响。例如，我国东北地区的冰上运动，青岛、广州等一些沿海城市的海上项目以及西北地区的涉猎项目等的设置都是根据当地的资源生态因地制宜设计出来的，既能有效合理地发挥当地的优势资源，又能促进当地体育产业项目和活动的发展，并带动其他附属产业的发展，从而推动该地区体育产业的全面发展。

北京市地处华北平原，地势平坦，截至 2012 年，北京市国有建设用地供应总量 4115.3 公顷。其中，工矿仓储用地 465 公顷，住宅用地 1168 公顷，基础设施等用地 2482.3 公顷。北京市丰富的土地资源有利于大型体育场馆如鸟巢、水立方等的布局和建设，而大型场馆的合理布局和建立能使北京市拥有承办更多大型体育赛事的实力，丰富的土地资源和合理的场馆布局能有效促进北京市体育产业的聚集和发展。

除了丰富的土地资源外，北京市的水资源与其他内陆地区相比也较充足，能满足各类室内水上项目的需求，从而促进水上体育用品业的发展。截至 2012 年，北京市水资源总量 39.5 亿立方米，比上年增长 47.4%。全年平均降水量 705 毫米。年末大中型水库蓄水总量 15.2 亿立方米，比上年末多蓄水 0.3 亿立方米。

资源生态环境是人类体育活动运行与发展的最重要的基础，也是体育产业发展的前提，北京市优良的资源生态环境不仅是决定北京市体育产业的产生、发展内容的关键因素，也是推动北京市体育产业形式增多、规模不断扩大的重要条件。

3. 教育科技环境

教育为体育产业的实际管理运营和操作提供专业人才，而科学技术的不断发展和进步能很有效地推动体育产业的理论和实践的发展。

截至 2012 年底，北京市共有 56 所普通高校和 79 个科研机构培养研究生，2012 年全年研究生招生 8.7 万人，在校研究生 25.2 万人，毕业生 7.1

万人；全市91所普通高等院校全年招收本专科学生16.2万人，在校生58.2万人，毕业生15.3万人；成人本专科在校学生26.5万人。北京市除了拥有广大的高端人才外还拥有强大的后备军力量，截至2012年，全市共有民办小学40所，在校学生5.1万人；民办普通中学72所，在校学生4.5万人；民办普通高校15所，在校学生6.8万人；民办的其他高等教育机构69个，注册学生11.5万人。2008~2012年，高校、科研机构、中小学及幼儿园的招生人数也呈增长趋势，这为北京市体育产业发展奠定了基础。

与此同时，全年研究与试验发展（R&D）经费支出1031.1亿元，比上年增长10.1%；相当于地区生产总值的5.79%。全市研究与试验发展（R&D）活动人员31.8万人，比上年增长7.2%。专利申请量与授权量分别为92305件和50511件，分别增长18.4%和23.5%；其中发明专利申请量与授权量分别为52720件和20140件，增长17%和26.8%。全年共签订各类技术合同59969项，增长12%；技术合同成交总额2458.5亿元，增长30.1%。

综上所述，北京市虽然拥有雄厚的人才优势和科技优势，但体育产业经营和管理人才还相对缺少，尤其是缺乏高素质的体育产业工作队伍。所以，培养和引进管理和经营方面的高素质体育产业人才来促进北京市体育产业更好发展，是未来几年北京市体育产业发展的大事。

4. 文化和卫生环境

文化和卫生环境状况是影响北京市体育产业发展的重要因素。文化可分为文化教育和文化传媒两方面。一个城市文化教育程度的提升与该城市文化公共设施的建立有密切关系。截至2012年末，北京市共有公共图书馆25个，总藏量5100万册。全市拥有全国重点文物保护单位98处，市级文物保护单位255处。全市拥有注册博物馆165座。全市共有国家综合档案馆17个，已开放档案88.4万卷。文化传媒对体育观念和健康理念的传播有着极大的影响力。2012年末北京市有线电视注册用户达到495.7万户，其中高清交互数字电视用户310.9万户。北京地区17条院线135家影院（726块屏幕）共放映电影119.9万场，观众3752.6万人次，票房

16.12 亿元。

北京地区出版报纸 254 种，出版期刊 3044 种，出版图书 18.2 万种。文化传媒的传播力度、广度、方式、内容会影响甚至决定一个民族对于体育的热爱和认识的程度，从而直接影响体育产业的发展。以电视为代表的大众传播媒介使体育从娱乐业的边缘成长为一种潜力无穷的主体性产业。

卫生环境状况是城市发展水平的综合反映，北京市良好的卫生环境是体育企业选择在北京市落户以及大型体育赛事选择在北京举办的重要依据，也是影响体育产业可持续发展的重要因素之一。截至 2012 年末，北京市共有卫生机构 9964 个，比上年末增加 265 个，其中医院 593 个。卫生机构中社会办医机构 3475 个。卫生机构共有床位 10.8 万张，比上年末增加 0.5 万张，其中医院有床位 9.2 万张，社会办医机构床位 1.6 万张。全市卫生技术人员达到 19.4 万人，比上年末增加 1.3 万人；其中执业（助理）医师 7.4 万人，注册护士 8 万人，全市医疗机构总诊疗 17873 万人次。

北京市良好的文化和卫生环境状况为体育产业的发展提供了保障性措施，对推进生态城市建设、改善城市环境、提升城市品位、吸引外资引进以及大型赛事在北京的举办具有十分重要的战略意义。

四　2010～2013年北京体育用品业经济规模

（一）北京体育用品业企业规模

体育用品业的发展离不开具有市场竞争力的企业，完善的体育设施能够带动体育用品业的发展，而体育用品业的发展需要具有创新能力的从业人员。本部分从体育用品业企业数量、体育用品业从业人员和体育用品业产品结构来分析北京市体育用品业现状。

1. 体育用品业企业数量

2013 年全国共有体育用品业企业 2483 家，北京市体育用品业企业有 243 家（见表 9），居全国第三名，占体育用品企业总数的 9.79%。

表9 当前我国体育用品企业分布现状

单位：家，%

省份	企业数量	百分比	省份	企业数量	百分比
广东	791	31.86	河北	205	8.26
上海	135	5.44	河南	93	3.75
浙江	297	11.96	江苏	172	6.93
山东	120	4.83	福建	59	2.38
北京	243	9.79	其他省份	260	10.47
天津	108	4.35	总　计	2483	100.00

资料来源：中国体育用品网，http://www.toioo.com/company/。

2. 体育用品业从业人员

相对于全国体育用品业的从业人员规模，北京市体育用品业的从业人员规模较小。2010～2012年，北京市体育用品业从业人员总数逐年降低（见表10），这说明北京市体育用品业从业人员相对较少，从业人员数量较少间接说明北京市体育用品业规模相对较小。

表10 2010～2012年全国与北京市体育用品业从业人员现状

单位：人

年份	2010	2011	2012
全国从业人员	329786	277731	267446
北京市从业人员	1283	626	228

资料来源：根据中商情报网《北京体育用品行业市场调查及前景预测报告》整理所得。

3. 体育用品业产品结构

国研网数据中心将我国体育用品进出口种类分为运动用球、运动用球类器材器械、冰雪运动器械及用品、水上运动器械及用品、健身及康复器械、运动专用鞋靴、钓鱼用品和器材及其他体育用品。而中商情报网在《北京体育用品行业市场调查及前景预测报告》中将体育用品分为健身器材、器械，校园体育器材，康体器材、器械，竞赛项目用品，运动护具，运动服饰，户外运动休闲用品，体育场馆，其他体育用品，家用系列10个大类。

173

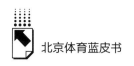

北京市体育用品业的产品包括国研网和中商情报网针对体育用品分类的所有大类中的各种体育用品。因此,北京市体育用品业在产品结构上涵盖各类体育用品。但由于各类统计数据中尚无北京市体育用品业各分类产品的统计数据,故无法进行客观分析。

(二)北京体育用品业从业人员规模

2010 年至 2013 年第三季度北京市体育用品业的资产总额呈下降趋势,资产总额从 2010 年的 58254.3 万元下降到 2012 年的 17084.1 万元(见表 11),2013 年前三季度资产总额与 2012 年持平,资产总额在三年间缩水 70% 左右。

表 11　2010 年至 2013 年 1～9 月北京市体育用品行业经营现状

单位:万元,%

时间	2010 年	2011 年	2012 年	2013 年 1～9 月
资产总额	58254.3	26019.3	17084.1	17088.8
利润总额	-730.7	1060.1	292.3	-648.6
销售收入	26437.5	23088.3	7483.1	3354.9
销售利润率	-2.76	4.59	3.91	-19.33

资料来源:根据中商情报网《北京体育用品行业市场调查及前景预测报告》整理所得。

从利润规模上分析,2010 年至 2013 年第三季度北京市体育用品业利润总额是先增后减。2010 年利润总额为 -730.7 万元,到 2011 年利润总额有所增加,增加至 1060.1 万元,2012 年和 2013 年前三季度持续下降,2013 年前三季度降至 -648.6 万元。以上数据说明近几年来北京市体育用品业整体利润较低,体育用品业发展遇到瓶颈。

从销售规模上分析,北京市体育用品业 2010 年至 2013 年第三季度销售收入逐渐下降,说明北京市体育用品业产品销售处于低迷状态。

综上所述,近几年北京市体育用品业在资产总额、销售收入、利润总额等方面均呈下降趋势,北京体育用品业需要通过调整、改善经营现状及增加投资来进一步扩大体育用品业规模,促进体育用品业稳定发展。

（三）北京市体育用品进出口规模

2010 年至 2013 年第三季度全国体育用品进口总额持续增长，但增长率先降后增（见表 12），进口总额由 2010 年的 53805.6 万美元上升至 2013 年前三季度的 71799.7 万美元；出口总额由 2010 年的 981617.5 万美元上升至 2013 年前三季度的 1127202.9 万美元。但北京市体育用品业出口总额从 2010 年至 2013 年前三季度却持续下降，从 2010 年的 3183.26 万美元下降至 2013 年前三季度的 1762.61 万美元；进口总额处于升降波动状态，从 2010 年的 2618.12 万美元降至 2011 年的 2262.54 万美元后，又上升至 2012 年的 3436.59 万美元。这说明北京市体育用品行业出口规模下降，进口规模呈上升趋势。

表 12　2010 年至 2013 年前三季度全国及北京市体育用品进出口规模

年份/地区		出口额（万美元）	增长率（%）	进口额（万美元）	增长率（%）	TCI
2010 年	全国	981617.5	22.03	53805.6	45.62	0.8961
	北京市	3183.26	20.7	2618.12	62.3	0.0974
2011 年	全国	1084230.0	10.45	55127.5	2.46	0.9032
	北京市	3135.49	−1.5	2262.54	−13.6	0.1617
2012 年	全国	1069176.3	−1.39	62763.5	13.85	0.8891
	北京市	2404.67	−23.3	3436.59	51.9	−0.1766
2013 年（前三季度）	全国	1127202.9	5.43	71799.7	14.40	0.8802
	北京市	1762.61	−1.7	2271.98	14.4	−0.1263

注：全国资料来源于国研网，北京市资料来源于中商情报网《北京体育用品行业市场调查及前景预测报告》。

北京市体育用品行业出口额占全国体育用品出口额的比重由 2010 年的 0.32% 下降至 2012 年的 0.22%。根据公式 $TCI_{ij} = (X_{ij} - M_{ij}) / (X_{ij} + M_{ij})$（其中 X_{ij} 和 M_{ij} 分别表示 i 国 j 产品的出口额和进口额），计算北京市体育用品出口贸易竞争力和全国体育用品出口贸易竞争力 TCI。结果表明从 2010 年至 2013 年前三季度北京市体育用品出口贸易竞争力指数均小于全国体育

北京体育蓝皮书

用品出口贸易竞争力指数，且差距较大。这说明北京市体育用品出口不具比较优势，且 2012 年、2013 年前三季度处于低的比较优势状态。

综上所述，北京市体育用品行业 2010 年至 2013 年前三季度出口规模呈下降趋势，进口总额上升，且北京市体育用品出口占全国体育用品出口的比重下降，出口贸易比较优势较弱。

五 北京市体育用品业赢利能力分析

赢利能力是指企业获取利润的能力（也称企业的资金或资本增值能力），赢利能力包括总资产报酬率、营业利润率、盈余现金保障倍数、成本费用利润率、净资产收益率、资本收益率等指标。通常表现为一定时期内企业收益数额的多少及其水平的高低。本文选取毛利率、成本费用利润率、销售利润率、总资产报酬率四个指标进行分析。

（一）毛利率

毛利率是毛利与销售收入（或营业收入）的百分比，其中毛利是收入和与收入相对应的营业成本之间的差额，用公式表示：毛利率＝毛利/营业收入×100%＝（主营业务收入－主营业务成本）/主营业务收入×100%。

据国家统计局、中商情报网数据，2013 年 1～9 月，北京市体育用品行业的销售毛利率为 25.66%（见表 13）。

表 13 北京市体育用品毛利率和全国体育用品毛利率

单位：%

地区	2009 年	2010 年	2011 年	2012 年	2013 年 1～9 月
北京	16.70	19.59	17.89	26.92	25.66
全国	12.43	12.47	14.20	13.55	13.43

资料来源：国家统计局、中商情报网。

176

从北京体育用品和全部体育用品及部分上市企业的毛利率数据来看，北京市的体育用品毛利率明显高于全国，但明显低于上市公司。由于我国体育用品产业85%以上集中在广东、福建、江苏、北京、上海五省（市），北京作为中国体育用品产业的主要集中地之一，体育用品产业具有一定的规模效应，毛利率明显高于全国平均数（见表14）。

表14 2009年至2012年1～9月部分上市体育用品企业毛利率

单位：%

品牌	2009年	2010年	2011年	2012年	2013年1～9月
李宁	47.30	46.80	45.30	43.20	43.60
中国动向	60.40	59.70	55.00	47.50	48.10
安踏	42.10	42.80	42.30	38.00	41.40
特步	39.10	40.60	40.80	40.70	40.20
361°	39.6	41.50	42.20	40.4	39.00
匹克	37.50	38.00	39.40	36.50	34.00

资料来源：各上市公司年报。

（二）成本费用利润率

成本费用利润率，是企业一定时期利润总额与成本费用总额的比率。其计算公式为：成本费用利润率＝利润总额/成本费用总额×100%。其中成本费用总额是由营业成本、营业税金及附加、销售费用、管理费用、财务费用、资产减值损失6项费用合计而得。如果该项指标越高，则表明企业成本费用控制能力越强、获利能力越强。表15、表16分别反映了中国和北京体育用品制造业成本费用利润率。

表15 2007～2012年中国体育用品制造业成本费用利润率

单位：%

指标	2007年	2008年	2009年	2010年	2011年	2012年
成本利润率	2.99	2.23	3.20	3.93	4.90	4.76

资料来源：国家体育总局、中商情报网（未包含税金及附加）。

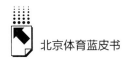

表16 2009年至2013年1~9月北京体育用品制造业成本费用利润率

单位：%

指标	2009年	2010年	2011年	2012年	2013年1~9月
成本费用利润率	−0.126	−0.013	0.05	0.039	−0.156

（三）销售利润率

销售利润率是企业利润总额与企业销售收入净额的比率。它反映企业销售收入中，职工为社会劳动新创价值所占的份额。其计算公式为：销售利润率 = 利润总额/销售收入净额×100%。

该项比率越高，表明企业为社会新创价值越多，贡献越大，也反映企业在增产的同时，为企业多创造了利润，实现了增产增收。表17反映了2009年至2013年1~9月全国和北京的体育用品企业销售利润率。

表17 2009年至2013年1~9月全国和北京体育用品企业销售利润率比较

单位：%

地区	2009年	2010年	2011年	2012年	2013年1~9月
全国	3.06	3.73	4.57	5.25	4.02
北京	−14.46	−2.76	4.59	3.91	−19.33

资料来源：国家统计局、中商情报网。

（四）总资产报酬率

总资产报酬率是指企业一定时期内获得报酬总额与平均资产总额的比率。其计算公式为：总资产报酬率 = 息税前利润总额/平均资产总额×100%。它是反映企业资产综合利用效果的重要指标，也是衡量企业利用债权人和所有者权益总额盈利能力的重要指标。通常状况下，如果该指标数值越高，则表明企业的资产利用效益越好，企业获利能力也越强，其经营管理的水平也越高。表18展示了2009年至2013年1~9月全国和北京总资产利润率。

表 18　2009 年至 2013 年 1～9 月全国和北京体育用品企业总资产利润率比较

单位：%

地区	2009 年	2010 年	2011 年	2012 年	2013 年 1～9 月
全国	3.96	5.60	7.52	9.00	5.28
北京	-7.59	-1.25	4.07	1.71	-3.80

资料来源：国家统计局、中商情报网。

六　北京市体育用品业存在的问题及发展对策

（一）北京市体育用品业面临的问题

1. 缺乏创新力

在体育用品生产企业中，多数企业为劳动密集型企业，缺少生产科技含量高、高附加值产品的企业。中国体育用品出口较多，但出口总额的近40%为来料加工贸易。从体育用品产业的国家分工方式来看，中国大部分体育用品企业从事的是加工生产这一环节，这一环节只能赚取少量的加工费用。国家体育总局器材装备中心的调查数据显示，我国从事体育用品生产的企业有 2 万～5 万家。90% 以上的企业从事加工业，而且以加工运动服装、运动鞋、健身器械为主。

研发能力是技术创新的关键。国际企业界普遍认为，研发经费仅占企业销售额的比例不足 1% 的企业是难以生存的；这个比例达到 2% 时，企业仅处于维持水平；只有当这个比例达到 5% 以上时，企业才有一定的竞争力。耐克公司每年投入研发新产品的资金为 1.5 亿美元，发达国家体育用品企业的研发经费一般占企业年收入的 3% 左右，高技术的体育用品企业的研发经费则占企业的 5% 左右，那些著名跨国公司的研发经费甚至高达 10% ～30%。而据有关资料反映，当前我国体育用品企业的研发经费占销售收入的比例平均水平还不到 0.4%。缺乏研发人才，我国体育用品企业中从事产品研发设计的人员占从业人员的比例不到 8%，而阿迪达斯在全球有三个研发中心，科研人员达 1500 多人。2000～2010 年我国体育用品行业以体育器

材、运动服、运动鞋、运动帽、运动包、高尔夫设备、台球设备、保龄球设备为检索词的专利申请量共计 1099 件，其中，以实用新型和发明专利为主，外观设计专利申请量极少，占比不到 2%。

我国体育用品企业创新能力弱，导致仿冒抄袭外国体育企业产品的现象极易发生。这严重影响了我国体育用品企业的竞争力，制约了企业的发展。

2. 标准化程度低

2011 年 12 月，我国发布《标准化事业"十二五"发展规划》，提出体育产业标准化和公共体育标准化的工作重点：体育产业方面的重点是加强体育用品、信息咨询、技术培训等体育服务贸易领域和体育健身、体育休闲、体育竞赛、体育表演、体育中介服务等领域标准的制定和修订；公共体育方面的重点是加强体育运动安全与保护，高危项目经营场所开放条件及检验方法，体育活动组织与安全标准，体育场馆、运动设施、体育器材与用品的管理和安全使用标准的制修。

标准化的作用主要表现在以下几个方面：第一，为科学管理的实行奠定基础，为产品质量评价提供依据；第二，为人力、物力的节省和资源的合理利用、经济效益的提高创造条件；第三，有利于产品品种规格的合理简化和品种的快速发展；第四，有助于国际贸易技术障碍的消除，促进贸易发展；第五，促进人身安全的保障和环境卫生的改善，完善消费者利益的保护和全社会的利益；第六，有利于科研成果的推广和利用，促进科学技术进步。

目前我国体育用品达标率不到 10%，标准化工作滞后，我国第一个全国性体育用品标准化组织——全国体育用品标准化委员会于 2007 年才成立。目前全球体育用品领域有 40 多个国家标准与 70 多个行业标准，但国际标准只有一个。由于体育用品领域有很多产品还没有建立国家标准、行业标准和企业标准，比如攀岩，国内近 20 家生产攀岩设备的企业采用的都是欧洲标准。体育用品制造业涉及轻工、纺织、化工、电子、机械等多个领域，标准化工作很难有效地统一规划和协调，且许多体育用品生产企业在生产运动服、运动鞋的时候，只能按照休闲服、旅游鞋的国家标准来执行，我国体育用品标准化程度低已限制了我国体育用品业的发展。我国现有体育用品类标准已发布的有 51 项，其中通用要求 5 项、运动鞋 4 项、运动服 1 项、运动器材产品 36 项、试验方法 5 项。我国目前开展的 99 项运动中涉及运动服 20 种、运动鞋 16 种、运动器材 240 种，当前标准远不能满足体育运动发展的需要，且这些标准大部分是 2000 年前制定的，2000 年后制定的标准仅有 16 项。

3. 品牌定位模糊，品牌意识淡薄

从国内品牌的竞争格局看，国外品牌仍占据高端户外市场，国内市场主要以中低端市场为主。目前中国体育用品产业仍然停留于三个较低层次：一是出卖资源型；二是劳动密集型；三是来料加工型。品牌定位具有重要作用，一方面可以诠释企业的形象和其价值观念；另一方面使企业的产品区别于其他品牌的产品，使消费者认识和认同企业或产品的定位。由于我国体育用品企业研发能力不足，许多企业为了生存，往往以模仿国外品牌产品起家，这些企业得不到品牌效应带来的附加值。而大多数品牌企业，或朝品牌方向发展的企业，品牌定位不模糊、不趋同，都在试图提高品牌的知名度上下功夫，利用品牌效应获得利益，反而忽视了产品的质量及产品如何定位。如果不对消费市场进行细分，最终会导致体育用品产业同质化严重（见表 19）。在品牌宣传方面，与国外企业相比，我国体育用品企业的力度、深度、广度都有一定距离。尤其在一些广受关注的运动项目上，国内体育用品企业赞助的数量和质量都明显落后于国外企业。奥运会赛场上，到目前为止还没有一家国内体育用品企业获得过 TOP 赞助商委员会的资格，李宁公司仅仅是通过赞助中国奥运会代表团的机会间接与奥运会产生联系。品牌文化建设不足。品牌文化就是建立一种清晰的品牌定位，在品牌定位的基础上，利用各种内外传播途径形成受众对品牌在精神上的高度认同，形成一种文化氛围，通过这种文化氛围形成很强的客户忠诚度。品牌文化反映的是消费者的一种价值观、生活方式和消费习惯。然而将文化作为品牌战略切入点的企业数量较少。

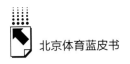

表 19　部分上市体育用品公司品牌定位

品牌	定位
李宁	专注篮球、跑步及羽毛球运动
安踏	大众市场（旅游运动、篮球）
匹克	泛专业化（篮球为主，向网球等运动项目延伸）
特步	引领潮流的时尚体育用品品牌
361°	泛专业运动（由羽毛球向篮球等运动延伸、童装）
中国动向	运动、时尚、性感、品位

资料来源：产业信息网。

4. 企业规模小

目前，我国体育用品企业数量居世界首位，但绝大多数是小企业，截至 2013 年第三季度，全国共有规模以上体育用品企业 894 家，北京市规模以上体育用品企业 2 家。截止到 2013 年，北京地区拥有李宁、中国动向、探路者 3 家体育用品上市公司。目前中国占有 65% 以上的世界体育用品生产的份额，而销售额超过亿元的不过十几家，当今世界年产值超 10 亿美元的体育用品公司排行榜上尚没有中国企业。缺乏能与国际知名体育用品公司比肩的龙头企业。同时，我国体育用品行业缺乏整体发展规划，以条块分割经营为主，不能形成规模经营，不可能产生规模效益，成本难以降低，不利于参与国际竞争。

（二）北京市体育用品业发展对策

2012 年北京市政府发布《北京市人民政府关于加快发展体育产业的实施意见》中提到力争"十二五"期间，北京市体育产业增加值每年以 12% 左右的速度增长；到 2015 年，体育产业增加值占全市地区生产总值的比重从 2010 年的 0.8% 提高到 1.5%，体育产业从业人员从"十一五"末期的 10.8 万人增加到 15 万人以上。在有条件的地区，探索体育产业集聚发展的新模式，力争在 3~5 年内重点打造奥林匹克中心区、龙潭湖体育产业园等 2~3 个国家级体育产业基地、5~8 个市级体育产业基地。积极探索体育产业与文化、科技、传媒、旅游、会展等相关产业融合发展的新模式，丰富体育产业发展内涵，提升体育产业的文化含量、科技含量，延伸产业链，提升首都体育产业核心竞争力，逐步构建具有较强辐射能力和带动作用的体育产业体系。

1. 竞争力提升对策

（1）政府转变职能，建立良好的市场秩序。政府作为经济贸易中公正的裁判员，要维护好市场秩序，发挥好自己在结构调整中的作用。首先，从技术的制定、资源的利用效率及安全卫生和环境等方面的标准入手，确立市场准入规则，控制企业的数量和促进企业素质的提升。其次，规范行业管理，理顺现有的行业法规，完善行业立法的程序，加大行业立法监督的力度，以法律和经济手段为主进行管理。最后，打击地方保护主义，促进公平竞争。

（2）树立品牌形象。企业要树立品牌的良好形象，确立品牌核心价值和品牌文化。品牌核心价值是用来指导品牌管理各项工作和建立起品牌所有者所希望的品牌形象的方针。设计和组织品牌形象要素，企业需在品牌核心价值和品牌文化的统领下，设计和组织各种品牌形象要素，与消费者品牌联想的内容相匹配，对品牌进行创新。品牌形象的创新是对品牌形象的微调，让其不断与消费者需求、消费者联想进行很好的匹配。

（3）加快产业结构调整，提高产品科技含量。引进先进的设备和技术，促进体育用品业的更新换代和质量提升，提高体育用品的出口竞争力；塑造国际化品牌，加大对国外体育用品企业的资产收购力度；集中精力开发辐射作用强且市场需求量大、发展前景好的优势产品；提高形象策划能力，使现有名牌产品进一步上档次。

（4）加快产业重组的步伐，减少过度竞争。通过联合、兼并、收购等形式，按照集约经济发展的要求对相对分散的中小企业实行改组、改造，通过资产盘活、集中、合理配置等手段来提高企业的集中度。

（5）实现体育用品企业内部的科学运营，提高全员劳动生产率。第一，按国际惯例管理企业，提高管理水平，克服经验管理的弊端，加强成本、质量及组织的基础管理工作。如通过合理应用电子商务平台的供应链管理系统、计算机集成制造系统（CIMS）、企业资源计划（ERP）等手段来加强管理。第二，加

大和完善产业技术创新体系，完善技术开发环节，形成有效的创新机制，鼓励企业技术创新。第三，完善人才培养机制，激励技术创新，大力培育创新人才。

2.加快标准化进程

第一，要强化体育用品标准化的政府主导作用，国家有关部门组建成立体育用品业标准化工作的专门机构，推动和实施体育用品标准化工作，与市场机制相结合，加快体育用品标准化进程。第二，加大对体育产业的资金投入力度，提高体育产业的技术含金量。第三，在全国大力实施龙头带动战略，各地优选基础较好并且具有一定规模的龙头企业，为研究体育用品标准化提供实验参考，研究制定符合我国体育产业实际发展条件的标准体系，通过龙头企业带动和基地示范，提高民族体育品牌的影响力，加快国际化市场步伐。

3.差异化发展

近几年国内运动品牌业绩有下滑趋势，一方面是体育服装行业近几年的发展扩张速度过快，致使零售商出现大量积压库存的现象；另一方面是国内通货膨胀的现象普遍存在，打折后的国际品牌在消费者缩减体育用品消费时成为更合适的选择。在市场整体状况低迷的情况下，国内运动品牌要想突破困境，关键还在于实现产品差异化，打造真正的核心竞争力。国内品牌需要从本土市场出发，抓住中国本土的二、三（四）线城市巨大的消费市场，通过"专业"或"时尚"的不同定位走差异化路线。

体育用品企业差异性发展不应仅仅局限于品牌定位和产品设计差异化，还要着眼于营销创新差异化、产品机构和组合差异化、营销渠道的建设差异化、体育用品市场定位和价格策略差异，以及赞助资源的差异化选择。

4.销售策略转型：线上、线下融合

互联网已从窗口变成了引擎，改变着人们的生活，推动着社会进步和发展。当前，产品销售采用多种渠道并存发展，线上线下形成差异化布局，利用线上营销成本低、营销环境好、顾客主动参与、营销目标准确、市场拓宽障碍少等优点，做好品牌的推广、新产品的快速发布及售后服务快速跟踪；利用线下营销的传统优势，使线上线下形成联动促销，提高销售水平，促进体育用品企业的发展。

七　北京市体育用品业发展趋势分析

伴随着企业发展的全球化、国际化，以及科学技术的不断进步，北京市体育用品业未来的发展也离不开市场发展规律。先进的科技、高素质的人才、先进的管理理念以及国家的政策决定着北京市体育用品业未来的发展方向。

（一）总体运行平稳，消费潜力大

北京市统计局数据显示，初步核算，2013 年全市实现地区生产总值19500.6 亿元，比上年增长 7.7%。这一增速与上年持平，总体经济保持了平稳增长态势。人均收入逐年增加，购买力不断提高。北京市统计资料显示，2013 年北京市城镇居民可支配收入 40321 元，比上年增长 10.6%；北京市农村居民纯收入 18337 元，比上年增长 11.3%。表 20 显示的是北京市2013 年第四季度消费者信心指数。表中显示消费者信心指数较高，体育用品消费潜力大。

表 20　北京市 2013 年第四季度消费者信心指数（以 100 为指数强弱临界点）

项目	2013 年四季度	项目	2013 年四季度
消费者信心指数	104.6	耐用消费品购买时机满意指数	99
消费者满意指数	102.9	消费者预期指数	105.8
就业状况满意指数	115.9	就业状况预期指数	115.2
家庭收入状况满意指数	93.9	家庭收入状况预期指数	96.3

资料来源：北京市统计局。

（二）老年体育用品市场逐渐升温

北京市政府网站"首都之窗"发布的《2011 年老年人口信息和老龄事业发展报告》显示，截至 2011 年底，北京市户籍总人口 1277.9 万人，其中60岁及以上的老年人247.9万人，比2010年增加12.9万人，占总人口的19.4%；80岁及以上老年人38.6万人，比2010年增加3.5万人，占总人口的3%。据《北京日报》报道，北京市老龄办政策研究室有关工作人员称，预计2020年前，北京每年新增老人将达10万人以上。到2030年，北京市常住老年人口预计将超过500万人，约占总人口的30%。北京户籍人口老龄化远超全国均值。目前，老人的消费需求主要在饮食、穿着和医疗保健等方面。由于生理机能逐渐衰退，老年人比年轻人更需要体育锻炼。随着社会向老年化发展和老年人消费观念的不断转变，老年消费者构成的银色消费市场，将会展示出量大面广的消费需求特点。老年人的消费观念正在改变，老年人的体育用品市场有着巨大的市场发展潜力。

（三）户外用品市场发展优势明显

北京周边户外运动自然资源丰富，有高山峡谷、水库湖泊、长城寺庙、草原滑雪场等，具备开展户外运动的先天优势。北京市作为中国首都，在经济、文化等方面具备优势，为户外运动快速发展提供了必要的条件。户外运动用品行业呈现出较快发展趋势，2000~2010年，行业零销总额年均增长率达到47.33%，其中国产品牌表现非常出色，其增长速度连续3年超过国外品牌。户外用品市场总体上会呈现三大发展趋势。户外运动蓬勃兴起，为运动品牌发展带来了新的机遇；户外运动产业呈现"口红效应"，基于产品功能和科技因素形成更大市场空间；家庭露营将成为户外运动市场的主流，低碳将成为衡量户外装备用品质量的基本指标。

（四）体育用品呈科技化发展

当前，国际体育用品的发展已经呈高度科技化特点，各种体育用品都是高科技的化身，新材料、新技术、新设计元素被应用于体育用品的生产。北京市体育用品业要在国际化进程中保持市场竞争力，不能只靠劳动力的比较优势，要加强产品的技术研发和科技创新，提高体育用品的科技含量，推动体育用品技术进步。科技是体育用品具有持续竞争力的根本因素。因此，未来北京市体育用品业的发展要注重研发人才的培养和科技创新，以科技来推动体育用品业的发展。

（五）体育用品企业发展全球化进程加快

随着赛事的国际化，体育用品企业全球化进程将进一步加快。体育用品企业的发展不能只立足本土，在国际市场上更具有挑战性。当前，北京市体育用品企业为了扩展市场，均采取不同的方式提高自身在国际上的品牌影响力。这些方式包括：邀请国外知名的体育明星代言体育用品、赞助国外顶级体育赛事、赞助其他国家运动队等。体育用品企业通过一系列的国际化计划，参与国际体育用品市场竞争，提高了企业品牌知名度，为企业的国际化发展奠定了基础。

（六）体育用品生产呈专业化

随着人们对运动装备要求的不断提高，体育用品种类不断细分。如今的体育用品已不再只是体育鞋服，还包括运动器材、场地设施等专业性更高的体育用品。各运动项目对运动装备器材的要求不同。在国际市场上各运动项目已出现了一批高科技含量的体育用品。高科技含量的体育用品的生产需要专业化、精细化的研发生产技术，而不再是统一的加工生产线。因此，随着高水平运动项目的发展，体育用品的生产呈专业化趋势。

（七）体育用品销售电子商务化

计算机技术高速发展促进了电子商务的发展，电子商务的发展也在一定程度上促进了体育用品业的发展。网络虚拟经济的发展，为体育用品业的销售提供了另一个渠道。体育用品均为实物产品，传统的销售方式主要是通过实体店或销售合同进行交易，而电子商务的发展为体育用品的销售提供了虚拟销售空间，是体育用品销售的新渠道。因此，充分利用网络进行体育用品销售，已经成为体育用品业产品营销的新方式。

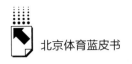

（八）高端体育用品市场品牌垄断加剧

随着体育用品业的迅速发展，高端体育用品行业的垄断不断加剧。当前，体育用品行业的形势和格局发生深刻变革，体育用品品牌在市场占有率、科技创新率、知识产权保护、品牌战略实施等诸多方面展开了激烈竞争，在竞争国内体育用品品牌处于技术劣势地位，高端体育用品品牌形成技术垄断。国际知名的高端体育用品品牌依靠强大的技术优势和品牌优势垄断高端体育用品市场，当前在高端体育用品市场形成了耐克和阿迪达斯两大品牌对抗的局面，而北京市体育用品业缺乏技术优势和品牌优势，未能在高端体育用品市场占有一席之地。因此，未来北京市体育用品企业要参与高端体育用品市场竞争，需加强企业品牌建设及技术创新。

八　北京市体育用品企业案例分析

（一）李宁

1. 企业发展基本情况

李宁公司成立于 1990 年，是由中国著名体操运动员李宁先生创立的。经过 20 余年的发展，已逐步成为代表中国的体育用品产业、具有重要国际影响力的运动品牌公司。李宁公司的发展采取多品牌业务发展的营销策略，目前有李宁（LI - NING）、乐途（LOTTO）、艾高（AIGLE）、心动（Z - DO）等多层次品牌产品。同时，李宁公司还控股上海红双喜、全资收购了凯胜体育。

2004 年 6 月李宁公司在香港上市，股票编号为 HK2331，截至 2013 年 6 月 30 日，资产总额 60.20 亿元，集团店铺数量总共为 6024 间。

自 1998 年建立了中国第一家服装与鞋产品设计开发中心起，李宁不断加大产品研发力度，2004 年 8 月，集中负责设计李宁品牌服装产品的香港设计研发中心成立。李宁集团于 2008 年 1 月在美国俄勒冈州波特兰市投入运营美国设计中心。

李宁公司曾先后与各大国际顶级赛事和组织结为战略伙伴，例如NBA、ATP等。从1992年开始，李宁公司伴随中国奥运会军团步入巴塞罗那奥运会，长期支持和赞助中国体操、跳水、射击、乒乓球、羽毛球等优势项目。2012年6月，李宁公司与CBA签订了投资总金额高达20亿元的5年合约。

2. 企业主要产品分析

李宁公司拥有自主研发、设计、制造和品牌营销能力，产品主要涵盖运动及休闲鞋类、服装、器材和配件等产品。

（1）李宁牌（LI - NING）。

李宁成立于1990年的李宁公司是中国目前体育用品行业的著名品牌之一，先后实现了多个"第一"，即国内第一家建成运动服装和鞋产品设计研发中心的企业；第一家实施ERP管理和第一家在海外上市的本土体育用品企业；第一家赞助中国奥运会、亚运会体育代表团；第一家赞助国外顶级运动队的中国体育品牌，是中国体育用品行业的领军企业。

（2）艾高品牌（AIGLE）。

艾高是源自1853年的法国知名户外休闲品牌，在欧洲有65%的户外运动者曾经购买与体验过AIGLE产品。2005年，李宁和法国Aigle International S. A. 以各占50%股份权益的合作形式成立艾高（中国）户外体育用品有限公司，负责在中国生产、推广及销售AIGLE的户外运动及休闲服装和鞋类产品。

（3）红双喜品牌（DHS）。

红双喜是创立于1959年的著名体育用品品牌，于2008年成为北京奥运会乒乓球、举重、羽毛球三大比赛器材供应商。因相关研发技术领先，产品性能卓越，稳居市场鳌头，是历史最悠久、知名度最大、最受大众欢迎的乒乓球品牌。2007年11月，李宁公司以3.05亿元人民币收购上海红双喜股份有限公司57.5%的股权，红双喜将成为李宁集团的间接非全资附属公司。

（4）乐途品牌（LOTTO）。

乐途是1973年创立于意大利的经典运动品牌。乐途品牌为意大利本土著名运动品牌,欧洲顶级运动品牌之一。2008年李宁公司与LOTTO签署协议,获得该品牌在中国为期20年的独家特许经营权。2013年由于市场不景气,乐途品牌业务进入收缩期。

(5) 心动品牌(Z-DO)。

心动是李宁旗下的运动品牌,针对中低端市场,专注于大卖场渠道,于2007年4月成立。2013年由于体育用品市场低迷,李宁公司内部战略调整,心动品牌业务已全面停止。

(6) 凯胜品牌(KASON)。

1991年凯胜品牌创立,2009年凯胜被李宁公司收购,成为李宁公司羽毛球品牌战略的重要组成部分,凯胜经过十数年的努力,已成为国内一流的羽毛球运动品牌。

从表21我们可以看到2008年至2013年1~6月李宁公司各品牌的收入情况。

表21　2008年至2013年1~6月李宁公司各品牌收入百分比

单位:%

品牌	2013年1~6月	2012年	2011年	2010年	2009年	2008年
李宁	84.6	88.9	91.4	92.1	91.7	95
服装	42.6	41.5	38.2	40.4	41.4	19.1
鞋类	36	41.8	47.3	46.2	45.2	22.3
器械/配件	6	5.6	5.9	5.5	5.1	27.4
红双喜	13	7.9	5.4	4.8	5.1	3.1
乐途			1.3	1	0.9	0.1
其他	2.4	3.2	1.9	2.1	2.3	1.8

注:其他产品包括AIGLE、KASON、Z-DO,2013年其他产品包含LOTTO品牌。
资料来源:李宁公司年报、半年报。

3. 企业经营状况分析

作为民族品牌,李宁在全国有着很高的知名度,但是由于运动品牌竞争激烈,以及国内体育用品市场日趋激烈的环境变化、市场因素复杂等,李宁公司自2011年起销售业绩出现了大的滑坡，从2012年开始出现亏损。从李宁公司2013年半年报来看，李宁公司实现收入29.06亿元，同比减少24.6%，部分由于近期着重减少向零售渠道发售新品、清理存货及店铺网络优化；息税前利润加折旧及摊销为0.58亿元人民币；上半年权益持有人应占亏损为1.84亿元，而上年同期赢利4429万元。李宁公司于2010年6月30日高调宣布进行品牌重塑战略，并且发布全新的标志和口号，对品牌产品定位和目标人群等做了相应调整，着力打造"90后李宁"，从表22近几年的财务报表来看，李宁公司的资产结构问题比较突出，影响了公司的良性发展。

表22　2009年至2013年1～6月盈利情况

单位：亿元，%

指标	2009年	2010年	2011年	2012年	2013年1～6月
营业额	83.87	94.79	89.29	67.39	29.06
毛利率	47.30	46.80	45.30	43.20	43.60
总资产值	53.78	65.62	73.29	60.32	60.2
盈利	9.45	11.08	3.86	-19.79	-1.84

资料来源：李宁公司年报、中商情报网。

负债值高。高负债经营如果赢利，可以提高权益资产收益率，如果亏损，损失成倍放大，如表23表示。

表23　2009年至2013年1～6月负债情况

单位：亿元

指标	2009年	2010年	2011年	2012年	2013年上半年
流动负债总值	22.45	32.77	30.63	23.72	18.65
非流动负债总值	9.08	9.43	6.01	6.31	6.51
总负债值	31.53	42.20	36.64	30.03	25.16

资料来源：李宁公司年报。

资产结构不稳定。企业的资产可分为流动资产和非流动资产。流动资产是企业生产经营过程中必不可少的资产，流动资产充分、流动畅通，企业才能健康发展。但是流动资产的赢利能力往往较低，非流动资产往往是构成企业经营能力的核心。流动资产占用过多会影响企业的赢利。从表24近几年的流动资产比率来看，李宁公司的流动资产比率呈提高态势。

表24 2009年至2013年1～6月资本结构趋势

单位：亿元，%

指标	2009年	2010年	2011年	2012年	2013年1～6月
非流动资产总值	22.16	23.68	25.47	21.05	20.29
流动资产总值	31.62	42.94	47.82	39.27	42.22
流动资产比率	0.59	0.64	0.65	0.65	0.68

资料来源：李宁公司年报、半年报。

4. 企业经营策略分析

（1）注重新产品的研发。1998年李宁公司率先在中国建立了第一家服装与鞋产品设计开发中心，具备了自主研发的能力。1999年，李宁公司与SAP公司合作，引进AFS服装与鞋业解决方案，成为中国第一家实施ERP管理的体育用品企业。2004年8月，集中负责设计李宁品牌服装产品的香港设计研发中心成立。2008年1月，在美国俄勒冈州波特兰市投入运营了以鞋类产品的高端技术研发、测试和体工学科研等工作为主的美国设计中心。

（2）外包生产和特许分销商模式。李宁体育用品主要采用外包生产和特许分销商模式，在中国已建立了庞大的供应链管理体系及分销和零售网络。截止到2013年6月30日，店铺数量为6024间，并且在东南亚、中亚、欧洲等地区不断开拓业务活动。

（3）注重品牌发展。李宁公司曾先后与各国际顶级赛事和组织结为战略伙伴关系。与奥尼尔、柳比西奇、托希尔德森等国际顶级运动员进行合作，并且实现了与西班牙奥委会、西班牙篮协、瑞典奥委会、阿根廷篮协等组织的合作，长期赞助和支持中国奥运会军团。2012年6月，李宁公司与CBA签订了5年合约，投资总金额高达20亿元；与中国顶级职业联赛CBA、NBL、CBA青年赛等保持良好的合作关系。2013年2月，通过与NBA球星韦德的合作，将产品推广到NBA全明星赛，提高了品牌的国际知名度。

（4）注重营销策略的改革。充分利用数字化营销，2013年李宁公司对整个数字营销体系目标和策略进行了优化，把单向数字营销策略变为"社会化营销＋社交化营销"体系，通过公司官网、微博、互动社区等平台有针对性地向不同消费者提供相应的营销内容，促进消费互动。从2013年开始，实施"有指导性的订货"及"以零售为主导的快速铺货及快速反应"的新营销模式，逐步实现从传统批发模式向零售运营模式的转变。

（二）中国动向

1. 企业发展基本情况

中国动向（集团）有限公司的前身是北京动向体育发展有限公司，中国动向是一家靠代理而成长起来的成功的体育公司。意大利品牌Kappa在2002年进入中国市场，由于缺乏对中国市场和销售渠道的了解，Kappa选择了李宁公司为其在中国的代理公司，李宁通过子公司北京动向在中国内地及澳门独家经销Kappa品牌产品，代理期限为5年。2005年6月，由于公司面临战略转型，李宁公司决定放弃Kappa品牌在中国市场的独家代理权，而时任李宁公司总经理的陈义红先生选择离开李宁公司接手北京动向公司，独立运作Kappa品牌。2006年5月，中国动向以3500万美元买断了Kappa在中国内地及澳门地区的品牌所有权和永久经营权，摩根士丹利作为战略投资者向中国动向提供了3800万美元，并获得20%的公司股权。2007年10月，中国动向在香港成功上市（股票代号HK3818）。2008年4月，中国动向收购在日本拥有和经营Kappa品牌及多个其他滑雪和户外运动服装品牌的Phenix。截止到2013年6月30日，中国动向集团中国部分拥有27名经销商，直接或间接运营1398间Kappa品牌零售店。

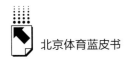
2. 企业主要产品分析

中国动向集团以轻资产的业务营运模式从事设计、开发、市场推广及分销品牌运动服装、鞋帽等体育用品，致力于产品设计及研发、供应链管理及营销网络、品牌管理等多领域的拓展，现在本集团的业务网络遍布中国及日本，主要销售源自意大利的 Kappa 品牌、日本领先的滑雪服 Phenix 品牌及该品牌旗下的其他品牌等（见表 25）。

表 25　2009 年至 2013 年 1～6 月中国动向产品销售额比例

单位：%

产品种类	2009 年	2010 年	2011 年	2012 年	2013 年 1～6 月
服装	64.90	63.80	55	44.50	47.90
鞋类	17.20	18.50	18.80	16.90	17.40
配件		2.90	2.70	2.30	2.50
Kappa 部分总计	85.50	85.20	76.50	63.70	67.80
国际业务、RDK 及其他	0.20	0.40	1	20.00	1.80
中国分部总计	85.70	85.60	77.50	65.70	69.60
Phenix 品牌	9.50	9.20	15.20	22.40	14.20
其他			0.10		
Kappa 品牌	4.80	5.20	7.20	11.90	16.20
日本分部总计	14.30	14.40	22.50	34.30	100.00

资料来源：公司年报、半年报。

3. 企业经营状况分析

中国动向实际上只做产品的研发和品牌经营，零售终端则押给了经销商。经销商承担了很多费用，而中国动向则把更多的资源和精力放在研发产品上。

从表 26 和图 6 中近几年的财务数据看，自 2011 年起中国动向集团的销售额、经营赢利、权益持有人应占赢利开始出现滑坡。虽然平均纯利润率高于同行企业 10% 的平均水平，但是从 2011 年开始纯利润出现明显下降。

表26 2009年至2013年1~6月中国动向财务数据

单位：百万元

指标	2009年	2010年	2011年	2012年	2013年1~6月
销售额	3970	4262	2742	1772	563
经营赢利	1697	1741	99	69	32
本公司权益持有人应占赢利	1460	1464	102	177	92
非流动资产	838	950	1557	1565	1870
流动资产	70730	7442	5895	5764	5293
流动负债	552	872	621	360	298
流动资产净值	6521	6570	5274	5404	5070
总资产	7911	8392	7452	7329	7164
总资产减流动负债	7360	7521	6831	6969	6866
权益持有人的权益	7354	7515	6795	6923	6895
毛利率(扣除存货减值拨备前)(%)	60.4	59.7	55	47.5	48.1
纯利率(%)	36.8	34.3	3.7	10	16.30
每股盈利					
基本(人民币分)	25.76	25.83	1.82	3.19	1.67
摊薄(人民币分)	25.76	25.83	1.82	3.19	1.67

资料来源：中国动向公司年报、半年报。

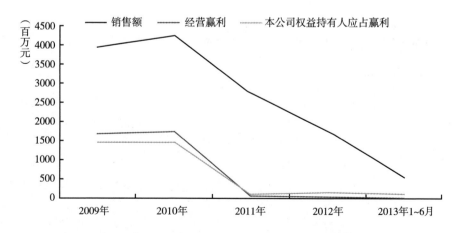

图6 2009年至2013年1~6月销售额及利润趋势

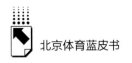
参考文献

宋迪雷：《民营体育用品制造业自主创新能力的实证研究》，《北京体育大学学报》2007 年第 30 期。

黄艳、黄卓：《体育用品与产业群落的发展与自主创新理论与实证分析》，《山东体育学院学报》2008 年第 12 期。

王子朴、原玉杰、詹新寰：《我国体育产业政策发展历程及其特点》，《上海体育学院学报》2008 年第 2 期。

符正平：《比较优势与竞争优势的比较分析》，《国际贸易问题》1999 年第 8 期。

吕青、杨宗海：《北京市国有企业白领健身调查》，《体育文化导刊》2010 年第 3 期。

鲍芳芳：《中国体育用品制造业的比较优势研究》，北京体育大学，2013。

席玉宝、金涛：《正确认识和界定体育用品与体育用品业》，《北京体育大学学报》2006 年第 7 期。

苏东水主编《产业经济学》，人民体育出版社，2002。

贾永翠：《论经济全球化与我国体育用品业的发展》，北京体育大学，2006。

李颖：《体育器材：中国名牌闪亮奥运赛场》，《中国质量万里行》2008 年第 8 期。

袁吉伟：《2013 年我国经济温和复苏，改革势在必行》。

林建军、李文静：《我国体育产业政策效应的评价研究》，《体育科学》2013 年第 2 期。

杨京钟：《我国体育用品产业税收政策评析》，《体育文化导刊》2012 年第 12 期。

中商情报网：《2012～2016 中国体育产业投资分析及前景预测报告》。

中商情报网：《2013～2018 北京体育用品行业市场调查及前景预测报告》。

B.6
北京市体育场馆业的现状与运营发展

霍建新　董杰　李芾　刘少川*

摘　要：　北京通过举办亚运会、大运会、奥运会等国际大型赛事，建
　　　　　设了一大批现代化的体育场馆。自《体育法》颁布以后，
　　　　　北京市体育场馆建设飞速发展，全民健身场地与竞技体育场
　　　　　地建设齐头并进。在运营管理方面，北京市体育场馆以事业
　　　　　单位管理模式为主，公司治理模式在新建场馆建设中采用得
　　　　　较多。北京市体育场馆运营效益总体较好，大部分场馆都能
　　　　　实现赢利。在运营发展方向方面，北京市体育场馆要坚持公
　　　　　益性，提供公共服务，以体为主，多元化运营，改进、创新
　　　　　管理模式，实现利用综合化、管理专业化、服务大众化、运
　　　　　作市场化。

关键词：　北京　体育场馆　公益性　市场化

一　北京市体育场馆业概述

（一）体育场馆的界定

1. 体育场馆

体育场馆是指为了满足运动竞赛、运动训练和群众健身娱乐的需要而

---

* 霍建新，首都体育学院教授，北京市政协委员，研究方向为体育场馆运营管理；董杰，首都
体育学院教授，博士，研究方向为体育社会学与奥林匹克运动；李芾，助理研究员，研究方
向为场馆管理理研究；刘少川，首都体育学院研究生，研究方向为体育赛事管理与营销。

专门修建的各类运动场所的总称，一般包括各类体育场馆、场地和游泳池、游泳馆。

2. 体育场馆的分类

体育场馆可以按不同的标准进行分类，表1所列的是几种比较常见的分类方法。

表1 体育场馆的分类

序号	分类标准	分类内容
1	使用性质	体育比赛场馆、教学训练场馆、体育健身娱乐场馆
2	用途、功能	综合性场馆、单一性场馆
3	占地面积	大型体育场馆、中型体育场馆、小型体育场馆
4	隶属系统	体育、教育、工会、国资委
5	管理模式	企业、事业

1~3分类方法是按照场馆的自然属性进行分类的，4~5是按照场馆的社会属性进行分类的。本节主要从社会属性分类开展研究。

3. 现代体育场馆的特征

（1）体育场馆规模扩大、种类增多。"二战"以前，大部分体育项目在室外比赛，受生产力发展水平的限制，当时建造的场馆规模比较小。随着科学技术的发展，一些在室外比赛的项目逐渐进入室内，同时世界各地开展的体育项目越来越多，如各种赛车、冰雪运动项目、水上运动项目等，相应地催生了一大批新的体育场馆。奥运会等世界大赛的水平、参赛规模也逐步提高，客观上也需要超大型体育场馆提供相应的服务。

（2）工艺与设计水平明显提高。建筑设计和建造水平的大幅提高，使得建造5万个以上座位的超大型体育场馆成为可能。注重以人为本，提高观众的观赏体验水平，成为场馆设计的主题之一，如缩短纵轴的长度、增加横轴的宽度、采用不对称的设计等。设计与工艺水平的提高使得比赛场地的质量明显提高，如PVC等高硬度、有弹性的材料制作，改善了运动员比赛的条件，为运动员创造优异的成绩和更好地表现竞技能力，进而提升竞赛观赏水平提供了良好的条件。

（3）信息技术得到广泛采用。大型体育建筑都建有信息传导系统，既可以及时报道该场馆比赛的各种信息，又能报道其他体育场馆的比赛实况。此外，为举办大型综合性运动会，还必须具备网络、通信、电视转播等其他信息系统。

（4）配套设施日益完善。现代化的体育场馆一般投资巨大，赛事只是其建设任务的一部分，更重要的是赛后利用，所以要考虑赛后场馆运营配套设施的需要，如健身休闲、购物、会展等。

（二）北京市体育场馆的基本情况

1. 基本数量

（1）总量。第五次全国体育场地普查显示，截止到 2003 年末，北京市除铁路、解放军、武警系统外共有符合普查要求的各类体育场地 12106 个，其中甲类标准场地 6100 个，乙类非标准场地 6006 个。

（2）各类体育场馆的数量。第五次全国体育场地普查与第四次（1995年）普查相比，统计种类更为丰富，场地质量有新变化，室内场地数量日益增多，大众健身性场所数量明显增加。

数据显示，北京市的体育场地中，标准体育场地有 57 种类型；非标准体育场地主要以全民健身路径为主，其中体育场 93 个，体育馆 36 个，游泳场 446 个，足球、篮球、排球、门球场地 3106 个，网球场地 275 个，综合馆房 88 个，健身房 405 个，台球房 411 个，乒乓球房 120 个，保龄球馆 227 个，高尔夫球场地 13 个，滑雪场 12 个，室外健身工程场所 4123 个。

如果按照体育系统、教育系统和其他系统三大块划分，其他系统的数量最多，为 7406 个，占所有场馆总数的 61%；其次是教育系统 4315 个（36%）；而体育系统只有 385 个（3%）。

2. 区域分布

城中心区体育场地数量最多的是海淀区，达到 2022 个；其次是朝阳区，

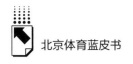

1901 个；最少的是石景山区，只有 175 个。海淀区属于中心文化区，其体育设施有很大一部分用于健身。

人均体育场地个数最多的是怀柔区，为 1.9 个/千人；其次是昌平区，为 1.7 个/千人；人均个数最低的是门头沟区，为 0.3 个/千人。一般来说，远郊区人口较少，而且有一些体育场地仅供比赛使用，特别是为备战 2008 年奥运会而修建的场地，其人均个数就会较多。城中心区，由于地理位置和地理范围都相对狭小，没有地方可以设置更多的体育设施，加之庞大的人口基数，造成人均体育场地个数较少的情况。

（三）北京市体育场馆的发展阶段与特点

1. 发展阶段

体育场馆建设的速度与规模受经济和社会发展的影响和制约，经济发展可以为体育场馆建设提供足够的财力支持，社会进步可以为体育场馆建设带来现代化的客观需求，文化多样性可以给体育场馆建设营造良好的文化发展环境。北京体育场馆的发展大致可以划分为以下几个阶段。

（1）1978 年之前。新中国成立后，各项事业百废待兴。北京作为全运会的唯一举办城市，在体育场馆建设方面投入了不少资金。应该说，当时国家、北京市的财力还比较薄弱，1978 年以前北京市共投资 50161.40 万元建设体育场馆，其中以标准体育场馆为主，投资达 44709.8 万元。当时，体育场馆数量也比较少，总共 472 个，其中标准体育场馆 285 个。

（2）改革开放之后到《体育法》颁布之前。1978 年之后，标准体育场地的数量一直呈现增加的势头。北京市作为竞技体育发展的重地，标准体育场地建设是发展竞技体育的基石，学校也多建设标准体育设施，因此标准体育场地数量逐渐增加。特别是 1990 年亚运会的成功申办，加速了北京竞技体育场馆的建设。相比之下，非标准体育场地的数量增长较为缓慢，从 1978 年的 187 个增长到 1995 年的 250 个，十几年间增长 3.4%。

（3）1996～2008 年北京奥运会准备和举办期间。这一阶段是北京体育场馆建设的黄金期，各类体育场馆建设都得到了较大发展。主要原因有三个。

第一，1995 年《体育法》颁布实施，国家对大众体育给予了前所未有的关注，全民健身场地建设迎来了春天，全民健身工程、全民健身路径迅速增加，成为北京市体育场馆建设的一个新的增长点。

第二，北京相继举办各类大型体育赛事，大量兴建高规格的体育场馆。2001 年世界大学生运动会新建场馆 7 个，2008 年奥运会新建场馆 12 个，使得北京市体育比赛场馆无论是数量还是规格均跃居世界前列。

第三，北京市教育事业的发展，极大地推动了学校体育场馆的建设，一大批"211"、"985"高校和得到重点扶植的中小学场馆建设步伐加快，学校体育场馆成为北京市体育场馆中数量最多的一部分。

（4）2009 年至今。这一时期，北京市体育场馆发展速度比较平稳，教育系统和体育系统场馆数量增幅减缓，以质量升级为主。值得注意的是，社区体育场馆数量增长较为迅速，成为北京体育场馆建设新的增长引擎。西三旗体育中心、望京体育中心等大型社区场馆逐渐建成并向社会开放。

2. 发展特点

北京市场馆具有综合性场馆多、场馆规格高等特点。北京是我国举办大型国际赛事最多的城市，奥运会、亚运会、大运会都在北京举办过，为此北京建设了一大批高规格的体育场馆。另外，北京高校云集，大学体育设施比较先进。

二 北京市体育场馆业运营总体情况

（一）运营模式

按照霍建新等人的研究，北京市体育场馆的管理方式分为事业管理和企业化管理两类。事业管理又分为全额预算管理、差额预算管理和自收自支管理三种。总体来看，北京市体育场馆以事业管理为主，企业化管理方兴未艾。以 2008 年奥运会场馆为界，以前的场馆大部分采用事业管理模式，奥

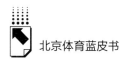

运会及以后建设的场馆大都采用企业化管理方式。

1. 全额预算管理

全额预算管理指将体育场馆的财务收支全部纳入国家预算，即单位的收入全部上缴财政，支出全部由财政拨款，这种管理办法适用于没有收入或收入很少的体育场馆。

2. 差额预算管理

差额预算管理即体育场馆用自己的收入抵补自己的支出后，差额列入国家预算。收入大于支出的差额按规定上缴国家预算，支出大于收入的差额则由国家预算拨款补助。

差额预算管理的具体形式有三种。①"全额管理，定额补助，超支不补，结余留用"，即在全面核定单位业务指标的基础上，按照特定的业务计算单位核定一个补助定额，由国家财政按核定定额拨给；在事业计划、收费标准没有大的变化的情况下，由体育场馆自求平衡，年终超支不补，结余留用。②"全额管理，定项补助，超支不补，结余留用"，即在全面核定体育场馆收支的基础上，根据其业务和收支情况，确定一个或几个支出项目（如工资、离退休人员费用、房屋大修、大型设备购置等）费用开支数额，由国家财政按核定数额拨给，包干使用，其余各项开支由体育场馆用自己的收入抵补，年终超支不补，结余留用。③"全额管理，差额补助（或差额上缴）"，即在全面核定体育场馆收支的基础上，支出大于收入的差额由国家财政拨给，年终超支不补，结余留用；收入大于支出的差额，上缴国家财政或上缴其主管部门，用于调剂事业费不足之处。

实行差额预算管理，使单位的收支发生直接联系，有利于调动单位增收节支的积极性，加强财务管理，促进事业发展，也有利于简化资金的缴拨手续，提高工作效率。北京市体育场馆大多实行这种预算管理形式，如丰台体育中心、北京职工体育服务中心等。

3. 自收自支

自收自支管理单位是指场馆有稳定的经常性收入，可以抵补本单位的经常性支出，但尚未具备企业管理条件的预算单位。实行自收自支管理的单位仍属预算内事业单位，其职工的工资、福利、奖励等均执行国家对事业单位的有关规定。

4. 企业化管理

按照《企业法》、《公司法》设立、组织运行的场馆。在 2008 年之前比较少，北京最典型的是首钢篮球馆。2008 年之后，采用这种管理方式的场馆逐渐增多，如鸟巢、国家体育馆、水立方、万事达体育中心等。

（二）收入情况

调查显示，北京市 15 家体育场馆 2012 年营业收入都在 400 万元以上，一些比较大的场馆如首钢篮球中心、奥体中心体育馆、首都体育学院场馆营业收入接近或超过 2000 万元。场馆经营收入来源主要有三大项：体育比赛、训练，全民健身，场馆附属用房出租。而在全民健身项目中，羽毛球、篮球、游泳是最受社会公众喜爱的。

从场馆的经营对象来看，各场馆逐渐开始实行会员制，以会员为主的场馆占到 50%，会员、散客都有的占到 18.8%，以散客为主的占到 31.2%。

（三）支出情况

对 15 家体育场馆的调查显示，体育场馆支出第一大项是人员工资福利。体育场馆的工作人员平均达到 67 名，人员较多，相应的人工成本也较高。排在第二位的是场馆运行维护费。水电气暖能源损耗、设施设备维护等需要大量的费用，如鸟巢每年的维护费在 7000 万元左右。

（四）经营效益

北京市体育场馆经营效益比较好，我们对 15 家北京市体育场馆进行了调查。结果显示，经营状况亏损的场馆只占 14.3%，其中年赢利额达到 800 万元以上的有 4 家，占到 26.7%。

三 北京市体育场馆的运营管理情况

（一）北京市体育场馆发展宏观环境

自 1990 年以来，为满足各项赛事的举办需求，北京兴建了大量的、高质量的体育场馆设施。以北京 2008 年奥运会为例，建设比赛场馆 37 个，其中在北京市的有 31 个，12 个新建、11 个改扩建、8 个临建。训练场馆京内有 69 个，独立的 48 个、附属的 13 个、兼用的 8 个。北京残奥会训练场馆京内有 26 个，京外有 2 个。

城市体育场馆的运营管理，与城市的社会经济发展情况高度相关，北京市不仅拥有大量的体育场馆，也具有体育场馆良性运行的宏观环境。

1. 北京市经济社会持续健康发展

北京市的经济发展呈现高速增长态势。根据北京市 2012 年《政府工作报告》，2011 年全市地区生产总值达到 1.6 万亿元，比上年增长 8.1%；地方公共财政预算收入达到 3006.3 亿元，增长 27.7%。2013 年北京市《政府工作报告》显示，2012 年全市地区生产总值达到 1.78 万亿元，五年平均增长 9.1%；人均地区生产总值提高到 13797 美元，达到中上等收入国家的水平。全社会固定资产投资达到 6462.8 亿元，年均增长 14.8%；社会消费品零售额达到 7702.8 亿元，是 2007 年的 2 倍。地方公共财政预算收入达到 3314.9 亿元，年均增长 17.3%。这说明北京市经济呈现稳定增长的良好势头，为体育场馆的发展和使用提供了物质保证。

居民收入增加，也为居民消费（自然包括居民的体育消费）打下了坚实的基础。北京市 2011 年城镇居民人均可支配收入 32903 元，农村居民人均纯收入 14736 元，分别实际增长 7.2% 和 7.6%。2012 年"城乡居民收入分别达到 36469 元和 16476 元，年均实际增长 7.5% 和 8.7%，农民收入增速连续四年快于城镇居民"。

北京市城市发展的整体布局为体育场馆的运营管理提供了发展需求。加快建设北京文化活动中心等标志性设施，规划建设一批便民文体活动场所，推动重点镇文体活动中心建设，组织办好文艺大会演等公益演出活动。创新文艺作品生产机制，鼓励相关人员创作高质量驻场演出剧目，提升文博会、艺术品产业博览会等重大活动举办水平，实施哲学社会科学和文化精品工程，推出更多原创、当代、北京的精品力作。加快建设覆盖城乡的全民健身公共服务体系，广泛开展群众体育活动。北京市对现有的大量体育场馆设施的充分利用，既能够为北京的社会发展服务，又能够节省资源，避免浪费。

2. 北京着力打造世界体育中心城市

与北京市城市发展目标相适应，打造世界体育中心城市也是其中的重要组成部分。主要表现在以下两方面。

（1）对包括北京 2008 年奥运会比赛场馆在内的场馆的充分利用。作为奥运会的体育场馆，要始终发挥体育功能，把承办各类有助于提升北京知名度和影响力的体育赛事作为重要任务。在北京全力打造国际体育中心城市的过程中，包括鸟巢、水立方等在内的奥运会场馆将会承担更多的责任。目前，国家体育场接待游客的日平均量已经达到了 2 万~3 万人，半年来共接待参观游客约 350 万人，实现经营收入约 2.1 亿元；水立方自开放以来已接待游客 226 万人，实现收入 8000 万元左右；国家体育馆自对公众开放以来，共实现总收入约 2000 万元。

（2）举办多项与体育有关的活动。2011 年 8 月 8 日，以"运动让城市更健康"为主题的第二届北京奥运会城市体育文化节正式开幕，这是一个集健身、体育、休闲、娱乐、会议、旅游为一体的奥运会城市品牌节日，是北京市民和游客乐于参与的全民健身盛会。奥运会城市发展论坛、全民健身夏日广场、国际体育电影周、奥林匹克教育系列活动四大类近 50 项体育文化活动，再次掀起传承奥运会精神、开展群众体育健身活动的热潮。这些活动将极大地提升北京市体育场馆的运营管理水平。

3. 经常参加体育锻炼人数增加，国民对健康的重视程度日益提高

经常参加体育锻炼的人是指每周参加体育锻炼活动不少于 3 次、每次不少于 30 分钟、锻炼强度在中等以上的人。对本次体育场馆消费者调查的相关数据显示，北京市符合经常参加体育锻炼的人数大约占到 46%。随着社

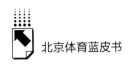
会的进步、经济的发展，北京市经常参加体育锻炼的人数将会进一步增加。城乡居民体育健身意识和科学健身素养将得到普遍提高，体育健身会逐渐成为更多人的基本生活方式之一。

北京市的群众体育发展呈现出良好的态势，为体育场馆的运营打下坚实的基础。

（1）积极组织具有影响力的群众体育赛事。调动各级政府、社会各界力量，创建具有国际一流水平的群众体育国际品牌赛事活动。举办了2011年世界9球北京公开赛、国际体育舞蹈中国公开赛、世界桥牌女子精英赛等10项国际品牌赛事，促进了区域经济、文化、旅游发展，拓宽了国际交流渠道，赛事组织水平得到国际体育组织的充分肯定，提升了首都的国际形象。

（2）积极组织丰富多样的群众体育活动，参加锻炼的人数大幅度增加。北京市第八届全民健身体育节期间举办了十大公园体育健身主题日活动、"群众体育，北京城市发展与市民生活质量提高"论文报告会、北京奥运城市体育文化节、北京市体育生活化社区趣味运动会、北京市全民健身之星系列评选、北京市第三届体育大会、京城千人羽毛球挑战赛、第六届民族健身操舞大赛、全民健身路径交流大会、健身秧歌腰鼓大赛等60余项市级活动，225项区县级活动，3988余项街道、社区、企事业单位、行业系统健身活动，全市参与总人数达1236万人次。

（3）加强生活化的、方便群众健身的体育场地设施的建设，保证群众就地就近参与体育锻炼。北京市2012年在具备条件的城市绿地、城市公园和郊野公园等地建设40个篮球场和网球场、15个乒乓球长廊、10片笼式多功能球场、10片棋苑和5个门球场；落实《国家级社区体育俱乐部创建办法》和《青少年体育俱乐部管理办法》，创建15个社区体育健身俱乐部和26个青少年体育俱乐部；对2007年建设的300个全民健身工程进行更新。

（4）大力建设体育社会化社区。2013年，为充分发挥全民健身在社会建设和管理中的重要作用，北京市将新建632个体育生活化达标社区，以创建体育生活化社区为抓手，推动社区基本公共服务均等化，推进"一刻钟社区服务圈"的建设。今后，北京市将继续创建体育生活化达标社区。

（二）北京市场馆消费者群体分析

1. 消费者群体基本状况

（1）消费者性别比例分析。图 1 显示了北京市参与各类场馆健身的消费者中，男性消费者的比例为 68.8%，女性消费者的比例为 31.2%，现阶段北京市来场馆健身的消费者以男性为主，女性消费者的数量有待进一步提升。

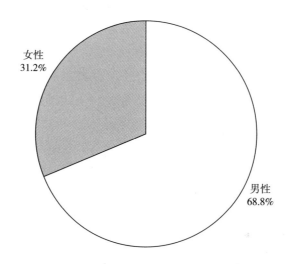

图 1　北京市体育场馆消费者性别比例

（2）消费者年龄段分析。调查数据显示 60% 左右的消费人群的年龄在 25～35 岁，其他年龄阶段的人群所占的比例相对较小，北京市体育场馆的消费者主要以青壮年为主，其他年龄阶段的消费人群还较少，导致这种现象的原因则可能是各年龄阶段人群的认知水平、受教育程度、经济条件、生活追求不同等。

（3）职业类别分析。消费人群整体分布较为均衡，没有特别明显的职业倾向，仅事业单位人员、社会各类专业技术人员、学生群体所占的比例稍微高一些，其他的诸如公务员、外资人员、企业职员、自由职业者等类型的消费群体所占的比例相差无几，由此我们可以总结得出场馆经营者在消费群体的管理方面可以秉承"突出重点，均衡发展"的原则，这样既可以较好地照

顾到一些重点群体，也可兼顾大部分现有的和潜在的场馆消费者群体。

（4）消费者文化程度分析。从本次问卷调查结果可以明显地看出本科及以上学历的消费者所占的比例超过了70%，据此可知北京市体育场馆消费者的整体文化程度是比较高的。这为相关部门、组织机构今后与消费者建立和保持交流、合作关系奠定了非常好的基础。

（5）消费者收入情况分析。本次调查的消费者人群整体的收入状况，以收入3500~9000元的人群为主，大约占所有被调查消费者总数的50%，由此可见北京市体育场馆消费者的收入比较高。经济基础决定上层建筑，随着北京市市民收入的普遍提高以及北京奥运会的成功举办，人们对于体育消费的认知程度会越来越深入，体育的消费需求也会越发强烈，进而会很好地支撑体育场馆业的快速发展。

2.消费者体育活动状况

调查显示，体育场馆健身消费者的主要消费目的集中在促进健康、消遣娱乐、提高运动技能、塑身减肥等几个方面。体育场馆消费者经常从事的运动项目依次为：羽毛球、游泳、健身、篮球、乒乓球、网球，羽毛球尤其备受广大场馆消费者的青睐。

3.消费者体育消费支出情况

本次问卷在与消费者体育场馆健身支出相关内容方面罗列了以下四项：场租和健身卡支出，羽毛球等相关器械装备支出，运动所需的水、饮料及其他食品方面的支出，停车费用的支出。在支付来源方面有单位提供、个人自费、朋友赠予及其他来源四种途径。具体统计结果如表2所示。

表2　体育场馆消费者健身支出概况（n=500）

单位：%

事项/方式	单位提供	个人自费	朋友赠予	其他
场租和健身卡	20.8	73	5.9	0.3
羽毛球等相关器械装备	15.3	81.5	3.2	0
场馆健身需要的水、饮料及其他食品	13	84.4	2.6	0
停车费	12.4	81.2	6.2	0.2

从场馆消费者健身支出的现状可以看出场馆消费者场租和健身卡的支出主要是个人自费，单位提供的也占有一定的比例，其他途径的较少；羽毛球等相关器械装备，场馆健身需要的水、饮料及其他食品停车费，这三项中个人自费所占的比例都在80%以上，其他途径所占比例很小。

场馆消费者在体育场馆健身方面每月支出额的统计结果显示：大多数体育场馆消费者每个月的支出集中在100~400元，支出水平每月在400~600元的消费者所占的比例为15.6%。据此可知人们在体育场馆方面的消费支出已经有了较大的提升，这可以算得上是北京市体育场馆业在未来几年将发展得非常好的信号。

4. 消费者对场馆管理服务的意见

本次调查问卷最终的统计数据结果显示，北京市场馆消费者最不满意的问题主要集中在以下几个方面：①举办活动过多，场馆消费者锻炼受到一定程度的影响。②价格偏高。③灯光较暗。④停车、出行不方便。⑤人文环境一般等。

场馆消费者对于体育场馆存在不满意的地方，这在北京市体育事业的高速发展过程中是不可避免的。关于"举办活动过多，锻炼受影响"这个问题，首先，随着群众体育意识的增强，人们参与体育活动的需求有了大幅度的增加，因此人们对体育场馆的需求量就会增加，使得现有的场馆显得数量不足。其次，北京市的各类企事业单位、组织、个人等和体育场馆的联系更加紧密，他们频繁地租赁场馆举行各式各样的职工体育活动、体育培训活动、公司联谊活动、公共文化体育活动、展销促销活动等，在原有场馆数量没有较大幅度增加的基础上，各类活动的增加最终致使场馆健身消费者体育活动的时间和空间受到挤压。此外，场馆健身消费者选择场馆健身的时间是有一定规律性的，他们不喜欢在原定的锻炼时间段内受到干扰。综合场馆资源相关状况和消费者需求状况，不难理解为什么"举办活动过多，锻炼受影响"成为消费者提出最多的问题。

场馆价格偏高也是众多体育场馆消费者提出较频繁的问题，本次调研得出的结果显示，北京市场馆消费者主要群体是青壮年，他们都处在事业

的上升期，面临着就业、工作、购房、买车等多重的压力，加之这个年龄阶段的大部分人的资金还不够充裕，这在某种程度上影响了他们的消费能力和对金钱的支配能力。当然，近些年来随着CPI的持续上升，人们各方面支出日渐增多，反映价格偏高也是情理之中的。此外，随着人们对于体育需求的急剧增加，场馆的需求量肯定也有大幅度提升，但是近些年来北京市的场馆建设基本处于渐进式的发展状态，尤其是在城中心区域，受房地产等行业的影响，场馆的建设空间被挤压得越来越小，场馆的建设成本也越来越高，最终导致场馆供给出现供不应求的现象，根据市场价格的规律我们不难推测场馆的收费会急速上涨，致使场馆消费者感觉场馆消费价格偏高。总之，消费者反馈出的任何问题都是北京市体育场馆行业改进的参考依据，只有满足场馆消费者需求，才能促使北京市体育场馆业朝更好的方向发展。

最后还有一项调查内容是场馆消费者对于专业指导的需求状况，本次调查的场馆消费者中有31.1%希望在健身时有专业指导员指导，而其余的68.9%大多表示暂不需要专业指导员。从这里我们可以看出，当前北京市场馆消费者对于体育专业指导的需求不是很迫切。当然，一方面可能是由于人们对体育指导的认知程度不是很深；另一方面可能是北京市体育健身指导行业还处于发展的阶段，有针对性的策略还不能迎合消费者的需求，管理实施等方面的规章制度还不尽完善等所导致的。但是，对于北京体育场馆业来讲，体育指导将会逐渐成为体育场馆业市场运营和开发的新突破点。在选择需要指导的所有被调查对象中，将近81%的人希望指导人员为专业教练员或者从事过专业训练的人。此外，在每次指导收费价格的选项中人们普遍接受的价格在100~200元，人们对游泳和网球项目的可接受指导价格较其他项目稍高。

（三）事业型场馆运营分析

1.北京市事业型场馆运营状况

2013年，我们对北京市各区县较大的事业场馆进行了调查。调查显示，北京市事业场馆大多修建于 2008 年之前，这类场馆占 75% 以上。1984 年，北京获得 1990 年第十一届亚运会举办权。以满足亚运会比赛需求为契机，北京市体育场馆建设迎来了第一个高峰，场馆设施数量迅速增长，特别是大型体育场馆有了明显增加。亚运会新建大型场馆 19 个，如奥体中心、朝阳体育馆、海淀体育馆、北京体育大学大鹏体育馆、首都体育学院北京大学生体育馆、广安体育馆等。在北京市各区几乎都兴建了一座大型体育场（馆）。

2001 年，北京举办第二十一届世界大学生运动会，在对部分亚运场馆改造的基础上，新建场馆 7 个，其中 4 个建在高校。

2001 年 7 月 13 日，北京申办 2008 年奥运会成功，圆了中华民族百年梦想。北京奥运场馆建设再上新台阶，一大批高规格、大规模的体育场馆拔地而起。2008 年北京奥运会新建场馆 11 个，如鸟巢、水立方、五棵松体育中心等，高校在举办赛事中再次发挥了重要作用，新建场馆有 4 个建在高校，即北京大学体育馆、中国农业大学体育馆、北京工业大学体育馆、北京科技大学体育馆。从以上情况看，北京市体育场馆特别是大型场馆建设具有明显的赛事应急特征，这些场馆是为满足国内国际大型体育比赛需求而兴建的。

北京市事业体育场馆的投资模式，基本上是政府出资，建好以后交给体育部门（学校）管理，运营靠财政拨款。

北京市事业体育场馆的管理方式，按照资金运行机制可分为三种：全额预算管理、差额预算管理和自收自支管理，以差额预算管理为主。总体来看，北京市事业体育场馆已逐步实现了由全额预算管理向差额预算管理、自收自支管理的转变。但从全国来看，华东地区场馆在运行方面走在全国前列，体育场馆逐步实现管办分离，实施专业化、企业化管理，如无锡场馆管理中心。

事业体育场馆经营策略分析。北京市事业体育场馆在经营方面主要以出租场地为主，向社会提供健身、体育竞赛、体育培训、公司活动等多种服务。根据调查，北京市综合性体育馆产品开发仍处于初级阶段，以出租场地为主，主动策划、组织开发体育竞赛、体育培训、文艺演出等高附加值的产品较少。

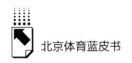

在全民健身领域，场馆也主动适应市场需求，推出相应的健身服务，经营的主要项目有羽毛球、篮球、游泳、健身等。随着社会经济的发展，活动经营正在成为体育场馆经营新的增长点。活动内容涉及广泛，有单位内部比赛、文艺演出、公司庆典、会议、展会等多种形式。

事业场馆经营价格定价机制。调查显示，向社会开放的体育场馆定价基本上不受干预，场馆没有价格制定权的仅占10%。这说明体育场馆能够根据市场、大众需求情况自主定价。以羽毛球为例，其价格从10元/小时调整到20元/小时，再到70元/小时。在定价策略上，固定定价只占40%，其余都是差别定价。比较常见的有分时段定价、会员优惠定价；对学校体育馆而言，还有校内师生优惠定价。

事业场馆经营状况。从调查中发现，扣除财政拨款后，体育馆收入主要集中在全民健身服务、体育比赛以及功能用房出租等方面。事业场馆运营状况较好，大部分能实现赢利。

北京市事业场馆经营中存在的问题。第一，调查发现，北京市事业场馆经营仍以出租为主。承接的体育竞赛、体育培训等产品也没有进行真正的商业开发运作，只是简单地出租场地，造成目前诸多体育场馆经营项目单一，缺乏核心竞争力。

第二，各类体育场馆经营发展不均衡。所在地理位置、自身条件、场（馆）管理水平、管理体制以及经营策略、自身定位及承担任务等各要素均存在差异，造成了北京市各体育场馆之间经营发展水平的不均衡，如有些场馆年赢利额已达500万元以上，而有些体育馆勉强维持正常经营。

第三，场馆经营管理高级人才匮乏。目前，场馆普遍缺少高素质的懂经营、善管理、知法律、通体育的场馆经营"复合型人才"。目前，体育场馆的在编人员绝大部分是水、电、气、消防、计时计分等专业技术人员，而经营、管理、法律等方面的专业人才奇缺。从年龄结构看，事业场馆工作人员呈现两头大、中间小的结构，人才梯队建设亟待加强。总的来看，体育场馆人员知识结构、年龄结构、职称结构等方面的状况都不容乐观，已成为制约体育场馆经营工作发展的主要瓶颈。

第四，无形资产开发滞后。在市场经济比较发达的国家，无形资产经营收入是体育场馆的重要收入来源。目前，北京的事业场馆几乎没有无形资产开发方面的经营工作。华东地区事业场馆已经有无形资产开发方面的经营工作，如南京奥体中心、龙江体育馆采用市场机制拍卖场（馆）冠名权，获得了一笔可观的收入。

2. 事业型场馆运营典型案例——北京工体

北京职工体育服务中心（简称"工体"）是北京市总工会所属大型综合性体育事业单位，是由工人体育场和工人体育馆两大主建筑构成的超大型场馆建筑群。工体现有工人体育场、工人体育馆、工体运动酒店、工体游泳场等13个经营部门和中心办公室、党委工作部、中心工会、人力资源部等12个职能部室。

作为中国体育发展的见证，工体自1959年建场至今已连续承接了5届全国运动会。作为中国国际体育交往的桥梁，从1961年承办第二十六届世界乒乓球锦标赛开始，先后承接了第十一届亚运会、第二十一届世界大学生运动会以及第二十九届奥运会等大型国际体育赛事。另外，还承接了大量国际、国内的商业足球、篮球比赛，以及全国足球中超联赛北京国安主场等体育赛事。

目前工体凭借优越的地理位置、丰富的经营管理经验、较高的社会知名度以及雄厚的物质资源，已构建出一个以体育场馆经营为龙头的体育产业链，涉及休闲娱乐业、房地产业、餐饮业、商业、广告业、旅游业等，形成了著名的工体娱乐圈。

工体娱乐圈有以下三大特色。

（1）休闲娱乐中心。工体是通俗音乐的殿堂，每年在工人体育场、工人体育馆都会举办将近40场各种大型综艺演出、国内外马戏表演、内地及港台歌星演唱会等，尤其是工体演唱会已成为北京流行音乐的一个品牌标志地。

（2）体育文化艺术中心。工体是国安比赛的主场，随着美国奥运之家、泰国文化中心、BOT网球推广中心等高品质项目的开业，泰国文化节、北

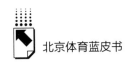
京网球文化节等一系列规模宏大的室外活动的成功举办，工体成为北京较大的体育文化中心之一。

（3）时尚消费中心。工体在继续保留目前体育职能和公益性的前提下，整合了酒店、体育、美食、SPA、运动、珠宝、夜店等不同业态，成为北京这个世界城市中最亮眼的时尚消费中心。

（四）企业型场馆运营分析

1. 企业型体育场馆运营状况

企业逐步参与体育场馆的建设，打破了长期以来政府作为投资主体建设体育场馆的局面，目前已有一些民营资本与外资企业介入体育场馆建设。我国已经建成并投入使用的162个高尔夫球场中，有130个由民营或外资企业投资建设。此外，健身房、游泳馆、网球场、保龄球馆等体育场馆也成为民营或外资企业热衷的投资项目，大型国有企业也开始作为主体参与体育场馆的建设，为体育场馆运营管理的多元化打下了基础。

体育场馆执行企业会计制度的较少，尽管运营有亏损，但主营收入呈现增加趋势。2007年就有独立法人形态的体育场馆业从业机构583家，执行行政事业会计制度的占88%，执行企业会计制度的仅占12%，这表明我国当前体育场馆从业机构以事业单位为主，企业较少。执行企业会计制度的体育场馆从业机构总体上处于亏损状态，但是，2007年的营业收入与2006年相比有大幅度上升，亏损额度下降，主营业务收入的增长幅度高达50.8%。

企业体育场馆提供服务的多元化。原本以体育竞赛、全民健身为主的运营，现在呈现出体育竞赛、运动训练、健身、商业演出、文化活动、培训、娱乐、购物、休闲、餐饮和商业出租等一体化的运营趋势。

2. 企业型场馆运营典型案例1——首钢篮球中心

（1）基本情况。首钢篮球中心是由首钢自行设计、自行施工的。中心集驻训、比赛、科研、培训、康体于一体。该中心建筑面积15787平方米，以篮球项目为主的比赛大厅可容纳5000名观众，同时设有6个篮球训练馆、17个包厢、4个体能训练厅及配套设施。该中心作为北京首钢篮球俱乐部的基地和男篮、女篮的主场，将与中国篮协和北京市体育局共建中国篮球学院，馆内东侧的大舞台（可加活动舞台）及所配置的舞台灯光，可以接待大型文艺演出。

（2）经营项目及收费情况。

第一，经营项目。首钢篮球中心经营项目丰富（见表3），体现了多元化和一体化的经营思想。除了上述主要经营项目之外，还外加多种消费项目，例如小卖部、游泳馆的租箱处、休息厅等。

表3　首钢篮球中心的经营项目

经营项目	建筑面积(平方米)	基本情况
保龄球	1500	12条球道
游泳	1080	标准游泳短池,25米×13.5米
健身	500	先进豪华的大健身房
猎人俱乐部	580	环境一流
多功能厅	420	装饰高雅、设施超前
运动恢复中心		设备精良、国内一流的水上运动恢复中心
小球类		功能齐全的乒乓球、沙壶球和桌式足球
游戏	100或120	茶道和弹球(或棋牌)
购物	790	体育精品屋
餐饮	1000	餐厅(含操作间、快餐厅)
会议中心	600	超豪华会议接待中心
匹特搏	1030	彩弹实战赛场(地下一层)

第二，收费情况。首钢篮球中心提供的各项服务收费情况见表4。

表4　首钢篮球中心提供的部分服务项目收费情况

单位：元/小时

经营项目	8:00~12:00	12:00~16:00	16时以后和节假日	其他
乒乓球	5	10	10	
羽毛球、沙壶球、美式台球	10	20	25	

续表

经营项目	8:00~12:00	12:00~16:00	16时以后和节假日	其他
斯诺克台球	15	20	25	
飞镖				10元/1个硬币,30镖
小篮球				10元/3个硬币
小足球				10元/30分钟
毽球				10元/30分钟
客房				标准价
沐浴				10元/人次

3. 企业型场馆运营典型案例2——国家体育场（鸟巢）

（1）基本情况。国家体育场是为举办北京2008年奥运会专门修建的国家体育场，于2003年12月开始兴建，2007年12月竣工。总面积258000平方米，建设投资35.96亿元人民币，固定观众座席有80000个（容纳观众座席91000个），是目前国内可容纳观众人数最多的多功能体育场。

（2）经营项目及功能定位。

第一，经营项目。鸟巢除了承办包括意大利杯等在内的大型体育赛事之外，近年来，不断探索新的经营项目，诸如举办鸟巢冰雪季、欢乐嘉年华、国际大马戏团演出，开设溜冰场，继续开展旅游、特许商品的出售和举办各种符合北京市城市建设和发展需要的公益活动，等等，形成了以门票、场租和大型活动的举办为主的经营项目。2012年8月8日，还举办了首届鸟巢儿童模拟奥运会。

第二，功能定位。截至2012年10月，鸟巢先是创下了第一年门票收入近3亿元人民币的辉煌业绩，又经历了第二年运营权转移的更迭，即2009年8月《关于进一步加强国家体育场运营维护管理协议》的签订，北京市政府在与中信联合体协商后收回了鸟巢的运营权，并从北京银行贷款约10亿元，偿还了中信联合体当初的建设资金贷款，相当于贷款置换。自此，其赛后运营定位也发生了转变，即转变为"兼顾社会效益和经济效益，突出社会效益"。

目前鸟巢一年所有成本支出2亿多元，综合运营收入也是2亿多元，已实现现金流的平衡。

（3）鸟巢运营中存在的主要问题。第一，奥运会效应的降低，导致奥运会场馆的影响力下降，门票收入下降便成为必然。旅游门票收入曾经占据了总收入的70%。从2008年10月1日起，鸟巢对公众开放，4个月时间就累计接待旅游人群300万人次，仅旅游门票收入一项就实现收入1.5亿元。但受北京奥运会的"后奥运效应"的影响，鸟巢的旅游门票收入已呈逐年递减的趋势。截至2011年，全年旅游人次已减少至253万，比2010年下降了40%。

第二，承担运营成本，偿还银行贷款。鸟巢每年的场地折旧费用和偿还贷款费用高达1.5亿元。运营和维护方面的支出每年达7000万元人民币。

第三，冠名权等无形资产开发受限。2009年前后，多个企业就对鸟巢冠名权产生积极的意向，甚至传闻称阿迪达斯开出了每年7000万元的报价，但北京市政府为确保鸟巢的"公益性"，从原特许运营方——中信联合体手中接过鸟巢运营权，并不再考虑出售冠名权，很大程度上影响了鸟巢的运营收入。

第四，鸟巢容量大，安全问题也是制约赛后使用的考量因素之一。几万人的体育场，使用起来原本就很困难，来自安全方面的担心制约了大型体育场馆的使用，鸟巢也是如此。

（4）鸟巢今后运营的对策。

第一，加强宣传，突出北京2008年奥运会主体育场的地位，以延缓鸟巢影响力下降带来的不良情况的发生，吸引来自世界不同国家的更多游客参观鸟巢。

第二，出售冠名权，增加收入。

第三，坚持以经营体育活动为主，特别是北京市要积极申办具有商业价值的大型体育赛事，充分利用鸟巢的体育场地；同时，积极开展多种经营项目。

第四，既要由专门的大型体育场馆管理人才管理鸟巢的日常运行，去行政化，同时，还要借鉴世界其他地区奥运会主体育场赛后利用和其他大型体

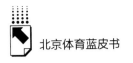
育场馆使用的成功经验，提高鸟巢的使用效率和效益。

第五，对鸟巢的公益活动价值应该加以评估，要进行成本核算，减少鸟巢的运营支出等。

（五）学校体育场馆运营分析

1. 北京市学校体育场馆运营状况

北京市学校体育设施众多，随着全民健身的深入持续开展，大部分学校体育场馆逐渐向社会开放，在服务社会的同时也取得了一定的经济效益。

为推动北京市学校体育设施向社会开放，让老百姓能真正利用好学校体育场地设施资源，北京市政府做了大量工作。2003 年，市体育和教育行政管理部门联合制定下发了《北京市学校体育设施对外开放管理办法（试行)》；2004 年市体育、教育和民政部门又联合下发了《关于推动本市中小学校体育设施对外开放工作的通知》；2007 年 4 月 29 日，北京市人民政府办公厅转发了市体育局、市教委、市财政局制定的《〈关于学校体育设施向社会开放的指导意见〉的通知》；2009 年市体育局、市教委和市财政局近日联合印发了《北京市学校体育设施向社会开放工作评估办法》及《北京市学校体育设施向社会开放工作评估标准》，开始建立一个长期有效的工作机制。另外，每年将 500 万元体育彩票公益金作为奖励资金发放给学校，以推动这一工作的实施。

在政府的大力推动及各学校的努力下，北京学校体育设施向社会开放的工作取得了可喜的成绩。目前，北京市具备开放体育设施条件的中小学校有1029 所，已经开放 653 所。做得比较好的中小学有景山学校、灯市口小学、171 中学、东直门中学、人大附中、海淀外语实验中学等。

高校的体育场馆基本已向社会开放，首都体育学院、北京航空航天大学、北京大学、北京工业大学等高校场馆在服务社会的同时实现了自身的发展。

2. 学校体育场馆运营典型案例——首都体育学院

首都体育学院是北京市唯一的市属体育院校，学院场馆众多，门类齐全，设施设备先进，拥有北京大学生体育馆、室内田径馆、游泳综合馆、综合训练馆、田径场、篮球场、网球馆、排球馆、体育舞蹈馆、武术馆等，运动场馆面积近 8 万平方米。

首都体育学院场馆以承办 1990 年北京亚运会（篮球）比赛为契机，先后承办了第七届全运会、远南残疾人运动会、第六届全国少数民族运动会、世界华人篮球赛、第二十一届世界大学生运动会、国际乒联职业巡回总决赛、大师杯国际羽毛球锦标赛、世界斯诺克中国公开赛、BTV 国际斯诺克北京挑战赛等大型国际、国内体育赛事。在举世瞩目的 2008 年奥运会中，首都体育学院场馆承担了柔道、跆拳道、体操、足球、水球 5 个奥运会项目和盲人柔道一个残奥会项目的训练服务任务，是承担任务最多的独立训练场馆之一。在 2010 年北京首届世界武搏运动会中，北京大学生体育馆是唯一一个训练场馆。

经过近 20 年的努力，首都体育学院场馆向社会开放已形成规模，开放项目齐全，每年吸引近 100 万人次的健身顾客，为推动北京全民健身事业的发展做出了巨大的贡献。北京大学生体育馆、游泳综合馆等先后荣获中国优秀体育场馆运营管理奖、全国先进游泳馆等荣誉称号。

首都体育学院场馆运营始终能走在全国学校场馆前列，主要有以下几个原因。

（1）以开放促改革，以改革促发展。

首都体育学院场馆从 20 世纪 90 年代初期开始，在满足体育教学、训练之余，利用节假日、寒暑假等空闲时间向社会开放，是第一批向社会开放的学校场馆。进入 21 世纪后，学校适应全民健身新形势的要求，在全国率先成立场馆管理中心，开启了全国学校场馆专业管理的先河。场馆中心成立后，经营业绩逐年攀升，2012 年接待社会各界健身人次近百万，承接体育赛事、文艺演出、公司庆典等各种活动 50 余次，营业收入达 2400 万元，取得了社会效益和经济效益的双丰收。

（2）激励与约束并重，保障与规范同行。

场馆管理中心成立后，不断进行顶层设计，建立健全各项制度。2004

年，出台了《首都体育学院关于加强体育场馆使用管理的若干规定》，明确场馆管理中心是学校授权对场馆进行管理的职能部门，场馆的对外开放和经营由场馆管理中心统一管理。由于体制改革和学校的鼎力支持，场馆中心经营创收每年增速在30%以上，取得了可喜的成绩。2009年，为提高场馆创收积极性，加强财务管理，提高资金使用效益，促进廉政建设，学校出台了《首都体育学院场馆中心财务与资产运行管理办法》、《首都体育学院场馆中心分配政策的暂行规定》两份文件，颁布了场馆创收奖励办法和财务"禁令"，奖励与约束并重，再次推动了场馆创收的高潮。2012年场馆创收2400万元，比创建时2004年的创收额增长近6倍。

（3）坚定教学中心地位不动摇，统筹协调各种需求。

学校场馆，虽然也是公共财政投资，但其首要任务是保障教学，不能本末倒置。首都体育学院场馆自成立以来，始终坚定教学中心地位不动摇，采取多项措施全方位多层次地保证学校的教学训练。第一，工作日晚6点之前坚决不向社会开放，教学时间不开放，不能让开放冲击正常的教学秩序。第二，专门开辟学生活动时间，每天下午4~6点，场馆（游泳馆等个别场馆除外）向所有学生免费开放，给学生提供健身场所。第三，无条件支持学校大型教学活动，若在周末举行活动，相应场馆的开放一律停止。第四，对各二级学院、社团、俱乐部、校队的训练、活动场地需求，进行统筹安排，确保资源充分，场地秩序井然。

四　北京市体育场馆运营发展方向

2011年，党中央、国务院下发了《关于分类推进事业单位改革的指导意见》，正式拉开了事业单位改革的大幕。该文件指出："事业单位的分类改革，是按社会功能将事业单位划分为三类：承担行政职能的，划归行政机构或转为行政机构；对从事生产经营活动的，逐步转为企业；从事公益服务的，继续保留在事业单位序列、强化公益属性。其中，承担义务教育、基础性科研、公共文化、公共卫生及基层的基本医疗服务等基本公益服务，市场不能配置资源的，划分为公益一类，承担高等教育、非营利医疗等公益服务，可部分由市场配置资源的，划分为公益二类。"事业体育场馆应该属于公益二类，向社会提供公共体育服务，同时具备一定的经营能力。

（一）北京市事业型场馆发展方向

1. 坚持公益性，提供公共服务

事业场馆是提供公共体育服务、满足人民体育需求的重要公共产品，其根本属性是公益性。事业场馆在运营中要始终坚持公益性基本定位不动摇，不论是政府主管部门，还是体育场馆自身，都要始终确保公益性，始终坚持把提高社会效益、提高公共服务的水平放在首位。坚持社会效益与经济效益的统一，在坚持公益属性的前提下，不断完善体育场馆市场运营机制，为人民群众提供更加丰富、更加优质、更加高效的公共体育服务。

2. 依托体育竞赛资源，提高大型体育场馆使用率

举办各类体育竞赛活动是大型体育场馆的主要功能，也是提高使用率的重要途径。奥运会的成功举办，越来越多的国际体育赛事落户北京，形式多样的全民健身比赛也越来越多，应该说北京市赛事资源日益丰富。2013年北京市共计划举办体育竞赛活动442项次，分为四个部分：一是北京市举办的国际体育赛事24项次；二是国家体育总局在京举办的体育赛事12项次；三是北京市举办的竞技系列体育比赛68项次；四是北京市举办的群体系列体育比赛338项次。事业场馆在推动北京体育竞赛业发展、提高自身运营效益方面发挥了重要作用。

3. 以体为主，多元化运营

北京市事业体育场馆在运营中要坚持体育特色，充分发挥体育资源优势。提高体育场馆的运营管理水平，"有所为，有所不为"。除保证竞赛、训练使用外，要面向社会开放，充分满足广大人民群众日益增长的多层次、多元化体育健身需求。发挥体育场馆的综合功能，积极开展竞赛表演服务、休闲娱乐服务、会议展览服务、旅游休闲服务等延伸配套服务，多方位、多形式地全面发展，提升场馆服务的空间和附加值。

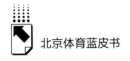

（二）企业型体育场馆运营发展方向

1. 服务的多元化和一体化

坚持企业型体育场馆提供服务的多元化和一体化方向。多元化是指企业体育场馆能够提供体育赛事、运动训练、体育健身、商业演出、娱乐休闲、购物等方面的服务。一体化是指体育场馆可以将所提供的各项服务综合性地加以组合。

2. 以围绕体育活动开展为主

企业型体育场馆的运营应该以围绕体育活动的开展为主，包括承办体育赛事、运动训练、从事全民健身和培训等。

3. 不断拓展运营项目

不断拓展企业型体育场馆运营的商业项目，不仅仅是要开展体育竞赛、全民健身等，还要进行冠名，找寻发展过程中的商业伙伴，建立与体育有关的俱乐部，积极吸收会员、承接商业广告等。

4. 加强无形资产开发

加强企业体育场馆无形资产的开发。无形资产主要包括体育场馆的名称、建筑特色、商标、专利权和非专利技术、土地使用权、专业管理经验以及特许权。

5. 提高管理水平和效益

用具有经营管理、体育、体育场馆建设和人力资源等方面知识和经验的复合型人才对企业体育场馆进行管理，提高运营管理的水平和效率。

（三）学校体育场馆的发展方向

1. 管理专业化

长期以来，学校体育场馆的主要职能是保证正常的体育教学和体育训练。随着体育的社会化和产业化发展，体育场馆的功能也随之拓宽，由单一的体育教学与训练逐渐延伸到满足居民休闲健身、竞赛表演、技能培训等领域。体育场馆专业化管理已成为体育产业发展的一个趋势。

2. 利用综合化

随着我国社会经济的持续快速发展，居民消费结构向发展型、享受型转变，社会公众的健身娱乐需求也日益增加，而学校体育场馆设施单纯用于教学、训练，存在使用率不高、资源闲置等问题。因此，学校体育场馆不但要考虑满足学校体育教学、训练的需要，而且还要考虑更加充分地发挥学校体育设施的综合效应，满足社区居民的体育健身需求，使其成为社区居民健康体育活动的场所，成为弘扬先进体育文化的中心。另外，体育场馆是发展体育产业的核心生产要素之一，无论是体育培训、全民健身，还是体育竞赛表演都要依托体育场馆。我国体育事业的深入持续发展给学校体育场馆带来无限商机，特别是学校的一些综合性体育场馆还可以举办商业赛事等大型活动，既能提高学校的社会知名度，又能获得一定的经济效益。

3. 服务大众化

学校体育场馆基本上由政府投资建设，在使用中要坚持公益性，面向大众、服务大众。需要指出的是，学校场馆服务大众有个前提，那就是首先满足学校体育教学、训练需求，不能影响学校正常的教学、工作秩序。如何服务大众？要抓住几个关键问题。第一，服务时间。一般而言，学校体育场馆服务社会要在课余时间，如节假日、寒暑假、公休日等。为了更有效地开发场馆资源，一般将课程安排在白天。这样，在教学日晚上6点之后、节假日、寒暑假、公休日均向社会开放，学校有重大活动与服务社会冲突时，进行随机调整。第二，服务价格。学校场馆服务社会要坚持公益原则，这是毋庸置疑的。要避免两种认识误区，其一，服务就要收费。其二，公益就是免费。学校在服务社会中要把无偿服务与有偿服务结合起来。一般可把室外场地如田径场、篮球场向社会免费开放，体育馆、游泳馆等运行成本较高，具有危险性的场馆，向大众收取一定的基本管理费用，收费要低于社会同类场馆。此外，还要经常免费承办一些社区公益活动。其三，服务项目。一般向社会开放大众普及的、喜闻乐见的、健身的项目，如羽毛球、篮球、游泳、足球、乒乓球、排球等。其四，服务对象的差异化处理，对老年人、青少年

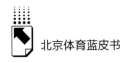

给予一定程度的优待。

4. 运作市场化

运作市场化简单说就是，场馆要根据健身人群的需求来定位发展方向与方式，也就是在运作中找到需求点，寻求合适的定价与服务，让供需双方能够在资源配置方面得到更多的满足。

参考文献

北京市体育局：《北京市第五次全国体育场地普查数据公报》。

郭金龙：《2012 年北京市人民政府工作报告》，《北京日报》2012 年 1 月 30 日。

王安顺：《2013 年北京市人民政府工作报告》，中国国情 – 中国网，guoqing. china. com. cn，2013 – 04 – 27。

《奥运场馆赛后再利用　助力北京打造国际体育中心》，《工人日报》2009 年 5 月 11 日。

《国务院发布全民健身计划（2011 ~ 2015 年）（全文）》，中国新闻网，2011 年 2 月 24 日。

戚连民：《2012 年北京市群众体育工作会议召开》，http：//www. qianlong. com，2012 年 2 月 9 日。

《数字看北京 2013 年群众体育工作求新务实》，http：//www. jianshen114. com/News. aspx/T – 10424，2013 年 2 月 20 日。

霍建新：《北京市综合性体育馆现状研究》，《中国体育科技》2007 年第 2 期。

霍建新、李苒：《高校体育场馆路在何方》，《环球体育市场》2012 年第 2 期。

阮伟、钟秉枢：《中国体育产业发展报告（2013）》，社会科学文献出版社，2013。

刘青主编《体育场馆的经营与管理》，人民体育出版社，2012。

《首钢篮球中心》，2013，http：//baike. soso. com/h116136. htm？sp = l6458631。

王子朴、梁金辉：《"鸟巢"赛后 4 年运营研究：现状、问题、路径》，《天津体育学院学报》2012 年第 6 期。

朱轶、张婧：《鸟巢转变运营模式　奥运主场馆实现"收支平衡"》，东方网，2012 年 9 月 18 日。

B.7

北京市体育中介服务业发展与市场前景

肖淑红　王萍萍　刘彦　付群*

摘　要：　本研究对北京市体育中介服务业的现状进行了较为清晰的描述，对北京市体育中介服务业的概念、分类、特征进行了较为详尽的梳理，对北京市体育中介服务业未来的发展趋势和市场前景进行了较有针对性的预测，对未来中国体育中介服务业的发展方向进行了展望，并在此基础上就北京市体育中介服务行业发展存在的问题提出相应建议。本文的研究结果对我国体育中介服务业的发展具有一定的借鉴价值和启迪意义。

关键词：　体育中介服务业　市场前景　产业链

一　北京市体育中介服务业发展概述

（一）体育中介概念

体育中介是指体育经济活动中，以收取佣金为目的，为促成他人交易而从事居间、行纪或者代理等中介业务的自然人、法人或其他经济组织。体育

---

* 肖淑红，北京体育大学博士生导师，主要研究方向为体育产业管理、体育价值工程管理；王萍萍，北京体育大学管理学院在读博士，研究方向为体育产业管理；刘彦，北京体育大学在读博士，研究方向为体育产业管理；付群，北京体育大学管理学院博士，研究方向为体育产业经营管理。

中介的形式有体育中介事务所、中介公司及体育经纪人等。① 一般而言，可以从以下几个方面理解体育中介的概念：第一，体育中介以收取佣金为目的；第二，体育中介是促成他人交易的中间人，为促成买卖双方合同的达成而提供的中介服务；第三，体育中介主要通过居间、行纪或代理等方式向他人提供体育中介服务；第四，体育中介既可以是以个人形式存在的体育经纪人，也可以是以组织形式存在的体育中介事务所或是体育中介公司。

（二）体育中介服务业行业研究

体育中介服务业是指为了满足社会体育需求，为社会公众提供体育中介服务的部门以及与这些部门有关联的活动的集合。对于体育中介服务业而言，可以从体育中介服务业的分类和特征两个方面来进行理解。

1. 行业市场概述

目前，在我国中介和经纪的区分是模糊的，大家往往将中介与经纪等同起来，即在市场上为交易双方提供信息、撮合成交，并提供与交易有关的服务的一种活动和行为。深究起来，中介活动（即宽泛意义上的经纪概念）包含下列各不相同的经济行为：经纪活动、代理活动、信托活动，其相应的组织形式是经纪人（机构）、代理人（机构）和信托人（机构），通称为中介人（机构）。一般认为，经纪人在进行经纪活动时，是受雇代表他人从事购买销售行为的，可以以自己的名义或者以委托人的名义，提供与交易有关的服务的人。经纪人与委托人的关系通常是不固定的，其活动具有非连续性和隐蔽性的特点，不具有对受托货物的占有权和留置权，进行经纪活动时不得直接参与实物性买卖，也不得向委托人出售与自己有利益关系的货物。代理人则是受委托代表他人进行法律行为的人。因代理而产生的权利义务直接对本人发生效力，必须用被代理人的名义，与被代理人的关系相对稳定。代理活动具有连续性、公开性的特点。代理人可以具有对受托货物的占有权，也可以行使对货物的留置权。信托人是指接受他人委托，以自己的名义代他

---

① 国家体育总局职业技能鉴定中心：《体育经纪人》，高等教育出版社，2011。

人购买或寄售物品并取得报酬的人。

本文参考国内外大量研究成果并依据国内体育产业产值划分的不同领域，将体育中介服务业划分为五类，即体育人才经纪公司、赛事运营经纪公司、版权转播权类体育经纪公司、体育场馆类经纪公司、调研咨询类体育中介行业公司。

2. 行业基本分类

根据体育中介所服务的领域，体育中介服务业可以分为：体育人才经纪公司、赛事运营经纪公司、版权类体育经纪公司、体育场馆类经纪公司、调研咨询类体育中介公司等。

体育人才经纪公司是指为社会提供运动员、教练员、体育管理人员等体育相关人才的中介服务活动的经纪公司。

赛事运营经纪公司是指为体育赛事的选择、策划及推广等提供中介服务的体育经纪公司。

版权类体育经纪公司是指为各类体育赛事的转播权和版权合同的实现提供中介服务的体育经纪公司。

体育场馆类经纪公司是指为体育场馆的运营管理以及服务的销售提供中介服务的体育经纪公司。

调研咨询类体育中介公司是指为社会提供调研及信息咨询中介服务的体育经纪公司。

3. 行业自身特征

体育中介服务业作为一种特殊行业，具有独特的行业特征，主要表现在以下几方面。

（1）提供体育中介服务是体育中介服务业服务社会的主要手段。体育中介服务业不同于一般的行业，它是为促成他人交易而从事居间、行纪、代理等体育中介服务。

（2）体育中介服务业是体育中介组织及其活动构成的集合。体育中介服务业不仅仅包括体育中介组织，而且也包括各体育中介组织所从事的各类经纪活动，它是体育中介组织及其活动构成的集合。

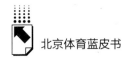

（3）满足社会的体育需求是体育中介服务业发展的目标和动力。体育需求是促进体育供给扩大的前提，体育中介服务业正是由于能够满足社会体育需求，所以才具有了行业发展的目标和能力。

4. 行业产品特性

体育服务产品是一种具有价值和使用价值的非实物形态的产品。体育产业提供的体育服务产品具有满足居民日趋丰富的生活需要的功能，是体育产业成为提高现代社会居民生活质量的重要产业类型。体育中介服务业按照体育消费的外在表现形式可以分为两类：体育信息消费、体育劳务消费。体育信息消费相对于体育实物消费而言，体育信息消费层次较高，随着人们精神追求的不断提升，体育信息消费的前景也更加乐观，如版权类经纪服务活动每年都呈增加趋势。体育劳务消费是指出卖与体育相关的各类服务或劳动等无形商品，此类体育消费主要提供给希望参与体育活动的人群。随着人们闲暇时间的增加和生活节奏的加快，人们身体需求逐渐增多，对高质量生活水平的向往使得人们对体育劳务消费的支出逐步增多。

体育中介市场是指体育组织或个体为实现体育产品或服务的交易充当媒介而形成的中介活动领域和产生的各种代理关系的总和。[1] 体育中介组织和个体以自身的信誉、所掌握的市场信息、灵活的交易方式和体育的专业技术知识为体育市场交易主体各方提供服务，清除买卖双方交易的障碍，促进交易活动的实现，推动体育市场中各类资源的有序流动，使体育市场中的各类资源发挥更大的实效。

按不同服务性质对体育产品进行分类，可分为以下几类。

体育人才经纪公司：从事运动员或运动队的所有权出让、代理、商业代言、无形资产开发等活动。

赛事运营经纪公司：组织、管理、经营体育赛事，并可以通过对体育赛事的经营，销售体育组织，赞助企业、电视台，做广告商，积累赛事无形资

---

① 谭建湘、邹亮畴、张宏、梁利民等：《我国体育中介市场现状与对策研究》，《第七届全国体育科学大会论文摘要汇编（一）》，2004。

产等。分为居间体育赛事经纪、行纪体育赛事经纪、代理体育赛事经纪。

版权类体育经纪公司：拥有体育电视直播、转播、录像权利，或许可他人进行直播、转播或录播以及客户通过购买相关产品以进行宣传。

体育场馆类经纪公司：辅助产品销售、经营服务收入、租赁收入（房屋、场地、器材等）及其他经营收入。

调研咨询类体育中介行业公司：以信息、技术、经验、法律等资源为服务内容，进行调研、统计、报告等体育信息管理工作。

（三）体育中介服务业产业链分析

1. 产业链概念

关于产业链的定义，理论界和实践界有各种不同的见解。早期的观点认为产业链是制造企业的内部活动，它是指把外部采购的原材料和零部件，通过生产和销售等活动，传递给零售商和用户的过程。[①] 传统的产业链概念主要是供应链的概念，仅限于企业的内部操作，注重企业自身资源的利用。第二种观点认为产业链是指由供应商、制造商、分销商和消费者连接在一起而组成的系统，其中贯穿着反馈的物流和信息流。[②] 这种观点把信息流提高到与产品同等重要的地位，并且强调产业链中存在的反馈过程，是产业链思想的一大进步。[③] 第三种观点认为产业链是从供应商开始，经生产者或流通业者，到最终消费者的所有物质流动。这种观点从商品流转的角度对产业链进行了概括，但把产业链仅仅归结为物流是不够全面的。[④] 通过对以上各产业链的概念进行分析，可以看出，对产业链从不同的角度进行分析可以有不同的理解，虽然从物流层面进行理解不够全面，但却能更好地凸显产业链的本质特征，所以本文将产业链定义为从供应商开始，经生产者或流通业者，到最终消费者的所有物质流动。

---

① 王苑：《现代服务业产业链的理论与实证研究》，武汉理工大学硕士学位论文，2008。
② 沈桂平：《城市基础设施 PPP 模式研究》，北京交通大学硕士学位论文，2007。
③ 王苑：《现代服务业产业链的理论与实证研究》，武汉理工大学硕士学位论文，2008。
④ 沈桂平：《城市基础设施 PPP 模式研究》，北京交通大学硕士学位论文，2007。

2. 体育中介服务业产业链系统分析

（1）利益相关群体。利益相关群体即组织环境中受组织决策和行动影响的任何相关群体。[①] 这些相关群体与组织利益息息相关，反过来，组织的决策或者行为也会对他们的利益产生重大影响。另外，组织相关群体的利益诉求和行为也会影响组织的决策和行动。所以，深入研究体育中介服务公司的利益相关群体，有助于管理者认清公司发展过程中可能受到的利益相关群体行为的制约，有利于管理者确定利益相关群体主次关系并进行区别对待，更有利于公司管理者采取必要的手段及措施以确保公司的健康发展。

图1界定了体育中介服务公司一些具有普遍意义的利益相关群体。这些利益相关群体包括体育中介服务公司组织的内部、外部群体。组织内部相关群体包括信息部、股东、财务部、运营部、人事部等；组织外部相关群体包括顾客、服务商、社会大众、供应商、赞助商等，二者共同影响体育中介服务公司的决策及行动。

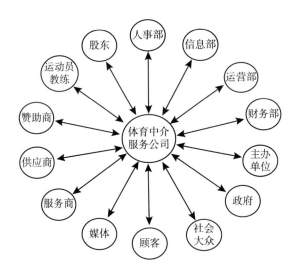

图1　体育中介服务公司利益相关群体关系

---

① 〔美〕斯蒂芬·P. 罗宾斯：《管理学》，李原、孙健敏、黄小勇译，中国人民大学出版社，2008。

（2）基本活动。内部后勤：主要是指与接受、储存、运输原材料有关的活动，有时也称为来料储运。在体育中介服务机构的生产经营过程中，由于构成生产的原材料主要是能够产生经济价值的体育经济要素，内部后勤的主要业务表现为加强与外部利益相关群体的联系，通过产品运作及包装、市场营销等，发现、引进有利于职业体育俱乐部发展的优秀运动人才或者有潜力的后备人才，进行优秀运动人才及后备人才的储存、训练与开发，其本质是为运动竞赛表演的产品生产提供原料——运动员和教练员。服务生产：将输入转化为最终服务产品的活动。主要表现为集中运动员、教练员及裁判员进行竞赛表演，从事体育人才的中介服务，提供体育调研和信息咨询服务等内容。外部后勤：将服务产品送交购买者的活动。由于体育服务产品生产与消费的同时性，消费者需进入现场进行消费。所以，外部后勤活动主要表现为体育信息的现场咨询、体育赛事现场观看后勤服务、体育场馆现场布置与安排等内容。市场营销：吸引顾客来购买并为他们提供方便的活动。主要包括广告、新闻发布会、体育赞助活动、基层组织的援助计划、比赛现场的啦啦队表演及抽奖、小礼品的派送、公关活动等。配套服务：提高或维持服务产品价值的活动。主要表现为为顾客和消费者提供停车位、保证饮料和食品的供应以及包厢的提供等。

（3）支持活动。原材料采购：购买价值链所需的输入。采购业务对象除了体育用品、办公用品等材料外，主要应当是优秀运动人才的转会业务及发掘有潜力的年轻选手。其中包括球员、教练、高层管理人员的引进以及购买比赛和办公的必需品。比赛用品主要包括器材设备、体育服装等比赛所不可缺少的体育用品。技术开发：用以提高服务产品价值及生产过程效率的业务活动。在体育中介服务公司的经营过程中，技术开发主要表现为体育中介服务流程和服务手段的优化和完善；体育中介服务人员的选拔和评价体系的建立和创新等。人力资源管理：组织选配人员并保持员工高绩效水平所不可或缺的活动。人力资源管理涉及的对象主要是作为生产原材料的优秀运动员、教练员、裁判员以及管理人员，其人力资源管理水平从根本上决定了体育中介服务公司的服务能力和水平。基础管理活动：包括体育中介服务公司

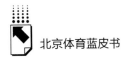

总体的管理活动，包括计划、财务、会计、法律、质量管理、公共事物等。

通过上述分析可见，在体育中介服务公司的经营管理中，产品表现为一种活的劳动服务，基本活动和支持活动紧密地联系在一起，没有明显的职能分工。如采购、内部后勤、技术开发、人力资源管理和基础管理活动都是很重要的，都是运动员、教练员、裁判员、管理者等作为主要生产原料的管理活动。

3. 体育中介服务业产业链模型

从图2我们可以清晰地看到，体育中介服务公司要想正常运营必须保证如下的一些条件，物资、信息、资金、人力资源等各类经济要素的供应。体育中介服务公司再通过向社会大众宣传、传播体育中介服务相关信息。顾客和消费者再根据自身需要进一步咨询体育中介服务公司的财务部、运营部、人事部、信息部等各部门了解中介服务产品的各类信息。体育中介服务公司再通过各类部门实现与顾客或消费者的交流与沟通，成功达成服务销售，实现赢利。另外，体育中介服务公司通过社会大众、顾客及消费者的反馈情况来了解其所提供中介服务产品的缺点和不足，同时与顾客和消费者的诉求进行比较分析，发现问题及时调整和控制，从而不断地提高自身服务能力和水平，进而实现体育中介服务公司整体价值的提升。

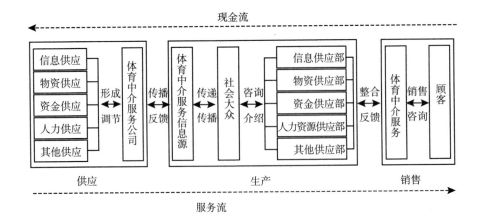

图2 体育中介行业产业链模型

（四）体育中介服务业竞争环境及政策

体育产业实行市场化的目的是通过市场自由竞争机制实现对体育资源的配置，加速体育产业资源合理化。当体育资源进入市场成为市场经济的元素时，根据供给与需求的不断变化，使体育资源在市场相关环节上流通起来，并真正实现体育资源配置的合理化和最优化。垄断经济作为市场经济的对立面，会将资源集中在一家或几家组织手中。当垄断经济成为主流，少数组织通过合并、联合或共谋等手段操纵市场中的产品价格、供给和需求，阻碍资源的流通，以达到自身利益最大化[1]。若市场长期处在垄断状态，资源得不到合理配置，流通效率将会降低。经济活动中的垄断，可以根据其自身特点被分成三种形式，即行政垄断、市场垄断和自然垄断。行政垄断，指的是运用行政权力对市场准入进行管理，确保在同一个市场中只存在一家企业独营的情况，或者允许出现少数几家企业垄断经营的市场结构。市场垄断，指的是某些特定行业的（因技术力量和市场力量原因出现的）企业对市场的垄断，如电信行业的垄断。自然垄断指的是在市场中，某个行业只被一家企业经营要比由两家或两家以上的企业经营所需的成本更低。这种垄断一般存在于初始投资巨大的行业，如电信、网络等领域。就目前而言，北京市体育中介服务行业中存在的垄断大多是计划经济体制下国家垄断体制转变而来的，其运转机制存在严重行政化特点，因此，目前北京市体育中介服务行业的垄断带有浓厚的行政垄断色彩。体育产业的改革使得体育行业逐渐形成为市场竞争性行业，但是，事业改革的进程还较为滞后，导致体育行业整体市场化不充分，计划经济的烙印仍处处可见。因此，北京市体育中介服务业从本质上说属于行政性垄断行业。大量的体育资源，如体育赛事、体育场馆、优秀运动员等都由体育行政部门牢牢掌控。

1. 体育人力资源方面

我国的运动员经纪业务拥有较为庞大的群体资源。但是，仅仅在 2004

---

① 卢元镇：《中国体育社会学》，北京体育大学出版社，1996。

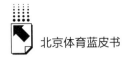

年雅典奥运会落幕的六个月之后，就发生了震惊全国的"田亮事件"。田亮成为中国第一个因为违规而被国家队开除的奥运金牌获得者。国家体育总局游泳中心给出的理由是：现役运动员必须在组织批准后才能从事广告等经营活动。在这一规定的背后折射出一个所有权问题，即现役运动员的无形资产归国家所有，这与我国体育长期的"举国体制"密不可分。众所周知，我国优秀运动员几乎由国家或省市级政府体育部门管理，运动员的培养经费、日常开支、比赛开支均由国家承担。"谁出钱，归谁管"从逻辑学的角度和经济学的角度都可以成立，因此，运动员资源被行政性垄断是必然结果，并且具有合理性。但在现行条件下，许多运动员无形资产开发不足的情况日益严重，现行体制反对或限制体育中介行业的介入是不可取的行为。北京市体育中介服务行业受限的重要原因则归咎于此。

2. 体育赛事资源方面

目前，北京市具有丰富的体育赛事资源，按照比赛的不同分类原则，可大致分为：全国性比赛和地方性比赛；综合性比赛和单项比赛；职业性比赛和半职业性比赛；国内比赛和国际比赛；成人比赛和青少年比赛；社会比赛和商业比赛。统计显示，北京市体委举办的运动会数量自 2000 年以来逐年递增，截至 2013 年已经累计达到 2000 余场。早在 20 世纪 80 年代我国体育行政管理部门就提出体育事业单位的市场化，然而，30 多年的改革并未深入体育事业单位，使得体育事业单位的改革严重滞后，反而使得体育事业单位和人员的数量越来越多，体系越变越臃肿，政府对体育行政机构的投入持续上升，而大量的资源由体育行政机构转移到体育事业单位。目前，我国绝大多数体育事业单位实行的是差额拨款，差额拨款是目前我国绝大多数体育事业单位的基本财政制度，即除了从国家获得的部分拨款，还需要通过市场经营获取绝大部分资金来维持单位的正常运行。这一制度促使越来越多的体育事业单位进入市场，并直接从事体育中介服务，如全运会和城运会等大型赛事，组委会成员多由各类政府主管部门抽调，出现"一套人马，两块牌子"的局面。不可否认，组委会成员的行政级别和行政权限对推动赛事市场化运作具有重要的影响力和推动力，但在实际操作过程中，多数由政府组建的运作组织往往在赛事前一年成立，组织核心成员从省、市机关和事业单位抽调，社会体育中介组织的介入十分困难，具有明显的零时性和垄断性特征。

自1998年国家体育行政管理机构改革后，国家体育总局建立了20多个运动项目管理中心，各项目中心拥有在全国范围内对该项目的管辖权，并将全国性运动协会挂靠在相应的运动管理中心，在中心内部有专职的项目赛事运营部门，同样是"一套人马，两块牌子"的局面。这些非企业性质的事业单位机构具有行政权力和社会管理的职能，既是游戏规则的设计者，又是游戏的实践者。因此，国内重要赛事的资源的所有权和运营权则被体育事业部门垄断。

3. 体育法制建设方面

目前，虽然我国一些省市的体育机构颁布了一系列体育经纪人的管理办法，如北京市的《北京市体育经纪人管理暂行办法》、山东省的《山东省体育经纪人管理暂行办法》、上海市的《上海市体育经纪人管理试行办法》以及浙江省的《浙江省体育经纪人管理办法》等，但这些办法的性质仅仅是地方性的，除《体育法》和《体育经纪人管理办法》之外，在国家层面并没有形成与实际相配套的有关规定和实施细则。体育法制建设仍是体育工作中的薄弱环节，要提高体育队伍的法律素质，树立体育队伍的法制观念，加强对《体育法》的学习和宣传工作，深入了解体育改革和事业发展中的实际重点和难点，健全体育执法队伍和执法监督体制，将体育工作中的方方面面都纳入法制管理的工作中。现阶段因体育法制不健全，体育行政部门对体育中介服务行业的管理存在较多问题，具体表现为以下几个方面。

（1）借助行政管理权力，将体育资源垄断，促使行业介入壁垒的形成，提高行业介入成本，严重阻碍社会体育中介组织进入行业。一个典型的示例就是轰动一时的"田亮事件"，当相关单位的经济利益受到严重影响时，就不惜行使行政权力。依据相关规定，采取极端手段去处理现役运动员进行商业活动时与其发生的矛盾，使代理该名运动员的中介组织承受了严重的经济损失，打击了体育中介组织的从业积极性，严重阻碍了行业

的发展。

（2）体育行政部门在开展各项体育行政执法活动中，由于体育资源的垄断所有权和对社会体育中介组织的监督权，其往往会成为中介的"中介"。这样的行政管理环境严重破坏了体育中介市场的公平性原则，使得没有政府背景的社会体育中介组织难以生存。

（3）在管办并未分离时，一些体育中介组织在行政管理部门的庇护下，掩盖自身资源或问题而不履行协议约定，在收取中介费用后服务不周，甚至不服务，或进行违法违规经营。同时还有部分体育中介服务组织在市场监督、评价机制不健全时，钻制度的空子与体育行政部门暗箱操作赛事，指使赞助商捐赠或吃赞助商回扣，这不仅使得体育中介组织信誉度大打折扣，更破坏了脆弱的行业市场环境。

二 北京市体育中介服务业发展现状

（一）北京市体育中介服务业发展规模

随着我国体育职业化发展水平的提高，体育中介产业也伴随着商业化进程而出现，该行业形式的出现为体育事业的发展提供了更全面的服务，为国内就业以及国内消费起到了积极的作用。从体育产业的性质、内部划分及规模看，体育产业的主体产品是体育服务产品。北京市作为首都，其政治、经济方面均领先于国内其他城市，因此体育中介服务行业在北京发展在国内处于领先位置。2013 年北京经济整体运行平稳，全市生产总值增长超过 7.7%，相较于"十一五"时期，2013 年经济增速虽有所减缓，但文化、体育及娱乐业等增长明显且高于其他行业呈现上升势头。

"十一五"期间，北京市体育产业实现增加值年均增速 15% 左右。根据近几年的体育产业"发展规模与速度指数和发展质量指数情况"的统计，北京市体育中介服务业正在逐步发展成为北京市体育产业的主要经济增长点，其体育产业保持一定速度增长的同时，发展质量也稳步提高，产业核心竞争力持续增强，效益稳步提升成为重要特征。相比规模扩张，产业的发展更依赖于质量和效益的提升，内涵型增长态势已初步显现。[①] 其发展方式逐渐变得更加完善、多元，商业运作趋于成熟，市场竞争趋于规范。体育中介服务业将会随着社会经济发展、市场体制逐渐完善、生活水平提高、体育人口增加等因素而不断发展，北京市体育中介服务业规模不断扩大。

但是，目前我国城市居民体育投入的主要去向是运动服装、鞋袜等体育实物消费，占体育消费支出的81%。而且这其中还不包括器材等实物性体育消费，这部分占9.5%[②]。也就是说，我国居民实际的体育劳务消费再加上体育信息的消费，总和也只不过占到总体消费的10%。而美国的一项调查统计显示，美国人在2011年中体育消费的总额高达470亿美元，其中花费在各种体育赛事门票上的费用就达64亿美元，约占14%；而花费在高尔夫球、保龄球等项目上的会员费也同样高达62亿美元。由此可见，造成我国体育消费结构单一的原因，一方面是由于体育服装类、鞋袜类等体育实物性消费资料兼具有运动功用和日常生活功用；另一方面是由我国传统的消费习惯和消费心理所决定的。尽管根据GDP看北京市居民近年来在体育上的消费水平获得了较大提高，但是从居民消费投入资金、体育消费结构看我们还较保守，所以北京市体育中介服务业的发展规模虽然较奥运前有明显提升，但是在近几年内还需要经历很长一段时间的扩充。

（二）北京市体育中介服务业经营现状

据调查统计，北京居民体育消费市场呈快速扩展态势，消费指数年平均增长率达20%，并且随着体育产业结构逐步优化，体育中介服务业已成为体育产业的重要支柱。[③] 体育产业发展指数的测算是以2009年为基准年（指数设为100），通过搜集2009～2013年北京体育产业专项调查数据、相

① 李可：《我国体育服务业的产业化发展和体育服务管理研究》，天津大学硕士论文，2006。
② 王依杰：《我国体育中介市场交易费用的影响因素研究》，西南交通大学硕士论文，2008。
③ 王依杰：《我国体育中介市场交易费用的影响因素研究》，西南交通大学硕士论文，2008。

关核算数据以及市体育主管部门的行政记录，对各年度指标与基准年进行对比，对七大类分指数加权平均计算的综合指数。测算结果表明，北京奥运会后，在首都经济结构调整、服务业发展乘势而上的背景下，北京体育中介服务业总指数稳步提升。体育产业是经营注意力资源的，体育运动受关注的程度越高，相关的产业越能得到发展。中国是个经济不断发展、体育运动水平不断提高的国家，北京市拥有良好的体育人口基础，体育设施完善，体育政策重视，体育市场发展较早，加之北京人民对体育运动本身的热爱，奥运会后当地人对体育的热情也不断提升，越来越多的投资开始关注并将全球重大体育比赛引入北京，因此，北京多方面的优势为北京甚至中国的体育中介服务业的发展提供了一个巨大的消费市场。

奥运会后体育产业的经济效益和社会效益进一步增长。奥运会后，北京体育产业进入新的发展阶段，经济和社会效益进一步凸显。2012年，在宏观经济增势放缓的压力下，体育产业平稳健康发展，规模稳步扩大，实现增加值144.2亿元，按现价计算，比上年增长11.7%；体育产业增加值占全市GDP的比重由2009年的0.75%提高到2012年的0.81%；对经济增长的贡献率由2009年的0.2%提高到2012年的1%。吸纳就业方面，从业人员12.3万人，比上年增长2.8%，占全市从业人员比重由2009年的1%提高到2012年的1.1%，而这一系列数据在2013年都得到了相应的增长。

表1分别从资本投入、行业效益、从业人员三方面的数据增长速度展示体育产业几大类的情况，2012~2013年，北京市体育产业大部分行业呈增长趋势，其中体育中介服务业主要分为体育组织管理、体育场馆管理活动、体育中介活动三部分。通过表1可以看出：①北京市体育产业资本投入、行业效益、从业人员均呈现增长态势，其中，2013年效益增长高于2012年及其之前的水平；②体育中介服务业中除体育场馆管理活动投入降低外，其他各项数据均上升，其中资本投入部分体育组织管理活动及体育中介活动的投入增长十分明显，行业效益各部分均增长明显，体育组织管理（包括赛事运营经纪公司、调研咨询类体育服务公司）增长最为突出，体育从业人员各部分也均有增长。

表1　2012～2013年北京市体育产业发展指标及体育中介服务业比例

类别		增速(%)		
		资本投入	行业效益	从业人员
体育中介服务业	体育组织管理活动	18	16.2	4.5
	体育场馆管理活动	-2.9	14.2	6.4
	体育中介活动	17	12.8	3
体育健身休闲活动		4	8.3	0.1
体育用品、服装鞋帽及相关体育产品的制造		6.4	27.1	-5.1
体育用品、服装鞋帽及相关体育产品的销售		11.7	17.3	10.1
合　　计		9.03	15.98	3.17

表2通过对北京市体育产业增速均值及体育中介服务业等增速均值计算可以得出：①体育中介服务业的资本投入、从业人员的增速均值都高于北京市体育产业总体均值，而行业效益一项略低于体育产业整体均值，这与新增赛事较多，并且它们的价值还未凸显有关；②体育中介服务业是吸引资金投入体育产业行业的重要途径，但是其回报周期要比体育用品、服装鞋帽及相关体育产品的制造业等实物消费行业要长；③体育中介服务业为社会创造了更多的就业机会。

表2　2012～2013年北京市体育产业、体育产业其他行业及体育中介服务业增速均值

类别	增速均值(%)		
	资本投入	效益	从业人员
体育产业总体	9.03	15.98	3.17
体育产业其他行业	7.37	17.57	1.70
体育中介服务业	10.70	14.40	4.63

北京市体育服务业增加值占体育产业比重从2009年的49.5%提高到2012年的55.7%，增加值年均增长速度为21.2%；2012年对体育产业的贡献率达76.6%；2013年该数据仍有所提高，体育服务业的升级发展对全市体育产业质量和效益的提升带动作用明显。总的来说，2013年体育服务业升级助力产业优化、质量提升，并作为北京市体育产业的核心，在体育产业

发展各领域中增长速度最快，对产业发展的贡献率十分突出且呈稳定的持续上升态势。

1. 体育人才经纪公司

北京市体育人才经纪公司规模增加、经营项目丰富并且营业额有所增长。体育经纪市场仍处于形成阶段，随着商业赛事的开展、运动员商业化运作的加强和体育人才经纪市场的不断完善，将会推动体育经纪人行业的规模扩大和更加规范。

但是，由于职业体育的发展在我国还较缓慢，北京市人才经纪的公司相对数量较少，且规模较小。目前这类经纪公司多处于摸索阶段，对体育人才经纪的商业化认识还相对落后。而有些国内外的经纪人（或公司）从事的人才经纪流程不规范且存在争议，甚至没有履行任何法律程序，造成了体育中介市场的混乱。经营方式方面，很多活动都是偏向于买断经营，真正的、积极的经纪运作很少，多数体育人才经纪公司多凭借自己对市场的占有率、品牌和资金优势，抢占北京市场，缺乏行业规范。最后，体育职业化程度不高，经纪人的发展空间受到了一定的限制。

2. 赛事运营经纪公司

北京市赛事经纪市场呈现大幅上升趋势，体育竞赛表演市场发展较快，赛事品牌影响力逐渐增强。[①] 北京市一直以来都很重视体育赛事的举办，新中国成立以来，北京举办的各国赛事数量极多，丰富了北京举办体育赛事的经验，为北京成功举办大型体育赛事打下了坚实的基础。其中，1950～2009年北京列入体育竞赛计划的赛事约为4081项次，其中国际性赛事498项。近年来，越来越多的国内、国际大型体育赛事在北京举办，主要包括综合性比赛、职业联赛、单项体育比赛等。从数量上看，已经相当可观。

随着经济社会的发展，大众对赛事的需求已从单纯的拿金牌向更多元的层面转型，不论欣赏还是参与，都需要引入市场机制。目前，北京进行体育赛事经纪的赛事大致可分为三类：以奥运会争光战略为基础的专业赛事、融

---

① 徐晓锐：《优化北京市大型体育赛事环境的研究》，首都体育学院硕士论文，2013。

入了商业元素的职业化赛事以及全民健身赛事。从经济角度来看，举办大型的国际性体育赛事，往往能获得企业赞助商的青睐，这是因为企业更愿意投资在能带来高回报的地方，商家关注的是该投资能否为自己换来潜在的市场。从20世纪80年代起，国际上各大公司花在赞助方面的费用飞速增长，据国外专家测算，在国际性重大体育赛事方面，由赞助商提供的赛事经费比例高达40%左右。因此，对于举办这些赛事，其经济效益不能局限在计算预算和花费上，因为在赛事前后和比赛期间都会有其他经济活动发生，举办大型体育赛事或许在基础设施上的投入比较大，但真正促进了本地区的经济发展。

3. 版权类体育经纪公司

版权类体育经纪公司主要涉及体育和传媒这两个产业。版权类体育经纪过程涉及五个环节：赛事举办、组织营销、市场交易、赛况转播和受众消费。转播权是无形的服务，实体赛事是它的物质载体。[1] 转播权的生产与体育比赛的举办同时诞生，体育经营者或是自己直接，或是在中介商的撮合和协助下将转播权投向交易市场，作为内容中间产品，再由广播电视等传媒机构购买，经过编排后以赛事转播节目产品的最终形式播出，并为受众所消费。这就是转播权商品从生产、交易、再生产到消费的全部产业链过程。因此，体育事业的发展是此类公司的主要动力，体育事业的质量对此类公司起着基础性作用，高认可度、高质量的体育赛事或其他体育事业的发展促进了北京市版权、电视转播权类经纪公司的发展。

但是目前存在的问题是：①北京市乃至国内的电视转播制作公司或出版公司电视产品的质量还有待提高，在京举办的大型赛事多借助国外的电视媒体或经纪公司，北京自有资源还有很大开发空间；②目前收费的体育赛事转播项目较少，电视收入主要依赖广告二级市场，对赛事转播不能形成前后制约，容易降低赛事的质量，一味满足广告赞助商的商业需求；③北京市版权、转播权类经纪公司经营范围、经营手段缺乏专业性，不够市场化，需要

① 龙建新：《对我国体育赛会电视转播权营销现状分析》，《湖北体育科技》2003年第2期。

进一步规范。

当然，北京市版权、转播权类经纪公司近几年也有了巨大进步：①电视台通过自产自销培养内容产品，存在着产业链的前向约束；②电视台通过广告置换等方式将风险转嫁给体育组织，经营手段丰富且越来越迎合市场的需要，有利于初级市场的培养，对此类行业的长期发展表现出很好的势头；③顺应宽带网络技术发展的有利形势，国家广电总局应结束各地的网络公司割据状态，推倒地域壁垒，统一机顶盒标准，加快从模拟终端到数字高清的升级转换，大力推动有线付费电视市场的发展等一系列手段的推出已经全面覆盖整个北京市，这为北京发展体育版权、转播权类经纪市场提供了更好的媒介平台，为受众提供方便的信息渠道的同时也为经纪公司提供了更广阔的产品渠道。

虽然目前很难就单纯的体育版权类经纪公司2013年经营效益进行数据统计，但是该产业不仅带动体育等其他相关产业的发展而进步，也拓展体育市场、体育覆盖面等体育产业推广面。这不仅反映了北京市体育产业发展的脚步，也带动了北京体育产业的劲头。

4. 体育场馆类经纪公司

随着北京经济社会的快速发展和人民生活水平的迅速提高，市民的体育健身意识显著增强，群众体育需求大幅增长并呈多元化趋势。与群众体育需求相比，体育公共服务在群众体育设施、健身指导、体育人才等方面的供给仍显不足。推进体育基本公共服务均等化，需要进一步提升体育公共服务供给能力。[1] 近年来，北京市体育场馆发展迅速，总体上呈现出数量增加、规模扩大、投资增加的发展特征。北京市大型体育场馆单体建筑面积平均达到14975.34平方米，大于20000平方米以上的场馆有14家。从投资趋势上看，北京市对体育场馆的投资规模呈逐年加大趋势，投资主体多为国有，约76%的体育场馆经营主体是国有事业单位。在使用功能方面呈现多元化发展趋势，群众性体育锻炼和承办竞技比赛依然是北京市大型体育场馆的重要功

---

① 《2013~2018年中国体育产业市场发展现状及投融资前景报告》，中商情报网，2013。

能；同时，北京市各体育场馆还充分挖掘利用场馆的相关功能承办大型文艺演出、展览展示、集会等大型活动。

体育设施从性质上分，有公益性体育设施（公共体育设施）和经营性体育设施；从功能上分，有大众健身设施、训练比赛设施和体育产业经营设施；从规格上分，有标准体育设施和非标准体育设施、综合性体育设施和单项体育设施、室外体育设施和室内体育设施；从档次上分，有高档、中档、低档三个层级的体育设施；从行政隶属关系上分，有中央政府所属体育设施、市政府所属体育设施和区县政府所属体育设施等。[①] 改革开放以来，随着北京市体育事业对外交流的增多，以及居民健身需求的日益增长，体育设施供给呈现快速增长的态势，全市的公共体育设施建设获得了很大发展。2012 年，北京市共有体育场 94 个、体育馆 37 个、游泳场馆 447 个、室内游泳馆 375 个，体育场馆是体育事业和体育产业发展的重要载体，是体育经济的重要组成部分。体育场馆已打破单一的运行模式，呈多元化发展。日常体育锻炼场地租赁收入在场馆收入中占据主要地位，但收入来源已经开始呈现多元化特征。体育场馆的经营活动已经逐渐呈现多元化的发展趋势，特别是在商业设施自营或经营性租赁收入方面表现显著；其次依次为大众体育竞赛活动、文艺演出、职业竞技。其中大型体育场馆主要用于举办职业化赛事和大型竞技体育活动，职业竞技方面收入的平均占比偏低，说明场馆在通过与职业化比赛的结合、提高利用率、增加经营收入方面仍然不足。体育场馆运营的竞争较为激烈。竞争主要集中在日常锻炼、职业竞技比赛、大众体育竞赛活动领域。场馆之间的竞争主要集中在体育场馆的核心功能——大众健身与竞技比赛领域，而文艺演出、会展等其他使用功能的竞争排序在第一、二、三位的频次分布较少。

体育场馆与商业的融合发展有利于提高场馆的经营业绩，形成体育场馆的运营优势。总体趋势是商业配套设施面积增加，亏损的场馆数量相对减少，表明体育场馆与商业的融合发展有利于提高场馆的经营业绩，形成体育

---

① 《2013～2018 年中国体育产业市场发展现状及投融资前景报告》，中商情报网，2013。

场馆的运营优势。

5. 调研咨询类体育服务公司

体育中介服务中心建设助推体育中介领域向好发展。2012 年，体育中介单位作为赛事经纪、商务代理等活动的市场主体，业务活动进一步得到拓展，对京外业务辐射能力也进一步增强，赢利水平稳步提高，增加值呈现较快增长的态势。2012 年，北京市体育中介活动领域实现增加值 5 亿元，比上年增长 17%，虽然由于 2010 年基数较高，2011 年增速有所回落，体育中介活动增加值增速指数下降后反弹为 102.2。

加快现代体育产业体系建设。体育产业增加值每年以 15% 的速度增长；2015 年，体育产业增加值占全市地区生产总值比重力争达到 1.5%，体育服务业增加值占体育产业增加值比重力争达到 55% 以上；初步建立以体育服务业为主体、具有较强产业辐射能力和带动作用的现代体育产业体系，培育一批具有较强竞争力的体育企业，力争推动体育产业成为首都经济新的增长点。

扩大体育赛事国际影响力。[①] 每年申办或创办 1～2 项具有重大国际影响力的体育赛事；培育完善北京"十大品牌赛事"，全力办好北京 2015 年世界田径锦标赛；重点支持发展 1～2 家大型体育赛事集团与企业；转变赛事运行机制，提高体育赛事运作市场化水平。建立结构合理、布局均衡的体育场馆设施体系。全市 100% 的街道（乡镇）、社区（行政村）建有体育设施，100% 的区县建有一个区县体育中心；50% 具备建设条件的城市公园、郊野公园建有健身场地设施；具备开放条件的学校体育场地设施向社会开放率达到 70%；人均体育场地面积达到 2.1 平方米；体育场馆设施单位建筑面积能耗下降率实现"十二五"节能规划目标。

（三）影响北京市体育中介服务业发展的因素

我国体育产业总体态势发展良好。2008 年、2010 年、2012 年我国国内

---

① 北京市体育局：《北京市"十二五"时期体育发展改革规划》，2011。

体育产业实现增加值分别约为 1555 亿元、2220 亿元、3113 亿元，分别占当年 GDP 的 0.52%、0.55%、0.60%，较上一年分别增长 16.05 百分点、13.44 百分点、12.58 百分点，增长速度均高于当年 GDP 增速。尽管与体育产业发达国家相比规模有限，但十余年来我国体育产业总体发展势头迅猛，市场前景十分广阔。

北京作为不断迈向现代化、国际化的大都市，体育产业是城市发展不可或缺的重要方面，不断地发挥着良好的经济效益和社会效益，较好地促进了首都经济增长方式的转变。近年来北京体育产业发展呈现平稳健康发展态势，2008 年北京市体育产业实现增加值 154.0 亿元，比 2007 年增长 75.8%，占 GDP 比重达到 1.39%；2012 年实现增加值 144.2 亿元，比 2011 年增长 11.7%，表明体育产业质量提升、效益增长和产业优化等增长明显，"五个中心"目标有效引领了产业升级[①]。

体育中介行业作为体育产业的重要构成部分，是赛事经纪、商务代理等活动的市场主体。近年来北京体育中介行业业务活动进一步得到拓展，对京外业务辐射能力也进一步增强，赢利水平稳步提高，增加值呈现较快增长的态势。但值得关注的是，体育中介行业的年增加值和增长率较其他行业，如体育用品、服装鞋帽及相关体育产品的制造与销售、体育赛事管理行业等，均处于较低水平。2008 年北京市体育中介行业增加值为 2.8 亿元，增长率为 44.7%，而体育用品制造与销售行业增加值为 38.6 亿元，增长率高达 100.6%；2012 年体育中介行业增加值为 5.0 亿元，增长率为 7.0%，而体育用品制造与销售行业增加值为 62.9 亿元，增长率为 18.1%。两组数据表明，北京市体育中介行业的发展多年来处于弱势水平，导致这一现象的主要原因可从制度、政策、市场、企业四个维度归咎为以下几点。

1. 体育中介制度与体育资源垄断

长期以来自新中国成立百废新兴时起，举国体制就是我国根本的体育工作体系和运行机制，这与我国国情密不可分，是历史的选择。作为计划经济

---

① 北京市体育局：《2012 年北京体育产业发展报告》，2013。

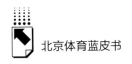

时期的产物，这一体制最显著的特征为政府是体育事业的主体，其以行政化进行体育管理和计划配置体育资源。1995年6月颁布的《全民健身计划纲要》和同年7月由国家体委制定和实施的《奥运争光计划》明确了我国体育的发展战略，这一具有鲜明的功利性和公益性特征战略进一步巩固了政府在体育管理中的主导地位。随着社会主义市场经济改革的不断深入和我国职业体育进程的加快，举国体制的弊端逐步显现①。

现阶段北京市体育中介企业总体分为两类，一类是隶属于政府的体育中介企业，另一类为民营中介体育企业，但无论"国有"还是"私有"，两者均难以摆脱受政府政策导向的命运。在现行体制下，体育管理运行机制高度行政化、集权化、"伪职业化"所导致的"管办不分"现象与"放活微观，管制宏观"的市场经济需求相矛盾。从经济学的角度来看体育场馆、体育赛事、体育人力资源均属于生产要素，政府对此类体育资源的垄断导致体育中介行业缺少竞争压力和发展动力，缺乏有力的外部制约监督机制，容易导致违背市场法则、侵犯消费者公平交易权和选择权的情况。因此，我国体育资源的高度垄断与市场经济平等竞争的基本特征相矛盾。这两大矛盾无疑从根源上遏制了北京市体育中介行业乃至体育产业的发展。

2. 体育中介政策与体育相关法规

目前北京市积极推行体育产业扶持政策。如2009年北京市委、市政府发布《关于促进体育产业发展的若干意见》和《关于北京市体育产业调查和建立统计监测制度的方案》，以全面掌握和监督北京市体育产业的总体规模、产业结构和发展趋势；2012年，北京市政府印发《关于加快发展体育产业的实施意见》，提出进一步促进首都体育产业持续健康发展的目标，对产业发展起到了有力的推动作用；提出加大对体育中介服务组织的政策支持力度，对经认定的体育中介服务组织及其开展的体育中介服务，政府以项目的方式予以资金支持。但实际上政策都没有从根本上有效地促进体育中介的发展。由于政策的扶持具有时间阶段性和地域局限性，相关法律体系的建立

---

① 伍绍祖：《正确对待机构改革，再创中国体育辉煌》，《体育科学》1998年第2期。

与完善则尤为迫切和重要。1995年，国家工商行政管理局颁布《经纪人管理办法》，将我国经纪人身份合法化；《体育法》也对体育中介经营活动的管理设置了专门条款，但仍不能满足当前体育中介经营与市场管理的需要；《民法通则》和《合同法》上关于代理的规则虽然适用于体育中介，但针对性明显不足。相对滞后的立法工作导致迅速发展的体育中介行业将在一定时期内处于无法可依和有法难依的尴尬局面①。

3. 体育中介市场与市场机制完善

我国的社会制度和法律法规存在诸多纰漏，且在短时期内无法彻底解决，但随着全面深化改革的不断推行，更加适应市场的社会机制和法律机制终将成型。现阶段正处于改革进程之中，以外部环境欠佳为借口而扰乱或破坏行业内部秩序的行为是不可取的。因此，在现有条件下建立诚信、有序、高效的体育中介行业机制势在必行。据不完全统计，北京市注册和未注册的体育中介企业有100余家，企业规模和服务质量参差不齐，市场价格机制、市场诚信机制、市场竞争机制以及市场监督机制尚未建立，行业受到政策严重影响，甚至出现灰色产业链，致使市场无法在资源配置中起决定性作用，企业内部管理和外部市场运作混乱成为行业通病，恶性竞争、暗箱操作和商业违规现象频频发生，市场供需双方对体育中介行业的信任度和满意度较低。

4. 体育中介企业与专业人才培养

根据2010年北京市统计局、国家统计局北京调查总队、北京市体育局联合发布的《北京市体育及相关产业发展报告》，2010年北京市体育中介行业从业人员约为4000人，这一人数规模至今变化不大。体育经纪人应具备丰富的知识、信息意识、经营能力、公关能力、职业道德，是高素质的复合型人才。北京市从业人员学历背景多为本科学历，硕士及以上学历所占比例较小，接受过体育经纪人职业培训的人员仅占半数，这是导致从业人员专业化程度不高的重要原因。目前国家职业资格体育经纪人培训及认证将对北京市体育经纪人才有进一步的优化和补充作用。

---

① 〔美〕理查德·斯格特：《组织理论》（第4版），黄洋、李霞、申薇等译，华夏出版社，2002。

三 北京市体育中介服务业发展趋势及未来展望

（一）北京市体育中介服务业发展趋势

1. 市场规模将不断扩大

近年来，北京市体育产业的发展取得了较好的成绩。2012 年，北京市体育产业呈现平稳健康发展态势，实现增加值 144.2 亿元，按现价计算，比上年增长 11.7%。作为体育产业重要组成部分的体育中介服务业对体育产业发展的贡献较大。收入绝对值达到 21.8 亿元，收入绝对值比率达到 5.8%；增加值绝对值增长实现 5 亿元，增长比率高达 17%，比北京市体育产业绝对值的平均增长率还高 5.3 个百分点；从业人员增加值 0.4 万元/人，增长比率达到2%。① 2012 年，与体育赛事相关的体育组织管理活动和体育中介活动领域对全市体育产业增长的贡献率达 39.3%。赛事的成功举办还有力地拉动了场馆周边的餐饮、娱乐消费，带动了体育服装鞋帽零售业及赛事赞助商销售业绩的增长。从 2010 年到 2012 年三年间，体育产业确立了大型体育赛事指数、体育用品销售活动增加值增速指数、体育中介活动增加值增速指数、体育传媒活动增加值四个优先发展目标实现指数，其中体育中介活动增加值实现指数分别为 148.5、43.5、102.2。2013 年，体育中介单位作为赛事经纪、商务代理等活动的市场主体，业务活动进一步得到拓展，对京外业务辐射能力也进一步增强，赢利水平稳步提高，增加值呈现较快增长的态势。另外，随着政府对体育产业各项扶持政策的出台以及外部良好的经济发展环境、文化资源环境和科学技术环境做保障，体育中介服务行业市场规模将呈现不断扩大的趋势，体育中介服务业的产业结构和产业层次也将不断地升级。

2. 行业步入快速发展阶段

众所周知，近年来，我国体育中介服务行业的发展取得了良好的进步。

---

① 北京市体育局：《2012 年北京体育产业发展报告》，2013。

北京市作为我国的文化中心、经济中心、政治中心，体育中介服务业的发展对我国体育中介服务业的发展贡献巨大。2012 年，与体育赛事相关的体育组织管理活动和体育中介活动领域对全市体育产业增长的贡献率达 39.3%。另外，随着政府对体育产业发展的高度重视，出台一系列相关的鼓励和刺激体育产业发展的扶持政策。再者，随着经济的快速发展，人民生活水平的进一步提高，有钱有闲阶层越来越多，我国体育消费水平将进一步提高，体育中介服务行业将步入快速发展轨道，不断促进带动各相关产业的发展，成为我国体育产业经济增长的一支重要力量。

3. 服务产品趋向专业化个性化

相关研究显示，近 20 年来，北京市体育产业的发展主要还是体育产品、服装鞋帽、器械等实物产品的发展，而服务性的产品在体育产业中所占的比例一直较小。然而，随着生产力的不断发展，生产工艺和流程不断优化，实物产品生产效率大大提高，已经表现出明显的供大于求的状态。另一方面，随着人民生活水平的提高，以及各种"文明病"的不断出现，人民大众更加注重在身体方面的投资，从事各种不同类型体育消费。如何更好地进行体育健康，如何更好地享受体育服务，如何寻求更专业、更个性化的体育指导等，成为广大体育消费者的基本诉求。所以，北京市体育中介服务行业要想获得更好的发展环境，取得更好的发展效益，将会更加不断地满足消费者多元化、个性化的体育需求。

4. 行业供大于求状态不会有根本改变

近年来，北京市体育中介行业快速发展，已经成为北京市体育产业中重要的组成部分。2012 年，北京市体育产业实现增加值 144.2 亿元，其中体育中介服务业 21.8 亿元，占到体育产业的 15%；北京市体育产业绝对值增长率与上年相比增长速度为 11.7%，其中，体育中介服务业绝对值增长率与上年相比，增长速度为 17%，比北京市体育产业绝对值的平均增长率还高 5.3 个百分点。[1] 虽然说，北京市体育中介服务业的发展速度在不断加

---

① 北京市体育局：《2012 年北京体育产业发展报告》，2013。

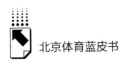

快,但由于众多体育中介服务企业和机构的经营管理能力和水平较低,提供的体育中介服务产品的质量和层次不高。一方面,不能够满足高消费层次的消费需求;另一方面,普通民众的体育消费意识不强,所以,寻求体育中介服务的意愿并不强。因此,目前北京市体育中介服务行业仍然处于一种供大于求的状态,未来3~5年,北京市的体育中介服务行业这样一种供求状态将得不到根本性的改变。

5. 竞争成为未来行业基本格局

就目前北京市体育中介服务行业的发展来讲,还没有特别具有竞争力的体育中介行业,所具有的大部分是中小型的体育中介服务公司,如北京新赛点体育策划有限公司、高德体育文化传媒、北奥文化等一些体育中介公司,并且这些体育中介公司的规模及实力较国外的体育中介公司相比差距甚大,所以,目前向社会提供的体育中介服务产品的层次和水平还比较低,同质化水平较高,缺乏核心竞争力。另外,由于我国体育管理体制还不是很完善,体育资源并没有完全放开,我国现阶段能够运作的体育赛区、运动员、体育场馆还比较有限,因此,各体育中介公司和企业还处于一个较低水平的竞争状态。所以,假如遇到较大的赛事和项目,除了像IMG这样的大型体育中介公司,一般的体育中介公司还无法完全独立承担。在这种情况下,体育中介公司之间的合作就显得尤为重要。未来几年,北京市体育中介服务行业这样一种既合作又竞争的"竞合"关系将得不到改变,所以,垄断竞争将会成为未来体育中介服务行业的基本格局。

6. 信息、项目、服务将成为竞争主要方向

首先,众所周知,当代世界是信息化高度发展的社会,信息的传播和传递更加快速和便捷,微博、微信、电销平台等网络化工具的功能更加强大,因此体育中介服务行业的信息竞争更加激烈。其次,服务竞争将会受到各体育中介服务公司的高度重视。体育中介服务业说到底就是服务的竞争,体育中介公司所提供体育服务产品的层次和水平的高低直接影响顾客和消费者的诉求,更影响到企业的赢利水平及未来的生存发展。就目前来讲,北京市体育中介服务企业和公司所提供的中介服务产品的水平和能力不高,服务同质

化严重，企业间竞争激烈，所以，在这个层面上讲，所提供中介服务产品的核心竞争力将成为未来体育中介服务公司投入的重点。最后，项目竞争成为体育中介服务企业竞争的关键。任何体育中介公司要想生存和发展，必须获得项目的支持。在我国目前这种的一种管理体制之一，国家体育总局成为各类体育资源的实际控制者，各体育中介公司要想获得项目和资源，往往都得通过国家体育总局的审批，所以，如何获取项目和资源、加强与国家体育总局的交流和沟通将受到体育中介服务企业的高度重视。

（二）北京市体育中介服务业未来展望

1. 战略规划与实施规则将明确

只有明确我国体育中介行业的发展目标，统筹安排，制订我国体育中介行业市场发展的长远战略规划，才能更加科学合理地培育和发展我国的体育中介行业。从战略的角度来看，制定推动体育中介行业发展的近远期规划，制定和实施体育中介产业的相关政策，完善相关的法律法规，培育健康、自由、高效的市场环境，增强市场资源配置的能动性，促使我国体育中介行业有目标、有步骤、有计划地发展是相当必要的。应借助 2008 年举办北京奥运会的契机，走与国际接轨的发展道路，在政策上扶植我国的体育中介组织，鼓励其参与到国际体育中介行业的竞争中。

2. 体育中介市场资源逐步公开

我国正处于由计划经济向市场经济的转型时期，体育中介服务行业拥有良好的市场前景。政府应该进一步转换体育行政管理部门的职能，全面深入地发展各种体育中介组织和机构，一方面直接将现行的某些体育中介职能推向社会，如通过制定政策将赛事推广、运动员代理等中介事务分离出来，交由社会体育中介组织与体育经纪人去完成，将体育中介市场去行政化，充分发挥体育中介组织与体育经纪人的市场职能；另一方面间接地引导体育中介组织进行市场活动，如制定相应的政策有序地开发体育竞赛与体育人力资源，完善体育市场各种资源的管理办法和法律法规，在市场化运营较好的职业联赛中，推行体育赛事经纪制度与运动代理制度，加快推进各类体育资源

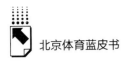

在市场的流动。同时，现有的绝大多数体育事业单位要逐步实现企业化和社会化。

3. 相关法律法规将逐步健全

目前我国体育中介服务行业法制建设严重滞后，唯有用健全的法律法规明确划分和规范各类体育投资者、体育赞助商、运动员、体育协会、体育中介公司、体育经纪人及社会各界的责任、义务和权利，建立健全体育中介组织、体育经纪活动管理、商业性体育竞赛管理、体育经纪人管理，才能充分促进体育中介行业的健康发展。法治化、规范化的市场环境是保证体育中介市场有序高效运行的基础。

4. 人才培养体系将逐步完善

专业人才是体育中介服务行业的要素，与行业的服务质量直接挂钩。大力培养体育经纪人才和体育中介经营管理人才，提升国内体育中介组织的市场竞争力，加快完善体育人才培养制度，提升体育中介从业人员的整体素质，是提高体育中介服务行业服务质量的关键所在。有理由相信，在未来，国家体育行政部门和工商管理部门会将完善体育经纪人进行培训监管体系，改变我国体育经纪人职业培训存在的培训机构单一、师资力量不足、学员资格限定不统一、培训内容不合理、培训方式单一、考核流于形式及缺乏规范的培训程序等局面，分期分类对体育经纪人进行培训和考核，同有关协会组织一起监管体育中介市场从业人员，并吸收其他中介服务从业人员进入体育中介市场，引进国际知名体育中介经营管理人才，加快中介市场的开发和完善。构建一个完整的，由专业体育中介机构、体育经纪人、业余体育中介机构和体育经纪人三者共存的机构体系。

5. 市场国际化步伐逐步加快

随着我国体育对外开放程度的不断加大，北京市体育中介组织与国外体育中介组织的交流也日益频繁。国外先进的体育中介服务行业的经营模式和管理制度值得我们借鉴。通过国际化市场运作将很大程度上推动我国体育中介服务行业的发展，市场中介组织规范化、标准化、国际化的步伐也不断加快。如何将我国的实际国情与国外先进的经营管理经验相结合是目前需要跨越的一道鸿沟。吸引一批懂法律、懂管理、懂外语的国际化体育经纪人投入我国体育中介服务行业中是十分必要的。同时，吸引国际一流的体育经纪公司在我国设立分支机构，可促进体育中介服务机构的功能得到发挥。①

四　北京市体育中介服务业存在的问题与发展建议

（一）北京市体育中介服务业存在的问题

1. 历史因素的影响

北京市体育中介服务行业出现落后于其他服务类行业的状况，一部分是源于历史因素的影响。多年来，我国一直把体育事业纯粹地当作福利事业来发展，这是计划经济体制长期影响的结果。国家作为体育事业长期且唯一的投资者，主导着体育事业的整体发展，并承担着其发展的全部责任，排斥除公有制之外的其他企事业单位发展体育事业并制约其生存和发展，搞"一大二公"，严重制约了我国体育事业的正常发展。体育经费的需求随着体育事业的规模扩大而不断增长，并与国家的财政供给能力发生日益激化的矛盾，这也对体育事业的发展造成了严重阻碍。

2. 现实因素的影响

北京市乃至全国的体育产业都具有起步晚、起点低的特点，目前的产业化进程还处在起步阶段。在人事结构上，存在着平均主义及"铁饭碗"的现象，活力和动力不够，效率和效益也不高；在经营方式上，体育服务行业整体还处在场馆出租和有偿指导等低层次的经营管理阶段。目前的行业规模、行业结构和行业层次都仍未达到一个完善的、成熟的产业部门应有的水平，其经济功能仍远远未被开发出来。体育产业在实际的发展过程中还存在着"六不"问题，即产权关系不明、资产管理不顺、主体投入不足、市场发育不全、经纪人才不多、服务管理不善，严重影响了体育产业的健康蓬勃

---

① 国家体育总局政法司：《体育产业——现状、趋势与对策》，人民体育出版社，2001。

发展。

3. 管理者错误的认识

管理者也一直在主导思想上将体育领域中的劳动划分到非生产劳动里，认为体育是不可能生产创造出经济价值的，它只是利用并实现了投资的社会价值而已。这种错误的认识在极大程度上对社会体育组织的职能造成虚化，没有发挥出兴办体育应有的积极性及创造性。

4. 核心服务存在劣势

与国外体育中介企业相比，我国体育中介企业目前提供的体育中介市场核心服务还存在较大的产品差异化的劣势，影响到我国体育中介企业服务品牌的形成、服务渠道的畅通、服务手段的创新和服务效益的提高。

5. 管理规范缺位

管理规范上的缺位，造成垄断机构在体育中介市场活动的环节上设置市场进入障碍，从中获取利益，给体育中介市场的发展带来了一定的负面效应。体育中介企业的市场行为调查显示，我国体育中介企业在体育中介市场中大多是单项或短期的合作，长期委托业务还不普遍，大多是依靠单项业务的交易费来获得收益。

6. 信息流通不畅

体育中介市场的信息流通渠道还不健全，很难通过规范的市场渠道获得相关的信息资源，造成信息搜寻成本的上升，导致市场中代理成本的增加，引发体育中介服务的市场价格混乱。

7. 企业规模小

体育中介企业规模小，整体素质参差不齐，缺乏市场需要的企业兼并行为，体育中介市场处于非良性的竞争状况，整体上削弱了我国体育中介企业的市场竞争力。部门利益集团为了保护其利益，肆意垄断体育中介市场价格，导致企业进入的成本过高，造成体育中介行业整体的低效益。体育中介市场中"过度竞争"，使众多的中小型体育中介企业只有通过各种关系渠道获得项目资源，导致代理成本的上升，影响到行业的整体效益。

8. 技术创新能力弱

体育中介企业技术服务创新能力弱，从业人员素质参差不齐，行业管理滞后，尤其缺乏稳定的业务量来维持其正常的运营。受传统管理体制的制约，近年来我国体育的运行方式正在逐步向市场经济过渡，但在某种程度上仍带有计划经济的时代烙印。在企业与体育部门的联办过程中，企业往往无法获得足够的自主权，经济性质不明确、产权不清。依照发展经济学的理论，市场虽可通过价格手段来对资源进行有效配置，从而缓解商品稀缺，为经济主体提供信息及激励，但是市场的有效性上根本是取决于产权的界定等制度因素的。由于尚不能被称为真正意义上的市场法人主体，服务实体如俱乐部等就无法依照正常的市场规则进行自我经营、自负盈亏、自我约束和自我发展等行为。由于管理体制的诸多束缚和激励机制的缺位，经济行为主体缺乏对体育服务市场的分析和研究。此外，体育中介服务产品的市场开发也缺乏开拓创新精神。

9. 服务管理水平低

服务管理水平低下、人才缺乏。从国外体育服务业的发展历程来看，如果没有熟悉体育和经济管理的综合型人才，体育服务业就成长不了。根据调查，从事体育行业的人才中多为其他非体育专业人员居多，其中体育中介服务业中以外语专业、管理专业的居多，但是该部分从业人员缺少专业知识，显示出在北京市体育产业发展初期的人才需求与运营模式的问题，所需人才不能满足专业的体育管理、体育经济与所从事行业的结合。

10. 寻租行为仍旧存在

寻租行为仍然是体育中介服务业中的突出问题[1]。北京市是中国政治中心，也是各类决策部门的所在地，使其成为政策和信息的集散地，信息的垄断是寻租行为产生的重要原因。寻租是一种普遍存在于向市场经济转型的国家中的经济现象，属于较典型的"委托—代理"问题。其基本内涵是追求直接的、非生产性的利润。"直接"是在于直接产生于权力而不是借助于生

---

[1] 王依杰：《我国体育中介市场交易费用的影响因素研究》，西南交通大学硕士论文，2008。

产过程，"非生产性"是在于这些活动将产生金钱收益，但并不直接生产产品和提供劳务，因此它无法实现社会生产规模的扩大，甚至还会因为垄断而缩小生产规模，它所争夺的是已有的生产利润。寻租者的目的是利用权力获得直接的、非生产性的利润，对于寻租活动的另一方而言，其目的则是获取超出其寻租成本的收益。可见，寻租活动总是与特权、腐败等因素相联系。体育中介市场存在着寻租活动，究其根本原因，是有大量的制度租金存在着。体育中介由生产性的寻利转向非生产性的寻租，不是因为其道德观念的变化改变了其为自身谋取利益的行为方式，是因为制度结构发生了变化，也就是个人选择的环境发生了改变。因此，决策者应从根本上在制度中寻找使得体育中介产生寻租行为的原因，唯一能解决寻租问题的方法就是建立起这样的一种制度，即加大寻租成本，减小寻租收益，使寻租的净收益小于寻利的净收益。

（二）对北京市体育中介服务业的发展建议

1. 加大投入

加大投入，推动体育中介企业服务产品与技术的创新与开发。北京市体育中介服务企业应当加大在服务产品与技术方面的人、财、物、信息等的投入，注重技术创新和产品开发，确保体育中介服务产品质量和水平的不断提高，满足人们日益增长的多样化体育中介服务消费需求。

2. 转变观念

转变观念，建立现代化的体育中介服务业发展思想。政府在发展体育产业的过程中，不能简单地把体育领域的劳动视为非生产劳动，杜绝"体育不能生产和创造经济价值，只是在利用和实现投资的社会价值"这种错误思想，而要认识到，体育中介服务业不仅能创造可观的经济效益，而且能够带来良好的社会效益，它是新型的无烟的朝阳产业。

3. 加强法治建设

加强法治建设，规范体育中介市场秩序。法治文明是经济文明的重要保证。北京市在推动体育中介服务业发展过程中，要把法治建设放在显著位置，不断地加强北京市体育中介服务业法制建设，优化体育中介服务业发展市场环境，规范体育中介服务业市场秩序。

4. 引入现代管理思想

引入现代管理思想，提高我国体育服务业经营管理科学化水平。管理水平低下、管理不规范是我国企业管理一直以来就存在的顽疾，体育中介服务业作为新型的服务型行业表现尤为明显。所以引入现代管理思想是提高我国体育服务业经营管理科学化水平的重要途径。

5. 加大专业人才培养

加大专业人才培养力度，助力体育中介服务业发展。众所周知，专业化的人才保证是企业和行业得以兴旺发达的重要保证。据调查，从事体育中介服务业中的人员中以外语专业、管理专业的居多，而缺乏专业化的体育管理方面的人才。所以，北京市在推动体育中介服务业发展过程中，应该加大专业化的体育人才培养力度。

6. 创建沟通平台

创建平台，促进体育中介市场信息流通。信息不对称是机会的根源，同样也是腐败的诱因。由于信息不对称，企业寻租行为不断蔓延，政府腐败现象日益严重。北京市政府需要为体育中介企业信息的获取和传播创建平台、提供机会，使体育中介服务信息在市场中顺畅流通，减少甚至避免企业寻租行为和政府腐败现象，加强体育中介服务产品供需双方的沟通与交流。

参考文献

国家体育总局职业技能鉴定中心：《体育经纪人》，高等教育出版社，2011。

〔美〕斯蒂芬·P. 罗宾斯：《管理学》，李原、孙健敏、黄小勇译，中国人民大学出版社，2008。

北京市体育局：《2012 年北京体育产业发展报告》，2013。

中商情报网：《2013~2018 北京体育用品行业市场调查及前景预测报告》，2013。

肖淑红：《体育产业价值工程》，北京体育大学出版社，2009。

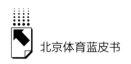

肖淑红：《中国体育产业价值链管理模式研究》，中国教育文化出版社，2005。

理查德·斯格特：《组织理论》（第 4 版），华夏出版社，2002。

北京市体育局：《北京市"十二五"时期体育发展改革规划》，2011。

《北京市 2012 年国民经济和社会发展统计公报》，北京统计信息网，2013。

谭建湘等：《我国体育中介市场现状与对策研究》，《第七届全国体育科学大会论文摘要汇编（一）》，2004。

宋昱：《中国体育产业的集聚与集群化发展研究（1994~2010）》，南京师范大学硕士论文，2011。

国家体育总局政法司：《体育产业——现状、趋势与对策》，人民体育出版社，2001。

王依杰：《我国体育中介市场交易费用的影响因素研究》，西南交通大学硕士论文，2008。

陆歆弘：《竞技体育的商业价值及其评价》，上海体育学院，2005。

王琪延、王湛春：《北京居民体育活动变化调查研究》，《体育文化导刊》2013 年第 4 期。

北京市体育传媒业格局与市场前景

黄若涛　张宏伟　张轶楠*

摘　要： 中国体育媒体经过十几年的快速发展，逐步形成了较大的产业规模，并拥有了自身特有的媒体产业特性。北京市作为中国体育产业和媒体产业发展较为成熟的地区，其体育媒体产业规模和市场发展前景都较为完善。本文分析了北京市体育传媒产业的发展现状和所具有的特点，对新媒体环境下体育媒体受到的产业冲击开展了研究，并对其今后的发展趋势开展了讨论。从一个侧面反映出我国体育传媒产业的形成、发展过程与现状，为体育传媒产业今后的发展提供了一定的借鉴。

关键词： 体育媒体　产业格局　市场前景　北京

我国体育媒体的产业发轫时期集中在 1999~2005 年，也是在这个时期，体育产业与媒体产业的关系讨论成为一个热门话题。而 2008 年北京奥运会的成功举办，直接推动了中国体育传媒产业的全面发展。在过去十几年的产业发展中，体育传媒成为沟通大众媒体和体育之间的桥梁，同时在演进中也呈现出体育产业与传媒产业的特点。

---

* 黄若涛、张宏伟，博士，首都体育学院管理与传播学院副教授，研究方向为体育新闻传播；张轶楠，博士，副教授，研究方向为传播学、心理学、新媒体研究方法。

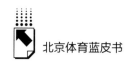
一 体育传媒产业的界定与特点

十几年来，体育传媒产业在中国高速发展的经济环境、独特体育和媒介管理制度的条件下，获得了较为有利的发展条件。体育产业和传媒业的关系更多地表现出的是协作的、相辅相成的，体育媒体产业也形成了较为清晰的产业界定特点。

（一）体育传媒业的产业界定

美国学者丹尼尔·科维尔在其著作《体育产业组织管理》中对美国体育媒体做了如下描述："体育媒体由成千上万的相关组织构成。首先是广播（电视和电台）媒体，它包括全国性的广播网络体育部门，如哥伦比亚广播公司体育网（CBS Sports）、家庭票房体育网（HBOSports）、美国广播公司体育网（ABC Sports）、体育和娱乐节目网（ESPN）高尔夫频道（The Golf Channel）和地区性的体育网络，如麦迪逊广场花园电视网（Madison SquareGarden Network）等。其次是印刷媒体，包括《体育画报》（*Sports Illustrated*）、《ESPN 杂志》（*ESPN Magazine*）和《运动新闻》（*The Sporting News*）等。最后是全国每一家报纸、电台、电视台里的体育部门以及正在成长中的各类体育网站。"[1] 由此，我们可以看出，丹尼尔·科维尔对体育传媒业的界定仍然具有较为显著的电视媒体时代的特点，而伴随着网络媒体在体育比赛传播中的使用，体育媒体产业的格局也发生了变化。

广义而言，体育媒体是指一切从体育活动、事件、人物中撷取素材，制作成文字、符号和影像产品并加以传播和销售的机构。从组织形态上看，它既包括从一般媒体中分立出来的专业化体育媒介机构，也包括在一般媒体中从事专门化体育报道的部门。从分类上看，它既包括传统媒体中的体育报纸、体育杂志、体育广播、体育电视，也包括新媒体中的体育网络。

---

① 〔美〕丹尼尔·科维尔：《体育产业组织管理》，清华大学出版社，2005。

从产业构成来看,首先是最具影响力的网络体育媒体,包括官方体育媒体(如各级体育行政部门网站)、综合性网站的体育频道、专业体育网站和传统媒体自办网站的体育频道等。主要是各大门户网站的体育频道,如新浪体育、搜狐体育、雅虎体育等,以及各级各类体育机构的官方网站,如国家体育总局官方网站、第二十九届奥林匹克运动会网站、中国篮球协会官方网站等。其次是电视体育媒体,它以CCTV5为代表,还包括各地方台的体育频道。再次是重新崛起的广播体育媒体,它主要由全国性和地方性广播网的体育广播构成,有影响力的主要有北京体育广播电台、上海体育广播电台、青岛音乐体育广播电台、楚天交通体育广播电台等。又次是具有广泛群众基础的体育报纸,它包括全国性和地方性综合类报纸的体育版和专业性体育报纸两类,后者目前在我国增长较快,截至2003年我国拥有专业体育报40种,其中知名度、美誉度较高的有《中国体育报》、《体坛周报》、《足球报》、《篮球报》、《东方体育日报》、《中国足球报》、《篮球先锋报》等。最后是传统的体育杂志。

(二)北京市体育传媒业的特点

与全国体育媒体的发展比较,北京的体育传媒业具有显著的地区性特点,主要体现在以下几个方面。

地区优势与人才优势显著。北京作为中国的首都,全国政治、文化的发展中心,聚集了中国最大数量的媒体和媒体人才,拥有最广泛的节目资源。

文化创意产业的助推力明显。北京市自2005年明确提出将文化创意产业作为未来首都经济发展的重要产业支柱之一,并出台了一系列政策对文化创意产业进行重点扶持和发展。作为首都经济新的增长点,文化创意产业展现了良好的发展基础和巨大的潜力,并成为首都经济增长的支柱产业。体育传媒产业具有文化创意产业属性,大的发展环境背景,为体育传媒的产业化发展创造了良好的外部环境。

赛事资源优势明显:北京市于2007年7月出台了《关于促进体育产业发展的若干意见》,该意见明确提出"积极申办、培育国际级的大型体育品牌赛事"是其主要任务。意见提出要加强与国际职业体育组织的密切合作,政府加大政策和资金的扶持力度,同时借鉴国际品牌体育赛事的运营模式,积极通过市场化运作,培育具有国际影响力的大型体育品牌赛事。在"十一五"期间,举办地在北京的大型有影响力的赛事有:中国网球公开赛、世界斯诺克中国公开赛、北京国际马拉松黄金赛等,创办、培育了世界乒乓球北京大奖赛、世界公路自行车赛、世界跆拳道大师杯赛、北京友好城市运动会等品牌赛事,引进了美国职业篮球联赛季前赛、美国职业橄榄球联赛、A1世界杯汽车大奖赛及意大利超级杯等顶级商业赛事。另外有计划地申办世界乒乓球锦标赛、世界游泳锦标赛、铁人三项世界锦标赛等最高水平的单项体育赛事。这些赛事在北京地区为体育传媒提供了丰富的报道内容和营销资源。

奥运会的知识遗产和人力遗产:北京奥运会为北京地区体育媒体培养和锻炼了一大批熟悉国际报道要求、了解体育赛事制作标准和英语熟练的专业人才,成为北京奥运会的知识遗产和人力遗产。尤其是通过举办奥运会,体育媒体的产业内容从单纯的内容生产扩大到媒体服务和媒体资源管理,拓展了产业链条和国际合作水平。

(三)影响体育传媒产业发展的因素

随着体育产业和传媒产业的快速发展,体育传媒产业成为一个热点新兴领域。体育传媒产业除具有一般媒体产业的特点外,还有一些特定的与体育相关的因素来控制和影响着其发展,并受其他多种因素的影响。

首先,受竞技体育的发展和体育产业的成熟的影响。竞技体育尤其是职业体育赛事是体育吸引受众的最重要因素之一,而观众是体育媒介市场追求的目标。举办高水平的体育赛事能够推动体育产业链的完善,对赢得更多的观众无疑是一个契机,也是促进体育传媒产业发展的原动力。

其次,受国民收入水平和第三产业的发展水平的影响。体育消费和体育节目的收视行为是人们在获得生活基本所需后才考虑的特殊消费模式。与此同时,第三产业是体育赞助的主体,第三产业和体育产业的发展为体育媒体产业融合提供了重要支持。

最后,受来自全球化发展的需求的影响。体育作为全球通用的语言,具有跨越国家和语言障碍的特性，也使得体育传媒具有相对其他媒体产品更大的发展空间和更多的合作资源。更重要的是由于全球主要体育赞助商都是国际品牌的拥有者，出于开拓国际市场的目的为体育媒体提供了更多的赞助，也推动了体育传媒产业的发展。

北京地区的体育传媒就其产业发展来看，伴随着电视业的蓬勃发展而成长起来的体育电视媒体和随着网络的专业分化而涌现的体育网络媒体为代表，在其过去20多年的产业发展中，逐渐从传统印刷媒体和电子媒体中分离出，并逐渐形成完整的产业格局和清晰的产业构成，成为我国体育传媒产业发展的主要推动力量。

二 体育传媒产业的市场分析

北京地区的体育传媒产业从形态角度来看，包含有体育内容与信息的广播、电视、报纸、杂志及网络等，从内容角度来看，体育传媒产品涵盖了体育新闻、体育赛事报道、体育知识普及、运动项目推广、体育文化传播等；从具体构成来看，包括体育新闻信息采集机构、加工机构、信息传播渠道、广告公司、媒体检测测评机构及其他配套服务商。

从整体而言，北京地区的体育传媒具有专业化和系统化的发展特性，并逐步形成了较为完善的体育传媒产业链。

（一）体育传媒产品分析

2013年随着互联网技术进一步完善，各种新兴媒体形式不断涌现，传统的报业传媒市场遭遇了巨大的冲击，报业广告持续呈现负增长状态，由于读者购买率下降报纸零售发行量不断下滑（见图1）。

从表1可以看到，2013年上半年，全国报纸总零售量环比下降2.16%，同比下降10.83%，达到历年最高水平，并且部分报纸种类的零售量跌幅继续呈现加大的趋势，加上城市报刊亭的数量减少、城市改造以及报业自身经营模式的改变，报业在传统发行渠道上的零售发行量不断降低。

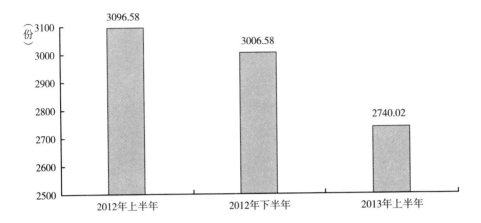

图1　全国报纸销量走势

资料来源：CCMC 世纪华文。

表1　全国报纸销售下降百分比

指标	整体平均销量（份/摊）	增长率（%）
2012 年上半年	3096.58	
2012 年下半年	3006.58	−2.91
2013 年上半年	2740.02	−8.87
2013 年下半年	2680.87	−2.16

资料来源：CCMC 世纪华文。

报纸生存环境日益恶劣，体育报纸也经历着变革的阵痛，在 2002 年之前创刊的体育报纸达到了 49 种，达到了历史最高峰，大多在足球联赛和世界杯报道上不计成本，随后大多数体育报纸面临入不敷出的尴尬境地，体育报纸的发展进入了动荡的时期，大批体育报纸停办。到 2013 年在北京地区能够购买到的体育专业报纸种类如表 2 所示，但是根据发行渠道的不同，在北京的报摊上能够买到的报纸有《体坛周报》、《篮球先锋报》、《篮球报》、《足球报》及有关体育彩票的报纸，通过邮局可以订阅《中国体育报》、《东方体育日报》、《扬子体育报》和《球迷报》。

表2　北京地区体育报纸列表

序号	报纸名称	出版地	出版周期	出版日	版面
1	《中国体育报》	北京	一周六期	周123456	对开8版
2	《东方体育日报》	上海	一周五期	周12345	四开24版
3	《扬子体育报》	南京	一周两期	周15	四开24版
4	《球迷报》	天津	一周两期	周15	四开24版
5	《篮球报》	北京	一周两期	周14	四开16版
6	《篮球先锋报》	广州	一周两期	周14	四开16版
7	《体坛周报》	长沙	一周三期	周135	四开32版
8	《足球报》	广州	一周两期	周25	四开24版
9	《围棋报》	武汉	一周一期	周6	四开16版

在综合日报体育版方面，2013年北京地区有12家报纸开设体育版面如表3所示，综合性都市报《北京晚报》、《法制晚报》、《京华时报》、《新京报》常规开设4个版面，在有重大赛事期间还会增刊，其余报纸开设1～2个体育版面为综合体育类报道。

表3　北京地区主要综合日报体育版列表

序号	报纸名称	体育版面	新闻资讯总版面
1	《北京日报》	1版	对开16版
2	《中国青年报》	1版	对开12版
3	《解放军报》	1版	对开12版
4	《人民日报》	1版	对开24版
5	《信报》	1版	四开24版
6	《竞报》	1版	四开24版
7	《北京晨报》	2版	四开24版
8	《北京青年报》	2版	对开32版
9	《北京晚报》	4版	四开24版
10	《法制晚报》	4版	四开24版
11	《京华时报》	4版	四开24版
12	《新京报》	4版	四开24版

如表4所示在综合日报体育版的报道内容上，足球和篮球仍是北京地区综合体育报最主要的报道内容。2013年中超联赛再次取得优秀成绩，各大

俱乐部加大投入，大牌外援和世界名帅接踵而至、竞技水平提高、球市持续升温、赞助商有质有量，特别是广州恒大代表中国足球俱乐部出战亚冠联赛并夺得冠军，吸引了大批的受众关注，媒体的正面评价也越来越多。此外，北京国安及欧洲足坛赛事仍在北京具有稳定的球迷群体和媒体报道量，从而使得足球成为体育版中报道内容最多的项目，最多的达到了44%（《竞报》），最少的报道量也占到了24%（《中国青年报》）。占据报道量第二的是篮球项目，中国男子职业篮球联赛、美国男子职业篮球联赛及中国男篮国家队的赛事仍是最主要的报道内容，尤其是中国男篮在亚洲锦标赛的不佳战绩，长时间成为媒体的报道重点。排名第三的为网球项目，四大网球公开赛及中国金花的集体崛起，使得网球项目报道成为稳定并不断增长的报道内容，最多的达到12%（《中国青年报》）。此外、乒乓球、羽毛球、游泳等项目也因世锦赛的举行获得了一些关注。

表4   北京地区主要综合日报体育版运动项目报道

序号	报纸名称	报道内容（%）									
		足球	篮球	网球	排球	乒乓球	羽毛球	高尔夫	游泳	田径	其他
1	《北京日报》	34	26	6	5	6	9	1	3	2	8
2	《中国青年报》	24	22	12	6	7	9	1	9	3	7
3	《解放军报》	32	27	3	7	8	5	1	3	2	12
4	《人民日报》	28	24	6	7	6	8	1	4	2	14
5	《信报》	42	36	2	2	2	3	1	2	2	7
6	《竞报》	44	37	2	1	1	1	1	2	2	9
7	《北京晨报》	33	25	6	4	4	4	5	8	2	9
8	《北京青年报》	47	33	6	2	1	1	2	2	3	4
9	《北京晚报》	39	30	3	5	4	5	1	5	1	7
10	《法制晚报》	40	27	7	2	2	1	3	4	3	11
11	《京华时报》	42	28	5	3	2	1	2	7	2	8
12	《新京报》	34	25	5	4	4	4	8	7	2	7

体育类杂志作为丰富娱乐生活的媒介，其核心内容是传播体育赛事资讯、传递体育生活方式，数年前，体育类杂志在我国一度扩容至近80种，

在发行市场上竞相媲美。当前体育杂志市场正处于大量重组和兼并中，每年均有一定数量体育杂志停办并呈现愈演愈烈的趋势（见表5）。

表5　北京地区主要体育杂志列表

内容	刊名	出版周期	定价	资本介入	外刊背景
综合	《新体育》	月	15.00	无	无
	《全体育》	月	10.00	有	有
	《中国体育》	月	20.00	有	无
	《体育博览》	月	12.50	有	无
	《新疆体育（维文）》	双月	4.00	无	无
	《第五频道》	月	10.00	有	有
足球	《足球周刊》	周	8.00	有	有
	《足球俱乐部》	半月	7.00	有	无
	《足球之夜》	月	8.00	有	无
	《足球世界》	月	15.00	有	无
篮球	《当代体育·扣篮》	半月	10.00	有	无
	《体育画报》	半月	15.00	有	有
	《篮球》	月	15.00	无	无
	《NBA时空（时空篮球）》	月	12.00	无	无
	《篮球俱乐部》	月	10.00	有	无
	《尚篮》	月	10.00	有	无
	《扣篮》	月	10.00	有	有
武术	《拳击与格斗》	月	10.00	无	无
	《搏击》	月	10.00	有	无
	《华武术》	月	15.00	无	无
	《武魂》	月	14.00	无	无
	《武当》	月	8.00	无	无
	《少林与太极》	月	3.50	无	无
高尔夫球	《高球先生》	月	40.00	有	有
	《体育世界·高尔夫人》	月	40.00	有	有
	《高尔夫大视野》	月	40.00	有	有
	《世界高尔夫》	月	30.00	有	有
	《高尔夫》	月	40.00	有	有
	《高尔夫大师》	月	40.00	有	有
健美舞蹈	《健与美》	月	15.00	无	无
	《中国体育·尚舞》	月	15.00	无	无

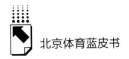

续表

内容	刊名	出版周期	定价	资本介入	外刊背景
象棋	《棋艺·象棋》	月	10.00	无	无
户外运动	《山野》	月	20.00	无	无
	《户外》	月	20.00	有	无
	《户外装备》	月	10.00	有	无
	《全体育·跑者世界》	月	10.00	有	无
网羽	《网球天地》	月	25.00	无	无
	《网球》	月	20.00	有	有
	《网羽世界》	月	15.00	无	无
	《网球俱乐部》	月	20.00	有	无
垂钓	《中国钓鱼》	月	10.00	无	无
	《钓鱼》	半月	8.00	有	无
	《垂钓》	月	10.00	无	无
赛车	《车王》	月	20.00	有	有
	《F1速报》	月	15.00	有	有
围棋	《围棋天地》	半月	12.00	有	无
	《棋艺·围棋》	月	10.00	无	无
桥牌	《桥牌》	月	8.00	无	无
乒乓	《乒乓世界》	月	15.00	无	无
田径	《田径》	月	15.00	无	无
游泳	《游泳》	双月	15.00	无	无
电子竞技	《电子竞技》	双月	12.00	无	无

当前我国的体育消费类杂志无论数量还是种类都正从历史最高点走下坡路，2013年创办近30年的老牌杂志《当代体育·足球版》停刊，加上之前停刊的《搏》、《五环明星》、《环球体育》、《中国排球》等30余种，面对新的媒体形式的出现，体育杂志出现了种种不适。但同时，在北京地区通过邮局订阅、报摊购买、会所订阅等方式能够阅读到的报刊仍有52种之多，从杂志内容上仍有16种单项杂志，竞争不够激烈的运动项目能够保留1种杂志，数量最多的为篮球类杂志共有7本之多，其次综合类、武术格斗类及高尔夫杂志各有6种，足球、户外和网羽杂志各有4种。总体上，体育类杂志数量仍较多，种类广，但创办热潮逐渐退却。

从表6可以看到2013年销量前13名的体育杂志中，综合性杂志有8种、篮球有5种、足球1种、网球1种，且大部分综合类杂志的内容主要以足球与篮球为主（见图2）。

表6　体育类杂志销售指数

报刊名称	覆盖率(%)			销量指数			2013年上半年排名
	2012年上半年	2013年上半年	变化	2012年上半年	2013年上半年	变化率(%)	
《足球周刊 Soccer Weekly》	67.69	70.24	2.54	2.9	3.0	2.5	1
《扣篮·SLAM》	57.76	65.42	7.66	1.7	1.9	25.8	2
《当代体育·扣篮 SHOW TIME》	45.47	61.31	15.84	1.3	1.6	25.7	3
《全运动·尺码》	46.74	62.72	15.98	1.2	1.5	23.5	4
《全运动·时空篮球》	34.94	62.37	27.42	0.9	1.3	46.8	5
《体育博览》	27.83	59.60	31.76	0.8	1.2	55.2	6
《网球》	32.07	57.66	25.60	0.8	1.2	52.8	6
《体育画报 Sports Illustrated》	36.71	57.67	20.96	0.8	1.2	46.7	6
《尚篮 Alleu-Oops》	32.53	56.92	24.39	0.8	1.1	39.4	9
《篮球俱乐部 Basketball Club》	27.48	55.47	28.00	0.7	1.0	46.7	10
《体育时空 Hoop》	28.44	53.08	24.64	0.7	1.0	42.3	10
《体育世界 Show Time》	25.80	55.85	30.05	0.7	1.0	43.9	10
《中国体育 China Sports》	20.46	49.19	28.73	0.5	1.0	84.9	10
《第五频道 Di Wu Pin Dao》	23.69	52.26	27.57	0.6	1.0	61.8	10
《全体育 All'Sports》	26.79	52.29	25.50	0.5	0.9	67.7	15

资料来源：CCMC世纪华文。

当前的体育杂志细分化现象进一步突出，很难再出现一家独秀、引领杂志市场的局面。体育爱好者对传媒产品的需求是多元的，这就使得体育消费类杂志根据消费者心理因素、经济因素、情趣因素等，对读者进行细分，选择那些自己有能力服务的对象，有针对性地开发潜在市场，增强传媒的适应能力和应变能力，体育消费类杂志市场细分化现象突出。如一些体育单项消费类杂志首先按照足球、篮球、排球、网球、乒乓球、羽毛球、田径等项目分类，这是目前体育报刊细分的主要方式。经过初次细分后还会根据读者年龄、收入、职业再进行细分化。按读者年龄细分，例如针对15~22岁青年、

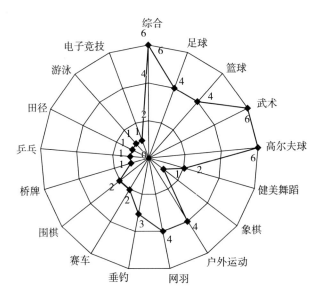

图2 北京地区单项体育消费类杂志种类

少年代表性杂志有《扣篮》杂志；22～30周岁的代表性报刊如《体育画报》、《第五频道》、《户外》等；30岁以上的代表性报刊如《钓鱼》、《户外装备》等。按读者的职业细分，例如针对学生群体的报刊有《足球周刊》、《篮球俱乐部》等，还有针对层次较高的上班族群的如《全体育》、《体育画报》，针对社会精英人群消费能力强的如《山野》、《高球先生》、《高尔夫大师》等。

随着体育杂志领域竞争的激烈，尤其是同类项目如篮球、足球杂志数量繁多。体育杂志经营者和内容生产者为了生存，纷纷提高杂志质量。在装帧方面，大部分都采用全铜版纸彩色印刷，在美工设计环节投入大量成本，稿酬也较以往有了提高，从而使得体育杂志无论从外观还是内容上都获得较大发展。虽然杂志的成本提高了，但也提升了体育杂志的品位与质量。还应看到，在部分冷门项目，竞争性、观赏性及群众基础较弱的项目方面，如田径、游泳、乒乓等方面的杂志，部分为项目协会会刊，少有竞争，发展动力不足，在开拓受众方面的效果也不够理想。

近年来，在新媒体、网络媒体、数字媒体冲击的大潮下，整体杂志市场呈现萎缩态势,体育类杂志在各类杂志销售排行榜中的排名情况如表7所示,仅位列第十。同时随着体育赛事市场环境特别是足球环境的恶化,体育类杂志退去浮夸风、追赶风,大浪淘沙,至今在杂志发行市场上,通过报摊发行的体育类杂志勉强维持在20余种,新面世的杂志鲜有,活跃在市场前沿的杂志大多是经受住市场锤炼的杂志,整体市场已趋于饱和,销量趋稳。以足球、篮球为主要报道内容的体育杂志仍占据八成市场,其他运动项目杂志很难获得较高的发行量。

表7 各类杂志排行销售指数排名

类别	覆盖率(%)	销量指数	排名
文摘类	78.29	6.0	1
女性时尚类	78.55	2.8	2
女性类	68.90	2.3	3
动漫类	53.37	1.8	4
电影类	67.45	1.7	5
军事类	62.34	1.7	5
科普类	71.93	1.7	5
时尚类	69.53	1.7	5
家居类	64.33	1.6	6
旅游类	62.17	1.6	6
汽车类	65.12	1.6	6
时政类	62.42	1.6	6
主妇类	65.33	1.6	6
IT类	64.00	1.5	7
潮流类	65.81	1.5	7
男性类	65.61	1.5	7
摄影类	66.33	1.4	8
育儿类	60.89	1.3	9
体育类	55.69	1.2	10
财经类	49.95	1.1	11
数码类	46.70	1.0	12

资料来源:CCMC世纪华文,2012。

在体育报刊市场化趋势越加显著的今天,完全由国家和行业内部进行资金投入的体育杂志越来越少,大部分走向了合办之路,无论在杂志的制作,还是发行、销售上，体育杂志都走在了我国杂志业的前沿，但是，同时也要看到，资金介入过热并无序，一定程度上扰乱了体育杂志市场，如我国老牌杂志《中国钓鱼》在长期摸索发展下，走出了特色化道路，无论在发行上还是广告销售上都获得了成功，一些民营资本看到商机，迅速出现了《垂钓》、《海峡钓鱼》等杂志，它们虽然拥有资本，但不一定具备办刊的经验与能力，无论在杂志的内容还是广告方面，都是随着《中国钓鱼》亦步亦趋。尤其在广告的销售方面，《中国钓鱼》上出现什么商品，它们马上会联系相同的广告客户，然后低价销售，严重扰乱了正常的广告市场秩序，在促销中盲目杀价，既影响了其他杂志的销售，又不利于自己的发展。

纵观我国体育消费类杂志，市场表现好的刊物都有外刊的背景。如《NBA 时空》为美国 *HOOP* 杂志的中文版；《体育画报》同美国的 *SLAM* 杂志进行了版权合作；《扣篮》同美国的 *NBA INSIDE STUFF* 进行了版权合作；《全体育》相当于法国的《队报》杂志。当今体育迷所关注的世界经典赛事如NBA、欧洲五大联赛都不在国内举行，与外刊的合作一方面带来了大量的赛事资源，另一方面也使我国体育杂志的制作水平得到提升。

在电视方面，2013 年是体育小年，但体育节目的播出总量仍达到101958 个小时，其中分布在各地的省级地面频道播出量占到54.2%，居首位，其次是城市频道。中央级频道的播出量仅为 8.1%，但在收视市场的占有率却高达67.6%。面对新媒体带来的受众分流，作为中央台的专业性频道，CCTV5 对优质赛事资源的占有也吸引了最广泛的北京地区体育受众成为其收视人群。

以 2013 年亚冠赛事为例，虽然体育受众对足球的兴趣度在降低，但是随着中国球队在亚冠联赛上获得的高收视率和高上座率，中国足球在经历了"黑哨"、无缘世界杯等重要国际赛事的低谷后，各俱乐部加大投入，招兵买马，赢球奖金也不断攀升，使得中国足球的市场呈现"回暖"迹象。特别是广州恒大在众多球队中异军突起，在中超称霸后，目标瞄准了亚冠联赛的冠军。根据亚冠联赛的统计，中超球队在小组赛主场中共有 409876 名球迷（次）到现场观战，平均每场 34156 名，遥遥领先于上座率排名第二的伊朗。中超球队在亚冠赛场上的成绩不断提高，也使得各大电视台纷纷加大了转播力度。北京地区由于2012年球队战绩不佳，小组赛阶段的播出时长与2011年基本持平，但2013年较前两年的播出时长有明显增长，增加了30多个小时，累计收视人数是2011年的3倍左右。

2013年亚冠联赛决赛广州恒大与首尔FC第二回合比赛，中央电视台、广东电视台和北京电视台获得了该赛事的电视转播权，如表8所示，CCTV 5的收视率达到了3.27%，占据了9.2%的市场份额，BTV体育收视率为1.02%，广东卫视仅为0.05%。可见在重大赛事举办期间，如表9所示，中央电视台仍获得了最高的关注度与收视率，并进入同一时段收视率的第二名。

表8　北京地区亚冠决赛直播时段节目收视率

频道	收视率(%)	收视份额(%)
CCTV 5	3.27	9.2
广东卫视	0.05	0.1
BTV体育	1.02	2.7

表9　北京地区亚冠决赛及前一周同时段收视对比

序号	2013年11月2日				2013年11月9日			
	节目	频道名称	节目类型	收视率(%)	节目	频道名称	节目类型	收视率(%)
1	《打狗棍》	北京卫视	电视剧	6.41	《打狗棍》	北京卫视	电视剧	6.94
2	《快乐大本营》	湖南卫视	娱乐	3.05	《2013亚冠决赛》	CCTV 5	体育	3.27
3	《今日关注》	CCTV 4	新闻	2.94	《今日关注》	CCTV 4	新闻	2.08
4	《星光大道》	CCTV 1	娱乐	2.62	《海峡两岸》	CCTV 4	新闻	2.02
5	《中国新闻》	CCTV 4	新闻	2.27	《星光大道》	CCTV 1	娱乐	1.99

资料来源：Nielsen。

（二）体育传媒受众分析

调查显示，如图3所示，电视、网络和综合类报纸/杂志，是体育受众每天获取体育信息排列前三的渠道，电视占26.9%、网络占10.6%、综合类报纸/杂志占5.5%。至少每周有一次获取体育信息的渠道排名为电视

72.3%、网络30.9%、综合类报纸/杂志25%、家人及朋友交流24.4%、体育专业类报刊12%、手机及无线设备11.3%、广播9%、订阅手机短信服务2.7%及现场观看0.7%。

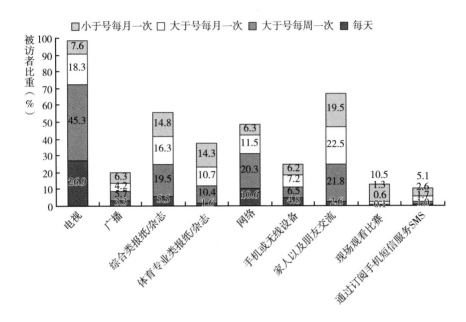

图3　体育受众通过各种渠道获取体育信息的频率

资料来源：央视索福瑞。

从数据分析可以得到，虽然通过电视获取体育信息的频率有所下降，但电视作为体育赛事转播主力渠道，并具有直播、重播、新闻节目、专题节目等多种形式呈现，电视媒体仍是体育受众获取信息的最主要渠道。

其次，通过互联网获取体育信息的频率显著增加，30.9%的体育受众每周至少一次、10.6%的受众每天通过互联网获取体育信息。同时，通过互联网获取体育信息的人群也呈现年轻化趋势，超过50%的男性体育受众年龄在15~34岁，且大多接受过高等教育，有47%的拥有大学以上学历，47%的受众家庭月收入在9000元以上。

再次，在平面媒体方面，专业体育报刊不再拥有以前较高的市场占有率，只有40%的体育受众还有接触专业体育报刊的习惯，在新媒体的挑战下，专业体育报刊再维持以前的市场份额将十分困难。综合性报纸的体育版的市场份额较稳定，保证了平面媒体的一部分市场；同时，综合性报纸的新闻选择多样、覆盖面广、报刊定价低等优势，也拓展了平面媒体的消费群，体育版可能会成为今后受众获取体育信息的最重要平面媒介。

在广播方面，由于整体广播受众的萎缩，体育广播的消费者数量也日趋减少，虽然有20%的体育受众仍通过广播获取体育信息，但年龄集中在45岁以上。还有一点值得关注，体育广播能否通过适当方式与手机等新媒体形式相结合，将是其今后发展的关键。

最后，在以手机为代表的新媒体方面，有11.3%的体育受众每周至少一次通过手机及无线设备获取体育信息，有25%的会通过手机获取，北京地区的数据要超过全国，达到了30%。这部分人群对高科技接受能力较强，多为15~24岁受过良好教育的人群。

北京因其区位特点及举办各类体育赛事频繁的特点（见图4），在过去12个月现场观看体育赛事观众的比例为17.2%，高于全国12%的比例，为全国最高，同时天津、上海、广州等一线城市体育受众现场观赛的比例也呈增长态势。

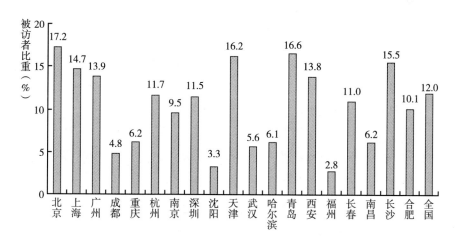

图4 体育受众到现场观看比赛情况

资料来源：央视索福瑞。

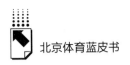

在体育消费者与普通消费者之间，体育消费者会更频繁地使用各类媒体来获取体育信息，无论在电视、网络等高频次媒体还是广播、手机、到场观赛等方面，体育消费者要高出普通消费者 2～3 倍的兴趣度，其中足球迷现场观赛比例达到36％，篮球迷也有22％到场观看赛事。电视依旧是体育消费者获取体育信息的渠道，有29％的足球迷会通过网络获取体育信息，篮球迷的比例是26％。在新媒体方面，体育消费者获取信息比例明显高于普通消费者，16％的体育消费者每天通过手机/无线设备获取体育信息，30％的体育消费者每周至少一次，这一数据比例在今后有望不断扩大。

三　北京市体育媒体产业的发展趋势

与其他媒体类型相比，体育媒体在新媒介环境下受到的冲击是更为显著的，这一方面来源于体育媒体的受众群体大多是年轻人，他们更易于接受使用新媒体来接受信息和赛事报道；另一方面来源于赛事本身制作技术的不断发展和进步。2013 年北京市体育媒体产业的发展从一个侧面反映出中国媒体产业的整体趋向。

（一）传统平面体育媒体向云报纸技术的转移

2013 年受众获取信息的习惯继续调整，尤其对于平面体育媒体而言，其传统的发行渠道报摊和邮局订阅都在面临困境，2008～2012 年，全国仅邮政报刊亭就被拆除了 1 万多个。与此同时，2013 年 5 月，60 余家报社在北京启动成立了全国云报纸技术应用平台，其中 29 家全国主流报纸签约该平台，联手开启了云读天下的传统媒体新时代。

云报纸技术应用平台为平面体育媒体打造出一个新的入口，这个入口并不是一家报纸或单独体育信息而能够实现的。读者通过这个平台看到的不仅仅是一家媒体所承载的信息，而是云平台的媒体信息共享。全国云报纸技术应用平台还将为成员媒体提供数据收集、数据分析等服务，在大数据时代为传统纸媒提供最权威的数据支撑。

云报刊是传统报刊在新媒体时代向全媒体业态发展的重要举措，对于延伸报刊传播链、扩大受众覆盖面、丰富产品结构等具有重要意义。但是云计算毕竟是近几年发展起来的新技术，体育传媒如何适应云媒体及媒体云的需要，成为未来的云编辑，以及多媒体的生产方式会出现怎样的挑战，都是传统媒体面临的新问题。在目前智能手机发展迅速的情况下，云报纸是否为一个过渡的形态，还取决于报业自身探索的情况。

（二）体育电视媒体与网络媒体的"竞"与"进"

截至 2013 年 12 月，我国网民规模达到 6.18 亿人，全年共新增网民 5358 万人，互联网的普及率达到 45.8%，较上年提升 3.7%。互联网用户突破 6 亿人关口，互联网媒体的影响力也进一步凸显，其中体育视频网站以其强大的融资能力、先进的技术、灵活的市场机制成为发展最快的网络媒体。

从广告量来分析，电视媒体与视频网站在广告体量与广告品种类型上仍存在一定差异，电视媒体作为传统媒体，一方面媒体的运营机制成熟，数量庞大，是大部分相关广告主的必选，整体的广告体量远高于视频网站媒体。从图 5 的 2013 年第一季度两类媒体广告量走势分析可以看出，电视媒体稳定地保持高位，而网站媒体的广告量起伏较大，广告量高峰期集中在节假日的前后。北京作为中国经济的发达地区，中高收入和高层次教育人群集中，在体育频道的广告类型中，较容易地吸引汽车产品、电脑配件、休闲用品、化妆品等产品商的稳定广告投入。体育视频所吸引的广告用户则具有零散性和不稳定的特征。

从节目类型分析，体育视频的节目类型继承了体育频道的几乎所有传统节目类型，且体育频道中最主流的节目类型——赛事直播和赛事专题也是体育视频中占比最大、播放量和受关注程度最多的节目类型。体育视频不仅在传统节目类型上传承，也在不断创新细化发展新的节目形态，如新浪体育推出的《新中超客栈》、《声色 NBA》以及乐视体育推出的《黄段子》等原创节目。同时体育视频节目还具有相对宽松的播出环境，使其可以承载更多的

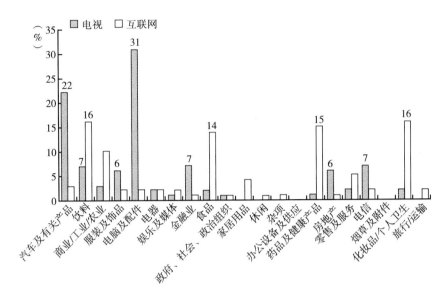

图5 2013 年第一季度两大媒体广告品类占比情况

资料来源：Nielsen。

赛事内容。相比较而言，新闻节目作为体育电视的立台之本，一直是体育电视着力打造的新闻品种，如中央电视台早间的《体育晨报》、午间的《体坛快讯》再到晚间的《体育新闻》和《体育世界》，其节目画面精良、采编播人员素养高、制作考究，成为影响体育受众黏合度的重要节目。

从节目的影响与便利度上分析，在节目影响力上，众多的网络体育视频节目还难以撼动传统体育频道节目，但是在便捷性上，网络体育视频显然更占优势。2012 年中央电视台的所有精品体育栏目已经能够实现在网络进行即时点播，同时，所有的网络体育视频节目都能够实现回看和点播功能，在便捷性上，网络体育视频更加便利。

从成熟性与创新上分析，电视体育频道的栏目其生存周期以年来划分，其节目形式和内容经过不断的改进和修正，往往会形成精品栏目得以发展，如中央电视台的《足球之夜》、《天下足球》、《精彩 F1》，BTV6 的《足球100 分》、《天天体育》等。而网络体育视频的生存周期往往是月，在形式和内容创新以及播出时间上往往具有更大的宽松度，如网易的《超级颜论》，乐视体育的《声色体坛》、《黄段子》及《荷体育》等。

由此,体育电视与体育网络在竞争中不断前进,共同推动了体育媒体产业的发展。

(三)体育新媒体的后发态势

2013 年是中国移动互联网市场爆发式增长的一年,整个行业呈现出蓬勃发展的态势,2013 年中国移动互联网市场产值将继续保持高速增长,达到 1650.4 亿元,同比增长 94.1%。中国的移动互联网用户规模已经超过 5 亿,个人电脑用户加速向移动互联网环境下的"智能移动终端 + APP"的移动新媒体模式迁移,几大门户纷纷发力,布局移动互联,其中搜狐、网易、腾讯三家新闻客户端先后宣布用户数破亿。

2013 年,各家移动新闻客户端已开始全面深度整合期,与自有微博、微信和视频平台等打通互联,构建全媒体发展战略;同时,深度挖掘用户个性化需求,打造自身特色,实现差异化竞争。

对于传统体育传媒,移动媒体强势倒逼传统媒体变革。以智能移动终端为特征的移动新媒体元年,更为困顿中的传统媒体再次提供了一个变革与重生的机会。未来的 2~3 年,体育传统媒体尤其是市场化运作的媒体再不抓住移动化、数字化和网络化的大趋势,必将丧失最后的优势和资源,面临生死存亡的大问题。由于内容同质、经营亏损,《新闻晚报》宣布停刊,在2014 年,相信更多传统媒体将引以为戒,坚定地擎起移动化、数字化和网络化的大旗,以受众为中心做足用户体验,通过个性化的内容和定制化的服务,在移动互联网时代巩固自己的"一亩三分地",重获新生,更好地发挥其自身价值。在此背景下,传统体育媒体纷纷推出移动传媒产品,如CCTV5 移动客户端、BTV 客户端、体坛传媒客户端等。

在新的媒体环境下,有人提出"传统营销已死":包括广告宣传、公共关系、品牌管理以及企业传媒在内的传统营销手段都已失效。新媒体发展带来的新营销思路和传播方式早已深入人心。体育传媒必须开拓微博、微信产品已经成为共识。2013 年,依托当今中国智能手机用户的两大杀手级应用,

微博营销与微信营销将依然火热。超过七成活跃用户正在使用移动终端登录新浪微博，而完全基于移动端的微信已经站在了 6 亿用户的门槛。微博"粉丝"服务平台的上线和微信公众平台的不断优化，正使客户价值挖掘与大数据营销逐步落地。随着越来越多的人过起丰富多彩的 APP 生活，可以预见的是，品牌企业逐年增加的新媒体广告投放预算中流入移动端的比例也将越来越大。面对移动化浪潮和数亿级用户，体育传媒也必须在新的媒介产品上做出尝试和努力，其发展和探索也引人期待。

四　北京市体育传媒产业的未来发展

传媒产业是内容为王的产业，在新媒体技术迅速发展的今天，传统媒体如广播、报纸、电视等旧媒体受到了较大的冲击。但对于新媒体而言，同样也由于传播内容的不足和技术门槛的存在，在市场拓展中要面对较大的考验。传播内容的拓展，传播产业链的开发和新产品形式的创新是使媒体的经济效益和社会效益得到均衡发展的关键。

对于北京地区的体育传媒而言，有着自身的区域优势，也有着随之而来的压力与挑战，未来北京体育发展需要有更长远的眼光和更高的视角。

（一）北京市体育传媒产业的发展视角

作为首都地区的体育传媒产业，所肩负的责任不仅仅是为推进全国体育媒体整体产业的发展，更重要的是推进行业规范的建立和创造更高的行业水平与国际化标准。

体育传媒产业作为文化创意产业的重要组成部分，得到了北京市政府关于促进文化产业发展的政策支持，为体育传媒产业的发展提供了可靠的保障。北京市的地方政策和传播技术的发展在全国而言都是领先的，充足的赛事资源、强大的体育人口和文化背景，以及作为奥运城市的体育传统，给体育媒体行业的发展提供了促进作用。

然而，目前国内关于媒体及新闻传播的相关法律仍然十分薄弱，体育传媒产业自身行业边界不够分明，赛事传播权的分配缺乏有效的保护等也阻碍了体育媒体产业的发展，这样需要体育媒体人更积极地投入外部大环境的建设中。

同时，体育传媒过于商业化和娱乐化致使体育传媒传播的内容偏离了体育的本质。人文体育是体育的精髓，北京市体育媒体业需要坚持内容为王，发展人文体育，把"塑心育人"作为人文体育的核心理念，推进对培养健全的人格和完善的心智的社会功能的实现，推进社会主义精神文明建设。体育不仅仅是一种身体的活动，更多地体现出人们对于生活方式的选择。不同体育项目的选择背后是体育参与者的社会背景、经济地位，生活情趣和个人爱好的综合体现。体育媒体应该充分利用各种传播形式，如人际传播、群体传播、大众传播，为社会打造丰富多彩的体育文化观点和健康生活的理念。

在电视体育媒体行业内，中央电视台体育频道就占据了收视市场的大半，许多大型体育赛事受众的可选择性少。然而我国拥有丰富的体育资源，需要体育媒体去开发、去挖掘。北京地区体育媒体的差异化竞争能进一步拓展新收视点，打造体育媒体品牌，媒体需要提升市场观察能力，分析受众需求，细化市场，有针对性地开发各类产品以满足不同人群的需求，创造一批专业的、高水平的体育栏目。

借助体育传媒产业，搭建北京市体育传播的营销平台。体育媒体在推广体育产品信息上具有很强的有效性与针对性。体育媒体可以成为传播体育用品品牌、体育俱乐部、体育场馆、体育组织开展全方位营销推广的服务商。

有实力的体育媒体应该积极拓展节目来源，建立稳固和多样的节目品牌，向国外体育赛事运营商买入赛事的国际版权，以节省转播权购买成本，扩大在北京地区的转播效果。充分利用资源加强媒体合作，推进北京体育传媒产业的跨媒体合作与整体发展。

体育媒体本身就是一个开放的系统，兼容体育与传媒的双重特性，这就涉及各种媒体间及媒体与赛事间的合作问题，此类合作可以拓展体育传媒产业的价值链，形成规模化效应，提高资源利用率，做到各类媒体间的优势互补。同时，在多媒体环境下，新媒体可以借助自己的特点，开发虚拟的体育

内容；而传统媒体也可以利用新媒体的技术优势和平台扩大自己的传播范围，促进体育传媒的多样化。

体育媒体的体育赛事转播权是目前还制约体育媒体发展的主要原因，体育传媒就需要创新传播模式和合作模式，加强不同性质的媒体间的合作，扩大媒体和赛事的不同程度的合作形式，扩大媒体的传播效果，扩大体育媒体的产业链，多样化地利用赛事资源来满足观众的需求。

体育媒体要做大做强需要有世界眼光，不仅仅关注有中国运动员参与的比赛，也需要关注世界其他国家的运动员及比赛，如欧洲五大联赛、冠军杯、欧洲足球等。特别是有些比赛不一定是有中国运动员参与，如南非世界杯，球迷的关注不亚于对北京奥运会的关注。体育无国界，体育媒体需要积极寻求海外合作，扩大和拓展节目来源，把握世界体育发展的动向，及时传播最新的体育资讯；同时，借鉴国外同行的管理经营方法与理念，获得更大的发展。另外，中国有很多好的本土体育赛事和活动，也需要开展多样的海外传播，通过与国外赛事提供商和转播商的合作，来推荐和介绍中国的优质本土赛事的海外传播，促进中国体育文化的全球化传播。

（二）两种发展模式借鉴与分析

我国体育传媒产业目前的主要发展模式仍然过于单一，没有将各类资源进行系统化的整合，形成专业化媒体群，仍然存在一定的局限性。如北京地方电视媒体，由于收视的区域范围、人口特点以及广告收益的问题，在板块设置、节目来源和制作发布中都受到一定的限制。而传统的平面体育媒体在多媒体的环境下，已经逐渐丧失在体育报道特别是赛事报道中的优势。体育媒体产业链条的建立就显得尤其重要。应当走一条整合各类传媒资源（包括受众群体、产品制作技术、广告资源、跨媒体合作等），形成立体的链式产业结构，扩大体育媒体的规模效应。

对体育媒体资源的整合具有两种方式，即垂直整合模式与横向整合模式。

垂直整合模式即媒体企业直接以投资方式进入体育产业，或者是体育企业直接进入媒体产业，组成新的企业，既具有媒体产业的特点，又与体育产业紧密结合。媒体企业直接以投资方式进入体育产业以美国时代华纳公司（Time Warner）为代表，作为传媒业实力最为雄厚的大型集团，旗下不仅仅有各类型的体育媒体企业，时代华纳更是拥有美国职棒大联盟球队——亚特兰大勇士队。体育企业直接进入媒体产业以英国超级联赛的曼彻斯特联队（Manchester United）为代表。它开办了自己的电视频道，集中播放球队比赛和球队的二线队伍及青年队伍的赛事，欧洲不少联赛球队也纷纷开办了此种类型的频道。垂直整合高效率地结合了两大产业的需求，减少了中间环节，但其自身也存在着一些问题，如投资和合作的门槛较高，对合作双方的产业成熟度的要求较高等，这些要求我国媒体产业和体育产业尚且还不能完全达到，同时在融合发展的政策要求上仍需讨论，但对于不断发展的中国体育产业、媒体产业而言，加强产业间的直接合作仍然具有重要的产业价值。

横向整合是通过媒体向体育赛事的经营者购买赛事的转播权来实现，是一种较为普遍的合作模式。媒体通过购买赛事的转播权而保证媒体的独家转播和对某种赛事的转播市场的控制。如从1992年起默多克集团以3亿英镑买断英超联赛6年的独家转播权，1996年又以5.69亿英镑续约至2000年。绝对垄断的播出权带来了丰益的投资回报，但也引起了英超联赛转播权市场的激烈竞争。而奥运会更是媒体与体育产业横向整合的经典范例。通过销售赛事的转播权，国际奥委会获得了极大的成功。但是，在转播权的绝对垄断性市场下，特别是在我国目前的播出体制下，中央媒体的强势使得其他地方性媒体难以与其抗衡，不利于转播权市场的培育，一定的竞争性有利于促进发展。最近几年，北京、上海、广东等地区性媒体已经在中超联赛、CBA联赛等赛事转播中崭露头角，对转播权市场的开发仍然是我国体育媒体产业未来发展非常重要的环节。

总而言之，北京市体育媒体的产业发展在2013年较好态势的基础上，未来仍有较大的发展空间和机遇，当然，挑战与压力也是并行的。只有不断提高专业性和国际性，继续建构和扩大产业规模，建立合理的行业规范和管理规则，完善体育传播中的价值体系和社会功能，减少体育产业与媒体产业间的合作障碍，才能真正承担起首都体育媒体的重任。

B.9
北京市体育彩票业格局与发展建议

摘　要： 经过历年不懈的努力，北京市体育彩票的销售额和销量整体
呈现跨越式增长，不仅为北京市体育事业的发展提供了稳定
经济来源，并且在推进体育产业的发展中也开始扮演越来越
重要的角色。本报告总结了北京市体育彩票业今年取得的主
要成绩，并基于此借助调查分析、对比分析、SWOT 分析等
研究方法，进一步分析问题，并针对性提出相应的对策
建议。

关键词： 体育彩票　需求供给分析　SWOT 分析　对策建议　北京

一　北京市体育彩票业发展现状

现代体育彩票的兴起，已经在我国拥有近百年历史，近年来体育彩票在
我国发展迅猛：2010 年全国共销售彩票 1662 亿元，增长 25.5%，2011 年全
国共销售彩票 2215.82 亿元，同比增加 553.82 亿元，增长 33.3%。2012 年
全国共销售彩票 2615.24 亿元，比上年同期同比增加 399.42 亿元，增长
18.0%[①]。目前，中国体育彩票发行总量已经攀升至世界第九位。

---

* 何文义，北京大学中国体育产业研究中心执行主任，研究员，研究方向为体育产业、文化
产业、伦理学、科技哲学等；焦旭，北京大学中国体育产业研究中心主任助理，研究方向
为公共政策。
① 中国体彩网，"法规通知" http：//www. lottery. gov. cn/news/List. aspx？ p = 1&t = 37。

（一）体育彩票的概念和类型

1. 体育彩票的基本概念

根据 2009 年 7 月 1 日开始正式施行的《彩票管理条例》第二条内容规定："本条例所称彩票，是指国家为筹集社会公益资金，促进社会公益事业发展而特许发行、依法销售，自然人自愿购买，并按照特定规则获得中奖机会的凭证。"[1] 体育彩票是彩票的一种。我国法律规定，体育彩票是一种书面凭证，这种凭证的发行以筹集国际和全国性大型运动会举办资金等为名义，上面印有号码、图形或文字，可以供人们自愿购买并能够证明购买人拥有按照特定规则获取奖励权利，这种凭证，无论其具体称谓和是否表明票面价格，均被视为体育彩票[2]。

2. 北京市体育彩票业的主要类型

截至 2013 年 10 月，北京体育彩票的主要类型包括：单场竞猜、传统足彩、数字乐透、顶呱刮。这四类彩票细分种类如下：单场竞猜包括胜平负、半全场平负、总进球数、单场比分、上下盘单双数、下半场比分；传统足彩包括 14 场胜平负、6 场半全场、4 场进球、任选 9 场；数字乐透包括排列 5、排列 3、七星彩、33 选 7、超级大乐透、快中彩；顶呱刮包括顶呱刮和 NBA 主题票[3]。对这些玩法，我们可以整体对其特点进行考察。

单场竞猜：是中国体彩发行的以足球、篮球等项目为竞猜对象的玩法。全称是"中国彩票单场竞猜游戏"，2005 年 9 月 23 日在北京地区率先试点，目前在北京、天津、广东三地发行。这种玩法是比较典型的彩池赔率竞猜游戏，彩民可以根据足球赛程自选竞猜投注的内容，在投注金汇总之后，再根据足球比赛的结果，彩金扣除公益金、发行经费、网点佣金后，面向竞猜正确的彩民平均派发奖金。应当说，广义的"单场竞猜"也包含 2009 年 5 月在辽宁上市的"竞彩"系列玩法，该玩法可以称为"固定奖金单场竞猜游

① 《彩票管理条例》，人民出版社，2009。
② 李海：《体育博彩概论》，复旦大学出版社，2004。
③ 北京体彩官网，http://www.bjlot.com/Special/special‑list.shtml。

戏"，而北京试销的单场竞猜游戏与此不同，可以称为"彩池赔率单场竞猜游戏"，两者最大的差别在于计奖方式的算法上。当然，大多数通过互联网了解竞猜彩票的彩民，事实上早已同时接触到了这两种玩法。

传统足彩①：足球彩票 2001 年 10 月 22 日正式上市销售，上市初只有 13 场胜平负玩法，经过近 10 年的发展，玩法现在已经多样化。①"14 场胜负彩"目前主要以欧洲联赛为主，包括意甲、英超、西甲、德甲、法甲、冠军联赛等比赛选择场次作为竞猜对象，竞猜内容为每场比赛在全场 90 分钟（含伤停补时）比赛的胜平负的结果进行投注，每注彩票需要对规定的 14 场比赛都进行投注。②"任选 9 场胜负游戏"可以看成是 14 场胜负彩的附加玩法，由购买者在胜负彩竞猜的 14 场中任意选择 9 场进行竞猜，同样竞猜每场比赛在全场 90 分钟（含伤停补时）比赛的胜平负的结果。③"6 场半全场胜负游戏"以规定的 6 场比赛为竞猜对象，由购买者对 6 场比赛上半场 45 分钟（含伤停补时）和全场 90 分钟（含伤停补时）的胜平负结果进行投注。④"4 场进球彩"不竞猜比赛结果，而是对指定的 4 场足球比赛中 8 支球队的进球数量（0、1、2、3 +）进行竞猜，其中每注彩票都需对规定的 8 支球队的进球数进行投注。

"顶呱刮"是一种全新的网点即开型体育彩票。从 2009 年开始，"顶呱刮"即开型体育彩票的印制工作完成了国内印刷的国产化工作。其品种每年推出数十种新票，主题内容新颖突出，如结合十一运、环青海湖国际自行车赛等体育赛事的赛事彩票等。顶呱刮票面设计"中国风""民族风"浓烈，印刷也更加精美，逐渐成为喜爱彩票收藏人群的收藏对象。

（二）北京市体育彩票发展阶段

综合北京市体彩中心公布的数据，针对北京市体彩销售情况，大致可按时间将北京市体彩的发展阶段分为三个。

第一阶段（2000～2001 年），这个阶段是体彩的发行初期，北京体彩发

---

① 中国体彩网，http：//www.lottery.gov.cn/。

行初期销量增长很快，2001 年销量同比增长 2.2 倍，但事实证明，这种增速过快在当时对社会的冲击比较大，并不利于体彩的发展。

第二阶段（2002～2004 年），由于初期的增速过快，体彩销售对于市场变化没有很好地适应，导致体彩销售连续三年负增长，在这个阶段，体彩市场随之进行了深度调整。

第三阶段（2005 年至至今），随着体彩销售的调整结束，体彩市场进入稳步发展时期，截至 2013 年 11 月 29 日，2013 年度全市体育彩票销量达到50.13 亿元。这是北京体育彩票年销量首次超过 50 亿元。

（三）北京市体育彩票业发展特点

1. 高增长发展

从总体的销售数据比较可以看出，北京市体彩销量发展呈现为一种跨越式的高增长的发展趋势，2004 年的调整进入稳定期后，近 10 年来，北京市体彩销量每年的市场份额增长都不低于 30%，具体数据见表 1。

表 1　2004～2013 年北京体彩销量及市场份额表

年份	体彩销量(亿元)	市场份额(%)	年份	体彩销量(亿元)	市场份额(%)
2004	7.33	33.13	2009	17.1	35.18
2005	8.94	30.15	2010	30.75	44.48
2006	11.96	34.30	2011	38.64	43.44
2007	12.6	34.76	2012	38.29	43.01
2008	15.4	36.78	2013	50.13	52.24

注：2013 年数据截至 11 月 29 日。
资料来源：北京体彩网"公告公示"，http://www.bjlot.com/center/List/List_ 95_ 1. shtml。

2. 发展多样化

体育彩票的产品不断推陈出新，由原来的相对单一的传统玩法发展到今天，产品品种丰富，这种变化，也进一步促进了体育彩票的消费。从数据可以看到，北京市 2013 年逾 50 亿元的体彩销量中，作为北京彩民最为喜爱的彩种，竞猜型彩票销量 31.70 亿元，占总销量的 63.23%，是全部销量的近

2/3。其中销量最多的是北京单场玩法，16.52 亿元的销量比 2012 年全年多出 2.90 亿元，增幅达到 21.29%；竞彩销量比 2012 年多出 7.51 亿元（北京于 2012 年 11 月开售竞彩），增幅 78.0%；胜负彩销量比 2012 年多 2.31 亿元，增幅 53.97%。可以看到，竞猜型彩票三大主力玩法销量齐涨。此外，销量增长较多的还有超级大乐透，6.53 亿元的销量比 2012 年全年增加 2.77 亿元，增幅近 65%（见表 2）。

表 2　2012 年北京市体育彩票销售情况

单位：万元

玩法	销量	中奖金额	奖池资金余额	调节基金余额
排列 3	29927.99	14528.13	235.17	591.69
排列 5	9021.63	3370	—	—
七星彩	6124.2	1929.54	—	—
超级大乐透	36947.78	16200.39	—	—
大乐透幸运彩	719.56	332.3	—	—
33 选 7	1274.44	768.33	25.64	4708.18
足球胜平负	25364.66	15630.17	—	—
足球任选 9 场	17511.38	11036.15	—	—
足球 4 场进球	1314.74	928.23	—	—
足球 6 场半全场胜平负	257.62	138.56	—	—
竞彩	9627.25	6264.13	—	—
快中彩	227.05	126.35	—	—
足球单场	136271.42	89979.16	—	—
2012 奥运竞猜	2029.65	1314.82	—	—
即开	106376.49	59984.55	—	—

注：资料来源：北京市体彩网。

资料来源：2012 年北京市体育彩票销售情况公告，http://www.bjlot.com/center/gonggaogongshi/Content_21516.shtml。

3. 网点建设及区域经理制度不断推进

北京体彩中心在 2013 年进行了 ISO 9001 质量体系认证，经过部门调整，市场部、市场监察部成立，各部门职责及业务关系等内部运行机制相对理顺，职责划分进一步明确，规范了业务分工与协作。

与此同时，北京体彩中心经多次学习考察，推出区域经理制度，规范了北京地区实体渠道销售服务管理制度。为此目前城区和郊区销售代表，都已相应配备了专管员队伍，这些措施，对各项营销方案的落实发挥了积极作用。据了解，区域经理和专管员在 2013 年超级大乐透派奖促销活动中，按照总局体彩中心要求督促落实专卖店"五个一"工作，效果明显，派奖期间北京大乐透销量增幅达到 20%，增幅排名全国第二。

（四）北京体育彩票业投资状况

体育彩票业在北京已有十多年的发展。作为一种新兴的投融资手段，体彩不仅为体育事业的发展提供了稳定的经济来源，而且在体育产业中也扮演着越来越重要的角色。按照财政部的《彩票机构财务管理办法》的规定，在我国"彩票资金是指彩票销售实现后取得的资金，包括彩票奖金、彩票发行管理费、彩票公益金"[①]。该管理办法第八条规定："彩票奖金是指彩票机构按彩票游戏规则确定的比例从彩票销售额中提取，用于支付给彩票中奖者的资金，包括当期返奖奖金和调节基金。"[②] 相应的，体育彩票奖金由体育彩票机构执行。体育彩票发行费，根据《彩票机构财务管理办法》第十条的规定，专项用于业务费用支出以及代销者销售的费用支出；彩票公益金，按照上述管理办法规定，是彩票发行取得的销售收入扣除返奖奖金以及发行经费后的净收入。北京市 2012 年北京市体育彩票销售额 38 亿元，体育彩票公益金筹集额 9.3 亿元，其中，上缴中央财政 4.6 亿元，北京市 4.7 亿元（市财政统筹 2150 万元，市体育局 2.4 亿元，区县体育局 2.1 亿元）。2013 年体彩销量体育彩票销售 538876.3 万元，其中筹集体育彩票公益金62221.4 万元，北京市地方留用彩票公益金用于体育社会公益事业支出53974.66 万元（含上年结转资金 9020 万元）。其中，用于文化创新发展专项44954.66 万元，用于开展群众性体育活动及场馆建设 9020 万元（见图 1）。

---

① 财政部网站，"财政部文告 2013 第一期"，http：//www. mof. gov. cn/zhengwuxinxi/caizhengwengao/wg2013/wg201301/201303/t20130315_ 777411. html。

② 财政部网站，"财政部文告 2013 第一期"，http：//www. mof. gov. cn/zhengwuxinxi/caizhengwengao/wg2013/wg201301/201303/t20130315_ 777411. html。

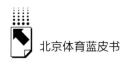

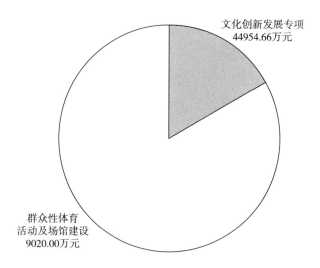

图1　北京市 2013 年地方留用彩票公益金使用情况

注:《北京市财政局关于北京市 2013 年地方留用彩票公益金筹集分配使用情况的公告》,北京市财政局官网,http://www.bjcz.gov.cn/zwxx/tztg/t20141015_502364.htm。

(五) 北京市体育彩票公益金使用

2012 年北京市体育彩票公益金使用规模 2.64 亿元。其中群众体育支出 1.23 亿元,主要用于体育生活化社区达标、建设工作;创建农村体育特色村;组织开展群众性体育活动及赛事,如"和谐杯"乒乓球比赛、北京国际武术文化节等;建设全民健身示范工程;更新 2007 年全民健身工程器材等工作,基本满足了老百姓的体育文化需求,同时也提高了市民的身体素质和健康水平。竞技体育支出 1.41 亿元,主要用于 2012 年伦敦奥运会参赛工作;2013 年辽宁全国运动会备战工作;加大足球、篮球、排球项目投入,发展青少年三大球运动,促进三大球俱乐部建设;建设竞技体育后备人才培养体系;加强传统校师资培训,并组织开展青少年锦标赛、业余体校比赛、体育传统项目学校赛事;加强科研保障力度、开展北京市青少年锦标赛等赛事活动等工作,为提升北市竞技体育水平发挥了积极作用(见图2)。

北京市体彩销售收入增加,投资状况发展良好主要得益于北京市通过多

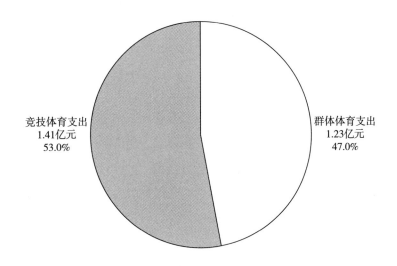

图 2　北京市 2012 年体育彩票公益金支出情况

种手段扩大体育彩民群体，增加销售总体规模和公益金总量。

（1）建立面向市场的管理机制和运营模式，根据彩票的特殊商品特性，用市场手段进行运营，避免过度行政干预。

（2）精心设计符合购彩者需求的娱乐性强的彩票品种，加强在售品种的产品管理，对具有潜力的品种加大培育推广力度，对老化的品种进行淘汰或更新。

（3）加大彩票游戏规则的解读、宣传和适度营销，从而扩大购彩人群。

（4）提升彩票网点形象，加强销售人员培训，改进网点服务质量。

（5）加大彩票公益宣传力度，对彩票公益金的使用和管理进行公开透明。

（六）北京市体育彩票业管理政策

北京市的体育彩票管理主要遵照国家的管理规范文件执行。目前在国家加强对彩票机构和彩票市场管理的基础上，北京市也规范了发行销售、资金管理等，并以市政府发文的形式出台了《北京市人民政府关于加快发展体

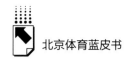

育产业的实施意见》，从总体上对体育彩票的管理及发展目标提出了要求，要求丰富体育彩票产品结构，拓宽销售渠道，加大销售力度。

北京市现在的体育彩票管理模式为：从全局上看，由国务院每年确定彩票发行额度，各地发行彩票，必须经国务院批准，未经国务院批准的，禁止发行其他彩票；具体地看，全国的彩票监督管理工作主要由财政部负责，财政部负责代表国务院制定彩票行业的宏观政策，建议和下达每年的彩票发行额度，同时，财政部还负责监督管理彩票市场，负责对彩票购买者的权益进行保护；在财政部的监管下，体育彩票在全国范围内的发行和销售由国家体育总局负责，隶属国家体育总局的中国体育彩票管理中心，具体统筹体彩在全国的发行计划。落实到地方上，北京市体育局的体育彩票管理中心具体负责北京市的体育彩票管理①（见图3、表3）。

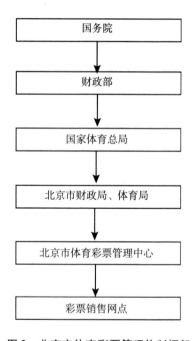

图3　北京市体育彩票管理体制框架

---

① 《国务院关于进一步规范彩票管理的通知》，2007年1月17日。

（七）北京市体育彩票业人才状况

对于北京市体育彩票业而言，其人才类型主要包括两类：高素质体育彩票管理人才、体育彩票销售人员。

1. 高素质体育彩票管理人才

高素质体育彩票管理人才是一个比较宽泛的人才体系，按照北京市体育彩票管理体制框架图，体育彩票管理人才包括从国务院到财政部、国家体育总局、北京市财政局与体育局等政府部门体育彩票政策制定者，也包括北京市体彩中心管理人员（负责具体执行体育彩票管理政策），同时也包括体育彩票专管员等能从整体上提高体彩管理中心执行力的专业管理人才（见表3）。

表3　体育彩票管理人才能力一览

政府部门政策制定者	体彩中心政策执行者	体彩中心彩票专管员
国务院、财政部、国家体育总局、北京市财政局与体育局	体彩中心概率游戏管理、竞猜游戏管理、销售管理处、技术管理处等部门	彩票专管员
宏观政策制定能力、全面引导彩票业发展并从资金、管理等多方面进行引导等能力	体育彩票管理专业的基本理论和基本知识；具备管理学、市场营销学、心理学素养相关专业知识理论；具有良好的表达、人际沟通能力；具备一定数据统计分析能力及逻辑思维能力	能吃苦、有责任心、专业能力强的专管员队伍；对网点高质量的服务和细致入微的监管

体育彩票相关政策的制定者：包括国务院、财政部、国家体育总局、北京市财政局与体育局等机构的工作人员，是引领体彩业发展的带头人，要从宏观上配置社会资源，从资金、人、财物等多方面引导体彩业的发展方向，并及时吸收社会反馈，调整不适应社会需要的政策等。北京市体彩中心承担执行上级体彩管理部门制定的体育彩票业政策，具体由体彩中心概率游戏管理、竞猜游戏管理、销售管理处、技术管理处等部门来负责运作，这就要求这些管理人员具有如下能力：①体育彩票管理专业的基本理论和知识；②具

备市场营销学、管理学、心理学相关专业知识；③具有良好的人际沟通能力；④具备一定的数据统计分析能力。

2. 体彩销售人员

目前北京市体彩销售人员数量参差不齐，部分体彩销售网点员工人数偏少，网点现有员工总人数为 2 人及以下的占 40% 以上，而且销售网点员工的学历不高。竞猜型彩票作为体彩拥有的独一无二的游戏，购买有趣味、结果风险刺激，深受广大彩民推崇。因此，推广竞彩市场是北京体彩发展的一项重要任务。竞猜型彩票从业人员的素质要求与传统彩票销售人员相比，前者需要的不是只会出票的销售员，还需要具备营销理念、精通赛事和竞彩特点，同时要具备沟通能力的"顾问式"销售人才。尤其是北京，需要逐步建立一支高素质的竞彩从业人员队伍，一方面进一步吸引彩民参与竞彩、扩大竞彩市场；另一方面提升竞彩网店业主乃至整个竞彩行业的素质水平。

北京市体育彩票管理官方网站对体彩销售人员提出具体要求，认为提高站点销量销售员须具备"四个意识"，站点销量的多少，投注站人气的旺盛与销售彩票的人员有很大的直接关系。销售员在彩票的销售过程中，须牢记四个意识。

（1）服务意识。在彩票的销售中，要想赢得彩友的心，聚集高人气，就得有超强的服务意识。从彩友的实际需求出发，想彩友所想，急彩友所急，帮彩友所需。

（2）敬业意识。彩票销售员是体彩事业的一线工作人员，是彩票销售的主力军，只有具备不怕苦、不怕难的敬业精神，踏踏实实、勤勤恳恳地服务彩友，才能在竞争中不断取得新的发展。

（3）创新意识。彩票销售员在平时的销售工作中，对各种玩法的投注方式、积累的经验技巧等坚持不断出新招、创新意，为不同类型的彩友当好助手、做好参谋。

（4）宣传意识。投注站是彩票销售的主战场，也是宣传的最前沿阵地。销售员既是彩票的营销员，也是宣传员。对游戏规则、彩市最新动态、中奖信息及时积极地传递给彩友，营造轻松公开、公正、公平的购彩氛围。

（八）体彩销售点整体情况

本文对从北京市西城区、海淀区、朝阳区、石景山区、大兴区、昌平区和平谷区 7 个区的 30 多个体彩销售点进行随机抽样调查，共发出调查问卷 1200 份，回收 1109 份，回收率 92.42%，有效问卷 1054 份，有效率 87.83%。

从购买体彩人群年龄、性别与职业、学历来看，北京市的体彩消费者年龄分布中 31～40 岁的占 51.33%（见图 4）；购买者以男性为主，占到 73.15%；体彩购买者学历相对较高，大学学历（本专科）占到 57.31%（见图 5）；从购买彩票的职业分布情况来看，公司职员、个体经营者、知识分子与打工者是购买体彩的主力军，其中公司职员占到 25.62%、个体经营者与打工者分别占 17.17%、知识分子占 14.42%（见图 6）。

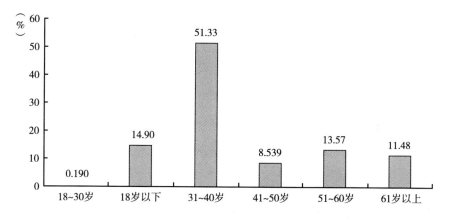

图 4　体彩消费者年龄分布

综合分析北京市体彩消费人群，31～40 岁的大学学历的男性职员等是体育彩票购买的主力，这主要因为北京是一个快节奏的国际性大城市，高校林立，市民整体素质较高，而且人均收入较高，尤其是 31～40 岁的年轻人，事业刚刚稳定，但是生活成本压力较大。结合对体彩消费者购买体育彩票原因分析（见表 4），这部分体彩消费者购买体彩是为中大奖和为福利与体育事业做贡献。

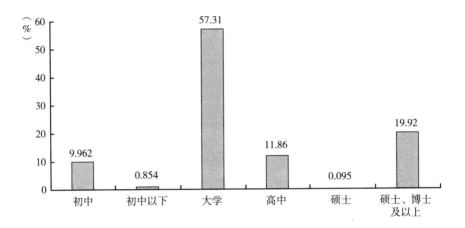

图5 体彩消费者学历分布图

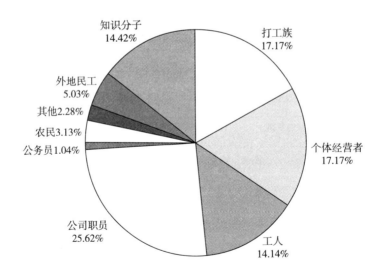

图6 体彩消费者职业分布

表4 体彩消费者购买体彩的原因

	频率	百分比	有效百分比	累积百分比
碰运气	105	10.0	10.0	10.0
为福利事业和体育事业做贡献	251	23.8	23.8	33.8
喜欢体育运动	164	15.6	15.6	49.3
信任体彩品牌	92	8.7	8.7	58.1
娱乐	93	8.8	8.8	66.9
支持某个球队	131	12.4	12.4	79.3
中大奖	218	20.7	20.7	100.0
合　计	1054	100.0	100.0	

二　北京市体育彩票业存在的问题

（一）体育彩票业国际比较

1. 美国体育彩票业

美国是世界第一的体育彩票大国，彩票在美国已有100多年的历史。在美国，彩票是以州为单位进行销售的，市场上能见到的彩票有数十种之多，其中以劲球最为热销。

美国的体育彩票以竞猜型为主。足球、篮球、棒球、橄榄球、拳击、网球等运动项目均发行彩票。美国是篮球王国，各种比赛伴随着彩票的销售被炒作得非常火热。美国能够成为世界篮球的中心，很大程度得益于彩票运作的成功为其提供充足的资金。

美国体育彩票的另一个特点就是中大奖十分困难。以影响最大的劲球奖为例，虽然它的大奖金额惊人，但其他小奖项设立很少，使得许多彩民为获大奖而孤注一掷。

2. 新加坡体育彩票业

新加坡于1968年成立了合法的博彩操作机构——新加坡彩票公司。成立之初主要是为新加坡人提供一条合法的博彩途径，打击非法赌博活

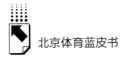
动。公司把发行彩票获得的收益返回给社会。1999 年 3 月，为支持新加坡职业足球运动的发展，打击非法赌球活动，该公司开始发行竞猜型足球彩票。①

新加坡的体育彩票销售收入按这样的比例进行分配：作为奖金返还的为 45.7%；作为发行彩票的地方自治体的收入，用于社会各项公用事业特别是体育事业的为 41.2%；通过彩票协会赞助社会公共事业的为 3%；支付给彩票的销售者以及中奖的手续费的为 7.1%；彩票的印制、宣传等成本费用为 3%。新加坡彩票公司发行彩票所筹集的资金主要用于资助体育事业。1986～1989 年，拨款 4500 万新元建成了新加坡室内体育馆，1993～1997 年捐款 2000 万新元资助新加坡体育理事会 2000 年的体育发展计划，近年来资助体育事业的资金更是每年超过 800 万新元。资助的项目有篮球、无板篮球、橄榄球、乒乓球、壁球、帆船等，还资助新加坡运动员参加国际重大体育比赛，如奥运会、英联邦运动会、亚运会和东南亚运动会。②

3. 法国体育彩票业

法国预算部是法国彩票业的主管机关，代表法国政府对游戏集团的彩票经营活动进行监管。监管的目的在于保证彩票业的安全运作及透明度。监管的原则是：铁的纪律、诚实品德、严格管理。关于资金分配比例的制定，目前法国彩票销售收入的分配比例为奖金占 58%，经营成本占 15%，国家收入 27%。法国游戏集团是一个由国家控股的经济实体，属性与一般私人公司相同。作为国有企业，游戏集团在经济上、金融上要接受国家监管，除预算部以外，游戏集团还要接受审计法庭、行政法院和有关财政金融法令的监管和约束。法国内政部还设有游戏警察，专门负责检查彩票、赌马、赌场内有无作弊行为，调查假彩票案件等。目前，法国政府每年从

---

① 李志杰、盖文亮、许治平、马红娟：《发达国家体育博彩产品质量监控及对我国的借鉴》，《西安体育学报》2011 年第 9 期。

② 李志杰、盖文亮、许治平、马红娟：《发达国家体育博彩产品质量监控及对我国的借鉴》，《西安体育学报》2011 年第 9 期。

体育彩票销售中得到 80 多亿法郎资金，同时法国对彩票中奖收入免征个人所得税。①

4. 意大利体育彩票业

意大利足球彩票的管理机构是国家彩票管理中心，该中心隶属意大利国家垄断管理局，其职责是具体负责足球彩票的发行、印刷和销售事务的统一管理工作。

意大利政府立法规定足球彩票的销售收入按以下比例分配：38% 作为奖金返还，由于政府已经直接对足球彩票征税，因此中奖者不再缴纳个人所得税；26.8% 上缴国家财政部；意大利奥委会留 32.2%，其中 25.2% 由奥委会分配给所属的 39 个单项体育协会，用于发展相应的体育项目以及有关协会的行政支出，7% 作为奥委会的行政管理费用；3% 和逾期无人领取的奖金存入信贷银行，用于体育设施的修建。②

意大利的足球彩票全部采用计算机销售系统，它采用的是离线与在线相结合的形式。全国 14 个区域分中心与所辖的销售终端之间采用离线运作方式，各零售点的终端独立运作，按时结束后，各分中心通过联网系统向全国中心汇总数据，并封存所有资料，比赛结束 1 小时公布中奖结果。③

总之，纵观美国、新加坡、法国和意大利的体育彩票发展历程，各国都在某个发展阶段建立了合理的彩票管理制度，很好地把体育彩票和体育运动项目以及体育体育赛事活动紧密结合起来，体育彩票不仅丰富了体育赛书的娱乐性，还可以为赛事提供商业模式，以及为政府增加税收收入。因此，进一步研究我国体育彩票的发展方向和模式，找到合理的发展路径，对当前促进体育消费，扩大内需拉动经济发展有着积极意义。

---

① 李志杰、盖文亮、许治平、马红娟：《发达国家体育博彩产品质量监控及对我国的借鉴》，《西安体育学报》2011 年第 9 期。
② 李志杰、盖文亮、许治平、马红娟：《发达国家体育博彩产品质量监控及对我国的借鉴》，《西安体育学报》2011 年第 9 期。
③ 李志杰、盖文亮、许治平、马红娟：《发达国家体育博彩产品质量监控及对我国的借鉴》，《西安体育学报》2011 年第 9 期。

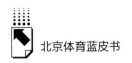
（二）北京市体育彩票销售遇到的主要问题

图 7 反映的是体育彩票销售点目前遇到的最大的问题。这些问题包括以下几点。

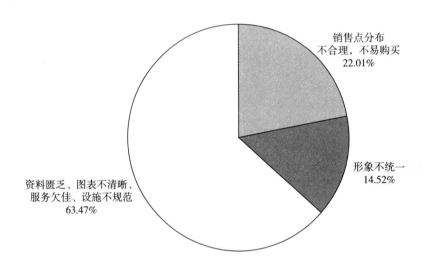

图 7　北京市体彩销售点问题

1. 资料匮乏、图表不清、服务欠佳、设施不规范

在对北京市体彩销售点目前存在的最主要问题的调查中，认为目前体彩销售点存在资料匮乏、图表不清晰、服务欠佳、设施不规范问题的占到 63.47%。消费者在购买彩票前，如果是老顾客的话需要对前期（上期）开奖结果、近期开奖趋势图等材料进行了解，新顾客需要了解各种玩法的规则、技巧等。据调查，部分消费者由于到销售点并未获得这样的服务，仅仅凭运气随意购买，这样顾客中奖率低、购买积极性就会降低。其次，销售点的服务水平、设施规范程度都对体彩销售具有重要影响，目前北京市体彩销售网点在这方面存在较大问题。

2. 销售网点分布不均、单一，不易购买、规模效益小

在彩票业较为成熟的美国、英国、法国等国，体彩销售网点以商店、

餐馆、酒吧、报刊亭为主，电话投注和网络销售也较完善。随着互联网经济和网上购物的影响，网上体彩已成为趋势。在芬兰，网络销售额已占到接近30%的比例。网上体彩由于其方便性和低成本而越来越受到消费者喜爱。

北京目前彩票的销售仍以单独的营销点为主，且网点的设置缺乏合理的布局。从调查情况来看，认为销售网点分布不均、不易购买的占到22.01%，而且在一些人群较为密集的地区，如车站、大型商场等地缺乏网点。北京市应该增加体育彩票多渠道的营销方式，加强竞猜型体育彩票的发行销售，既可以丰富体彩的样式种类，也为运动项目提供发展的机会。

3. 销售形象不统一

体育彩票要改变混乱的销售状态，需要设定统一的销售形象，目前14.52%的消费者认为北京市体彩销售在这方面存在问题。从以往的经验看，彩票投注站给人的印象往往是小、破、旧、暗，乱，环境卫生条件、服务质量没有达到标准化。

此外，根据我们对体彩销售网点的管理人员了解，目前北京市的体彩销售同时也存在价格策略方面缺乏灵活性、市场宣传单一等问题。目前，北京体育彩票多为2元一注，价格策略过于单一。不同彩民个人的具体情况不同，频率、数量、玩法种类、心态都不尽相同。因此，在彩票价格上一刀切是不合适的。北京市目前的体育彩票市场中除了足球彩票外，其他如即开型彩票、传统型彩票、乐透型彩票、数字型彩票等均不属于真正意义上的体育彩票，这些彩票与其他部门所发行的彩票是同质的。所以，北京市体育彩票的市场产品应该通过立法重新调整。同时，体育彩票发行机构应该大力开发与体育项目相结合的竞猜型体育彩票，不断创新与体育项目相结合的竞猜型体育彩票，这样一来，体育彩票既可扩大自己的市场，又能避免与其他彩票竞争。

综合而言，北京体彩销售市场缺乏整体性的管理机制，市场结构仍处于自发性的发展阶段，导致呈现各个环节的具体问题。

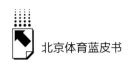

三　北京市体育彩票业市场环境

（一）北京市体育彩票市场需求

1. 消费者分析

性别结构上，购买体育彩票的男女比例大约为 3:1。年龄结构上，31～40 岁的是体育彩票消费主体，占总人数的 50% 以上。学历结构上，大学学历文化程度的彩民构成北京市彩民的主体，比例超过 57%，消费者文化素质较高，对自己的消费行为有较强的控制能力。收入结构上，消费者以中等收入者居多。

2. 消费行为分析

从销量上看，乐透数字型彩票在北京的销量最大，即开型其次，竞猜型最小。北京竞猜型彩票销售比重较高，说明有相当数量的北京彩民喜欢通过理性的分析购买彩票。其次，在地点的选择上具有相对的稳定性，过半彩民选择固定销售网点，以方便兑奖并和其他彩民进行信息交流。再次，彩民对彩票的消费行为较为理智，大多数彩民选择每次购买 20 注以下，既从中得到娱乐，又不会因此花费太多而影响正常的工作、学习和生活。①

3. 影响消费的因素分析

目前影响体彩消费的有利因素主要有以下几点：首先，北京市人均可支配收入与消费水平较高，消费观念超前，有利于体育彩票的长期健康发展。其次，北京媒体众多，有利于体育彩票的宣传和报道。

4. 玩法种类新需求分析

结合北京市彩民的主要构成特点及收入水平等，目前影响体彩消费的不利因素主要是体彩种类还不够丰富、特色不够鲜明、分销方式还比较单一，

---

① 年炜：《北京体育彩票业发展现状与对策研究》，《理论探索》2013 年第 19 期。

这些都会影响人们购买体彩的积极性。今后为了满足彩民更多的需求，需要灵活地开展彩票研究、增加彩票的种类、调整彩票的玩法和规则。

（二）北京市体育彩票供给分析

1. 市场份额分析

从2004～2013年北京体育彩票分类销量看，北京市采用的体育彩票玩法共有24种，但体育彩票的市场份额一直集中在一些主要玩法上。

在北京2013年体彩逾50亿元的销量中，竞猜型彩票销量31.70亿元，占总销量的63.23%，其中北京单场销量16.52亿元，竞彩销量8.47亿元，足彩销量6.70亿元；乐透型彩票销量11.69亿元，占总销量的23.32%，其中超级大乐透销量6.53亿元；即开票销量6.74亿元，占总销量的13.45%。作为北京彩民最为喜爱的彩种，竞猜型彩票销量占全部销量的近2/3。其中销量最多的北京单场玩法，16.52亿元的销量比2012年全年多出2.90亿元，增幅21.29%；竞彩销量比2012年多7.51亿元（北京于2012年11月开售竞彩），增幅78.0%；胜负彩销量比2012年多2.31亿元，增幅53.97%。竞猜型彩票三大主力玩法销量齐涨，尤其是竞彩进入北京后，迅速受到彩民的热捧。此外，销量增长较多的还有超级大乐透，6.53亿元的销量比2012年全年增加2.77亿元，增幅近65%。可以看出北京体彩的玩法日趋多样化。

2. 分销渠道分析

从2013年北京市各区县共2000余家体彩销售网点的情况来看，目前体彩分销渠道有以下特点。第一，网点及销售主要集中在城区。城八区的网点数量与年销量是体彩销售的主力军。其中，朝阳、海淀和丰台三区网点数量最多，年销量也最大，且从网点密度与人均销量来看，城区与郊区的差距非常明显。城区网点密度大，不到1万人对应1个网点，人均销量基本在70元以上水平（石景山除外）；郊区网点密度小，均超过1万人以上才对应1个网点，人均销量基本在40元以下水平（昌平除外）。总体来看，目前体彩销售网点分布基本与各区县居民收入与消费水平相适宜。考虑到今后几年

仍有相对数量城区居民外迁的因素，预期大兴、通州、昌平、房山等区的常住人口将进一步增加，与之相应的销售网点数量也将出现增长[1]。

（三）北京市体育彩票市场 SWOT 分析

对北京市体育彩票业市场进行 SWOT 分析，就是将与体彩业密切相关的各种优势、劣势、机会和威胁等进行梳理分析，把各种因素相互匹配起来加以分析，有利于对北京市体育彩票业发展的内外环境进行系统、准确的研究，有助于寻找到促进体育彩票业发展的对策。

1. 内部优势

（1）体彩业因为其特殊性，必须为政府所垄断，否则便由利国利民变为祸国殃民。因此设置极高的准入门槛，这是彩票行业的特殊优势。而政府的公信力为这种政府垄断行业所带来的心理保证与推动效应也是显而易见的。

（2）网点密布，截至 2012 年，北京市全市共有 2000 多个体彩销售网点，遍布全市十二区两县，尤其是在人口密集的城六区，网点集中、销量稳定，同时通州、昌平、大兴等几个近郊区由于近几年人口迅速增加，彩票销量也出现较大增长。

（3）主动提升科技水平，加快体彩发展速度。北京体彩中心在自主完成了全热线升级的软、硬件及网络等各项准备工作后，于 2009 年在北京地区实施全热线销售系统升级，建立了以全热线交易系统为基础，安全可靠的技术支撑平台。全热线交易系统具备游戏交易、销售实时监控、资金结算及信息管理等多种管理功能，不仅延长了销售时间，更方便了广大北京彩民，进一步改善了北京体彩市场环境，确保北京体育彩票在安全运营的基础上实现销量的稳定增长[2]。

2. 发展劣势

（1）管理水平是决定体彩行业发展高度的一个重要因素。由于当前我

---

① 年炜：《北京体育彩票业发展现状与对策研究》，《理论探索》2013 年第 19 期。
② 年炜：《北京体育彩票业发展现状与对策研究》，《理论探索》2013 年第 19 期。

国体彩业的管理水平整体不高，尤其是多头领导、重复建设、缺乏独立监管、缺少法制约束等都显示了当前彩票行业的不成熟。这也客观上造成了北京市体彩并不能摆脱其发展的劣势。

（2）发行营运成本偏高。导致体彩系统效率降低，不能更有效地将资金利用，是制约北京体彩业发展的另一瓶颈。

（3）奖项设置、玩法种类不尽合理。目前北京体彩中的部分玩法、奖项设置较为单一，并未完全体现出奖项对销量的杠杆效应。此外，北京体彩玩法与发达国家相比还不够多，还缺少如六合彩、万字票、自行车彩票、赛马彩票、宾戈彩票等种类。

3. 机会分析

（1）市民可支配收入较高，消费观念先进。北京作为我国首都，经济发达，人均可支配收入与消费水平较高，有利于体育彩票的长远健康发展。从北京市 2013 年体彩销售情况看，竞猜型彩票销售比重较高，说明北京彩民通过理性分析后购买彩票的比重较高，消费较为理性。

（2）宣传力度大。北京作为我国的文化中心，新闻媒体产业发达，而且北京市体彩中心信息与本地传统的媒体包括《北京晚报》等长期对体彩信息和公益活动进行了大规模的宣传，并不断加强与彩民的交流互动，持续扩大了体彩在市民中的影响和关注度。

（3）经济全球化的趋势为北京这个国际化大都市带来更多外国的先进彩票经验和玩法，让北京体彩业的发展少走弯路，满足不同类型彩民的需求，达到发达国家水平。

4. 威胁分析

（1）科技的发展有利有弊，互联网可以方便彩民购买各种玩法的项目，但同时便于彩民参与到私彩或者国外博彩公司的赌球等活动中，而这些相对于国内发行的彩票获奖率等方面都更具有吸引力，容易使彩民改变消费倾向，甚至产生更为严重的问题。

（2）社会诚信缺失是体彩发展的另一威胁。由于体彩业的特殊性，彩民在一定程度上属于弱势群体，信息不能完全对称。彩票丑闻时有发生，如

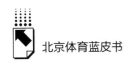

果彩民对体彩发行机构失去信心，再恢复则相当困难。

北京市体育彩票业发展的 SWOT 分析结果见表5。

表5 北京市体育彩票业发展的 SWOT 分析

SWOT 内部力量 \ 外部环境决策		机会（O） ·市民可支配收入高,消费观念先进 ·宣传力度大 ·经济全球化	威胁（T） ·科技发展导致更容易参与国外私彩或者赌球 ·社会诚信缺失
优势 （S）	·行业属性 ·网点密布 ·科技水平	SO 策略 ·立足优势,抓住机遇,合理规划协调体彩业发展 ·借助科技发展,完善彩票发行及监管	ST 策略 ·加强自我监管和完善,减少境外私彩、赌球的生存空间 ·加强诚信社会建设,增强群众购彩信心
劣势 （W）	·管理水平不高 ·运营成本偏高 ·奖项设置、玩法种类不尽合理	WO 策略 ·提高管理水平,增加体彩产品创新 ·吸取体彩发达国家的经验,建立高效的北京体彩运营体系	WT 策略 ·深化体制改革,消除多头管理的体制障碍 ·充分利用科技发展带来的益处,研究更符合北京彩民特色的奖项和玩法

四 北京市体育彩票业发展政策建议

从世界体育彩票业的发展趋势来看，体彩要稳定发展和长盛不衰，除了政府及有关部门的关心和支持外，体彩世界需要有创新思维，厘清博彩与赌博的概念，制定并实施适合中国国情的法律、法规；依托现有体育赛事，创新研发出更多体育博彩产品，依法规范管理，使其不仅成为筹集体育事业发展的资金的有效工具，还是完善体育产业链条，促进体育赛事发展的有效保障。

（一）加强对体育彩票业载体——体育赛事的监管

体育赛事作为体育彩票业的载体，其健康发展影响到对其投入的商家、行业的经济秩序和社会的稳定秩序（如球迷骚乱）。体育彩票业健康发展的基础就是一个公平公正的赛事环境，为了确保体育比赛中非正常因素的干扰，国家应加强对体育赛事的监控管理。一个完善的监管体系，应该涵盖体育比赛的各项因素，尽管由于技术原因，监管难度比较大，但是从运动员赛场应战状态到裁判员执法过程的监督，从俱乐部的商业运作到赛事组织管理，每一个环节、每一个因素都应建立完善合理的监管。我国现有的赛事监管方式主要是由各协会行业内部监管，例如足协组织的职业足球联赛，就是通过足协指派官员、裁判员，管理下属各俱乐部相关工作等予以监督管理。足协本身并不是执法部门，而且由于利益关系，其监管力度有限，并不能杜绝赛场上的做假行为，从实际情况看也是如此。与体育彩票相连的体育赛事管理已不再是单纯的体育界内部事务，为了从基础做好体彩质量监控，国家应建立专门的体育赛事监管机构，监管方应与被监管对象无任何利益的冲突，才能实实在在地行使监管权力。北京拥有较好的赛事基础，加强体育赛事监管，尤其是体育竞技赛事的监管，是保障体育彩票业发展的基础。

（二）建立完善的体育彩票法律体系

有必要进一步建立完善的体育彩票法律体系，针对赛事质量监控中出现的问题，合理地归属行业规章处罚和国家法律处罚。体育彩票是北京体育事业发展的经济来源，作为体育赛事的衍生产品，对其产品的质量监控进行法规的完善，不仅解决了由此产生的法律纠纷，还对建立诚信的体育赛事信誉，维护健康、和谐的体育彩票产业有重要意义。我国没有任何一部法律能够明确地对彩民利益损失做出赔偿，作为一个赛事彩票的购买者由于赛事结果被人为操控而失去了对赛事结果不确定性的正常博弈，由此而带来博彩损失的赔偿却没有法律来保障，这都需要建立专门的法律体系予以保障。在这个体系中第一就是要明确体育彩票业的产品究竟是什么，这是解决所有问题的关键，要以法律的形式将体育赛事这一特殊商品概念确定下来，根据这一概念明确各因素法律身份。在概念明确的基础上，建立健全法律法规，使体育彩票中买卖双方利益能够有相应的法律予以保障。在法律的建设中最难解

决的一个问题就是彩民利益赔偿问题，当前世界上没有任何一个国家有专门法律解决这一问题。一场虚假的体育赛事中，各有关人员所应承担的责任、相应的处罚，以及处罚结果如何作为后续补偿来弥补彩民的利益损失，这是要靠立法机构明确的，执法机关才能有法可依。

（三）建立健全可操作性的体彩管理制度

目前北京体彩管理还存在这样一些情况：制定相关法律法规部门存在着利益关系，规章制度规定不统一，可操作性差，严重导致了体育彩票机构设置无序、所酬资金分配比例不明等问题，致使对有关彩票发行、资金分配及利用、财务公开和信息披露、中奖规则、从业人员资格要求等不明确，客观影响了体育彩票的正常运转。为此，我们要深入研究，通过立法来解决管理制度上的问题。此外，要从市场角度出发，发现市场需求，理顺市场与监管的关系，充分发挥市场作用，创新更多的彩票品种和产品，增加彩票投注的娱乐性和参与性，构建与彩民互动环节、增强为彩民服务的意识。拓宽北京体育彩票的销售渠道，构建体育彩票销售经营的反垄断机制，同时建立健全从业人员的资格认证制度，提高体育彩票管理人员素质；加大对体育彩票的法律监管力度，增加体彩的信息透明度，重视对体育彩票业的外部、内部监督。

参考文献

《中国体彩网"法规通知"》，http：//www. lottery. gov. cn/news/List. aspx？p = 1&t = 37。

《彩票管理条例》，人民出版社，2009。

李海：《体育博彩概论》，复旦大学出版社，2004。

北京体彩官网，http：//www. bjlot. com/Special/special – list. shtml。

中国体彩网，http：//www. lottery. gov. cn/。

北京体彩网"公告公示"，http：//www. bjlot. com/center/List/List_ 95_ 1. shtml。

http：//www. bjlot. com/center/gonggaogongshi/Content_ 21516. shtml。

财政部网站"财政部文告 2013 第一期",http：//www. mof. gov. cn/zhengwuxinxi/
caizhengwengao/wg2013/wg201301/201303/t20130315_ 777411. html。

《北京市财政局关于北京市 2013 年地方留用彩票公益金筹集分配使用情况的公告》，
北京市财政局官网，http：//www. bjcz. gov. cn/zwxx/tztg/t20141015_ 502364. htm。

李志杰、盖文亮、许治平、马红娟：《发达国家体育博彩产品质量监控及对我国的
借鉴》，《西安体育学报》2011 年第 9 期。

年炜：《北京体育彩票业发展现状与对策研究》，《理论探索》2013 年第 19 期。

B.10
北京市体育产业人才培养现状与趋势

郝晓岑 邢晓燕*

摘　要： 国以才立，政以才治，业以才兴。北京市体育产业人才发展
　　　　　借力于北京奥运会的举办，在人才数量、质量方面居于历史
　　　　　最高位。目前，体育产业人才培养分为：高校单独培养、依
　　　　　托高校联合培养、体育产业课程班、国家职能部门培训以及
　　　　　体育职业资格培训与认证五种路径，形成了有利于北京世界
　　　　　体育中心城市建设的人才培养格局，为北京体育健身休闲业、
　　　　　竞赛表演业、中介服务业、体育用品业、体育彩票业等市场
　　　　　提供了丰富的人力资源。当前北京市体育产业人才培养机制面
　　　　　临缺乏明显的专业优势、对体育产业市场的应激性弱等问题。

关键词： 体育产业人力资源　招生路径　培养格局　产业市场培育

发展体育产业，人才资源是关键，体育人才资源是推动我国体育产业科学有效发展的第一资源。首都北京以2008年北京奥运会为重大契机，大力实施人才强体战略，取得了显著成效，具体表现在体育产业人才队伍不断壮大，结构逐渐趋于合理；体育产业人才发展的政策体系和培养机制进一步完善，人才效能明显提高；伴随体育产业的迅猛发展，体育产业人才实践机会增多，经验迅速积累，整体素质与专业能力有较大提升等方面。

---

* 郝晓岑，博士，首都体育学院副教授，研究方向为体育管理与政策、体育公共服务；邢晓燕，博士，首都体育大学副教授，研究方向为体育消费者行为、体育政策。

但是，目前北京市体育产业人才培养和储备相对于国家体育产业的高速发展还处于较为滞后的状态，培养总量有了提高，但产业人才培养理念、培养手段和模式创新不够，产业人才自身成长的空间不足。

根据《国务院办公厅关于加快发展体育产业的指导意见》的精神，北京市政府研究制定并下发了《关于加快发展体育产业的实施意见》（简称《实施意见》），为进一步做好体育产业工作，推动北京体育产业发展迈上新台阶，提供了有力的政策支持和制度保障。《实施意见》就体育产业发展目标提出：力争"十二五"期间，北京市体育产业增加值每年以12%左右的速度增长；到2015年，体育产业增加值占全市地区生产总值的比重从2010年的0.8%提高到1.5%，体育服务业增加值占体育产业增加值比重达到55%以上，体育产业从业人员从"十一五"末期的10.8万人增加到15万人以上，体育产业成为首都消费型服务业的新亮点；初步形成体育公共服务与市场服务相结合、体育产业与体育事业协调发展的良好局面。①

在这样的政策背景下，本文将全面梳理北京市体育产业人才的培养路径，分析体育人才发展面临的挑战与危机，并为未来北京体育产业人才前景进行分析与走势预测。

一 北京市体育产业人才概述

（一）体育产业人才

体育人才是社会人才资源群体中的一部分，对体育发展起着促进和推动的作用。体育人才是指具有一定体育学识水平或技能，能在体育领域中做出较大贡献的人。② 就体育产业人才而言，专家对其范围界定各异。

中国于1996年颁布了《体育产业发展纲要》，将体育产业划分为体育

---

① 北京市人民政府：《北京市人民政府关于加快发展体育产业的实施意见》，《北京市人民政府公报》，2012年5月15日。

② 高雪峰：《我国体育系统人才资源开发战略研究》，北京体育大学博士学位论文，2007。

主体产业（也称本体产业）、体育相关产业以及体办产业三类，依据这三类体育产业可以将体育产业人才定义为从事体育经纪（运动员经纪、教练员经纪、赛事经纪、体育组织经纪、体育保险经纪）、体育用品、体育广告、体育影视、体育咨询、体育资金的运作及管理等方面的人才。相关的体育产业人才包括俱乐部经营管理人才、社区体育健身人才、体质监测与评估人才、体育康复与医疗人才、体育运动专业人员人才、体育科研人员人才、体育营销及策划人才、体育经纪人、体育公共关系和商务谈判人员人才、体育法学人才、体育影视传播及广告人才、体育统计人才、体育财务管理人才、体育金融保险人才及体育新闻网络人才等。

从我国体育产业市场的发展状况和趋势来看，对体育产业市场和相关人才需求基本可作下面的细分（见表1）。但是，无论是哪一类体育产业人才，一个合格的体育产业人才随着我国体育的不断商业化、职业化、产业化和社会化发展，不仅要懂得体育本身的独特性和以体育为平台进行经营管理和市场运作的手段，而且要熟悉国际国内体育、经济、市场等各方面的法律、法规和管理规定，甚至是一些不成文的行业规定。①

表1　体育产业市场类型及相关人才需求细分

市场类型	相关人才需求细分
健身娱乐市场	俱乐部经营管理、体育场馆经营管理、社区体育健身指导、健康娱乐服务、健身技能培训、健身辅导与咨询、体质监测与评估、体育康复与医疗
竞赛表演市场	体育运动专业人员（运动员、教练员、裁判员）、无形资产开发、体育科研、职业俱乐部经营管理、体育技术训练咨询、运动心理学、体育竞赛转播权销售、体育标志产品的经营开发
体育博彩市场	体育融资、彩票营销
体育中介市场	体育经纪人、赛事经营管理、体育赞助、体育公共关系、体育商务谈判、大型体育赛事的申办和体育比赛策划、咨询服务、体育法学

① 冯蕴中、任翼军：《高等教育对体育产业人才培养的研究》，《河北体育学院学报》2008年第3期。

市场类型	相关人才需求细分
体育媒体市场	体育新闻、体育影视传播、体育广告、体育网络
体育用品市场	市场调查预测、企业经营管理、体育市场营销策划、体育统计、体育财务管理
体育旅游市场	体育心理学、旅游经济、休闲娱乐
体育保险市场	体育金融、体育保险、体育仲裁、保育保险评估、体育证券
体育建筑市场	体育建筑学、场馆规划设计、体育场馆建设与日常维护、体育环境艺术

资料来源：王笑梅：《关于高等体育院校体育产业人才培养的战略构想》，《山东体育学院学报》2005 年第 6 期。

目前我国从事体育产业的人员主要有三类：第一类是来自体育院校的毕业生、退役运动员、教练员、体育爱好者等。第二类是经济管理类专业人士。其中，体育院校为体育产业人才的培养做出了巨大贡献，这些院校开设的体育教育、运动训练、社会体育、运动人体科学、民族传统体育等专业均为体育产业提供了人力资源保障。第三类是来自其他专业的毕业生。

本部分有关体育产业人才的研究将视角主要集中在体育管理、体育赛事管理与营销专业、体育服务与管理三大方面。原因有二：一是北京体育产业人才来源多样，难以归类汇总，不便统计；二是体育管理、体育赛事管理与营销专业、体育服务与管理三大专业的设立目标主要是培养面向市场的体育产业人才，对这三类专业人才的数据统计与分析能比较直观地反映北京市体育产业人才的发展现状。表 2 显示的是我国独立设置的体育院校开设的专业情况。

表 2　我国独立设置的体育院校开设专业情况

体育院校 ＼ 专业	体育教育	运动训练	社会体育	运动人体	民族传统体育	公共事业管理	新闻学	应用心理学	体育经济与管理
北京体育大学	√	√	√	√	√	√	√	√	√
首都体育学院	√	√	√	√	√	√	√		√
上海体育学院	√	√	√	√	√	√	√		
天津体育学院	√	√	√	√	√	√	√		
沈阳体育学院	√	√	√	√	√	√	√		

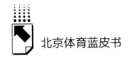
续表

体育院校＼专业	体育教育	运动训练	社会体育	运动人体	民族传统体育	公共事业管理	新闻学	应用心理学	体育经济与管理
成都体育学院	√	√	√	√	√	√	√		√
广州体育学院	√	√	√	√	√				√
武汉体育学院	√	√	√	√	√	√		√	√
西安体育学院	√	√	√	√	√	√			√
山东体育学院	√	√	√	√	√				
吉林体育学院	√	√	√	√	√	√			
哈尔滨体院	√	√	√	√	√				

体育院校＼专业	表演艺术	市场营销	旅游管理	舞蹈学	特殊教育	英语专业	教育技术	运动健康与康复	中医学
北京体育大学						√		√	
首都体育学院	√							√	
上海体育学院		√	√	√		√			
天津体育学院		√	√		√	√	√		
沈阳体育学院	√					√			
成都体育学院	√		√	√					√
广州体育学院				√					
武汉体育学院	√					√	√		
西安体育学院				√	√				
山东体育学院									
吉林体育学院									
哈尔滨体院									

（二）北京市体育产业人才发展阶段

人才培养是周期性的系统性工程。相当长的一段时间里，我国体育产业一直处于人才短缺的状态。直到北京成功申办奥运会后，应高层次体育产业人才的需求，国家体育总局、北京市政府以及各大高校、相关培训机构逐渐推出了各类体育产业人才培养计划，培养目标直接对准高层次党政管理人才、高层次体育产业经营管理人才、体育外事人才、高层次体育学术技术人才、高层次国际体育组织人才等。北京体育产业人才的变化过程伴随着北京体育产业的发展呈现出四个阶段。

1. 体育产业人才匮乏时期（2000年之前）

我国体育产业一直深陷经营管理人才奇缺的痛苦之中。在过去近20年中，中国企业在体育赞助方面的花费已超过100亿元，但最后大都以失败告终。为此，VOLVO盛事管理公司总裁及首席执行官梅尔·派亚特认为，中国企业在赛事赞助中最大的弱点在于赞助管理人才的缺乏，对体育运动有深入了解同时具备管理经验的人少。①

北京体育大学池建教授认为，由于没有专门的人才培养机构，体育产业的每个环节都缺乏人才。在国内，只能说有从事体育竞技比赛训练的管理人才和体育组织的行政管理人才，而最缺乏的是体育产业的高级管理经营人才，尤其是专业细分人才。② 中央财经大学高涵教授针对当时体育产业人才匮乏的现状指出，一直以来，从事体育产业的主要是两类人：一类是原先就在体育系统工作的人，如体育官员、运动员、教练员等，他们对体育本身有着很深刻的认识，但没有管理和经济学科的背景；另一类是商人，他们对商业有很敏锐的嗅觉，知道体育产业利润丰厚，但对体育所具有的特殊性认识不清。③

2. 体育产业人才迅速成长时期（2001~2007年）

随着《2001~2010年体育改革与发展纲要》（简称《纲要》）的颁布，体育产业人才的培养问题在全国被提上了议事日程，《纲要》明确提出："重视体育产业队伍建设，对现有体育产业经营管理人员进行培训。引进高水平经营管理人员，充实体育产业系统，提高体育产业组织管理水平。鼓励有条件的高等院校开设与体育经济相关的专业。加强对体育经济现状和预测未来的研究。"把人才规划纳入体育产业发展总体规划，是实现体育产业战略目标的重要保证。

---

① 柳伯力：《我国体育产业经营管理人才培养的问题与思考》，《体育文化导刊》2007年第8期。
② 刘世昕：《体育经济不缺市场缺人才》，http：//zqb. cyol. com/content/2004 – 09/09/content_946516. htm，2004 – 09 – 09。
③ 刘世昕：《体育经济不缺市场缺人才》，http：//zqb. cyol. com/content·2004 – 09/09/content_946516. htm，2004 – 09 – 09。

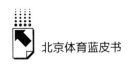
2003 年 6 月 17 日由中国奥委会、复旦大学和耐克公司联合创办的复奥体育产业中心宣布成立。作为复奥体育产业中心项目之一的体育产业方向的 MBA 项目也正式开班授课，这是亚洲第一个体育产业 MBA 项目，是我国第一批从事开发、经营和管理体育产业专门人才的摇篮。学员是中国奥委会及体育系统具备 7 年以上工作经验的 30 名中高层管理人员。在参加了 2003 年度全国在职人员攻读 MBA 入学考试，并达到复旦大学的录取分数线之后，才能正式成为该班学员。学员从 2003 年 6 月 18 日开始，进行了为期两年半的有关 MBA 核心课程和一系列体育产业专业课程的学习。该项目的创办宗旨和目标是培养和开发中国体育产业专业人才，创建具有国际先进水平和中国特色的现代体育产业教育体系，切实有效地提高我国在培养世界级体育产业人才方面的能力，并为北京奥运会做好人才储备。中国奥委会主席袁伟民在开班典礼上说："中国奥委会和国家体育总局一直以来非常重视人才的培养，强调人才强体，以抓金牌的精神来抓体育产业人才的培养，制订了一系列人才培养计划。"[①] 可以说，这一举措吹响了中国体育产业人才培养的号角。

根据《体育事业统计年鉴》，截至 2004 年我国体育人才总量为 116767 人，相对于 1996 年的 100169 人而言，这几年总共增长了 1 万多人。根据国家体育总局全国体育人才状况调研工作领导小组于 2005 年 6～9 月展开的全国体育人才状况的调查，依据体育人才工作内容进行分类，我国各类体育人才结构比例为：机关及事业单位工作人员为 34%，竞技性体育人才为 36%，体育裁判员为 13%，群众体育以及休闲体育人才为 5%，经营性人才为 2%，其他为 10%。[②] 这样粗略计算，2005 年前后我国体育产业人才大约在 7000 人。

2005 年 4 月 7 日，北京奥运会培训工作协调小组成立，将奥运会培训工作正式提上议事日程，并强调要培养"一批既懂体育规则、了解国际惯例、懂外语，又善于交往的体育管理骨干"。2001～2007 年是北京体育产业人才迅速成长的时期。

---

① 《中国奥委会与复旦大学联手首批体育产业 MBA 开课》，http://sports.sina.com.cn/s/2004 - 06 - 18/0928277021s.shtml，2004 - 6 - 18。

② 赵道静：《我国体育人才需求预测及发展战略研究》，《武汉体育学院学报》2006 年第 12 期。

3. 体育产业人才井喷发展时期 (2008~2009年)

奥运会期间，北京体育人才呈现出国际性和全球化的发展方向，2008年北京奥运会带来了体育产业人才的战略大发展。在2008年北京奥运会期间，有204个代表团的1万多名运动员、近300家注册媒体和2.1万名注册媒体工作人员、1万余名体育产业从业人员参加，仅奥组委工作人员总数就达到4000人左右，体育产业人才获得井喷式发展。

4. 体育产业人才发展"瓶颈"时期 (2009年至今)

伴随着中国体育产业化20年的发展，尤其是北京奥运会的成功举办为北京市培养和积累了一批高素质的体育赛事经营管理等体育产业人才，体育产业人才在这一奥运会大周期中出现了井喷式发展。但在世界体育城市的建设过程中，首都北京还将主办和承办更多的大型体育赛事，在这些赛事中需要既懂体育赛事经营管理又懂国际规则的有国际化素养的高端经营管理人才，目前这方面的人才依然匮乏，这从我国世界级运动员的商务运作差异中可见一斑。目前，体育产业人才发展进入瓶颈期，这与我们长期的计划经济体制有关。长期以来，我国采用以竞技运动为中心的体育人才培养模式，在举国体制的培养机制下，体育运动领域成为相对封闭的领域，其他领域的人才很难进入体育产业领域。现有的体育管理经营者大都是退役的运动员和教练员，他们虽然有很丰富的运动经验，但对体育产业理论的认识水平不高。熟悉金融、财会、税制、营销、策划、经纪等方面的体育产业经营管理人才依然严重不足。随着奥运会的结束，一些高校专业培养、社会体育产业培训的步伐放缓，体育产业人才的输出总量有所减少。

二　北京市体育产业人才培养现状

（一）我国体育产业人才培养路径

目前，承担体育产业人才培养工作的主要机构是学校和培训机构。承担体育人才开发工作的主要机构是体育经纪公司。纵览近年来体育产业人才培

养路径，可以将其归纳为高校单独培养、依托高校联合培养、体育产业课程班、国家职能部门培训以及体育职业资格培训与认证五种。

1. 高校单独培养

高校单独培养体育产业人才能够兼具规模和效益两大优势。目前我国已经建立了高职、专科、本科、硕士、博士、博士后的多层次培养体系，培养规模从无到有、从小到大、稳步发展。这类高校依托本校多年经济学、管理学、体育学等多学科发展优势，建立专门系所，依据市场对体育产业人才的现实需要，制定专门的招生目标、培养计划和教学大纲，通过社会实践和教学实习，使体育产业人才的培养具有较强的针对性。但高校培养周期一般在3～4年，由此导致我国面临人才滞后性问题（见表3）。

表3 北京十所院（系）开设体育产业人才培养专业情况一览

院(系)名称		专业名称(研究方向)	招生起始时间
北京体育大学	本科	公共事业管理(体育管理方向)、体育产业管理(2012年更名为体育经济与管理专业)	2006年
	硕士	公共事业管理专业、体育产业管理专业	2006年
	博士	公共事业管理专业、体育产业管理专业	2006年
首都体育学院	本科	公共事业管理专业(体育管理方向)	2003年
	硕士	体育赛事管理与营销专业	2004年
		体育经济与管理专业	2004年
北京大学体育教研部	本科	北京大学中国体育产业人才工程(一年制)	2012年
	硕士	体育人文社会学	2007年
清华大学	硕士	体育人文社会学	2003年
	博士	体育人文社会学	2003年
	博士后流动站		2009年
北京师范大学体育与运动学院	硕士	体育经济专业	2003年
中央财经大学体育经济与管理学院	本科	体育经济与管理专业	2003年
	硕士	体育经济与管理专业	2005年
北京体育职业学院	高职	体育服务与管理专业	2009年
北京经济技术职业学院	专科	体育服务与管理专业	2013年
北京汇佳职业学院娱乐经济与管理系	高职	休闲体育与俱乐部管理专业	2005年

2. 依托高校联合培养

依托高校联合培养是一种由某一企业、某一国家行政机构利用自身的区域优势、行政优势依托具有人力资源优势的高校联合培养适应经济与社会发展所需的复合型体育产业人才的培养方式。这类培养具有很强的目的性、阶段性和市场性，周期短，见效快（见表4）。

表4 依托高校联合培养体育产业人才项目一览

项目名称	项目时间	项目说明	备注
体育产业 MBA 项目	2003 年 6 月	复旦大学为中国奥委会和体育系统中高层管理人员开设的体育产业方向进修班	学制两年半
体育管理硕士项目	2003 年 11 月	清华经管学院与悉尼科技大学商学院联合培养	我国第一个中外合作体育管理硕士项目,学制一年半
体育 MBA 项目	2004～2012 年	北京体育大学和中国青少年发展服务中心联合培养	
体育经营管理专业在职研究生课程班	2004 年	北京体育大学和中国青年高级人才培训中心联合培养	
体育产业 MBA 双学位硕士项目	2006.12.21～2008.8.29	国家体育总局主办,复旦大学和 BI 挪威管理学院联合培养	
体育赛事管理硕士培养项目	2005 年	首都体育学院和澳大利亚悉尼科技大学联合培养	
体育经纪人培训班	2005 年	北京体育大学与吉林省体育局联合培养	
体育管理硕士项目	2005 年	北京体育大学与美国俄亥俄大学联合培养	项目原定于 2004 年 10 月开课,却因为生源不足等问题延迟到 2005 年 7 月
体育产业经营与管理研究生课程班	2007 年	首都经济贸易大学经济学院与美国犹他大学联合主办	在职研究生教育项目,学制一年半
高尔夫经理人和俱乐部经理人培训项目	2005 年	北京汇佳职业学院与德国 IST 学院联合培养	
体育场馆经济实务高级研修班	2010～2012 年	中国青少年发展服务中心与北京体育大学研究生院联合培养	短期培训班,每年一期

3. 体育产业课程班

由高校或社会培训机构开设的体育产业课程班或研修班，主要有研究生学历课程班、MBA课程班以及非学历教育项目（见表5）。

表5 体育产业课程班一览

课程班名称	主办方	开设时间	课程班说明	备注
中国体育场馆运营管理高级研修班	北京体育大学管理学院	2010年	非学历教育项目	40人
		2012年		50人
		2013年		80人
北京大学体育产业经营管理高级研修班	北大中国体育产业研究中心	2005年10月	非学历教育项目	34人
北京大学体育经理人研修班	北大中国体育产业研究中心	2007年	非学历教育项目	33人
北京大学体育产业高级研修班	北大中国体育产业研究中心	2012年	非学历教育项目	45人

4. 国家职能部门培训

由国家体育总局及其直属事业单位主办的体育产业人才培养部门，培养对象主要是国家体育总局机关直属事业单位分管体育产业工作的领导、体育院校从事体育产业教学和研究的学者。[①]

5. 体育职业资格培训与认证

为规范和完善相关行业职业市场，提高从业人员的素质，统一从业人员资质标准，国家人力资源和社会保障部、国家体育总局人事司、国家体育总局职业技能鉴定指导中心先后颁布了体育职业经理人、体育经纪人国家职业资格鉴定制度，相应的培训和认证工作逐渐开展起来。

2006年7月，国家人事部中国高级公务员培训中心"体育职业经理人培训认证"项目在北京体育大学管理学院成立，这是中国第一个体育职业经理人培训认证项目。

2010年7月，国家体育总局职业技能鉴定指导中心在北京举办了全国

---

① 张孝荣：《我国体育产业管理人才培养研究》，《体育文化导刊》2008年第10期。

320

首期体育经纪人国家职业资格培训师培训班，共有 53 名学员通过考核，并获得体育经纪人培训师资格。北京地区获得体育经纪人培训资质的有北京体育大学、中国青少年发展服务中心两家机构。截至 2013 年，北京体育大学管理学院和中国青少年发展服务中心各举办了三期体育经纪人国家职业资格认证考前培训班，北京体育大学平均每年培训人数在 100 人左右，中国青少年发展服务中心 2011 年培训人数 77 人，2012 年培训人数 24 人，2013 年培训人数 116 人。

（二）北京体育产业人才学历教育培养

目前，在北京地区招收体育管理、体育赛事管理与营销专业、体育服务与管理三大专业的高等院校主要有十所。

1. 北京体育大学管理学院

北京体育大学管理学院的前身是创建于 1985 年的北京体育学院管理班，1987 年北京体育大学成立管理系，1995 年成立管理学院。2006 年设立体育产业管理专业，当年招生 60 人，2011 年、2012 年均招生 120 人，2012 年体育管理专业更名为体育经济与管理专业，招生规模扩大，招收四年制本科生 180 人。

北京体育大学体育人文社会学（体育经济与产业专业）体育学硕士点 2011 年、2012 年、2013 年招生数分别为 27 人、22 人、21 人。体育经济与产业博士点 2011 年、2012 年、2013 年招生数分别为 7 人、4 人、6 人。此外，体育经济与产业专业体育硕士 2011～2013 年共有 12 人。

2. 首都体育学院管理与传播学院

首都体育学院作为北京市市属院校，是国内较早从事体育赛事研究的专业体育院校，于 2001 年率先开设了体育赛事管理的本科课程，2003 年创建管理系。管理系自创建以来就开始招收公共管理专业（体育管理方向）学生（2012 年系改院）。2011 年招收 51 人，2012 年招收 54 人，2013 年单独设立体育经济与管理专业，招收学生 33 人。

为主动适应北京举办 2008 年奥运会对高级体育赛事管理人才的需要，

为国家和北京体育事业积极服务，从 2004 年起首都体育学院开设"体育赛事管理"研究方向，专门培养能从事国内外大型体育赛事管理的硕士研究生，之后先后招收体育产业营销策划、社会体育、体育竞技、体育管理、休闲体育方向的体育产业研究生。2011 年招收 10 人，2012 年招收 5 人，2013 年招收 7 人。

2004 年 10 月，体育赛事管理与营销研究基地在首都体育学院挂牌成立，主要开展体育赛事基本理论问题研究、体育赛事的策划原理与方法、体育赛事风险管理研究、体育赛事的营销理论与实践研究、体育赛事志愿者的招聘与培训研究、体育赛事的评定指标与评定方法的研究。当年，首都体育学院体育赛事管理与营销研究基地联合北京市体育局共同举办了国际乒乓球职业巡回赛总决赛，并全程参与了该项赛事的申办、组织、管理等各项工作，为学生投身赛事管理一线创造了机会，使学生积累了赛事管理的实践经验。之后，首都体育学院又相继举办了苏迪曼杯世界羽毛球混合团体锦标赛、中国羽毛球大师赛、世界斯诺克中国公开赛以及北京奥运会之前的一系列奥运测试赛，让学生志愿者获得了更多亲身参与到体育赛事管理实践中的机会。随着时间的推移，不同时期的志愿者逐渐成长为北京市各体育产业公司重要的、有丰富市场经验的体育产业人才。

3. 北京大学体育产业研究中心

北京大学中国体育产业研究中心成立于 2007 年 12 月，挂靠北京大学体育教研部，是北京大学体育部所属的非营利性研究机构。自成立之初，北京大学中国体育产业研究中心先后启动了"中国体育产业人才工程"和体育产业高级研修班的非学历培训项目。

（1）北京大学中国体育产业人才工程（本科层次）。北京大学中国体育产业人才工程主要面向热爱体育、对文化体育产业有兴趣，今后希望从事体育产业相关领域工作的在校学生，给不同专业背景的在校学生提供一个接触体育产业学术前沿的平台，并提供与体育产业领域高端人士学习交流的机会，学制一年。目的是在北京大学的校园里培养一批既具有现代产业知识，又具备实践经验的体育产业未来领军人物。2012 年、2013 年分别招生 20 人、25 人。

（2）研究生层次。从 2007 年开始，北京大学体育教研部开始招收学制三年的体育人文社会学硕士研究生，生源主要是各地保送生，每年招生人数都在 10 人以内。

4. 北京师范大学体育运动学院

北京师范大学体育运动学院 2002 年开始招收体育经济专业本科生，每年招收人数在 20 人左右，在 2007 年停止招生。2006 年体育运动学院开始招收体育经济专业研究生，2011 年招收 4 人，2012 年招收 2 人，2013 年招收 3 人。

5. 清华大学体育部

清华大学体育部 1996 年成立"清华大学体育与健康科学研究中心"，2003 年申请到体育人文社会学硕士学位点和体育教育训练学博士学位点，2009 年增加博士后流动站 1 个。

6. 中央财经大学体育经济与管理学院

中央财经大学体育经济与管理学院成立于 2003 年（其前身为体育教学部，之后更名为体育经济与管理系），是全国财经类院校中最早建立体育经济与管理本科和硕士专业的科系之一。学院的培养目标是培养具备扎实的经济学、管理学理论基础和丰富的体育经济专业知识、精通商业体育经营管理实际业务的复合型创新人才。学院下设体育经济研究中心。2003 年开始招收本科生，2011 年、2012 年、2013 年本科生招生数分别为 51 人、48 人、54 人；2005 年开始招收体育经济与管理专业（2014 年更名为产业经济学专业）硕士研究生（两年制），体育经济与管理专业下分三个研究方向，分别为体育产业经济研究、体育财金研究、体育企业经营研究，2011～2012 年分别招生 4 人、5 人、4 人。

中央财经大学体育经济与管理学院利用学院经济、管理、法等学科群优势，实现了体育、经济与商业管理的全面融合，在体育经纪人、职业体育经营与管理、体育投融资、体育产业经济以及体育政策法规等研究领域特色鲜

明，在学科建设、教育教学、学术研究和学生培养方面取得了良好的成绩。

7. 北京体育职业学院

北京体育职业学院是北京市体育局创办的一所高等体育职业院校。自2009年开始设置三年制体育服务与管理专业，每年招生在25人左右。2013年停止招生。

8. 北京汇佳职业学院

北京汇佳职业学院是从事高等职业教育的综合性民办普通高职院校，同时学院具有政府主管部门批准的中外合作办学资质。开设高尔夫、马术和休闲体育与俱乐部管理三个体育专业，休闲体育与俱乐部管理专业2011年招收54人，2012年招生44人，2013年招生31人。

9. 北京经济技术职业学院基础教育系

北京经济技术职业学院具有独立颁发国家承认的大专学历文凭资格的全日制民办普通高等学校。北京经济技术职业学院于2013年开始招收体育服务与管理专业学生30人，专业设在基础教育系。

10. 北京联合大学应用科技学院

北京联合大学应用科技学院于2008年、2009年先后两年招收两年制体育场馆管理专业的专科生，每年招生30人，之后该专业停办。

（三）北京市体育产业人才非学历教育培训

在"2012年虎扑国际体育营销峰会"上，无论是业内人士还是投资机构，都认为体育产业是一座金矿，未来潜力巨大，其中体育培训等细分领域机会大。据了解，中国的体育产业产值不到美国的1/10。数据显示，2011美国体育产业的收入近2.3万亿元，而中国仅有1600亿元，这巨额差距的背后暗示着中国体育业的发展空间之庞大。随着中国政府对体育行业的大力支持，行业规模预计在2015年达2500亿元。[①] 在这样的背景下，体育产业

---

① 《体育产业潜力巨大　2015年产值将达2500亿》，http：//finance. stockstar. com/SS2012112100001696. shtml，2012 – 11 – 21。

发展面临着庞大的人才需求。2008 年北京奥运会前后，高校、社会机构、国家职能部门纷纷将视线转移到体育产业培训市场，这一时期，北京体育产业培训如火如荼地开展起来，随着北京奥运会的结束，体育产业培训市场逐渐趋于常态化。本部分将梳理 2000 年至今北京开设的体育产业培训项目，重点介绍目前趋于稳定的培训项目。

1. 北京体育大学

（1）体育职业经理人资格认证项目。2006 年 7 月由亚洲体育管理协会、国家人事部中国高级公务员培训中心等机构合办的"体育职业经理人培训认证"项目在北京体育大学管理学院正式启动。这是中国第一个体育职业经理人培训认证项目。[①] 体育职业经理人培训认证项目是在我国体育产业发展还处于起步阶段，市场化行为不够规范、程度不够完善，而即将举办的北京奥运会又急需大量体育产业人才的的背景下开发的一个专门开发体育产业人才的项目。这一项目开展的目的就是根据中央关于"建设一支职业经理人队伍。逐步实行职业资格制度，加紧研究制定资质认证标准和市场准入规则"和"建立以能力和业绩为导向、科学的社会化的人才评价机制"的指示精神，致力于为中国体育产业培养具备优秀职业素养、掌握专业知识和专业技能的高级管理人才。[②] 体育职业经理人资格认证项目共办了一期。

（2）高尔夫方向班。2002 年，北京体育大学与万柳高尔夫俱乐部联合进行项目培训，这一项目依托北京体育大学与高品质球场的高尔夫方向班为行业输送了大批优秀的专业人才，被称为"中国高尔夫界精英的摇篮"。[③]

（3）体育经纪人国家职业资格认证。2010 年北京体育大学管理学院获得体育经纪人培训资质，2010～2013 年每年培训人数均在 100 人左右。

（4）中国体育场馆运营管理高级研修班。结合《全国体育人才发展规

① 《体育职业经理人培训认证启动》，http://www.sznews.com/news/content/2006-07/10/content_186641.htm，2006-7-10。
② 柳伯力:《我国体育产业经营管理人才培养的问题与思考》，《体育文化导刊》2007 年第 8 期。
③ 《北京体育大学与万柳高尔夫签约高尔夫方向班回归》，http://golf.people.com.cn/n/2013/1204/c366126-23743866.html，2013-12-03。

划（2010～2020）》要求，为建立全面系统的体育场馆运营管理人才培养体系，北京体育大学管理学院于2010年开始举办体育场馆运营管理高级研修班，2010年、2012年、2013年分别培训40人、50人、80人。

（5）北京体育大学研究生院体育经营管理在职研究生硕士班（简称体育MBA班）。体育MBA班是由北京体育大学与中国青少年发展服务中心联合，共同为培养中国高层次体育经营管理人才而设立的在职研究生课程班。自2004年1月1日首期周末班、寒暑假班开课以来，已经成功举办20余期，2011年招生43人，2012年招生49人，2013年暂停一年招生。

2. 中国青少年发展服务中心

中国青少年发展服务中心是共青团中央直属机构，主要从事的培训项目有：体育MBA项目、体育经纪人国家职业资格认证培训和体育场馆经济实务高级研修班。

（1）体育经纪人国家职业资格认证培训。2010年中国青少年发展服务中心获得体育经纪人培训资质，2011年培训人数为77人，2012年培训人数为24人，2013年培训人数为116人。

（2）体育场馆经济实务高级研修班。为贯彻落实国务院《关于加快发展体育产业的指导意见》对培养高素质体育产业经营管理人才提出的要求，中国青少年发展服务中心于2010年联合北京体育大学研究生院于上海成功举办首期体育场馆经济实务高级研修班。之后于2011年、2012年相继举办两期，分别招生54人、28人。2013年暂停一年。

3. 北京大学体育产业高级研修班

北京大学体育产业高级研修班，是北京大学中国体育产业研究中心的高端培训项目，每期一学年。研修班依托北京大学的学术资源，荟萃各界产业精英的智慧和经验，汇集全球体育产业界领袖的智慧，整合雄厚的资本、强大的人脉、高端的平台，搭建中国体育产业培训平台。研修班主要招收从事体育产业的品牌企业经营者和高层管理人员、国家与地方体育系统高级管理干部、国家及地方重大体育赛事组织筹备的主要负责人、电视广播体育节目制作主要负责人、体育俱乐部主要负责人等。研修班主要教学方式是将国外前沿管理理念与中国国情相结合、理论与实践相结合，进行商业案例分析、引导实践操作、组织团队合作以及实地考察等。目的是使学员们掌握产业商业模式，创造体育财富。2012年、2013年培训学员人数分别为40人、45人。

4. 清华大学

2003年由清华大学经济管理学院与澳大利亚悉尼科技大学商学院联合推出的体育管理硕士在清华大学正式面向社会招生。这个是当时国内唯一偏重于大型体育赛事运营管理的高级学位教育项目，也是当时国内唯一由中外合作推出的体育管理硕士项目。当时国内体育管理人才的教育"刚刚起步"，清华大学体育管理硕士项目通过结合国内外两校的优势资源，提供国际体育管理前沿的系统知识与实践经验，培养和输送我国急需的运营管理人才，不仅为北京奥运会更为我国体育产业的发展提供高级人才。

5. 首都体育学院

2002年，首都体育学院与澳大利亚悉尼科技大学合作成立了"北京—悉尼高级体育人才培训中心"，并选派了25名教师赴澳大利亚接受培训。2005年首都体育学院与悉尼科技大学联合办学，共同举办体育赛事管理MBA班，旨在为北京2008年奥运会培养高水平的赛事管理人才，40多人参加该班的学习并取得了硕士学位。

6. 首都经济贸易大学

首都经济贸易大学经济学院与美国犹他大学曾于2007年联合举办了体育产业经营与管理研究生课程班的在职研究生教育项目，学制一年半。项目的招生对象主要是从事体育产业的企业管理人员和高级经理人、国家与地方体育系统管理干部、体育俱乐部管理人士、体育教育界人士、国家与地方运动队的运动员和教练员、即将参加国家重大体育赛事组织筹备的主要工作人员以及其他非体育专业人员等具有大学本科学历或专科毕业有两年以上工作经验的人员，共招收17人。

首都经济贸易大学目前尚没有设立体育经济学院，但有一些研究生从产业经济的角度研究体育产业，发表论文。

三 北京市体育人才发展面临的挑战与机遇

(一)体育产业的转型

2008年北京奥运会后,北京体育产业进入新的发展阶段,经济社会效益进一步凸显。但在"后奥运效应"的影响下,从体育人才的增长幅度来看,2008年以后我国体育产业人才的增长幅度总体呈现出放缓的趋势,同时,体育产业人才的培养逐渐从以计划为主转向以市场为主,体育产业人才的需求出现明显的转移,即由奥运会体育需求转向群众性体育需求。体育产业人才培养从2008年之前的以奥运产业人才为主转向2008年之后的休闲产业人才为主。

根据2012年体育产业发展评价报告,2012年,在宏观经济增势放缓的压力下,体育产业平稳健康发展,规模稳步扩大,实现增加值144.2亿元,按现价计算,比上年增长11.7%;体育产业增加值占全市GDP的比重由2009年的0.75%提高到2012年的0.81%;对经济增长的贡献率由2009年的0.2%提高到2012年的1%。吸纳就业方面,从业人员12.2万人,比上年增长2.8%,占全市从业人员比重由2009年的1%提高到2012年的1.1%。从不同体育产业类别进行体育产业人员增幅比较(见表6),可以看出,2012年体育产业从业人员的增幅相比2010年、2011年有明显下降,2012年北京体育产业从业人员为12.3万人,与2011年相比,增幅仅为2.8%。

表6 近三年体育产业从业人员增幅对比

类别	从业人员(2010年)		从业人员(2011年)		从业人员(2012年)	
	绝对值(万人)	增速(%)	绝对值(万人)	增速(%)	绝对值(万人)	增速(%)
合 计	10.8	4.7	13	10.4	12.2	2.8
体育组织管理活动	1.3	11.3	1.5	21.6	1.6	3.5
体育场馆管理活动	0.5	2.0	0.7	43.8	0.7	9.4
体育健身休闲活动	2.7	-11.2	3.0	10.3	3.0	0.1

续表

类别	从业人员（2010年）		从业人员（2011年）		从业人员（2012年）	
	绝对值（万人）	增速（%）	绝对值（万人）	增速（%）	绝对值（万人）	增速（%）
体育中介活动	0.4	3.9	0.4	4.5	0.4	2.0
其他体育活动	1.1	17.2	1.2	2.6	1.2	6.9
体育用品、服装鞋帽及相关体育产品的制造	0.9	-6.1	1.0	3.2	0.9	-5.1
体育用品、服装鞋帽及相关体育产品的销售	3.5	17.9	3.9	10.1	4.3	10.1
体育场馆建筑活动	0.4	8.0	1.3	-15.2	0.1	-65.4

随着《国务院办公厅关于加快发展体育产业的指导意见》的发布，各省市相继颁布了发展本省市体育产业的实施意见，在体育产业人才发展规模与数量上进行了战略性的调整和指导（见表7）。通过对四个省市的比较，我们发现，北京市体育产业人才的发展布局与增长规模与北京市庞大的体育产业市场难以匹配，北京市体育产业发展面临着受制于体育产业人才匮乏的困境。

表7 "十二五"期间部分省市加快发展体育产业实施意见的要点摘编

省市	关于体育产业人才发展的意见阐述
北京市	力争"十二五"期间,体育产业从业人员从"十一五"末期的10.8万人增加到15万人以上
浙江省	到2015年,实现体育产业增加值比2007年翻一番,体育产业就业人数达30万人。到2020年,体育产业从业人数达40万人
河南省	把加快体育产业管理人才培养作为加快发展体育产业政策的六大措施之一
河北省	"十二五"期间,协调推进体育产业与相关产业的互动发展。建立体育产业信息咨询共享平台和体育服务业从业人员职业资格证书、资质互认制度,促进人才的合理流动,构建京津冀体育产业一体化格局

资料来源：《参见投资体育第二期》，北京市体育局网站，http://www.bjsports.gov.cn/publish/main/116429/116478/index.html。

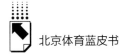

《北京市人民政府关于加快发展体育产业的实施意见》在"加强体育产业人才队伍建设"方面提到，要通过人才队伍建设，推动北京体育产业发展，通过产业发展，锻炼造就优秀人才，加快形成人才与产业互动发展的良好局面。具体包括以下三方面内容。

一是建立健全体育产业人才工作机制。推动把体育产业人才纳入文化创意产业人才工作体系，加大政策支持力度，建立健全人才引进和奖励机制，拓宽人才引进绿色通道，积极引进一批具有较强的开拓创新能力，掌握现代体育组织和企业管理的实务操作技术的高层次体育产业管理人才。

二是加强专业人才培养。支持高等院校设立体育产业相关专业，加强与体育企业的合作，探索"产学研教"一体化人才培养模式，重点培养体育研发设计、赛事策划、场馆运营、体育营销和经纪方面的人才。

三是加大专业培训力度。充分利用体育行业特有技能培训基地，对在职人员进行培训，提高体育产业从业人员综合素养和职业素质。定期组织高水平培训活动，邀请专家学者、知名企业高管等授课，提升培训水平和针对性。

（二）产业政策的引导

产业政策的执行效果主要体现在就业等经济指标上，通过我国 2006 年、2007 年、2008 年的体育产业统计结果可以看出，我国体育服务产业增加值和就业人口均有较大幅度增长。2006 年全国体育及相关产业从业人员 256.30 万人，实现增加值 982.89 亿元，占当年 GDP 的 0.46%；2007 年全国体育及相关产业从业人员 283.74 万人，实现增加值 1265.23 亿元，占当年 GDP 的 0.49%，按可比价比 2006 年增长 22.83%；2008 年全国体育及相关产业从业人员为 317.09 万人，实现增加值 1554.97 亿元，占当年 GDP 的 0.52%，按可比价比 2007 年增长 16.05%。[1] 这些经济指标的增长与相关政策的实施具有必然关系，且政策在每一具体业态所发挥的作用也有所不同。[2]

---

[1] 陈明：《我国体育服务业低度均衡形成因素分析》，《体育文化导刊》2009 年第 2 期。

[2] 吴香芝、张林：《我国体育服务产业政策执行效果及影响因素研究》，《中国体育科技》2013 年第 4 期。

在体育产业人才政策管理方面，要推动完善体育产业相关法律法规。按照与国际相关法律法规接轨的要求，积极配合，主动服务，推动与新形势相适应的体育市场管理法规的制定出台，从而进一步明确规范各类体育产业投资者、体育赞助商、体育俱乐部、运动员、协会、中介公司、体育经纪人、体育管理者及社会各方面的权利、责任和任务，实行依法管理，确保体育市场健康、有序地发展，为体育市场创造良好的法律环境。

（三）产业市场的培育

随着我国国民经济的快速发展，人民生活水平不断提高，群众精神文化需求的日益增长，体育消费已经成为人们日常消费的重要组成部分。在这样的背景下，与体育事业发展密切相关的体育产业有了长足的进步，规模不断扩大，领域不断拓展，体育消费持续活跃，呈现出较快的发展态势，体育产业在构建和谐社会和促进体育事业的改革与发展中的作用和地位日趋突出。北京市发展体育产业的目标在《北京市人民政府关于加快发展体育产业的实施意见》中被明确阐述为：深入贯彻落实科学发展观，努力满足人民群众日益增长的体育需求，以深化改革和扩大开放为动力，着力增加体育服务和产品供给，着力优化体育产业结构和布局，着力提升体育产业发展质量和水平。鼓励社会资本投资体育产业，加快培育一批有国际竞争力的体育骨干企业和企业集团，形成一批有国际影响力的体育产业自主品牌，逐步构建符合现代体育发展规律和首都城市功能定位的体育产业体系，促进体育产业与竞技体育、群众体育协调发展，为更好地发挥首都全国文化中心的示范作用，加快建设中国特色社会主义先进文化之都提供强有力的支撑。[①] 体育产业市场的培育，成为北京体育产业发展的核心动力。在这一过程中，体育健身休闲业、竞赛表演业、中介服务业、体育用品业、体育彩票业市场火力全开，带动体育产业人才质量的提升。

---

① 北京市人民政府：《北京市人民政府关于加快发展体育产业的实施意见》，《北京市人民政府公报》，2012 年 5 月 15 日。

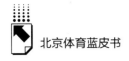

1. 体育健身休闲业

我国健身休闲市场在整体上还处于起步阶段，健身休闲业还存在着规模不大、素质不高、消费者的消费水平较低等问题，体育健身休闲业市场管理水平亟待提高，高层次、熟悉健身休闲市场的产业人才缺乏。

2. 体育竞赛表演业

当前，北京市职业联赛、商业比赛、综合性比赛和各项目单项竞赛组成的竞赛表演市场格局已经基本形成，等级赞助商、专有权、赛事与活动冠名、代表团赞助、电视转播权等市场开发手段已被广泛运用。但赛事运作质量参差不齐：在北京举办的国外高水平俱乐部比赛和赛事上，国内观众表现出极大的热情，而本土主办的一些商业性和职业性赛事由于运作质量不高等原因，观众热情不高。赛事管理人才的市场化运作水平还有待进一步提升。

3. 体育中介业

受我国体育产业发展前景及北京奥运会等因素的影响，国内专业体育经纪公司在北京大量涌现，国外著名体育经纪公司积极进入北京体育中介市场。此外，一些广告公司、公关公司、咨询公司等也相继介入北京体育中介业。伴随着北京体育大学、共青团中央直属机构中国青少年发展服务中心关于体育经纪人培训和资格认定工作的全面展开，拥有体育经纪人资格的人数和从业的机构数都显著增加。一个以服务体育主体市场、中资企业与外资企业并存、专营与兼营机构并存的体育中介市场初步形成。根据2007年的一项调查，体育经纪人主要分布在北京、天津、上海、浙江、湖南、江苏、深圳、广东等市场经济较为发达、体育市场发展较好的省市。按体育经纪人数量多少来排序，排在前五位的省市依次是北京、浙江、天津、上海、湖南，这五个省市的体育经纪人数量占到全国体育经纪人总数的一半以上。[①]

4. 体育用品业

中国体育用品产业发展明显存在东部、中部和西部梯度发展的差序格

---

① 肖林鹏、丁涛、李豪杰：《我国体育经纪人职业概况与前景研究》，《天津体育学院学报》2007年第1期。

局。其中，东部发展强劲突出表现为三大经济圈的"极化"现象，即以北京为中心的京津冀经济圈、以上海为中心的长江三角洲经济圈和以广州为中心的珠江三角洲经济圈呈现快速发展的态势，而中西部则处在起步阶段。以2004年第一次经济普查的数据为例，从体育产业增加值占GDP的比重看，最高的北京市是最低的内蒙古的57倍。[1]

2008年我国体育用品行业机构总数为4478家，其中规模以上机构为1295家，规模以下3183家。在规模以上行业机构中，涉及体育器材及配件制造、运动健身器材制造行业的机构数量最多，均有354家；最少的是运动防护用具，仅为140家。在规模以下行业机构中，数量最多的仍是体育器材及配件制造机构，为1097家；紧随其后的是其他体育用品制造机构，为867家，然后是训练健身器材为590家，数量最少的依然是运动防护用具制造业，仅为243家。[2] 以北京为中心的华北地区体育用品制造业机构数量和机构人员数量在全国居于全国的中等偏上水平（见表8）。

表8 体育用品制造业机构和人员数量比较

单位：家，人

地区	机构数量			从业人员		
	规模以上	规模以下	合计	规模以上	规模以下	合计
华北	71	383	454	9534	7672	17206
东北	29	105	134	4265	2203	6468
华东	894	2121	3015	172138	48885	221023
中南	295	509	804	131377	20295	151672
西南	5	45	50	773	754	1527
西北	1	20	21	80	456	536
合计	1295	3183	4478	318167	80265	398432

注：按照行政区划，总共划分为六个区域：华北地区：北京、天津、河北、山西、内蒙古；东北地区：辽宁、吉林、黑龙江；华东地区：上海、江苏、浙江、安徽、福建、江西、山东；中南地区：河南、湖北、湖南、广东、广西、海南；西南地区：贵州、重庆、四川、云南、西藏。

资料来源：苏宁《中国体育产业发展的时间动态与空间格局研究》，北京体育大学博士学位论文，2013。

---

① 苏宁：《中国体育产业发展的时间动态与空间格局研究》，北京体育大学博士学位论文，2013。
② 苏宁：《中国体育产业发展的时间动态与空间格局研究》，北京体育大学博士学位论文，2013。

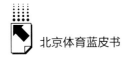

5.体育彩票业

北京市体育彩票管理中心和机构经过近20年的发行、销售和不断完善，锻炼和培养了一批具有丰富市场运作经验的销售队伍，形成了具有一定规模的市场销售网络，体育市场进一步活跃。目前面临的主要问题是体育彩票基层销售人员基本配备完成，但高素质的体育彩票专业人才严重缺乏，对体育彩票的多样玩法缺乏研究和有效宣传，体育彩票产业还处于较低层次的开展状态。

（四）培养模式的更新

北京市目前有十所院校进行体育产业人才的培养，囊括了高职、专科、本科、硕士、博士、博士后各个培养层次，形成了完善的梯队性培养机制，具有培养各级各类体育产业人才的培养资源。

但是目前体育产业人才质量不高是北京人才培养面临的根本性问题。体育产业人才培养机制缺乏明显的专业优势，对体育产业市场的应激性弱。就课程设置而言，体育产业学科特点不明显，课程设置难以突出产业学科特点；就课程教材而言，难有紧跟市场的应变性、权威性的教材出现，大多数院系使用的仍是5年前或者8年前出版的教材，教材更新慢；就教师配备而言，由于缺乏校企联合办学的机制，体育产业教师多为理论性教师，缺乏产业实践基础，对体育产业的把握停留于理论研究，难以驾驭体育市场的产业运作。

因此，"产学研教"一体化的人才培养模式是体育人才培养的必然选择。体育总局印发的《体育产业"十二五"规划》中提到：抓好体育产业人才培养工作。加大体育产业人才培养力度，结合《全国体育人才发展规划（2010～2020)》，重点培养管理、经营、中介、科研等高层次体育产业人才。鼓励多方投入，开展各类体育产业培训，多渠道培养复合型体育产业人才。鼓励有条件的高等院校开展体育产业人才的培养、培训工作，为体育产业可持续发展提供人才和智力储备。①

---

① 《体育总局印发〈体育产业"十二五"规划〉的通知》，http://www.gov.cn/gzdt/2011-05/16/content_1864566.htm。

四　体育产业人才培养前景与走势

劳动是体育产业最基础的生产要素之一，而人力资本则可以提升劳动生产率。所谓的人力资本，指的是劳动者通过教育和培训所获得的知识和技能。与物质资本一样，人力资本能提高国家或城市生产物品和服务的能力。城市获得人力资本有两种途径，其一是通过高于其他城市的工资水平吸引高素质劳动者定居城市，其二是通过进行人力资本投资，对劳动者进行教育、培训等。这两种获取人力资本的途径都需要城市的经济实力作为支撑。[①] 北京的经济发展为体育产业的资本和劳动提供了原动力，为体育产业人才的发展提供了优质的平台。未来五年，北京体育产业人才的基本走势会呈现以下几种态势。

（一）体育产业人才仍是稀缺性资源

体育产业是文化产业集群中的一个重要组成部分。之所以称之为产业，是因为它具备了一切产业所共同包含的要素：市场、人才、资本和产品，而人才是文化产业的核心资源。随着北京市主办和承办的高端体育赛事数量的增加、专业化水平的提高，北京对体育产业人才的需求明显增强，因此高端体育产业人才仍将是稀缺性资源。国家体育总局、北京市体育局以及高校院所将会有针对性地培养高端体育产业人才，这些接受过专业教育的高学历人才进入市场，将会使中国体育产业更加专业化、职业化、国际化。目前，北京体育大学、首都体育学院、北京大学、中央财经大学等高校开设了体育产业、体育经济与管理、体育服务与管理的专科、本科及研究生的相关专业和方向，每年预计输送 300 名左右的体育产业专业人才。此外，国家体育总局人力资源中心通过体育经纪人培训基地每年培训不同级别的体育经纪人 100 人左右，共青团中央下属的中国青少年发展服务中心向社会输送在职体育产

[①]　阮伟：《体育赛事与城市发展关系研究》，北京体育大学博士学位论文，2012。

业专门人才近百人。面对飞速发展的北京体育产业而言，每年500人左右的体育产业人才仍将是未来的稀缺性资源。

（二）体育产业人才培养将随市场分化而逐渐细分

2008年北京成功举办奥运会后，北京体育产业得到了长足的发展，同时奥运会也为北京留下了一批高品质的体育竞赛场馆和体育竞赛管理人才遗产，这是促进北京体育产业继续快速发展的重要资源。北京市体育产业人才随着体育产业市场的分化逐渐细分为组织型人才、管理型人才、运营与推广型人才和公关型人才。这些人力资源伴随着中国体育产业的成长不断成熟，成为带动中国体育产业发展的先驱性人才，在体育产业发展中起着承上启下、培养和带动后辈的重要作用。

（三）体育产业人才的培养将更加专业化

一直以来，高校都是按照学科设置专业，培养的学生理论知识扎实，实践能力不足。随着体育产业市场的培育，高校逐渐将学科视角拓展到市场需求视角，根据市场需求进行专业定位。一些高职、大专院校也将视角转向体育服务与管理，从事职业化、专门化的体育产业人才培养，如北京体育大学开设的高尔夫经理人培训，北京汇佳职业学院开设的高尔夫专业、休闲体育与俱乐部管理专业和马术专业，使体育产业人才的培养更加职业化和专业化。

（四）体育产业人才的培养将趋向职业化

为适应新形势下体育事业发展的需要，经劳动和社会保障部批准，国家体育总局于2004年6月成立了职业技能鉴定指导中心，在体育行业推行国家职业资格证书制度，在全国范围内开展体育行业特有职业的职业技能鉴定工作，并将国家体育总局职业技能鉴定指导中心的办事机构设立在国家体育总局人力资源开发中心。目前，纳入国家职业大典的体育行业特有职业有社会体育指导员、体育场地工、体育经纪人以及游泳救生员。《体育产业"十二五"规划》规定，"加强现有体育产业从业人员的岗位职业培训，建立体育产业专业人员资质认证制度，提高体育产业从业人员素质，加强体育产业人才培养的国际交流与合作"①，这将促使体育产业人才的培养趋向职业化，体育人才的培养更加规范有序。

参考文献

北京市人民政府：《北京市人民政府关于加快发展体育产业的实施意见》，《北京市人民政府公报》，2012 年 5 月 15 日。

高雪峰：《我国体育系统人才资源开发战略研究》，北京体育大学博士学位论文，2007。

冯蕴中、任翼军：《高等教育对体育产业人才培养的研究》，《河北体育学院学报》2008 年第 3 期。

柳伯力：《我国体育产业经营管理人才培养的问题与思考》，《体育文化导刊》2007 年第 8 期。

赵道静：《我国体育人才需求预测及发展战略研究》，《武汉体育学院学报》2006 年第 12 期。

张孝荣：《我国体育产业管理人才培养研究》，《体育文化导刊》2008 年第 10 期。

柳伯力：《我国体育产业经营管理人才培养的问题与思考》，《体育文化导刊》2007 年第 8 期。

陈明：《我国体育服务业低度均衡形成因素分析》，《体育文化导刊》2009 年第 2 期。

吴香芝、张林：《我国体育服务产业政策执行效果及影响因素研究》，《中国体育科技》2013 年第 4 期。

肖林鹏、丁涛、李豪杰：《我国体育经纪人职业概况与前景研究》，《天津体育学院学报》2007 年第 1 期。

苏宁：《中国体育产业发展的时间动态与空间格局研究》，北京体育大学博士学位论文，2013。

阮伟：《体育赛事与城市发展关系研究》，北京体育大学博士学位论文，2012。

---

① 《体育总局印发〈体育产业"十二五"规划〉的通知》，http：//www.gov.cn/gzdt/2011 - 05/16/content_ 1864566.htm。

Abstract

Report on Development of Beijing Sports Industry (*2014 – 2015*) (hereinafter referred to as "the Report") is expectedly published under the context of the thriving development of Beijing sports industries and the successful holding large-scale sporting activities and international sporting events during the last whole year. In 2013, Beijing Marathon ushered the sporting activities for the city, China-Open turned the city into joy and smile which was also facilitated by the outstanding performances of Beijing Guoan soccer team and Beijing Ducks basketball team. In the passing splendid 2013, Beijing Sports Industry was empowered by all the sports events with confidence, open-up perception, and the prospect. We are proud of witnessing and reporting the moment of this promising and expecting era for Beijing Sports Industry.

The Report, as the first blue book for Beijing Sports Industry, became a reality definitely due to the authoritative expert team in Sports Industry filed from Capital University of PE and Sports, Beijing Sports University, Peking University, and Beijing Normal University. After the whole-year research and writing, the report comprehensively combed the sports industry policy, sports events industry, sports leisure fitness industry, sports goods manufacture industry, sports venues industry, sports media industry, sports agency industry, sports lottery industry, sports talent development via investigation, quantitative statistics, literature review, qualitative analysis and case study. It reveals in all dimensions that the basic values, the profit models, the developing rules, the strategies of Beijing Sports Industry on the foundation of illustrating facts and data from sports market.

The Report not only comprised all the elements of sports industry also recalled the history of its development and analyzed its status quo and future. The fact that sports event-related activities and sports agency-organized activities accounted for 17. 6% in 2013 showed that the positive collocation between the two fields. As the key industry, sports service industry at the top list nationwide made most contribution to the whole Beijing sports industry with vigorous profit of 30. 67 billion yuan. Drived by the social organizations, Beijing leisure fitness industry formed a multi-leveled, wide ranging, high-middle-low level complementary pattern. Beijing sports goods manufacturing industry took advantage of the macro-economic environment, industry competition environment, policy environment, and social environment, the amount of sports goods companies head the list of successful candidates with its great variety, decreased scale of export, and the increase of total import volumes. As the growing sports metropolis in the world, Beijing municipal actively promotes the sports market, sports information, sports research transformation on the industry chain. What's more, for the purpose of advancing its sustainability, it systematically integrates development between the sports industry and local culture, the Internet, public health, finance respectively.

Compared with other sports industry blue book, this report offered more detailed information especially in terms of sports industry policy, sports media, sports lottery, talents in sports industry. Served as the frontier of sports media industry, Beijing was privileged with its large scale and mature market of sports industry. The sports lottery was characterized with the marked increase no matter in its revenue or sales volume, setting its more important role in the process of sports industry development. The quality and quantity of talents in this filed create a historic record in Beijing Municipal.

Since the Report on Development of Beijing Sports Industry (2014 – 2015) is the first annual report, we will work on next report in the following year.

Contents

B I General Report

(hereinafter referred to as "the report") is expectedly published under the context of the thriving development of Beijing sports industries and the successful holding large-scale sporting activities and international sporting events during the last whole year. As the first blue book for Beijing Sports Industry, it comprehensively combed all the elements in the sports industry development.

The report concluded that the developing scale of Beijing sports industry has been stably enlarged; its structure has been further optimized; the quality of industrialization has been improved. The sports industry policy was growingly regulated and promoted; the sports events industry was brightly prominent; sports leisure fitness industry has been in multi-leveled tendency; sports goods industry has been equipped with high-technology; the operation model of sports venues industry has been initiated; the contribution rate of sports agency industry has been gradually enhanced. Sports media industry has been kept active; sports lottery industry has been increased. Lastly, though talents-training in sports industry has been stressed, it's still far from meeting the demands.

Keywords: Sports Industry; Sports Events Industry; Sports Goods Industry

ß II   Sup-Reports

Abstract: In the post − Olympic era, sports industry has become an active industry that promotes the economic growth of Beijing and accelerates the structural transformation of economy. In order to improve the sustainable development of the capital sports industry and accelerate its development as the internatioanl sports center, the Beijing government carried out multiple policies to guide the development of the sports industry. This report reviews the history of the sports industry development in Beijing as well as China and conducts the PEST analysis towards the policies of Beijing sports industry based on the sports policy experience home and abroad. It also offers suggestions to the future development of the sports industry in Beijing in the hope of improving the sports legislation and the

reform of the sports system.

Keywords: Sports Industry; Policy Guidance; PEST Analysis; Beijing

B. 3   The Prospect of Beijing Sports Events Industry Market

Disposition Pattern

Wang Qingwei, Hai Zhenwen and Bi Xuecui / 065

Abstract: This chapter includes the overview about the Beijing sports competition performance industry, demands analysis, the external development environment, the internal market development present situation , Restricting factors and prospect analysis, countermeasures and suggestions and so on six section content, This chapter aims to study the key to reveal the development of Beijing sports competition performance industry environment, the development present situation and main problems, According to the survey data to make Beijing sports competition performance industry development prospect forecast analysis in the future years, and put forward some targeted countermeasures and suggestions, reference to the general readers.

Keywords: Beijing City; Sports Competition Performance Industry; Market

B. 4   The Prospect of Beijing Sports Leisure Fitness Industry

Market Disposition Pattern (2013 −2015)

Li Xiangru, Liu Pingjiang / 130

Abstract: As the publishmentsof "The national fitness program" and "The fitness program of Beijing" in January 2013, government of Beijing City is planning to turn the city into a center of nation sports and leisure during the twelfth "Five − Year Plan". With the guarantee of policy of economic structure adjustment, associations of sports and leisure in Beijing enriched their projects and completed their organization structures in 2013. The whole pubic service system came to a better living environment.

Keywords: Beijing City; Sports; Fitness; Leisure

B. 5   The Status Quo and Developing Trend of Beijing Sports Goods Industry

Zhang Jianhua , Wang Zhaohong , Wang Liji , Zhong Huamei ,

Yin Xuelin , Luo Tengxiang and Zhang Zhuo / 151

Abstract: First, the report has summarized the relevant notions of sports goods industry in China, the developmental history and the status quo of the industry. Then the report has described Beijing's current situation of sports goods industry. The analyzing consequence indicated that the development of sports goods industry in our country has undergone 5 stages. The excellent environment of investment, the increase of market demand and sports events, and the comparative advantage of labor have led our sports goods industry to meet a great opportunity for development. On the other hand, we are facing a lot of challenges, such as the appreciation pressure of RMB, the decrease of cost advantage and the intensive competition with international brand. In terms of Beijing sports goods industry, it has advantages in macroeconomic environment, competition environment, industrial structure, the environment of industrial policy and the social environment of industry. Besides, Beijing ranks high in the list which reflects the number of companies in sports goods industry. Although Beijing has a great number of relevant companies and contains the most of product categories, the number of employees was not that much. In recent three years, Beijing sports goods industry has witnessed a decline in total assets, sales revenue, profits and other aspects. From 2010 to the third quarter 2013, the export figures declined and the import figures rose, and the export comparative advantage was weak. According to the previous analysis, the report has analyzed the problems of Beijing sports goods industry and made

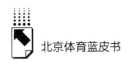

suggestions for those problems. In addition, a prediction of trend of Beijing sports goods industry also has been made. At last, the report has listed several cases of companies which were prominent in Beijing sports goods industry.

Keywords: Beijing City; Sports Goods Industry; Developmental Environment; Economy of Scale

B. 6 The Status Quo and Development of Beijing Sports Venues Industry

Huo Jianxin, Dong Jie, Li Fei and Liu Shaochuan / 197

Abstract: Beijing, hosted the Asian Games, Universiade, Olympic Games and other major international events, the constructed a large number of modern venues. Since "Sports Law" promulgated, the Beijing sports venues construction rapid development, construction of national fitness venues kept pace with competitive sports. On the operation management, Beijing stadiums are mainly in public institution framework, corporate governance mode adopted in the new stadiums. Operation efficiency is generally well of Beijing sports venues, most of them can be profitable. On the development aspect, Beijing venues insist on public welfare, provide public service, diversity operation, improvement and innovation management model, achievement the using comprehensive, management specialization, service popularization, operation marketization.

Keywords: Beijing; Sports Venues; Public Welfare; Marketization

B. 7 The Market Outlook and Development of Beijing Sports Agency Industry

Xiao Shuhong, Wang Pingping, Liu Yan and Fu Qun / 225

Abstract: This study used the method of literature and other research methods to make a clear description of the current situation to sport agency industry of Beijing, to make an exhaustive summary to concept, classification and characteristics of sport agency industry of Beijing, to run a specific predictions about trends of development and market prospect on sport agency industry of Beijing as well as all of China, and then put forward corresponding suggestions to existing development problems to sport agency industry of Beijing. Research results have certain reference value and significance to the development of sport agency industry of China.

Keywords: Sport Agency Industry; The Basic Situation; Trend; Market Prospect; Industrial Chain

B. 8 The Market Outlook and Disposition Pattern of Beijing Sports Media

Huang Ruotao, Zhang Hongwei and Zhang Yinan / 259

Abstract: After tens of years development, sports media industry in China has developed its industry scope with special characteristics. Beijing, as a maturely developed sport and media region, has set up perfect environment for industry and market development. This essay analyzed Beijing sports media's current situation and characteristics, researched the sport media's influence from new media environment, and discussed its future developing trend. This study from one side historically reflected the industry developing process from its form to current situation, which provided some references for sports media's future development.

Keywords:

B. 9 The Disposition Pattern and Development Suggestion of Beijing Sports Lottery Industry

He Wenyi, Jiao Xu / 284

Abstract: Be after years of efforts, Beijing sports lottery sales and sales of leap

345

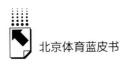

to the development of undertakings of physical culture and sports not only provides a stable source of economy, and also in the sports industry plays a more and more important role. This report on the Beijing sports lottery industry on the basis of the main achievements of this year, through the investigation and analysis, comparative analysis, SWOT analysis and other methods such as analysis of the problems of the development of sports lottery in Beijing, and puts forward corresponding countermeasures and Suggestions.

Keywords: Sports Lottery; Demand and Supply Analysis; SWOT Analysis; Countermeasure and Suggestion; Beijing

Abstract: Human resource is the foundation of social development. Beijing sports industry human resource was in the historical most high on quantity, quality depending on Beijing Olympic Games. At present, sports industry talents training is divided into: university culture alone, joint training relying on college, sports industry course class, training of national function department, training and certification of sports occupation qualification. The world sports center city talent training pattern began to emerge. This provides rich human resources for Beijing sports fitness leisure industry, the competitive performance industry, the intermediary service industry, the sports goods industry and the sports lottery market. Now, Beijing sports industry personnel training mechanism is facing the lack of obvious professional advantages, the stress on the sports market weak.

Keywords: Human Resource of Sports Industry; Enrollment Path; Training Pattern; Industry Market Cultivation

❖ 皮书起源 ❖

"皮书"起源于十七、十八世纪的英国，主要指官方或社会组织正式发表的重要文件或报告，多以"白皮书"命名。在中国，"皮书"这一概念被社会广泛接受，并被成功运作、发展成为一种全新的出版型态，则源于中国社会科学院社会科学文献出版社。

❖ 皮书定义 ❖

皮书是对中国与世界发展状况和热点问题进行年度监测，以专业的角度、专家的视野和实证研究方法，针对某一领域或区域现状与发展态势展开分析和预测，具备权威性、前沿性、原创性、实证性、时效性等特点的连续性公开出版物，由一系列权威研究报告组成。皮书系列是社会科学文献出版社编辑出版的蓝皮书、绿皮书、黄皮书等的统称。

❖ 皮书作者 ❖

皮书系列的作者以中国社会科学院、著名高校、地方社会科学院的研究人员为主，多为国内一流研究机构的权威专家学者，他们的看法和观点代表了学界对中国与世界的现实和未来最高水平的解读与分析。

❖ 皮书荣誉 ❖

皮书系列已成为社会科学文献出版社的著名图书品牌和中国社会科学院的知名学术品牌。2011年，皮书系列正式列入"十二五"国家重点图书出版规划项目；2012~2014年，重点皮书列入中国社会科学院承担的国家哲学社会科学创新工程项目；2015年，41种院外皮书使用"中国社会科学院创新工程学术出版项目"标识。

法 律 声 明

"皮书系列"（含蓝皮书、绿皮书、黄皮书）之品牌由社会科学文献出版社最早使用并持续至今，现已被中国图书市场所熟知。"皮书系列"的LOGO（ ）与"经济蓝皮书""社会蓝皮书"均已在中华人民共和国国家工商行政管理总局商标局登记注册。"皮书系列"图书的注册商标专用权及封面设计、版式设计的著作权均为社会科学文献出版社所有。未经社会科学文献出版社书面授权许可，任何使用与"皮书系列"图书注册商标、封面设计、版式设计相同或者近似的文字、图形或其组合的行为均系侵权行为。

经作者授权，本书的专有出版权及信息网络传播权为社会科学文献出版社享有。未经社会科学文献出版社书面授权许可，任何就本书内容的复制、发行或以数字形式进行网络传播的行为均系侵权行为。

社会科学文献出版社将通过法律途径追究上述侵权行为的法律责任，维护自身合法权益。

欢迎社会各界人士对侵犯社会科学文献出版社上述权利的侵权行为进行举报。电话：010－59367121，电子邮箱：fawubu@ ssap. cn。

社会科学文献出版社

权威·前沿·原创

SSAP

社会科学文献出版社

皮书系列

2015年

盘点年度资讯 预测时代前程

社会科学文献出版社 学术传播中心 编制

社会科学文献出版社
SOCIAL SCIENCES ACADEMIC PRESS (CHINA)

社会科学文献出版社成立于1985年，是直属于中国社会科学院的人文社会科学专业学术出版机构。

成立以来，特别是1998年实施第二次创业以来，依托于中国社会科学院丰厚的学术出版和专家学者两大资源，坚持"创社科经典，出传世文献"的出版理念和"权威、前沿、原创"的产品定位，社科文献立足内涵式发展道路，从战略层面推动学术出版五大能力建设，逐步走上了智库产品与专业学术成果系列化、规模化、数字化、国际化、市场化发展的经营道路。

先后策划出版了著名的图书品牌和学术品牌"皮书"系列、"列国志"、"社科文献精品译库"、"全球化译丛"、"全面深化改革研究书系"、"近世中国"、"甲骨文"、"中国史话"等一大批既有学术影响又有市场价值的系列图书，形成了较强的学术出版能力和资源整合能力。2014年社科文献出版社发稿5.5亿字，出版图书1500余种，承印发行中国社科院院属期刊71种，在多项指标上都实现了较大幅度的增长。

凭借着雄厚的出版资源整合能力，社科文献出版社长期以来一直致力于从内容资源和数字平台两个方面实现传统出版的再造，并先后推出了皮书数据库、列国志数据库、中国田野调查数据库等一系列数字产品。数字出版已经初步形成了产品设计、内容开发、编辑标引、产品运营、技术支持、营销推广等全流程体系。

在国内原创著作、国外名家经典著作大量出版，数字出版突飞猛进的同时，社科文献出版社从构建国际话语体系的角度推动学术出版国际化。先后与斯普林格、荷兰博睿、牛津、剑桥等十余家国际出版机构合作面向海外推出了"皮书系列""改革开放30年研究书系""中国梦与中国发展道路研究丛书""全面深化改革研究书系"等一系列在世界范围内引起强烈反响的作品；并持续致力于中国学术出版走出去，组织学者和编辑参加国际书展，筹办国际性学术研讨会，向世界展示中国学者的学术水平和研究成果。

此外，社科文献出版社充分利用网络媒体平台，积极与中央和地方各类媒体合作，并联合大型书店、学术书店、机场书店、网络书店、图书馆，逐步构建起了强大的学术图书内容传播平台。学术图书的媒体曝光率居全国之首，图书馆藏率居于全国出版机构前十位。

上述诸多成绩的取得，有赖于一支以年轻的博士、硕士为主体，一批从中国社科院刚退出科研一线的各学科专家为支撑的300多位高素质的编辑、出版和营销队伍，为我们实现学术立社，以学术品位、学术价值来实现经济效益和社会效益这样一个目标的共同努力。

作为已经开启第三次创业梦想的人文社会科学学术出版机构，2015年的社会科学文献出版社将迎来她30周岁的生日，"三十而立"再出发，我们将以改革发展为动力，以学术资源建设为中心，以构建智慧型出版社为主线，以社庆三十周年系列活动为重要载体，以"整合、分类、专业、协同、持续"为各项工作指导原则，全力推进出版社数字化转型，坚定不移地走专业化、数字化、国际化发展道路，全面提升出版社核心竞争力，为实现"社科文献梦"奠定坚实基础。

✤ 皮书起源 ✤

"皮书"起源于十七、十八世纪的英国，主要指官方或社会组织正式发表的重要文件或报告，多以"白皮书"命名。在中国，"皮书"这一概念被社会广泛接受，并被成功运作、发展成为一种全新的出版形态，则源于中国社会科学院社会科学文献出版社。

✤ 皮书定义 ✤

皮书是对中国与世界发展状况和热点问题进行年度监测，以专业的角度、专家的视野和实证研究方法，针对某一领域或区域现状与发展态势展开分析和预测，具备权威性、前沿性、原创性、实证性、时效性等特点的连续性公开出版物，由一系列权威研究报告组成。皮书系列是社会科学文献出版社编辑出版的蓝皮书、绿皮书、黄皮书等的统称。

✤ 皮书作者 ✤

皮书系列的作者以中国社会科学院、著名高校、地方社会科学院的研究人员为主，多为国内一流研究机构的权威专家学者，他们的看法和观点代表了学界对中国与世界的现实和未来最高水平的解读与分析。

✤ 皮书荣誉 ✤

皮书系列已成为社会科学文献出版社的著名图书品牌和中国社会科学院的知名学术品牌。2011 年，皮书系列正式列入"十二五"国家重点出版规划项目；2012~2014 年，重点皮书列入中国社会科学院承担的国家哲学社会科学创新工程项目；2015 年，41 种院外皮书使用"中国社会科学院创新工程学术出版项目"标识。

经 济 类

经济类皮书涵盖宏观经济、城市经济、大区域经济，
提供权威、前沿的分析与预测

经济蓝皮书

2015年中国经济形势分析与预测

李　扬／主编　　2014年12月出版　　定价：69.00元

◆　本书为总理基金项目，由著名经济学家李扬领衔，联合中国社会科学院、国务院发展中心等数十家科研机构、国家部委和高等院校的专家共同撰写，系统分析了2014年的中国经济形势并预测2015年我国经济运行情况，2015年中国经济仍将保持平稳较快增长，预计增速7%左右。

城市竞争力蓝皮书

中国城市竞争力报告No.13

倪鹏飞／主编　　2015年5月出版　　定价：89.00元

◆　本书由中国社会科学院城市与竞争力研究中心主任倪鹏飞主持编写，以"巨手：托起城市中国新版图"为主题，分别从市场、产业、要素、交通一体化角度论证了东中一体化程度不断加深。建议：中国经济分区应该由四分区调整为二分区；按照"一团五线"的发展格局对中国的城市体系做出重大调整。

西部蓝皮书

中国西部发展报告（2015）

姚慧琴　徐璋勇／主编　　2015年7月出版　　估价：89.00元

◆　本书由西北大学中国西部经济发展研究中心主编，汇集了源自西部本土以及国内研究西部问题的权威专家的第一手资料，对国家实施西部大开发战略进行年度动态跟踪，并对2015年西部经济、社会发展态势进行预测和展望。

中部蓝皮书

中国中部地区发展报告（2015）

喻新安／主编　　2015年7月出版　　估价：69.00元

◆　本书敏锐地抓住当前中部地区经济发展中的热点、难点问题，紧密地结合国家和中部经济社会发展的重大战略转变，对中部地区经济发展的各个领域进行了深入、全面的分析研究，并提出了具有理论研究价值和可操作性强的政策建议。

世界经济黄皮书

2015年世界经济形势分析与预测

王洛林　张宇燕／主编　　2015年1月出版　　定价：69.00元

◆　本书为中国社会科学院创新工程学术出版资助项目，由中国社会科学院世界经济与政治研究所的研创团队撰写。该书认为，2014年，世界经济维持了上年度的缓慢复苏，同时经济增长格局分化显著。预计2015年全球经济增速按购买力平价计算的增长率为3.3%，按市场汇率计算的增长率为2.8%。

中国省域竞争力蓝皮书

中国省域经济综合竞争力发展报告（2013~2014）

李建平　李闽榕　高燕京／主编　　2015年2月出版　　定价：198.00元

◆　本书充分运用数理分析、空间分析、规范分析与实证分析相结合、定性分析与定量分析相结合的方法，建立起比较科学完善、符合中国国情的省域经济综合竞争力指标评价体系及数学模型，对2012~2013年中国内地31个省、市、区的经济综合竞争力进行全面、深入、科学的总体评价与比较分析。

城市蓝皮书

中国城市发展报告 No.8

潘家华　魏后凯／主编　2015年9月出版　　估价：69.00元

◆　本书由中国社会科学院城市发展与环境研究中心编著，从中国城市的科学发展、城市环境可持续发展、城市经济集约发展、城市社会协调发展、城市基础设施与用地管理、城市管理体制改革以及中国城市科学发展实践等多角度、全方位地立体展示了中国城市的发展状况，并对中国城市的未来发展提出了建议。

金融蓝皮书

中国金融发展报告（2015）

李 扬　王国刚 / 主编　2014 年 12 月出版　定价 : 75.00 元

◆　由中国社会科学院金融研究所组织编写的《中国金融发展报告（2015）》，概括和分析了 2014 年中国金融发展和运行中的各方面情况,研讨和评论了 2014 年发生的主要金融事件。本书由业内专家和青年精英联合编著,有利于读者了解掌握 2014 年中国的金融状况,把握 2015 年中国金融的走势。

低碳发展蓝皮书

中国低碳发展报告（2015）

齐 晔 / 主编　2015 年 7 月出版　估价 : 89.00 元

◆　本书对中国低碳发展的政策、行动和绩效进行科学、系统、全面的分析。重点是通过归纳中国低碳发展的绩效,评估与低碳发展相关的政策和措施,分析政策效应的制度背景和作用机制,为进一步的政策制定、优化和实施提供支持。

经济信息绿皮书

中国与世界经济发展报告（2015）

杜 平 / 主编　2014 年 12 月出版　定价 : 79.00 元

◆　本书是由国家信息中心组织专家队伍精心研究编撰的年度经济分析预测报告,书中指出,2014 年,我国经济增速有所放慢,但仍处于合理运行区间。主要新兴国家经济总体仍显疲软。2015 年应防止经济下行和财政金融风险相互强化,促进经济向新常态平稳过渡。

低碳经济蓝皮书

中国低碳经济发展报告（2015）

薛进军　赵忠秀 / 主编　2015 年 6 月出版　定价 : 85.00 元

◆　本书汇集来自世界各国的专家学者、政府官员,探讨世界金融危机后国际经济的现状,提出"绿色化"为经济转型期国家的可持续发展提供了重要范本,并将成为解决气候系统保护与经济发展矛盾的重要突破口,也将是中国引领"一带一路"沿线国家实现绿色发展的重要抓手。

社 会 政 法 类

社会政法类皮书聚焦社会发展领域的热点、难点问题，
提供权威、原创的资讯与视点

社会蓝皮书

2015 年中国社会形势分析与预测

李培林 陈光金 张 翼 / 主编　2014 年 12 月出版　定价 :69.00 元

◆　本书由中国社会科学院社会学研究所组织研究机构专
家、高校学者和政府研究人员撰写，聚焦当下社会热点，指
出 2014 年我国社会存在城乡居民人均收入增速放缓、大学
生毕业就业压力加大、社会老龄化加速、住房价格继续飙升、
环境群体性事件多发等问题。

法治蓝皮书

中国法治发展报告 No.13（2015）

李 林 田 禾 / 主编　2015 年 3 月出版　定价 :105.00 元

◆　本年度法治蓝皮书回顾总结了 2014 年度中国法治取得
的成效及存在的问题，并对 2015 年中国法治发展形势进行
预测、展望，还从立法、人权保障、行政审批制度改革、反
价格垄断执法、教育法治、政府信息公开等方面研讨了中国
法治发展的相关问题。

环境绿皮书

中国环境发展报告（2015）

刘鉴强 / 主编　2015 年 7 月出版　估价 :79.00 元

◆　本书由民间环保组织"自然之友"组织编写，由特别关
注、生态保护、宜居城市、可持续消费以及政策与治理等版
块构成，以公共利益的视角记录、审视和思考中国环境状况，
呈现 2014 年中国环境与可持续发展领域的全局态势，用深刻
的思考、科学的数据分析 2014 年的环境热点事件。

反腐倡廉蓝皮书

中国反腐倡廉建设报告 No.4

李秋芳 张英伟 / 主编   2014 年 12 月出版   定价 : 79.00 元

◆   本书继续坚持"建设"主题，既描摹出反腐败斗争的感性特点，又揭示出反腐政治格局深刻变化的根本动因。指出当前症结在于权力与资本"隐蔽勾连"、"官场积弊"消解"吏治改革"效力、部分公职人员基本价值观迷乱、封建主义与资本主义思想依然影响深重。提出应以科学思维把握反腐治标与治本问题，建构"不需腐"的合理合法薪酬保障机制。

女性生活蓝皮书

中国女性生活状况报告 No.9（2015）

韩湘景 / 主编   2015 年 4 月出版   定价 : 79.00 元

◆   本书由中国妇女杂志社、华坤女性生活调查中心和华坤女性消费指导中心组织编写，通过调查获得的大量调查数据，真实展现当年中国城市女性的生活状况、消费状况及对今后的预期。

华侨华人蓝皮书

华侨华人研究报告 (2015)

贾益民 / 主编   2015 年 12 月出版   估价 : 118.00 元

◆   本书为中国社会科学院创新工程学术出版资助项目，是华侨大学向世界提供最新涉侨动态、理论研究和政策建议的平台。主要介绍了相关国家华侨华人的规模、分布、结构、发展趋势，以及全球涉侨生存安全环境和华文教育情况等。

政治参与蓝皮书

中国政治参与报告（2015）

房   宁 / 主编   2015 年 7 月出版   估价 : 105.00 元

◆   本书作者均来自中国社会科学院政治学研究所，聚焦中国基层群众自治的参与情况介绍了城镇居民的社区建设与居民自治参与和农村居民的村民自治与农村社区建设参与情况。其优势是其指标评估体系的建构和问卷调查的设计专业，数据量丰富，统计结论科学严谨。

行业报告类

行业报告类皮书立足重点行业、新兴行业领域，
提供及时、前瞻的数据与信息

房地产蓝皮书

中国房地产发展报告 No.12（2015）

魏后凯　李景国 / 主编　　2015 年 5 月出版　　定价：79.00 元

◆　　本年度房地产蓝皮书指出，2014 年中国房地产市场出现了较大幅度的回调，商品房销售明显遇冷，库存居高不下。展望2015 年，房价保持低速增长的可能性较大，但区域分化将十分明显，人口聚集能力强的一线城市和部分热点二线城市房价有回暖、房价上涨趋势，而人口聚集能力差、库存大的部分二线城市或三四线城市房价会延续下跌（回调）态势。

保险蓝皮书

中国保险业竞争力报告（2015）

姚庆海　王　力 / 主编　2015 年 12 出版　　估价：98.00 元

◆　　本皮书主要为监管机构、保险行业和保险学界提供保险市场一年来发展的总体评价，外在因素对保险业竞争力发展的影响研究；国家监管政策、市场主体经营创新及职能发挥、理论界最新研究成果等综述和评论。

企业社会责任蓝皮书

中国企业社会责任研究报告（2015）

黄群慧　彭华岗　钟宏武　张　蒽 / 编著
2015 年 11 月出版　估价：69.00 元

◆　　本书系中国社会科学院经济学部企业社会责任研究中心组织编写的《企业社会责任蓝皮书》2015 年分册。该书在对企业社会责任进行宏观总体研究的基础上，根据 2014 年企业社会责任及相关背景进行了创新研究，在全国企业中观层面对企业健全社会责任管理体系提供了弥足珍贵的丰富信息。

投资蓝皮书

中国投资发展报告（2015）

谢 平 / 主编　　2015 年 4 月出版　　定价 :128.00 元

◆　2014 年，适应新常态发展的宏观经济政策逐步成型和出台，成为保持经济平稳增长、促进经济活力增强、结构不断优化升级的有力保障。2015 年，应重点关注先进制造业、TMT 产业、大健康产业、大文化产业及非金融全新产业的投资机会，适应新常态下的产业发展变化，在投资布局中争取主动。

住房绿皮书

中国住房发展报告（2014~2015）

倪鹏飞 / 主编　　2014 年 12 月出版　　定价 :79.00 元

◆　本年度住房绿皮书指出，中国住房市场从 2014 年第一季度开始进入调整状态，2014 年第三季度进入全面调整期。2015 年的住房市场走势 : 整体延续衰退，一、二线城市 2015 年下半年、三四线城市 2016 年下半年复苏。

人力资源蓝皮书

中国人力资源发展报告（2015）

余兴安 / 主编　　2015 年 9 月出版　　估价 :79.00 元

◆　本书是在人力资源和社会保障部部领导的支持下，由中国人事科学研究院汇集我国人力资源开发权威研究机构的诸多专家学者的研究成果编写而成。 作为关于人力资源的蓝皮书，本书通过充分利用有关研究成果，更广泛、更深入地展示近年来我国人力资源开发重点领域的研究成果。

汽车蓝皮书

中国汽车产业发展报告（2015）

国务院发展研究中心产业经济研究部 中国汽车工程学会
大众汽车集团（中国）/ 主编　2015 年 8 月出版　　估价 :128.00 元

◆　本书由国务院发展研究中心产业经济研究部、中国汽车工程学会、大众汽车集团（中国）联合主编，是关于中国汽车产业发展的研究性年度报告，介绍并分析了本年度中国汽车产业发展的形势。

国别与地区类

国别与地区类皮书关注全球重点国家与地区，
提供全面、独特的解读与研究

亚太蓝皮书

亚太地区发展报告（2015）

李向阳 / 主编　　2015 年 1 月出版　　定价 :59.00 元

◆　本年度的专题是"一带一路"，书中对"一带一路"战略的经济基础、"一带一路"与区域合作等进行了阐述。除对亚太地区 2014 年的整体变动情况进行深入分析外，还在此基础上提出了对于 2015 年亚太地区各个方面发展情况的预测。

日本蓝皮书

日本研究报告（2015）

李　薇 / 主编　　2015 年 4 月出版　　定价 :69.00 元

◆　本书由中华日本学会、中国社会科学院日本研究所合作推出，是以中国社会科学院日本研究所的研究人员为主完成的研究成果。对 2014 年日本的政治、外交、经济、社会文化作了回顾、分析，并对 2015 年形势进行展望。

德国蓝皮书

德国发展报告（2015）

郑春荣　伍慧萍 / 主编　　2015 年 5 月出版　　定价 :69.00 元

◆　本报告由同济大学德国研究所组织编撰，由该领域的专家学者对德国的政治、经济、社会文化、外交等方面的形势发展情况，进行全面的阐述与分析。德国作为欧洲大陆第一强国，与中国各方面日渐紧密的合作关系，值得国内各界深切关注。

国际形势黄皮书

全球政治与安全报告（2015）

李慎明　张宇燕／主编　2015 年 1 月出版　定价 :69.00 元

◆　本书对中、俄、美三国之间的合作与冲突进行了深度分析，揭示了影响中美、俄美及中俄关系的主要因素及变化趋势。重点关注了乌克兰危机、克里米亚问题、苏格兰公投、西非埃博拉疫情以及西亚北非局势等国际焦点问题。

拉美黄皮书

拉丁美洲和加勒比发展报告（2014~2015）

吴白乙／主编　2015 年 5 月出版　定价 :89.00 元

◆　本书是中国社会科学院拉丁美洲研究所的第 14 份关于拉丁美洲和加勒比地区发展形势状况的年度报告。 本书对 2014 年拉丁美洲和加勒比地区诸国的政治、经济、社会、外交等方面的发展情况做了系统介绍，对该地区相关国家的热点及焦点问题进行了总结和分析，并在此基础上对该地区各国 2015 年的发展前景做出预测。

美国蓝皮书

美国研究报告（2015）

郑秉文　黄 平／主编　2015 年 6 月出版　定价 :89.00 元

◆　本书是由中国社会科学院美国所主持完成的研究成果，重点讲述了美国的"再平衡"战略，另外回顾了美国 2014 年的经济、政治形势与外交战略，对 2014 年以来美国内政外交发生的重大事件以及重要政策进行了较为全面的回顾和梳理。

大湄公河次区域蓝皮书

大湄公河次区域合作发展报告（2015）

刘 稚／主编　2015 年 9 月出版　估价 :79.00 元

◆　云南大学大湄公河次区域研究中心深入追踪分析该区域发展动向，以把握全面，突出重点为宗旨，系统介绍和研究大湄公河次区域合作的年度热点和重点问题，展望次区域合作的发展趋势，并对新形势下我国推进次区域合作深入发展提出相关对策建议。

地方发展类

地方发展类皮书关注大陆各省份、经济区域，
提供科学、多元的预判与咨政信息

北京蓝皮书

北京公共服务发展报告（2014~2015）

施昌奎／主编　　2015年1月出版　　定价：69.00元

◆　本书是由北京市政府职能部门的领导、首都著名高校的教授、知名研究机构的专家共同完成的关于北京市公共服务发展与创新的研究成果。本年度主题为"北京公共服务均衡化发展和市场化改革"，内容涉及了北京市公共服务发展的方方面面，既有对北京各个城区的综合性描述，也有对局部、细部、具体问题的分析。

上海蓝皮书

上海经济发展报告（2015）

沈开艳／主编　　2015年1月出版　　定价:69.00元

◆　本书系上海社会科学院系列之一，本年度将"建设具有全球影响力的科技创新中心"作为主题，对2015年上海经济增长与发展趋势的进行了预测，把握了上海经济发展的脉搏和学术研究的前沿。

广州蓝皮书

广州经济发展报告（2015）

李江涛　朱名宏／主编　　2015年7月出版　　估价:69.00元

◆　本书是由广州市社会科学院主持编写的"广州蓝皮书"系列之一，本报告对广州2014年宏观经济运行情况作了深入分析，对2015年宏观经济走势进行了合理预测，并在此基础上提出了相应的政策建议。

文化传媒类

文化传媒类皮书透视文化领域、文化产业，
探索文化大繁荣、大发展的路径

新媒体蓝皮书

中国新媒体发展报告 No.6（2015）

唐绪军 / 主编　　2015 年 7 月出版　　定价 :79.00 元

◆　本书深入探讨了中国网络信息安全、媒体融合状况、微信
谣言问题、微博发展态势、互联网金融、移动舆论场舆情、传
统媒体转型、新媒体产业发展、网络助政、网络舆论监督、大
数据、数据新闻、数字版权等热门问题，展望了中国新媒体的
未来发展趋势。

舆情蓝皮书

中国社会舆情与危机管理报告（2015）

谢耘耕 / 主编　　2015 年 8 月出版　　估价 :98.00 元

◆　本书由上海交通大学舆情研究实验室和危机管理研究中心
主编，已被列入教育部人文社会科学研究报告培育项目。本书
以新媒体环境下的中国社会为立足点，对 2014 年中国社会舆情、
分类舆情等进行了深入系统的研究，并预测了 2015 年社会舆
情走势。

文化蓝皮书

中国文化产业发展报告（2015）

张晓明 王家新 章建刚 / 主编　　2015 年 7 月出版　　估价 :79.00 元

◆　本书由中国社会科学院文化研究中心编写。 从 2012 年开
始，中国社会科学院文化研究中心设立了国内首个文化产业的
研究类专项资金——“文化产业重大课题研究计划”，开始在
全国范围内组织多学科专家学者对我国文化产业发展重大战略
问题进行联合攻关研究。本书集中反映了该计划的研究成果。

经济类

G20国家创新竞争力黄皮书
二十国集团（G20）国家创新竞争力发展报告（2015）
著(编)者：黄茂兴 李闽榕 李建平 赵新力
2015年9月出版 / 估价:128.00元

产业蓝皮书
中国产业竞争力报告（2015）
著(编)者：张其仔 2015年7月出版 / 估价:79.00元

长三角蓝皮书
2015年全面深化改革中的长三角
著(编)者：张伟斌 2015年10月出版 / 估价:69.00元

城乡一体化蓝皮书
中国城乡一体化发展报告（2015）
著(编)者：付崇兰 汝信 2015年12月出版 / 估价:79.00元

城市创新蓝皮书
中国城市创新报告（2015）
著(编)者：周天勇 旷建伟 2015年8月出版 / 估价:69.00元

城市竞争力蓝皮书
中国城市竞争力报告（2015）
著(编)者：倪鹏飞 2015年5月出版 / 定价:89.00元

城市蓝皮书
中国城市发展报告NO.8
著(编)者：潘家华 魏后凯 2015年9月出版 / 估价:69.00元

城市群蓝皮书
中国城市群发展指数报告（2015）
著(编)者：刘新静 刘士林 2015年10月出版 / 估价:59.00元

城乡统筹蓝皮书
中国城乡统筹发展报告（2015）
著(编)者：潘晨光 程志强 2015年7月出版 / 估价:59.00元

城镇化蓝皮书
中国新型城镇化健康发展报告（2015）
著(编)者：张占斌 2015年7月出版 / 估价:79.00元

低碳发展蓝皮书
中国低碳发展报告（2015）
著(编)者：齐晔 2015年7月出版 / 估价:89.00元

低碳经济蓝皮书
中国低碳经济发展报告（2015）
著(编)者：薛进军 赵忠秀 2015年6月出版 / 定价:85.00元

东北蓝皮书
中国东北地区发展报告（2015）
著(编)者：马克 黄文艺 2015年8月出版 / 估价:79.00元

发展和改革蓝皮书
中国经济发展和体制改革报告（2015）
著(编)者：邹东涛 2015年11月出版 / 估价:98.00元

工业化蓝皮书
中国工业化进程报告（2015）
著(编)者：黄群慧 吕铁 李晓华 2015年11月出版 / 估价:89.00元

国际城市蓝皮书
国际城市发展报告（2015）
著(编)者：屠启宇 2015年1月出版 / 定价:79.00元

国家创新蓝皮书
中国创新发展报告（2015）
著(编)者：陈劲 2015年7月出版 / 估价:59.00元

环境竞争力绿皮书
中国省域环境竞争力发展报告（2015）
著(编)者：李建平 李闽榕 王金南
2015年12月出版 / 估价:198.00元

金融蓝皮书
中国金融发展报告（2015）
著(编)者：李扬 王国刚 2014年12月出版 / 定价:75.00元

金融信息服务蓝皮书
金融信息服务发展报告（2015）
著(编)者：鲁广锦 殷剑峰 林义相
2015年7月出版 / 估价:89.00元

经济蓝皮书
2015年中国经济形势分析与预测
著(编)者：李扬 2014年12月出版 / 定价:69.00元

经济蓝皮书·春季号
2015年中国经济前景分析
著(编)者：李扬 2015年5月出版 / 定价:79.00元

经济蓝皮书·夏季号
中国经济增长报告（2015）
著(编)者：李扬 2015年7月出版 / 估价:69.00元

经济信息绿皮书
中国与世界经济发展报告（2015）
著(编)者：杜平 2014年12月出版 / 定价:79.00元

就业蓝皮书
2015年中国大学生就业报告
著(编)者：麦可思研究院 2015年7月出版 / 估价:98.00元

就业蓝皮书
2015年中国高职高专生就业报告
著(编)者：麦可思研究院 2015年6月出版 / 定价:98.00元

就业蓝皮书
2015年中国本科生就业报告
著(编)者：麦可思研究院 2015年6月出版 / 定价:98.00元

临空经济蓝皮书
中国临空经济发展报告（2015）
著(编)者：连玉明 2015年9月出版 / 估价:79.00元

民营经济蓝皮书
中国民营经济发展报告（2015）
著(编)者：王钦敏 2015年12月出版 / 估价:79.00元

农村绿皮书
中国农村经济形势分析与预测（2014~2015）
著(编)者：中国社会科学院农村发展研究所
　　　　 国家统计局农村社会经济调查司
2015年4月出版 / 定价:69.00元

农业应对气候变化蓝皮书
气候变化对中国农业影响评估报告（2015）
著(编)者:矫梅燕　2015年8月出版 / 估价:98.00元

企业公民蓝皮书
中国企业公民报告（2015）
著(编)者:邹东涛　2015年12月出版 / 估价:79.00元

气候变化绿皮书
应对气候变化报告（2015）
著(编)者:王伟光 郑国光　2015年10月出版 / 估价:79.00元

区域蓝皮书
中国区域经济发展报告（2014~2015）
著(编)者:梁昊光　2015年5月出版 / 定价:79.00元

全球环境竞争力绿皮书
全球环境竞争力报告（2015）
著(编)者:李建建 李闽榕 李建平 王金南
2015年12月出版 / 估价:198.00元

人口与劳动绿皮书
中国人口与劳动问题报告No.15
著(编)者:蔡昉　2015年1月出版 / 定价:59.00元

商务中心区蓝皮书
中国商务中心区发展报告（2015）
著(编)者:中国商务区联盟
　　　　中国社会科学院城市发展与环境研究所
2015年10月出版 / 估价:69.00元

商务中心区蓝皮书
中国商务中心区发展报告No.1（2014）
著(编)者:魏后凯 李国红　2015年1月出版 / 定价:89.00元

世界经济黄皮书
2015年世界经济形势分析与预测
著(编)者:王洛林 张宇燕　2015年1月出版 / 定价:69.00元

世界旅游城市绿皮书
世界旅游城市发展报告（2015）
著(编)者:鲁勇 周正宇 宋宇　2015年7月出版 / 估价:88.00元

西北蓝皮书
中国西北发展报告（2015）
著(编)者:赵宗福 孙发平 苏海红 鲁顺元 段庆林
2014年12月出版 / 定价:79.00元

西部蓝皮书
中国西部发展报告（2015）
著(编)者:姚慧琴 徐璋勇　2015年7月出版 / 估价:89.00元

新型城镇化蓝皮书
新型城镇化发展报告（2015）
著(编)者:李伟　2015年10月出版 / 估价:89.00元

新兴经济体蓝皮书
金砖国家发展报告（2015）
著(编)者:林跃勤 周文　2015年7月出版 / 估价:79.00元

中部竞争力蓝皮书
中国中部经济社会竞争力报告（2015）
著(编)者:教育部人文社会科学重点研究基地
　　　　南昌大学中国中部经济社会发展研究中心
2015年9月出版 / 估价:79.00元

中部蓝皮书
中国中部地区发展报告（2015）
著(编)者:喻新安　2015年7月出版 / 估价:69.00元

中国省域竞争力蓝皮书
中国省域经济综合竞争力发展报告（2013~2014）
著(编)者:李建平 李闽榕 高燕京
2015年2月出版 / 定价:198.00元

中三角蓝皮书
长江中游城市群发展报告（2015）
著(编)者:秦尊文　2015年10月出版 / 估价:69.00元

中小城市绿皮书
中国中小城市发展报告（2015）
著(编)者:中国城市经济学会中小城市经济发展委员会
　　　　《中国中小城市发展报告》编纂委员会
　　　　中小城市发展战略研究院
2015年10月出版 / 估价:98.00元

中原蓝皮书
中原经济区发展报告（2015）
著(编)者:李英杰　2015年7月出版 / 估价:88.00元

社会政法类

北京蓝皮书
中国社区发展报告（2015）
著(编)者:于燕燕　2015年7月出版 / 估价:69.00元

殡葬绿皮书
中国殡葬事业发展报告（2014~2015）
著(编)者:李伯森　2015年4月出版 / 定价:158.00元

城市管理蓝皮书
中国城市管理报告（2015）
著(编)者:谭维克 刘林　2015年12月出版 / 估价:158.00元

城市生活质量蓝皮书
中国城市生活质量报告（2015）
著(编)者:中国经济实验研究院　2015年7月出版 / 估价:59.00元

城市政府能力蓝皮书
中国城市政府公共服务能力评估报告（2015）
著(编)者:何艳玲　2015年7月出版 / 估价:59.00元

创新蓝皮书
创新型国家建设报告（2015）
著(编)者:詹正茂　2015年7月出版 / 估价:69.00元

慈善蓝皮书
中国慈善发展报告（2015）
著(编)者:杨团　2015年6月出版 / 定价:79.00元

地方法治蓝皮书
中国地方法治发展报告No.1（2014）
著(编)者:李林　田禾　2015年1月出版 / 定价:98.00元

法治蓝皮书
中国法治发展报告No.13（2015）
著(编)者:李林　田禾　2015年3月出版 / 定价:105.00元

反腐倡廉蓝皮书
中国反腐倡廉建设报告No.4
著(编)者:李秋芳　张英伟　2014年12月出版 / 定价:79.00元

非传统安全蓝皮书
中国非传统安全研究报告（2014~2015）
著(编)者:余潇枫　魏志江　2015年5月出版 / 定价:79.00元

妇女发展蓝皮书
中国妇女发展报告（2015）
著(编)者:王金玲　2015年9月出版 / 估价:148.00元

妇女教育蓝皮书
中国妇女教育发展报告（2015）
著(编)者:张李玺　2015年7月出版 / 估价:78.00元

妇女绿皮书
中国性别平等与妇女发展报告（2015）
著(编)者:谭琳　2015年12月出版 / 估价:99.00元

公共服务蓝皮书
中国城市基本公共服务力评价（2015）
著(编)者:钟君　吴正杲　2015年12月出版 / 估价:79.00元

公共服务满意度蓝皮书
中国城市公共服务评价报告（2015）
著(编)者:胡伟　2015年12月出版 / 估价:69.00元

公共外交蓝皮书
中国公共外交发展报告（2015）
著(编)者:赵启正　雷蔚真　2015年4月出版 / 定价:89.00元

公民科学素质蓝皮书
中国公民科学素质报告（2015）
著(编)者:李群　许佳军　2015年7月出版 / 估价:79.00元

公益蓝皮书
中国公益发展报告（2015）
著(编)者:朱健刚　2015年7月出版 / 估价:78.00元

管理蓝皮书
中国管理发展报告（2015）
著(编)者:张晓东　2015年9月出版 / 估价:98.00元

国际人才蓝皮书
中国国际移民报告（2015）
著(编)者:王辉耀　2015年2月出版 / 定价:79.00元

国际人才蓝皮书
中国海归发展报告（2015）
著(编)者:王辉耀　苗绿　2015年7月出版 / 估价:69.00元

国际人才蓝皮书
中国留学发展报告（2015）
著(编)者:王辉耀　苗绿　2015年9月出版 / 估价:69.00元

国家安全蓝皮书
中国国家安全研究报告（2015）
著(编)者:刘慧　2015年7月出版 / 定价:98.00元

行政改革蓝皮书
中国行政体制改革报告（2014~2015）
著(编)者:魏礼群　2015年4月出版 / 定价:98.00元

华侨华人蓝皮书
华侨华人研究报告（2015）
著(编)者:贾益民　2015年12月出版 / 估价:118.00元

环境绿皮书
中国环境发展报告（2015）
著(编)者:刘鉴强　2015年7月出版 / 估价:79.00元

基金会蓝皮书
中国基金会发展报告（2015）
著(编)者:刘忠祥　2016年6月出版 / 估价:69.00元

基金会绿皮书
中国基金会发展独立研究报告（2015）
著(编)者:基金会中心网　2015年8月出版 / 估价:88.00元

基金会透明度蓝皮书
中国基金会透明度发展研究报告（2015）
著(编)者:基金会中心网　清华大学廉政与治理研究中心
2015年9月出版 / 估价:78.00元

教师蓝皮书
中国中小学教师发展报告（2014）
著(编)者:曾晓东　鱼霞　2015年6月出版 / 定价:69.00元

教育蓝皮书
中国教育发展报告（2015）
著(编)者:杨东平　2015年5月出版 / 定价:79.00元

科普蓝皮书
中国科普基础设施发展报告（2015）
著(编)者:任福君　2015年7月出版 / 估价:59.00元

劳动保障蓝皮书
中国劳动保障发展报告（2015）
著(编)者:刘燕斌　2015年7月出版 / 估价:89.00元

老龄蓝皮书
中国老年宜居环境发展报告(2015)
著(编)者:吴玉韶　2015年9月出版 / 估价:79.00元

连片特困区蓝皮书
中国连片特困区发展报告（2014~2015）
著(编)者:游俊　冷志明　丁建军 2015年3月出版 / 定价:98.00元

民间组织蓝皮书
中国民间组织报告(2015)
著(编)者:潘晨光　黄晓勇　2015年8月出版 / 估价:69.00元

民调蓝皮书
中国民生调查报告（2015）
著(编)者:谢耘耕　2015年7月出版 / 估价:128.00元

民族发展蓝皮书
中国民族发展报告（2015）
著(编)者：郝时远 王延中 王希恩
2015年4月出版 / 定价:98.00元

女性生活蓝皮书
中国女性生活状况报告No.9（2015）
著(编)者：韩湘景 2015年4月出版 / 定价:79.00元

企业公众透明度蓝皮书
中国企业公众透明度报告(2014~2015)No.1
著(编)者：黄速建 王晓光 肖红军
2015年1月出版 / 定价:98.00元

企业国际化蓝皮书
中国企业国际化报告(2015)
著(编)者：王辉耀 2015年10月出版 / 估价:79.00元

汽车社会蓝皮书
中国汽车社会发展报告（2015）
著(编)者：王俊秀 2015年7月出版 / 估价:59.00元

青年蓝皮书
中国青年发展报告No.3
著(编)者：廉思 2015年7月出版 / 估价:59.00元

区域人才蓝皮书
中国区域人才竞争力报告（2015）
著(编)者：桂昭明 王辉耀 2015年7月出版 / 估价:69.00元

群众体育蓝皮书
中国群众体育发展报告（2015）
著(编)者：刘国永 杨桦 2015年8月出版 / 估价:69.00元

人才蓝皮书
中国人才发展报告（2015）
著(编)者：潘晨光 2015年8月出版 / 估价:85.00元

人权蓝皮书
中国人权事业发展报告（2015）
著(编)者：中国人权研究会 2015年8月出版 / 估价:99.00元

森林碳汇绿皮书
中国森林碳汇评估发展报告（2015）
著(编)者：闫文德 胡文臻 2015年9月出版 / 估价:79.00元

社会保障绿皮书
中国社会保障发展报告（2015）No.7
著(编)者：王延中 2015年4月出版 / 定价:89.00元

社会工作蓝皮书
中国社会工作发展报告（2015）
著(编)者：民政部社会工作研究中心
2015年8月出版 / 估价:79.00元

社会管理蓝皮书
中国社会管理创新报告（2015）
著(编)者：连玉明 2015年9月出版 / 估价:89.00元

社会蓝皮书
2015年中国社会形势分析与预测
著(编)者：李培林 陈光金 张翼
2014年12月出版 / 定价:69.00元

社会体制蓝皮书
中国社会体制改革报告No.3（2015）
著(编)者：龚维斌 2015年4月出版 / 定价:79.00元

社会心态蓝皮书
中国社会心态研究报告（2015）
著(编)者：王俊秀 杨宜音 2015年10月出版 / 估价:69.00元

社会组织蓝皮书
中国社会组织评估发展报告（2015）
著(编)者：徐家良 廖鸿 2015年12月出版 / 估价:69.00元

生态城市绿皮书
中国生态城市建设发展报告（2015）
著(编)者：刘举科 孙伟平 胡文臻 2015年7月出版 / 估价:98.00元

生态文明绿皮书
中国省域生态文明建设评价报告（ECI 2015）
著(编)者：严耕 2015年9月出版 / 估价:85.00元

世界社会主义黄皮书
世界社会主义跟踪研究报告（2014~2015）
著(编)者：李慎明 2015年4月出版 / 定价:258.00元

水与发展蓝皮书
中国水风险评估报告（2015）
著(编)者：王浩 2015年9月出版 / 估价:69.00元

土地整治蓝皮书
中国土地整治发展研究报告No.2
著(编)者：国土资源部土地整治中心 2015年5月出版 / 定价:89.00元

网络空间安全蓝皮书
中国网络空间安全发展报告（2015）
著(编)者：惠志斌 唐涛 2015年4月出版 / 定价:79.00元

危机管理蓝皮书
中国危机管理报告（2015）
著(编)者：文学国 2015年8月出版 / 估价:89.00元

协会商会蓝皮书
中国行业协会商会发展报告（2014）
著(编)者：景朝阳 李勇 2015年4月出版 / 定价:99.00元

形象危机应对蓝皮书
形象危机应对研究报告（2015）
著(编)者：唐钧 2015年7月出版 / 估价:149.00元

医改蓝皮书
中国医药卫生体制改革报告（2015～2016）
著(编)者：文学国 房志武 2015年12月出版 / 估价:79.00元

医疗卫生绿皮书
中国医疗卫生发展报告（2015）
著(编)者：申宝忠 韩玉珍 2015年7月出版 / 估价:75.00元

应急管理蓝皮书
中国应急管理报告（2015）
著(编)者：宋英华 2015年10月出版 / 估价:69.00元

政治参与蓝皮书
中国政治参与报告（2015）
著(编)者：房宁 2015年7月出版 / 估价:105.00元

政治发展蓝皮书
中国政治发展报告（2015）
著(编)者:房宁 杨海蛟　2015年7月出版 / 估价:88.00元

中国农村妇女发展蓝皮书
流动女性城市融入发展报告（2015）
著(编)者:谢丽华　2015年11月出版 / 估价:69.00元

宗教蓝皮书
中国宗教报告（2015）
著(编)者:金泽 邱永辉　2016年5月出版 / 估价:59.00元

行业报告类

保险蓝皮书
中国保险业竞争力报告（2015）
著(编)者:项俊波　2015年12月出版 / 估价:98.00元

彩票蓝皮书
中国彩票发展报告（2015）
著(编)者:益彩基金　2015年4月出版 / 定价:98.00元

餐饮产业蓝皮书
中国餐饮产业发展报告（2015）
著(编)者:邢颖　2015年4月出版 / 定价:69.00元

测绘地理信息蓝皮书
智慧中国地理空间智能体系研究报告（2015）
著(编)者:库热西·买合苏提　2015年12月出版 / 估价:98.00元

茶业蓝皮书
中国茶产业发展报告（2015）
著(编)者:杨江帆 李闽榕　2015年10月出版 / 估价:78.00元

产权市场蓝皮书
中国产权市场发展报告（2015）
著(编)者:曹和平　2015年12月出版 / 估价:79.00元

电子政务蓝皮书
中国电子政务发展报告（2015）
著(编)者:洪毅 杜平　2015年11月出版 / 估价:79.00元

杜仲产业绿皮书
中国杜仲橡胶资源与产业发展报告（2014~2015）
著(编)者:杜红岩 胡文臻 俞锐
2015年1月出版 / 定价:85.00元

房地产蓝皮书
中国房地产发展报告No.12（2015）
著(编)者:魏后凯 李景国　2015年5月出版 / 定价:79.00元

服务外包蓝皮书
中国服务外包产业发展报告（2015）
著(编)者:王晓红 刘德军　2015年7月出版 / 估价:89.00元

工业和信息化蓝皮书
移动互联网产业发展报告（2014~2015）
著(编)者:洪京一　2015年4月出版 / 定价:79.00元

工业和信息化蓝皮书
世界网络安全发展报告（2014~2015）
著(编)者:洪京一　2015年4月出版 / 定价:69.00元

工业和信息化蓝皮书
世界制造业发展报告（2014~2015）
著(编)者:洪京一　2015年4月出版 / 定价:69.00元

工业和信息化蓝皮书
世界信息化发展报告（2014~2015）
著(编)者:洪京一　2015年4月出版 / 定价:69.00元

工业和信息化蓝皮书
世界信息技术产业发展报告（2014~2015）
著(编)者:洪京一　2015年4月出版 / 定价:79.00元

工业设计蓝皮书
中国工业设计发展报告（2015）
著(编)者:王晓红 于炜 张立群　2015年9月出版 / 估价:138.00元

互联网金融蓝皮书
中国互联网金融发展报告（2015）
著(编)者:芮晓武 刘烈宏　2015年8月出版 / 估价:79.00元

会展蓝皮书
中外会展业动态评估年度报告（2015）
著(编)者:张敏　2015年1月出版 / 估价:78.00元

金融监管蓝皮书
中国金融监管报告（2015）
著(编)者:胡滨　2015年4月出版 / 定价:89.00元

金融蓝皮书
中国商业银行竞争力报告（2015）
著(编)者:王松奇　2015年12月出版 / 估价:69.00元

客车蓝皮书
中国客车产业发展报告（2014~2015）
著(编)者:姚蔚　2015年2月出版 / 定价:85.00元

老龄蓝皮书
中国老龄产业发展报告（2015）
著(编)者:吴玉韶 党俊武　2015年9月出版 / 估价:79.00元

流通蓝皮书
中国商业发展报告（2015）
著(编)者:荆林波　2015年7月出版 / 估价:89.00元

旅游安全蓝皮书
中国旅游安全报告（2015）
著(编)者:郑向敏 谢朝武　2015年5月出版 / 定价:128.00元

旅游景区蓝皮书
中国旅游景区发展报告（2015）
著(编)者:黄安民　2015年7月出版 / 估价:79.00元

旅游绿皮书
2014~2015年中国旅游发展分析与预测
著(编)者:宋瑞　2015年1月出版 / 定价:98.00元

煤炭蓝皮书
中国煤炭工业发展报告（2015）
著(编)者:岳福斌　2015年12月出版 / 估价:79.00元

民营医院蓝皮书
中国民营医院发展报告（2015）
著(编)者:庄一强　2015年10月出版 / 估价:75.00元

闽商蓝皮书
闽商发展报告（2015）
著(编)者:王日根 李闽榕　2015年12月出版 / 估价:69.00元

能源蓝皮书
中国能源发展报告（2015）
著(编)者:崔民选 王军生　2015年8月出版 / 估价:79.00元

农产品流通蓝皮书
中国农产品流通产业发展报告（2015）
著(编)者:贾敬敦 张东科 张玉玺 孔令羽 张鹏毅
2015年9月出版 / 估价:89.00元

企业蓝皮书
中国企业竞争力报告（2015）
著(编)者:金碚　2015年11月出版 / 估价:89.00元

企业社会责任蓝皮书
中国企业社会责任研究报告（2015）
著(编)者:黄群慧 彭华岗 钟宏武 张蒽
2015年11月出版 / 估价:69.00元

汽车安全蓝皮书
中国汽车安全发展报告（2015）
著(编)者:中国汽车技术研究中心
2015年7月出版 / 估价:79.00元

汽车工业蓝皮书
中国汽车工业发展年度报告（2015）
著(编)者:中国汽车工业协会 中国汽车技术研究中心
　　　　丰田汽车（中国）投资有限公司
2015年4月出版 / 定价:128.00元

汽车蓝皮书
中国汽车产业发展报告（2015）
著(编)者:国务院发展研究中心产业经济研究部
　　　　中国汽车工程学会 大众汽车集团（中国）
2015年7月出版 / 估价:128.00元

清洁能源蓝皮书
国际清洁能源发展报告（2015）
著(编)者:国际清洁能源论坛（澳门）
2015年9月出版 / 估价:89.00元

人力资源蓝皮书
中国人力资源发展报告（2015）
著(编)者:余兴安　2015年9月出版 / 估价:79.00元

融资租赁蓝皮书
中国融资租赁业发展报告（2014~2015）
著(编)者:李光荣 王力　2015年1月出版 / 定价:89.00元

软件和信息服务业蓝皮书
中国软件和信息服务业发展报告（2015）
著(编)者:陈新河 京京一　2015年12月出版 / 估价:198.00元

上市公司蓝皮书
上市公司质量评价报告（2015）
著(编)者:张跃文 王力　2015年10月出版 / 估价:118.00元

设计产业蓝皮书
中国设计产业发展报告（2014~2015）
著(编)者:陈冬亮 梁昊光　2015年3月出版 / 定价:89.00元

食品药品蓝皮书
食品药品安全与监管政策研究报告（2015）
著(编)者:唐民皓　2015年7月出版 / 估价:69.00元

世界能源蓝皮书
世界能源发展报告（2015）
著(编)者:黄晓勇　2015年6月出版 / 定价:99.00元

碳市场蓝皮书
中国碳市场报告（2015）
著(编)者:低碳发展国际合作联盟
2015年11月出版 / 估价:69.00元

体育蓝皮书
中国体育产业发展报告（2015）
著(编)者:阮伟 钟秉枢　2015年7月出版 / 估价:69.00元

体育蓝皮书
长三角地区体育产业发展报告（2014~2015）
著(编)者:张林　2015年4月出版 / 定价:79.00元

投资蓝皮书
中国投资发展报告（2015）
著(编)者:谢平　2015年4月出版 / 定价:128.00元

物联网蓝皮书
中国物联网发展报告（2015）
著(编)者:黄桂田　2015年7月出版 / 估价:59.00元

西部工业蓝皮书
中国西部工业发展报告（2015）
著(编)者:方行明 甘犁 刘方健 姜凌 等
2015年9月出版 / 估价:79.00元

西部金融蓝皮书
中国西部金融发展报告（2015）
著(编)者:李忠民　2015年8月出版 / 估价:75.00元

新能源汽车蓝皮书
中国新能源汽车产业发展报告（2015）
著(编)者:中国汽车技术研究中心
　　　　日产（中国）投资有限公司 东风汽车有限公司
2015年8月出版 / 估价:69.00元

信托市场蓝皮书
中国信托业市场报告（2014~2015）
著(编)者:用益信托工作室　2015年2月出版 / 定价:198.00元

信息产业蓝皮书
世界软件和信息技术产业发展报告（2015）
著(编)者:洪京一　2015年8月出版 / 估价:79.00元

信息化蓝皮书
中国信息化形势分析与预测（2015）
著(编)者:周宏仁　2015年8月出版 / 估价:98.00元

信用蓝皮书
中国信用发展报告（2014~2015）
著(编)者:章政　田侃　2015年4月出版 / 定价:99.00元

休闲绿皮书
2015年中国休闲发展报告
著(编)者:刘德谦　2015年7月出版 / 估价:59.00元

医药蓝皮书
中国中医药产业园战略发展报告（2015）
著(编)者:裴长洪　房书亭　吴篠心　2015年7月出版 / 估
价:89.00元

邮轮绿皮书
中国邮轮产业发展报告（2015）
著(编)者:汪泓　2015年9月出版 / 估价:79.00元

中国上市公司蓝皮书
中国上市公司发展报告（2015）
著(编)者:许雄斌　张平　2015年9月出版 / 估价:98.00元

中国总部经济蓝皮书
中国总部经济发展报告（2015）
著(编)者:赵弘　2015年7月出版 / 估价:79.00元

住房绿皮书
中国住房发展报告（2014~2015）
著(编)者:倪鹏飞　2014年12月出版 / 定价:79.00元

资本市场蓝皮书
中国场外交易市场发展报告（2015）
著(编)者:高峦　2015年8月出版 / 估价:79.00元

资产管理蓝皮书
中国资产管理行业发展报告（2015）
著(编)者:智信资产管理研究院　2015年6月出版 / 定价:89.00元

文化传媒类

传媒竞争力蓝皮书
中国传媒国际竞争力研究报告（2015）
著(编)者:李本乾　2015年9月出版 / 估价:88.00元

传媒蓝皮书
中国传媒产业发展报告（2015）
著(编)者:崔保国　2015年5月出版 / 定价:98.00元

传媒投资蓝皮书
中国传媒投资发展报告（2015）
著(编)者:张向东　2015年7月出版 / 估价:89.00元

动漫蓝皮书
中国动漫产业发展报告（2015）
著(编)者:卢斌　郑玉明　牛兴侦　2015年7月出版 / 估价:79.00元

非物质文化遗产蓝皮书
中国非物质文化遗产发展报告（2015）
著(编)者:陈平　2015年5月出版 / 定价:98.00元

广电蓝皮书
中国广播电影电视发展报告（2015）
著(编)者:杨明品　2015年7月出版 / 估价:98.00元

广告主蓝皮书
中国广告主营销传播趋势报告（2015）
著(编)者:黄升民　2015年7月出版 / 估价:148.00元

国际传播蓝皮书
中国国际传播发展报告（2015）
著(编)者:胡正荣　李继东　姬德强
2015年7月出版 / 估价:89.00元

国家形象蓝皮书
2015年国家形象研究报告
著(编)者:张昆　2015年7月出版 / 估价:79.00元

纪录片蓝皮书
中国纪录片发展报告（2015）
著(编)者:何苏六　2015年9月出版 / 估价:79.00元

科学传播蓝皮书
中国科学传播报告（2015）
著(编)者:詹正茂　2015年7月出版 / 估价:69.00元

两岸文化蓝皮书
两岸文化产业合作发展报告（2015）
著(编)者:胡惠林　李保宗　2015年7月出版 / 估价:79.00元

媒介与女性蓝皮书
中国媒介与女性发展报告（2015）
著(编)者:刘利群　2015年8月出版 / 估价:69.00元

全球传媒蓝皮书
全球传媒发展报告（2015）
著(编)者:胡正荣　2015年12月出版 / 估价:79.00元

少数民族非遗蓝皮书
中国少数民族非物质文化遗产发展报告（2015）
著(编)者:肖远平　柴立　2015年6月出版 / 定价:128.00元

世界文化发展蓝皮书
世界文化发展报告（2015）
著(编)者:张庆宗　高乐田　郭熙煌
2015年7月出版 / 估价:89.00元

视听新媒体蓝皮书
中国视听新媒体发展报告（2015）
著(编)者:袁同楠　2015年7月出版 / 定价:98.00元

文化创新蓝皮书
中国文化创新报告（2015）
著(编)者:于平 傅才武　2015年7月出版 / 估价:79.00元

文化建设蓝皮书
中国文化发展报告（2015）
著(编)者:江畅 孙伟平 戴茂堂
2016年4月出版 / 估价:138.00元

文化科技蓝皮书
文化科技创新发展报告（2015）
著(编)者:于平 李凤亮　2015年10月出版 / 估价:89.00元

文化蓝皮书
中国文化产业供需协调检测报告（2015）
著(编)者:王亚南 2015年2月出版 / 定价:79.00元

文化蓝皮书
中国文化消费需求景气评价报告（2015）
著(编)者:王亚南 2015年2月出版 / 定价:79.00元

文化蓝皮书
中国文化产业发展报告（2015）
著(编)者:张晓明 王家新 章建刚
2015年7月出版 / 估价:79.00元

文化蓝皮书
中国公共文化投入增长测评报告(2015)
著(编)者:王亚南 2014年12月出版 / 定价:79.00元

文化蓝皮书
中国文化政策发展报告（2015）
著(编)者:傅才武 宋文玉 燕东升
2015年9月出版 / 估价:98.00元

文化品牌蓝皮书
中国文化品牌发展报告（2015）
著(编)者:欧阳友权　2015年4月出版 / 定价:89.00元

文化遗产蓝皮书
中国文化遗产事业发展报告（2015）
著(编)者:刘世锦　2015年12月出版 / 估价:89.00元

文学蓝皮书
中国文情报告（2014~2015）
著(编)者:白烨　2015年5月出版 / 定价:49.00元

新媒体蓝皮书
中国新媒体发展报告No.6（2015）
著(编)者:唐绪军　2015年7月出版 / 定价:79.00元

新媒体社会责任蓝皮书
中国新媒体社会责任研究报告（2015）
著(编)者:钟瑛　2015年10月出版 / 定价:79.00元

移动互联网蓝皮书
中国移动互联网发展报告（2015）
著(编)者:官建文　2015年6月出版 / 定价:79.00元

舆情蓝皮书
中国社会舆情与危机管理报告（2015）
著(编)者:谢耘耕　2015年8月出版 / 估价:98.00元

地方发展类

安徽经济蓝皮书
芜湖创新型城市发展报告（2015）
著(编)者:杨少华 王开玉　2015年7月出版 / 估价:69.00元

安徽蓝皮书
安徽社会发展报告（2015）
著(编)者:程桦　2015年4月出版 / 定价:89.00元

安徽社会建设蓝皮书
安徽社会建设分析报告（2015）
著(编)者:黄家海 王开玉 蔡宪　2015年7月出版 / 估价:69.00元

澳门蓝皮书
澳门经济社会发展报告（2014~2015）
著(编)者:吴志良 郝雨凡　2015年5月出版 / 定价:79.00元

北京蓝皮书
北京公共服务发展报告（2014~2015）
著(编)者:施昌奎　2015年1月出版 / 定价:69.00元

北京蓝皮书
北京经济发展报告（2014~2015）
著(编)者:杨松　2015年6月出版 / 定价:79.00元

北京蓝皮书
北京社会治理发展报告（2014~2015）
著(编)者:殷星辰　2015年6月出版 / 定价:79.00元

北京蓝皮书
北京文化发展报告（2014~2015）
著(编)者:李建盛　2015年5月出版 / 定价:79.00元

北京蓝皮书
北京社会发展报告（2015）
著(编)者:缪青　2015年7月出版 / 估价:79.00元

北京蓝皮书
北京社区发展报告（2015）
著(编)者:于燕燕　2015年1月出版 / 定价:79.00元

北京旅游绿皮书
北京旅游发展报告（2015）
著(编)者:北京旅游学会　2015年7月出版 / 估价:88.00元

北京律师蓝皮书
北京律师发展报告（2015）
著(编)者:王隽　2015年12月出版 / 估价:75.00元

北京人才蓝皮书
北京人才发展报告（2015）
著(编)者:于淼　2015年7月出版 / 估价:89.00元

北京社会心态蓝皮书
北京社会心态分析报告（2015）
著(编)者:北京社会心理研究所　2015年7月出版 / 估价:69.00元

北京社会组织管理蓝皮书
北京社会组织发展与管理（2015）
著(编)者:黄江松　2015年4月出版 / 定价:78.00元

北京养老产业蓝皮书
北京养老产业发展报告（2015）
著(编)者:周明明　冯喜良　2015年4月出版 / 定价:69.00元

滨海金融蓝皮书
滨海新区金融发展报告（2015）
著(编)者:王爱俭　张锐钢　2015年9月出版 / 估价:79.00元

城乡一体化蓝皮书
中国城乡一体化发展报告（北京卷）（2014~2015）
著(编)者:张宝秀　黄序　2015年5月出版 / 定价:79.00元

创意城市蓝皮书
北京文化创意产业发展报告（2015）
著(编)者:张京成　2015年11月出版 / 估价:65.00元

创意城市蓝皮书
无锡文化创意产业发展报告（2015）
著(编)者:谭军　张鸣年　2015年10月出版 / 估价:75.00元

创意城市蓝皮书
武汉市文化创意产业发展报告（2015）
著(编)者:袁堃　黄永林　2015年11月出版 / 估价:85.00元

创意城市蓝皮书
重庆创意产业发展报告（2015）
著(编)者:程宇宁　2015年7月出版 / 估价:89.00元

创意城市蓝皮书
青岛文化创意产业发展报告（2015）
著(编)者:马达　张丹妮　2015年7月出版 / 估价:79.00元

福建妇女发展蓝皮书
福建省妇女发展报告（2015）
著(编)者:刘群英　2015年10月出版 / 估价:58.00元

甘肃蓝皮书
甘肃舆情分析与预测（2015）
著(编)者:陈双梅　郝树声　2015年1月出版 / 定价:79.00元

甘肃蓝皮书
甘肃文化发展分析与预测（2015）
著(编)者:安文华　周小华　2015年1月出版 / 定价:79.00元

甘肃蓝皮书
甘肃社会发展分析与预测（2015）
著(编)者:安文华　包晓霞　2015年1月出版 / 定价:79.00元

甘肃蓝皮书
甘肃经济发展分析与预测（2015）
著(编)者:朱智文　罗哲　2015年1月出版 / 定价:79.00元

甘肃蓝皮书
甘肃县域经济综合竞争力评价（2015）
著(编)者:刘进军　2015年7月出版 / 估价:69.00元

甘肃蓝皮书
甘肃县域社会发展评价报告（2015）
著(编)者:刘进军　柳民　王建兵　2015年1月出版 / 定价:79.00元

广东蓝皮书
广东省电子商务发展报告（2015）
著(编)者:程晓　2015年12月出版 / 估价:69.00元

广东蓝皮书
广东社会工作发展报告（2015）
著(编)者:罗观翠　2015年7月出版 / 估价:89.00元

广东社会建设蓝皮书
广东省社会建设发展报告（2015）
著(编)者:广东省社会工作委员会　2015年10月出版 / 估价:89.00元

广东外经贸蓝皮书
广东对外经济贸易发展研究报告（2014~2015）
著(编)者:陈万灵　2015年5月出版 / 定价:89.00元

广西北部湾经济区蓝皮书
广西北部湾经济区开放开发报告（2015）
著(编)者:广西北部湾经济区规划建设管理委员会办公室
广西社会科学院广西北部湾发展研究院
2015年8月出版 / 估价:79.00元

广州蓝皮书
广州社会保障发展报告（2015）
著(编)者:蔡国萱　2015年7月出版 / 估价:65.00元

广州蓝皮书
2015年中国广州社会形势分析与预测
著(编)者:张强　陈怡霓　杨秦　2015年6月出版 / 定价:79.00元

广州蓝皮书
广州经济发展报告（2015）
著(编)者:李江涛　朱名宏　2015年7月出版 / 估价:69.00元

广州蓝皮书
广州商贸业发展报告（2015）
著(编)者:李江涛　王旭东　荀振英　2015年7月出版 / 估价:69.00元

广州蓝皮书
2015年中国广州经济形势分析与预测
著(编)者:庾建设　沈奎　谢博能
2015年6月出版 / 定价:79.00元

广州蓝皮书
中国广州文化发展报告（2015）
著(编)者:徐俊忠　陆志强　顾涧清
2015年7月出版 / 估价:69.00元

广州蓝皮书
广州农村发展报告（2015）
著(编)者:李江涛　汤锦华　2015年8月出版 / 估价:69.00元

广州蓝皮书
中国广州城市建设与管理发展报告（2015）
著(编)者:董皞　冼伟雄　2015年7月出版 / 估价:69.00元

广州蓝皮书
中国广州科技和信息化发展报告（2015）
著(编)者:邹采荣 马正勇 冯元　2015年7月出版 / 估价:79.00元

广州蓝皮书
广州创新型城市发展报告（2015）
著(编)者:李江涛　2015年7月出版 / 估价:69.00元

广州蓝皮书
广州文化创意产业发展报告（2015）
著(编)者:甘新　2015年8月出版 / 估价:79.00元

广州蓝皮书
广州志愿服务发展报告（2015）
著(编)者:魏国华 张强　2015年9月出版 / 估价:69.00元

广州蓝皮书
广州城市国际化发展报告（2015）
著(编)者:朱名宏　2015年9月出版 / 估价:59.00元

广州蓝皮书
广州汽车产业发展报告（2015）
著(编)者:李江涛 杨再高　2015年9月出版 / 估价:69.00元

贵州房地产蓝皮书
贵州房地产发展报告（2015）
著(编)者:武廷方　2015年6月出版 / 定价:89.00元

贵州蓝皮书
贵州人才发展报告（2015）
著(编)者:于杰 吴大华　2015年7月出版 / 估价:69.00元

贵州蓝皮书
贵安新区发展报告（2014）
著(编)者:马长青 吴大华　2015年4月出版 / 定价:69.00元

贵州蓝皮书
贵州社会发展报告（2015）
著(编)者:王兴骥　2015年5月出版 / 定价:79.00元

贵州蓝皮书
贵州法治发展报告（2015）
著(编)者:吴大华　2015年5月出版 / 定价:79.00元

贵州蓝皮书
贵州国有企业社会责任发展报告（2015）
著(编)者:郭丽　2015年10月出版 / 估价:79.00元

海淀蓝皮书
海淀区文化和科技融合发展报告（2015）
著(编)者:孟景伟 陈名杰　2015年7月出版 / 估价:75.00元

海峡西岸蓝皮书
海峡西岸经济区发展报告（2015）
著(编)者:黄端　2015年9月出版 / 估价:65.00元

杭州都市圈蓝皮书
杭州都市圈发展报告（2015）
著(编)者:董祖德 沈翔　2015年7月出版 / 估价:89.00元

杭州蓝皮书
杭州妇女发展报告（2015）
著(编)者:魏颖　2015年4月出版 / 定价:79.00元

河北经济蓝皮书
河北省经济发展报告（2015）
著(编)者:马树强 金浩 刘兵 张贵　2015年3月出版 / 定价:89.00元

河北蓝皮书
河北经济社会发展报告（2015）
著(编)者:周文夫　2015年1月出版 / 定价:79.00元

河北食品药品安全蓝皮书
河北食品药品安全研究报告（2015）
著(编)者:丁锦霞　2015年6月出版 / 定价:79.00元

河南经济蓝皮书
2015年河南经济形势分析与预测
著(编)者:胡五岳　2015年2月出版 / 定价:69.00元

河南蓝皮书
河南城市发展报告（2015）
著(编)者:谷建全 王建国　2015年3月出版 / 定价:79.00元

河南蓝皮书
2015年河南社会形势分析与预测
著(编)者:刘道兴 牛苏林　2015年4月出版 / 定价:69.00元

河南蓝皮书
河南工业发展报告（2015）
著(编)者:龚绍东 赵西三　2015年1月出版 / 定价:79.00元

河南蓝皮书
河南文化发展报告（2015）
著(编)者:卫绍生　2015年3月出版 / 定价:79.00元

河南蓝皮书
河南经济发展报告（2015）
著(编)者:喻新安　2014年12月出版 / 定价:79.00元

河南蓝皮书
河南法治发展报告（2015）
著(编)者:丁同民 闫德民　2015年7月出版 / 估价:69.00元

河南蓝皮书
河南金融发展报告（2015）
著(编)者:喻新安 谷建全　2015年6月出版 / 定价:69.00元

河南蓝皮书
河南农业农村发展报告（2015）
著(编)者:吴海峰　2015年4月出版 / 定价:69.00元

河南商务蓝皮书
河南商务发展报告（2015）
著(编)者:焦锦淼 穆荣国　2015年4月出版 / 定价:88.00元

黑龙江产业蓝皮书
黑龙江产业发展报告（2015）
著(编)者:于渤　2015年9月出版 / 估价:79.00元

黑龙江蓝皮书
黑龙江经济发展报告（2015）
著(编)者:曲伟　2015年1月出版 / 定价:79.00元

黑龙江蓝皮书
黑龙江社会发展报告（2015）
著(编)者:张新颖　2015年1月出版 / 定价:79.00元

湖北文化蓝皮书
湖北文化发展报告（2015）
著(编)者：江畅　吴成国　2015年7月出版 / 估价：89.00元

湖南城市蓝皮书
区域城市群整合
著(编)者：童中贤　韩未名　2015年12月出版 / 估价：79.00元

湖南蓝皮书
2015年湖南电子政务发展报告
著(编)者：梁志峰　　2015年5月出版 / 定价：98.00元

湖南蓝皮书
2015年湖南社会发展报告
著(编)者：梁志峰　　2015年5月出版 / 定价：98.00元

湖南蓝皮书
2015年湖南产业发展报告
著(编)者：梁志峰　　2015年5月出版 / 定价：98.00元

湖南蓝皮书
2015年湖南经济展望
著(编)者：梁志峰　　2015年5月出版 / 定价：128.00元

湖南蓝皮书
2015年湖南县域经济社会发展报告
著(编)者：梁志峰　　2015年5月出版 / 定价：98.00元

湖南蓝皮书
2015年湖南两型社会与生态文明发展报告
著(编)者：梁志峰　　2015年5月出版 / 定价：98.00元

湖南县域绿皮书
湖南县域发展报告No.2
著(编)者：朱有志　　2015年7月出版 / 估价：69.00元

沪港蓝皮书
沪港发展报告（2014~2015）
著(编)者：尤安山　　2015年4月出版 / 定价：89.00元

吉林蓝皮书
2015年吉林经济社会形势分析与预测
著(编)者：马克　　2015年2月出版 / 定价：89.00元

济源蓝皮书
济源经济社会发展报告（2015）
著(编)者：喻新安　　2015年4月出版 / 定价：69.00元

健康城市蓝皮书
北京健康城市建设研究报告（2015）
著(编)者：王鸿春　　2015年4月出版 / 定价：79.00元

江苏法治蓝皮书
江苏法治发展报告（2015）
著(编)者：李力　龚廷泰　　2015年9月出版 / 估价：98.00元

京津冀蓝皮书
京津冀发展报告（2015）
著(编)者：文魁　祝尔娟　　2015年4月出版 / 定价：89.00元

经济特区蓝皮书
中国经济特区发展报告（2015）
著(编)者：陶一桃　　2015年7月出版 / 估价：89.00元

辽宁蓝皮书
2015年辽宁经济社会形势分析与预测
著(编)者：曹晓峰　张晶　梁启东　2014年12月出版 / 定价：79.00元

南京蓝皮书
南京文化发展报告（2015）
著(编)者：南京文化产业研究中心　2015年12月出版 / 估价：79.00元

内蒙古蓝皮书
内蒙古反腐倡廉建设报告（2015）
著(编)者：张志华　无极　2015年12月出版 / 估价：69.00元

浦东新区蓝皮书
上海浦东经济发展报告（2015）
著(编)者：沈开艳　陆沪根　2015年1月出版 / 定价：69.00元

青海蓝皮书
2015年青海经济社会形势分析与预测
著(编)者：赵宗福　　2014年12月出版 / 定价：69.00元

人口与健康蓝皮书
深圳人口与健康发展报告（2015）
著(编)者：曾序春　　2015年12月出版 / 估价：89.00元

山东蓝皮书
山东社会形势分析与预测（2015）
著(编)者：张华　唐洲雁　2015年7月出版 / 估价：89.00元

山东蓝皮书
山东经济形势分析与预测（2015）
著(编)者：张华　唐洲雁　2015年7月出版 / 估价：89.00元

山东蓝皮书
山东文化发展报告（2015）
著(编)者：张华　唐洲雁　2015年7月出版 / 估价：98.00元

山西蓝皮书
山西资源型经济转型发展报告（2015）
著(编)者：李志强　　2015年5月出版 / 定价：89.00元

陕西蓝皮书
陕西经济发展报告（2015）
著(编)者：任宗哲　白宽犁　裴成荣　2015年1月出版 / 定价：69.00元

陕西蓝皮书
陕西社会发展报告（2015）
著(编)者：任宗哲　白宽犁　牛昉　2015年1月出版 / 定价：69.00元

陕西蓝皮书
陕西文化发展报告（2015）
著(编)者：任宗哲　白宽犁　王长寿　2015年1月出版 / 定价：65.00元

陕西蓝皮书
丝绸之路经济带发展报告（2015）
著(编)者：任宗哲　石英　白宽犁
2015年8月出版 / 估价：79.00元

上海蓝皮书
上海文学发展报告（2015）
著(编)者：陈圣来　　2015年1月出版 / 定价：69.00元

上海蓝皮书
上海文化发展报告（2015）
著(编)者：荣跃明　　2015年1月出版 / 定价：74.00元

上海蓝皮书
上海资源环境发展报告（2015）
著(编)者:周冯琦 汤庆合 任文伟
2015年1月出版 / 定价:69.00元

上海蓝皮书
上海社会发展报告（2015）
著(编)者:杨雄 周海旺 2015年1月出版 / 定价:69.00元

上海蓝皮书
上海经济发展报告（2015）
著(编)者:沈开艳 2015年1月出版 / 定价:69.00元

上海蓝皮书
上海传媒发展报告（2015）
著(编)者:强荧 焦雨虹 2015年1月出版 / 定价:69.00元

上海蓝皮书
上海法治发展报告（2015）
著(编)者:叶青 2015年5月出版 / 定价:69.00元

上饶蓝皮书
上饶发展报告（2015）
著(编)者:朱寅健 2015年7月出版 / 估价:128.00元

社会建设蓝皮书
2015年北京社会建设分析报告
著(编)者:宋贵伦 冯虹 2015年7月出版 / 估价:79.00元

深圳蓝皮书
深圳劳动关系发展报告（2015）
著(编)者:汤庭芬 2015年7月出版 / 估价:75.00元

深圳蓝皮书
深圳经济发展报告（2015）
著(编)者:张骁儒 2015年7月出版 / 估价:79.00元

深圳蓝皮书
深圳社会发展报告（2015）
著(编)者:叶民辉 张骁儒 2015年7月出版 / 估价:89.00元

深圳蓝皮书
深圳法治发展报告（2015）
著(编)者:张骁儒 2015年5月出版 / 定价:69.00元

四川蓝皮书
四川文化产业发展报告（2015）
著(编)者:侯水平 2015年4月出版 / 定价:79.00元

四川蓝皮书
四川企业社会责任研究报告（2014~2015）
著(编)者:侯水平 盛毅 2015年4月出版 / 定价:79.00元

四川蓝皮书
四川法治发展报告（2015）
著(编)者:郑泰安 2015年1月出版 / 定价:69.00元

四川蓝皮书
四川生态建设报告（2015）
著(编)者:李晟之 2015年4月出版 / 定价:79.00元

四川蓝皮书
四川城镇化发展报告（2015）
著(编)者:侯水平 范秋美 2015年4月出版 / 定价:79.00元

四川蓝皮书
四川社会发展报告（2015）
著(编)者:郭晓鸣 2015年4月出版 / 定价:79.00元

四川蓝皮书
2015年四川经济发展形势分析与预测
著(编)者:杨钢 2015年1月出版 / 定价:89.00元

四川法治蓝皮书
四川依法治省年度报告No.1（2015）
著(编)者:李林 杨天宗 田禾 2015年3月出版 / 定价:108.00元

天津金融蓝皮书
天津金融发展报告（2015）
著(编)者:王爱俭 杜强 2015年9月出版 / 估价:89.00元

温州蓝皮书
2015年温州经济社会形势分析与预测
著(编)者:潘忠强 王春光 金浩 2015年4月出版 / 定价:69.00元

扬州蓝皮书
扬州经济社会发展报告（2015）
著(编)者:丁纯 2015年12月出版 / 估价:89.00元

长株潭城市群蓝皮书
长株潭城市群发展报告（2015）
著(编)者:张萍 2015年7月出版 / 估价:69.00元

郑州蓝皮书
2015年郑州文化发展报告
著(编)者:王哲 2015年9月出版 / 估价:65.00元

中医文化蓝皮书
北京中医药文化传播发展报告（2015）
著(编)者:毛嘉陵 2015年5月出版 / 定价:79.00元

珠三角流通蓝皮书
珠三角商圈发展研究报告（2015）
著(编)者:林至颖 王先庆 2015年7月出版 / 估价:98.00元

国别与地区类

阿拉伯黄皮书
阿拉伯发展报告（2015）
著(编)者:马晓霖 2015年7月出版 / 估价:79.00元

北部湾蓝皮书
泛北部湾合作发展报告（2015）
著(编)者:吕余生 2015年8月出版 / 估价:69.00元

大湄公河次区域蓝皮书
大湄公河次区域合作发展报告（2015）
著(编)者:刘稚　2015年9月出版 / 估价:79.00元

大洋洲蓝皮书
大洋洲发展报告（2015）
著(编)者:喻常森　2015年8月出版 / 估价:89.00元

德国蓝皮书
德国发展报告（2015）
著(编)者:郑春荣 伍慧萍　2015年5月出版 / 定价:69.00元

东北亚黄皮书
东北亚地区政治与安全（2015）
著(编)者:黄凤志 刘清才 张慧智
2015年7月出版 / 估价:69.00元

东盟黄皮书
东盟发展报告（2015）
著(编)者:崔晓麟　2015年7月出版 / 估价:75.00元

东南亚蓝皮书
东南亚地区发展报告（2015）
著(编)者:王勤　2015年7月出版 / 估价:79.00元

俄罗斯黄皮书
俄罗斯发展报告（2015）
著(编)者:李永全　2015年7月出版 / 估价:79.00元

非洲黄皮书
非洲发展报告（2015）
著(编)者:张宏明　2015年7月出版 / 估价:79.00元

国际形势黄皮书
全球政治与安全报告（2015）
著(编)者:李慎明 张宇燕　2015年1月出版 / 定价:69.00元

韩国蓝皮书
韩国发展报告（2015）
著(编)者:刘宝全 牛林杰　2015年8月出版 / 估价:79.00元

加拿大蓝皮书
加拿大发展报告（2015）
著(编)者:仲伟合　2015年4月出版 / 定价:89.00元

拉美黄皮书
拉丁美洲和加勒比发展报告（2014~2015）
著(编)者:吴白乙　2015年5月出版 / 定价:89.00元

美国蓝皮书
美国研究报告（2015）
著(编)者:郑秉文 黄平　2015年6月出版 / 定价:89.00元

缅甸蓝皮书
缅甸国情报告（2015）
著(编)者:李晨阳　2015年8月出版 / 估价:79.00元

欧洲蓝皮书
欧洲发展报告（2015）
著(编)者:周弘　2015年7月出版 / 估价:89.00元

葡语国家蓝皮书
葡语国家发展报告（2015）
著(编)者:对外经济贸易大学区域国别研究所　葡语国家研究中心
2015年7月出版 / 估价:89.00元

葡语国家蓝皮书
中国与葡语国家关系发展报告·巴西（2014）
著(编)者:澳门科技大学　2015年7月出版 / 估价:89.00元

日本经济蓝皮书
日本经济与中日经贸关系研究报告（2015）
著(编)者:王洛林 张季风　2015年5月出版 / 定价:79.00元

日本蓝皮书
日本研究报告（2015）
著(编)者:李薇　2015年4月出版 / 定价:69.00元

上海合作组织黄皮书
上海合作组织发展报告（2015）
著(编)者:李进峰 吴宏伟 李伟
2015年9月出版 / 估价:89.00元

世界创新竞争力黄皮书
世界创新竞争力发展报告（2015）
著(编)者:李闽榕 李建平 赵新力
2015年12月出版 / 估价:148.00元

土耳其蓝皮书
土耳其发展报告（2015）
著(编)者:郭长刚 刘义　2015年7月出版 / 估价:89.00元

图们江区域合作蓝皮书
图们江区域合作发展报告（2015）
著(编)者:李铁　2015年4月出版 / 定价:98.00元

亚太蓝皮书
亚太地区发展报告（2015）
著(编)者:李向阳　2015年1月出版 / 定价:59.00元

印度蓝皮书
印度国情报告（2015）
著(编)者:吕昭义　2015年7月出版 / 估价:89.00元

印度洋地区蓝皮书
印度洋地区发展报告（2015）
著(编)者:汪戎　2015年5月出版 / 定价:89.00元

中东黄皮书
中东发展报告（2015）
著(编)者:杨光　2015年11月出版 / 估价:89.00元

中欧关系蓝皮书
中欧关系研究报告（2015）
著(编)者:周弘　2015年12月出版 / 估价:98.00元

中亚黄皮书
中亚国家发展报告（2015）
著(编)者:孙力 吴宏伟　2015年9月出版 / 估价:89.00元

中国皮书网

www.pishu.cn

发布皮书研创资讯，传播皮书精彩内容
引领皮书出版潮流，打造皮书服务平台

栏目设置：

□ 资讯：皮书动态、皮书观点、皮书数据、
　　　　皮书报道、皮书发布、电子期刊
□ 标准：皮书评价、皮书研究、皮书规范
□ 服务：最新皮书、皮书书目、重点推荐、在线购书
□ 链接：皮书数据库、皮书博客、皮书微博、在线书城
□ 搜索：资讯、图书、研究动态、皮书专家、研创团队

中国皮书网依托皮书系列"权威、前沿、原创"的优质内容资源，通过文字、图片、音频、视频等多种元素，在皮书研创者、使用者之间搭建了一个成果展示、资源共享的互动平台。

自 2005 年 12 月正式上线以来，中国皮书网的 IP 访问量、PV 浏览量与日俱增，受到海内外研究者、公务人员、商务人士以及专业读者的广泛关注。

2008 年、2011 年，中国皮书网均在全国新闻出版业网站荣誉评选中获得"最具商业价值网站"称号；2012 年，获得"出版业网站百强"称号。

2014 年，中国皮书网与皮书数据库实现资源共享，端口合一，将提供更丰富的内容，更全面的服务。

皮书数据库

SSDB 中国社会科学院 社会科学文献出版社

首页 数据库检索 学术资源群 我的文献库 皮书全动态 有奖调查 皮书报道 皮书研究 联系我们 读者帮购 搜索报告

报告 图书

权威报告 热点资讯 海量资源

当代中国与世界发展的高端智库平台

皮书数据库 www.pishu.com.cn

皮书数据库是专业的人文社会科学综合学术资源总库，以大型连续性图书——皮书系列为基础，整合国内外相关资讯构建而成。包含七大子库，涵盖两百多个主题，囊括了近十几年间中国与世界经济社会发展报告，覆盖经济、社会、政治、文化、教育、国际问题等多个领域。

皮书数据库以篇章为基本单位，方便用户对皮书内容的阅读需求。用户可进行全文检索，也可对文献题目、内容提要、作者名称、作者单位、关键字等基本信息进行检索，还可对检索到的篇章再做二次筛选，进行在线阅读或下载阅读。智能多维度导航，可使用户根据自己熟知的分类标准进行分类导航筛选，使查找和检索更高效、便捷。

权威的研究报告，独特的调研数据，前沿的热点资讯，皮书数据库已发展成为国内最具影响力的关于中国与世界现实问题研究的成果库和资讯库。

皮书俱乐部会员服务指南

1. 谁能成为皮书俱乐部成员？
- 皮书作者自动成为俱乐部会员
- 购买了皮书产品（纸质书/电子书）的个人用户

2. 会员可以享受的增值服务
- 免费获赠皮书数据库100元充值卡
- 加入皮书俱乐部，免费获赠该纸质图书的电子书
- 免费定期获赠皮书电子期刊
- 优先参与各类皮书学术活动
- 优先享受皮书产品的最新优惠

3. 如何享受增值服务？
（1）免费获赠100元皮书数据库体验卡
第1步 刮开皮书附赠充值的涂层（右下）；
第2步 登录皮书数据库网站（www.pishu.com.cn），注册账号；

第3步 登录并进入"会员中心"—"在线充值"—"充值卡充值"，充值成功后即可使用。
（2）加入皮书俱乐部，凭数据库体验卡获赠该书的电子书
第1步 登录社会科学文献出版社官网（www.ssap.com.cn），注册账号；
第2步 登录并进入"会员中心"—"皮书俱乐部"，提交加入皮书俱乐部申请；
第3步 审核通过后，再次进入皮书俱乐部，填写页面所需图书、体验卡信息即可自动兑换相应电子书。

4. 声明
解释权归社会科学文献出版社所有

皮书俱乐部会员可享受社会科学文献出版社其他相关免费增值服务，有任何疑问，均可与我们联系。
图书销售热线：010-59367070/7028 图书服务QQ：800045692 图书服务邮箱：duzhe@ssap.cn
数据库服务热线：400-008-6695 数据库服务QQ：2475522410 数据库服务邮箱：database@ssap.cn
欢迎登录社会科学文献出版社官网（www.ssap.com.cn）和中国皮书网（www.pishu.cn）了解更多信息

皮书大事记

（2014）

☆ 2014年10月，中国社会科学院2014年度皮书纳入创新工程学术出版资助名单正式公布，相关资助措施进一步落实。

☆ 2014年8月，由中国社会科学院主办，贵州省社会科学院、社会科学文献出版社承办的"第十五次全国皮书年会（2014）"在贵州贵阳隆重召开。

☆ 2014年8月，第二批淘汰的27种皮书名单公布。

☆ 2014年7月，第五届优秀皮书奖评审会在京召开。本届优秀皮书奖首次同时评选优秀皮书和优秀皮书报告。

☆ 2014年7月，第三届皮书学术评审委员会于北京成立。

☆ 2014年6月，社会科学文献出版社与北京报刊发行局签订合同，将部分重点皮书纳入邮政发行系统。

☆ 2014年6月，《中国社会科学院皮书管理办法》正式颁布实施。

☆ 2014年4月，出台《社会科学文献出版社关于加强皮书编审工作的有关规定》《社会科学文献出版社皮书责任编辑管理规定》《社会科学文献出版社关于皮书准入与退出的若干规定》。

☆ 2014年1月，首批淘汰的44种皮书名单公布。

☆ 2014年1月，"2013(第七届)全国新闻出版业网站年会"在北京举办，中国皮书网被评为"最具商业价值网站"。

☆ 2014年1月,社会科学文献出版社在原皮书评价研究中心的基础上成立了皮书研究院。

皮书数据库
www.pishu.com.cn

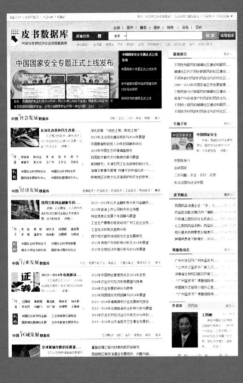

皮书数据库三期

- 皮书数据库（SSDB）是社会科学文献出版社整合现有皮书资源开发的在线数字产品，全面收录"皮书系列"的内容资源，并以此为基础整合大量相关资讯构建而成。

- 皮书数据库现有中国经济发展数据库、中国社会发展数据库、世界经济与国际政治数据库等子库，覆盖经济、社会、文化等多个行业、领域，现有报告30000多篇，总字数超过5亿字，并以每年4000多篇的速度不断更新累积。

- 新版皮书数据库主要围绕存量+增量资源整合、资源编辑标引体系建设、产品架构设置优化、技术平台功能研发等方面开展工作，并将中国皮书网与皮书数据库合二为一联体建设，旨在以"皮书研创出版、信息发布与知识服务平台"为基本功能定位，打造一个全新的皮书品牌综合门户平台，为您提供更优质更到位的服务。

更多信息请登录

中国皮书网
http://www.pishu.cn

中国皮书网
http://www.pishu.cn

皮书微博
http://weibo.com/pishu

皮书博客
http://blog.sina.com.cn/pishu

皮书微信
皮书说

请到各地书店皮书专架 / 专柜购买，也可办理邮购

咨询 / 邮购电话：010-59367028　59367070　　　邮　　箱：duzhe@ssap.cn

邮购地址：北京市西城区北三环中路甲29号院3号楼华龙大厦13层读者服务中心

邮　　编：100029

银行户名：社会科学文献出版社

开户银行：中国工商银行北京北太平庄支行

账　　号：0200010019200365434

网上书店：010-59367070　qq：1265056568

网　　址：www.ssap.com.cn　　www.pishu.cn

権威報告・热点资讯・特色资源

皮书数据库
ANNUAL REPORT(YEARBOOK)
DATABASE

当代中国与世界发展高端智库平台

WWW.PISHU.COM.CN

S 子库介绍
ub-Database Introduction

中国经济发展数据库

涵盖宏观经济、农业经济、工业经济、产业经济、财政金融、交通旅游、商业贸易、劳动经济、企业经济、房地产经济、城市经济、区域经济等领域，为用户实时了解经济运行态势、把握经济发展规律、洞察经济形势、做出经济决策提供参考和依据。

中国社会发展数据库

全面整合国内外有关中国社会发展的统计数据、深度分析报告、专家解读和热点资讯构建而成的专业学术数据库。涉及宗教、社会、人口、政治、外交、法律、文化、教育、体育、文学艺术、医药卫生、资源环境等多个领域。

中国行业发展数据库

以中国国民经济行业分类为依据，跟踪分析国民经济各行业市场运行状况和政策导向，提供行业发展最前沿的资讯，为用户投资、从业及各种经济决策提供理论基础和实践指导。内容涵盖农业，能源与矿产业，交通运输业，制造业，金融业，房地产业，租赁和商务服务业，科学研究，环境和公共设施管理，居民服务业，教育，卫生和社会保障，文化、体育和娱乐业等 100 余个行业。

中国区域发展数据库

以特定区域内的经济、社会、文化、法治、资源环境等领域的现状与发展情况进行分析和预测。涵盖中部、西部、东北、西北等地区，长三角、珠三角、黄三角、京津冀、环渤海、合肥经济圈、长株潭城市群、关中—天水经济区、海峡经济区等区域经济体和城市圈，北京、上海、浙江、河南、陕西等 34 个省份及中国台湾地区。

中国文化传媒数据库

包括文化事业、文化产业、宗教、群众文化、图书馆事业、博物馆事业、档案事业、语言文字、文学、历史地理、新闻传播、广播电视、出版事业、艺术、电影、娱乐等多个子库。

世界经济与国际政治数据库

以皮书系列中涉及世界经济与国际政治的研究成果为基础，全面整合国内外有关世界经济与国际政治的统计数据、深度分析报告、专家解读和热点资讯构建而成的专业学术数据库。包括世界经济、世界政治、世界文化、国际社会、国际关系、国际组织、区域发展、国别发展等多个子库。